Nick Page

Der falsche Messias

Nick Page

Der falsche Messias

Die wahre Geschichte des Jesus von Nazareth

Aus dem Englischen von Henning Dedekind und Enrico Heinemann

Pattloch

Titel der englischen Originalausgabe: *The Wrong Messiah*

Deutsche Erstausgabe genehmigt durch:
Hodder & Stoughton, An Hachette UK Company,
338 Euston Road, London NW1 3 BH

Besuchen Sie uns im Internet:
www.pattloch.de

Umschlaggestaltung: ZERO Werbeagentur, München
Umschlagabbildung: © Getty Images/SuperStock
Alle Illustrationen und Fotos: Nick Page
Redaktion: Franz Leipold
Satz: Adobe InDesign im Verlag
Druck und Bindung: C. H. Beck, Nördlingen
Printed in Germany
ISBN 978-3-629-13000-6

2 4 5 3 1

Für meinen guten Freund Martin,
mit herzlichem Dank für tiefschürfende Gespräche,
kluge Ratschläge und ausgezeichnetes Bier.

Inhalt

writer.
Mail
Simplenote
Todo

Einleitung: Der richtige Messias

Auf meinem Schreibtisch steht ein Spielzeug-Jesus. Er ist aus Plastik, etwa 13 Zentimeter groß und besitzt »bewegliche Arme, die er gen Himmel erheben kann, und Räder im Fußteil, mit denen er sanft dahingleitet«. Ich habe ihn aus zweierlei Gründen dort hingestellt: Erstens bieten seine beweglichen Arme eine ausgezeichnete Ablage für meinen Bleistift, und zweitens erinnert er mich beständig daran, was ich mir vorgenommen habe.

Das Bild, das vielen von uns in den Sinn kommt, wenn sie an Jesus denken, ist ein bisschen seltsam, ein bisschen künstlich. Wir haben uns an den Jesus aus dem Religionsunterricht gewöhnt, an einen sanftmütigen, freundlichen Jesus, der im Nachthemd durch Galiläa wandelte und nett zu den Menschen war. Viele Elemente seiner Geschichte – Weihnachten, seine Wunder, sein Tod und seine Wiederauferstehung – sind Teil der Ikonographie unserer Kultur geworden. Wir tragen Kruzifixe um den Hals. Die Taufe unserer Kinder ist eine Nachahmung (wenngleich keine besonders gute) dessen, was Jesu Mentor Johannes der Täufer getan hat. Einzelne Worte der Geschichte bevölkern unsere Alltagssprache: Fußballfans schreien »Judas!«, wenn ein Spieler zu einer gegnerischen Mannschaft wechselt (in der Regel für weit mehr als 30 Silberlinge). Politiker, die bei den nächsten Wahlen mit einer Katastrophe rechnen, sagen: »Man wird uns kreuzigen.« Und schließlich ist der Name des Religionsstifters selbst zu einem weitverbreiteten Fluch geworden. Fast 2000 Jahre nach seinem Tod ist Jesus allgegenwärtig.

Und doch ist so vieles, was wir für gesichert halten, schlicht und einfach falsch. Der Jesus, der Gemälde und Kirchenfenster ziert, und sogar der Jesus im Fernsehen ist ein weißer, langhaariger, blasser Typ, kein kleiner, dunkelhäutiger Palästinenser aus dem 1. Jahrhundert n. Chr. Die goldenen Kreuze, die sich die Rapstars so gern um den Hals hängen, sind eine bizarre Parodie der zwei grob behauenen, durch regelmäßigen Gebrauch blutbefleckten und rissig gewordenen Balken, an denen Jesus gekreuzigt wurde. Sogar der Name, den wir gebrauchen – Jesus –, ist ein Name, mit dem man ihn zu Lebzeiten nie gerufen hätte.

Der echte Jesus war leidenschaftlich, zornig, aufbrausend und bewusst provokativ. Er war weder Aristokrat noch Krieger; er war in seinem Glauben nicht orthodox; er war kein Priester, sondern ein Handwerker »aus dem Norden«. Er war ein Heiler, ein Unruhestifter, ein Aufrührer. Er erzählte Geschichten, die so pointiert waren, dass sie die Menschen zu Gewaltausschreitungen anstifteten. Er hieß die Ausgestoßenen willkommen, berührte die Unberührbaren, bewirkte scheinbar Unmögliches und ermunterte dann jedermann, es ebenfalls zu versuchen.

»Für wen halten mich die Leute eigentlich?«, fragte Jesus einmal seine Jünger (Mk 8,27).

Gute Frage.

Lassen wir den Leser entscheiden!

Ein paar Dinge, bevor wir beginnen.

Dieses Buch ist die Fortsetzung – oder in gewissem Sinne der Vorgänger – meines Werkes *Die letzten Tage Jesu,* einer sorgfältigen historischen Analyse der letzten Woche in Jesu Leben. Wer also findet, Kapitel 9 sei nicht detailliert genug, dem sei die Lektüre von *Die letzten Tage Jesu* empfohlen, um die Lücke zu schließen.

Darin behaupte ich, das exakte Datum der Kreuzigung sei Freitag, der 3. April 33 n. Chr.[1] Sämtliche Evangelien stimmen darin überein, dass Jesus an einem Sabbat während des Passahfestes getötet wurde. Da Passah bei Vollmond gefeiert wird, lassen sich mögliche Kandidaten leicht ausmachen. Am Ende bleiben zwei übrig: entweder das Jahr 30 n. Chr. oder das Jahr 33 n. Chr. Ich habe mich für 33 n. Chr. entschieden, da dies vor dem Hintergrund von Pilatus' Situation wesentlich mehr Sinn ergibt. Vor diesem Datum brauchte er im Grunde keinerlei Zugeständnisse an die Juden zu machen; dagegen war er im Jahre 33 politisch verwundbar, wie wir noch sehen werden. Für dieses Datum spricht Lukas' Schilderung, dass Johannes der Täufer seine Arbeit im 15. Jahr der Herrschaft des Tiberius aufgenommen habe.

Um Jesu Leben zu erforschen, musste ich eine chronologische Harmonie der Evangelien voraussetzen. Das ist eine äußerst schwierige Angelegenheit, da die Evangelien keine Geschichtsschreibung im herkömmlichen Sinne darstellen: In erster Linie sind sie Ausdruck des Glaubens und dienen dazu, die Geschichte von Jesus, deren Höhepunkt die Wiederauferstehung ist, zu erzählen, zu erklären und weiterzugeben. Freilich soll das nicht heißen, dass sie keine geschichtlichen Informationen enthielten, doch sind diese eben in der Regel auf unterschiedliche Weise angeordnet. In allen Evangelien werden die Elemente der Geschichte arrangiert: Manchmal sind bestimmte Geschichten und Aussagen thematisch zusammengefasst. Manchmal wird etwas, von dem nicht ganz klar ist, wann es sich zugetragen hat, einfach dort plaziert, wo es am besten passt.

Matthäus, Markus und Lukas werden als synoptische Evangelien (von *syn* = »zusammen« und *optisch* = »gesehen«) betrachtet. Mit anderen Worten: Sie sehen das Ganze auf ein und dieselbe Weise. Wenn ich also von den synoptischen Evangelien spreche, meine ich die Berichte dieser drei Evangelisten. Johannes hingegen weicht etwas ab. Er sieht Jesu Werk aus der Perspektive Jerusalems.

Diese vier Evangelien zu einem stimmigen Bericht zu kombinieren ist daher nicht ganz einfach. Es gibt Schlüsselszenen und Angelpunkte, in denen alle vier Evangelien inhaltlich übereinstimmen. Daneben findet sich eine Fülle historischer Informationen: Daten, Orte, Personen, Ereignisse. Es ist jedoch unvermeidbar, auch Unterstellungen und Kompromisse zuzulassen. Ich will keinesfalls behaupten, ich hätte sämtliche Probleme gelöst, aber ich habe es zumindest versucht, weil ich der Auffassung bin, dass sich die synoptische Schilderung von Jesu Leben und Johannes' Version nicht grundlegend widersprechen. Es gibt Unterschiede in den einzelnen Berichten, aber im Großen und Ganzen halte ich die Evangelien für historisch zuverlässige Quellen – zumindest ebenso zuverlässig wie all die anderen Quellen, die oft angeführt werden, um sie zu widerlegen. Mit diesem Buch versuche ich aufzuzeigen, dass sie ein stimmiges, glaubwürdiges Bild des Jesus von Nazareth zeichnen.

Zuverlässig bedeutet nicht dasselbe wie objektiv. Objektivität ist ein in der Geschichtsschreibung relativ neuer Gedanke, der obendrein illusorisch ist. Die Evangelien sind nicht wertneutral. Sie wurden verfasst, um Jesus als Messias darzustellen. Doch gerade das macht sie interessant! Wenn man ein wertneutrales Buch lesen will, muss man zum Telefonbuch greifen.

In jedem Fall sind die Evangelien nicht unsere einzigen Quellen, um das Leben Jesu zu erforschen. Es gibt darüber hinaus die Erkenntnisse der Archäologie, frühe jüdische Schriften wie die Mischna und natürlich die Werke von Josephus, einem berühmten Historiker aus dem 1. Jahrhundert n. Chr. Wenn es um Jesus als Messias geht, ist Josephus kein schlechter Ausgangspunkt.

Jesus-den-sie-den-Messias-nennen

Flavius Josephus war ein Soldat, der während des großen jüdischen Aufstandes zwischen 66 und 70 n. Chr. zunächst gegen Rom kämpfte, dann die Seiten wechselte und sich schließlich sogar in Rom niederließ. Er wurde um das Jahr 37/38 n. Chr. geboren und erreichte ein hohes Alter. Auf jeden Fall starb er erst nach dem Jahre 100 n. Chr. Sein jüdischer Name ist Josef ben Matthias, doch ist er besser bekannt als »Flavius«; diesen Namen trug er zu Ehren der flavischen Kaiser Vespasian, Titus und Domitian, seinen Beschützern und Gönnern. Es ist etwa so, als würde man Samuel Pepys »Karl Samuel« oder Shakespeare »Jakob William« nennen.

Josephus' erstes Buch war *Die Geschichte des Jüdischen Krieges,* geschrieben vermutlich im Jahre 79 n. Chr., ein Bericht über den Aufstand aus dem Blickwinkel von jemandem, der ausstieg, solange es noch möglich war. (Josephus wurde zunächst gefangen genommen, doch als er prophezeite, dass der römische General, der ihn gefangen nahm – Vespasianus – später Kaiser werde, ließ man ihn am Leben und setzte ihn als Vermittler ein. Als Vespasianus dann tatsächlich Kaiser wurde, hatte es Josephus geschafft.) Etwa 20 Jahre später schrieb er *Jüdische Altertümer,* eine zwanzigbändige Geschichte des jüdischen Volkes. In diesem Werk finden sich zwei signifikante Hinweise auf Jesus.

Der erste steht in Band 18, wo Josephus schreibt:

> Etwa zu dieser Zeit gab es einen Mann namens Jesus, einen weisen Mann [wenn es denn recht ist, ihn einen Mann zu nennen], der Wunder vollbrachte, einen Lehrer von Menschen, welche die Wahrheit mit Freuden erfahren. Er scharte sowohl viele Juden als auch viele Heiden um sich. [Er war der Christus ...] und als ihn Pilatus auf Drängen der bedeutendsten Männer unter uns zum Tod am Kreuze verurteilte, verließen ihn diejenigen, die ihn liebten, auch

dann nicht [denn ihnen erschien er am dritten Tage lebendig, wie die göttlichen Propheten dies und zehntausend andere Wunderdinge über ihn vorhergesagt hatten]. Und der Stamm der Christen, die nach ihm benannt sind, besteht bis zum heutigen Tage.[2]

Über diese Passage wird heftig diskutiert. Offensichtlich hat sich ein späterer christlicher Geschichtsschreiber des Textes angenommen und ein paar Elemente hinzugefügt – die ich hier in eckige Klammern gesetzt habe. Doch wenn man sie herausnimmt, erhält man einen vollkommen stimmigen Bericht über Jesus aus der Sicht eines Mannes, der nicht zu seinem Gefolge gehörte. Dieser bestätigt die Grundzüge der Geschichte, wie wir sie aus frühchristlichen Glaubensbekenntnissen und den Evangelien kennen: Jesus war ein weiser, wundertätiger Mann, der Juden wie Nichtjuden gleichermaßen um sich scharte und auf Drängen der jüdischen Aristokratie von Pilatus hingerichtet wurde. Trotz seines Todes am Kreuz halten seine Anhänger bis heute zu ihm.[3]

Warum aber hielten sie zu ihm? Nun, das erklärt eine zweite Stelle, wo Josephus auf Jesus Bezug nimmt. In Band 20 beschreibt er den Tod eines relativ unbedeutenden Religionsvertreters im Vorfeld der Revolution. Während eines Machtvakuums in der Stadt lässt der Hohepriester Ananus einen Mann namens Jakobus hinrichten:

Da er eine derartige Person [z. B. ein Sadduzäer] war, dachte Ananus, ihm biete sich nun eine günstige Gelegenheit, denn Festus war tot und Albinius immer noch unterwegs. Also berief er eine Versammlung von Richtern ein, auf der er den Bruder von Jesus-den-sie-den-Messias-nennen, Jakobus mit Namen, und einige andere vorführen ließ. Er hatte ihnen vorgeworfen, das Gesetz übertreten zu haben, und übergab sie der Steinigung.[4]

Jakobus ist eine derart unbedeutende Figur, dass er über seinen Bruder identifiziert werden muss. Und das ist der Punkt: Sein Bruder war eben keine unbedeutende Figur. Zu Josephus' Zeit glaubten viele, Jakobus' Bruder Jesus sei der »sogenannte Messias«. Das Wort »Messias« stammt vom hebräischen *masiah* (2. Sam 22,51; 23,1), das für jemanden steht, der geweiht und mit Öl gesalbt wird. Die griechische Variante, Christos, kommt vom griechischen Verb *chriein,* das »weihen« bedeutet. Daher haben also die Christen ihren Namen.

Josephus selbst ist von der Idee eines Messias nicht überzeugt. Er distanziert sich davon und bezeichnet den Gedanken an einer Stelle als »mehrdeutiges Orakel ..., das sich in ihren heiligen Schriften findet und besagt, dass einer der Ihren eines Tages Beherrscher der Welt werde«.[5]

Als sich das Christentum immer weiter ausbreitete, war Jesus für Josephus also vor allem deshalb von Bedeutung, weil ihn seine Anhänger für den Messias hielten.

Freilich glaubte er, dass sie sich irrten.

»Sehet! Hier ist der Messias!«

Wenn Jesus der falsche Messias war, stellt sich die Frage: »Wie sah dann der richtige Messias aus? Welche Art von Messias erwarteten sie denn?« Das hängt davon ab, wer mit »sie« gemeint ist, da es im 1. Jahrhundert n. Chr. kein monolithisches, orthodoxes Judentum gab. Vielmehr existierten mehrere verschiedene »Judentümer«.

Josephus zum Beispiel erwähnt vier Richtungen: die Sadduzäer, die Pharisäer, die Essener und eine, die er vage als »vierte Art« beschreibt. Doch selbst innerhalb dieser Gruppierungen gibt es Unterschiede. So existierten beispielsweise verschiedene »Schulen« pharisäischen Denkens. (Im Neuen Testament finden sich sowohl die Extremisten als auch jene, die man als gemäßigte Pharisäer bezeichnen könnte. Jemand wie Nikodemus jedenfalls, dem Jesus in Jerusalem begegnete, war sicherlich nicht dieselbe Art Pharisäer wie jene, die Jesus aufhalten oder sogar umbringen lassen wollten.)

Darüber hinaus schreibt Josephus für ein römisches Publikum und vereinfacht das Ganze ein wenig. Im gesamten römischen Reich gab es Juden, deren Gedanken und Theologien teilweise voneinander abwichen. Dazu kamen noch alle möglichen apokalyptischen Sekten. Ganz zu schweigen von den vielen Juden, die, konfrontiert mit den oben aufgeführten Kategorien, das Kästchen »keine der genannten« angekreuzt hätten.

Freilich gab es auch eine beachtliche Schnittmenge. Ganz egal, welcher Art von Judentum man angehörte, die Thora bildete die eherne Grundlage (auch als Gesetz bezeichnet; die ersten fünf Bücher der Bibel – die Bücher Mose, der Pentateuch usw.). Es gab Gruppen, die sagten, das Judentum sei mehr als die Thora, aber niemand behauptete, das Judentum sei weniger als die Thora. Daneben teilte man einen monotheistischen Gottesbegriff sowie andere gemeinsame Vorstellungen, etwa von der Einzigartigkeit Israels, wenn diese auch mitunter unterschiedlich ausgelegt wurden. Es gab außerdem bestimmte Praktiken, die allen Gruppierungen gemein waren, etwa die Einhaltung des Sabbats, Ernährungsvorschriften und den jüdischen Feiertagskalender. Ausnahmslos wurden alle männlichen Juden beschnitten, selbst diejenigen, die erst später in ihrem Leben zum Judentum konvertierten.

Abgesehen davon existierte jedoch eine breite Palette religiöser Ansichten und Glaubensrichtungen. Manche Juden glaubten an ein Leben nach dem Tod, andere nicht; manche sagten, alle Abbildungen belebter Dinge seien profan, andere hatten Bilder von Pflanzen und Tieren an der Wand (allerdings nicht von Menschen). Die meisten glaubten an die rituellen Waschungen; doch manche waren der Ansicht, es müsse fließendes Wasser sein, während andere sich auch mit stehendem Wasser zufriedengaben. Manche glaubten an mystische

Dämonen, an das böse Auge oder an den Zodiac. Es gab viele unterschiedliche Juden und viele verschiedene Judentümer. Die Jünger Jesu und all die anderen Menschen, die ihm zuhörten und folgten, dachten daher auch nicht, dass sie nun »Christen« seien – der Begriff wurde erst etwa 20 Jahre später erfunden. Sie waren der Ansicht, dass sie sich einer neuen Form des Judentums angeschlossen hätten.

Zu den Dingen, über die zwischen den verschiedenen Glaubensrichtungen Uneinigkeit herrschte, gehörte das Wesen des Messias. Die Annahme, dass alle Juden auf den Messias warteten, trifft nicht zu. Einige warteten; im römisch besetzten Palästina vielleicht sogar viele. Andernorts hatte der Messias dagegen eine weit geringere Bedeutung. Philo, ein jüdischer Autor und Philosoph im Ägypten des 1. Jahrhunderts n. Chr., erwähnt den Messias überhaupt nicht.

Selbst unter jenen, die auf den Messias hofften, hatten einzelne Gruppierungen ganz unterschiedliche Vorstellungen von ihm. So glaubte man beispielsweise in der Gemeinde Qumran, aus der die Schriftrollen vom Toten Meer stammen, dass die messianische Aufgabe von zwei Personen übernommen würde: einem davidsgleichen, königlichen Messias und einem Hohepriester. Andere jüdische Schriften etwa aus derselben Zeit stellen den Messias als Krieger, als geweihten Priester, als König oder gar als Weisen dar.[6] Man sieht das in den Evangelien: Bei Johannes in Kapitel 7 streitet die Menge darüber, ob Jesus der Messias ist. Einige sagen, es sei unmöglich, weil er aus Galiläa stammt, wo doch jeder wisse, dass der Messias aus Bethlehem kommen müsse. Andere halten mit dem Argument dagegen, dass, wenn der Messias komme, niemand wisse, woher er sei (Joh 7,27).

Was also erwarteten sie? Wie stellten sie sich den Messias vor? Darüber lässt sich Folgendes sagen:

Der Messias war ein Mensch. Er mochte zwar Gottes Werk tun, aber er war nicht Gott. An einigen Stellen im jüdischen Schrifttum verschwimmen die Grenzen ein wenig (etwa in

Ps 45,7 oder in Hes 34), doch ging man allgemein davon aus, dass der Messias ein Mensch war. Wenn Petrus zu Jesus sagt, er sei der Christus, sagt er damit nicht, er sei Gott. Diese Auslegung kam erst später.

Der Messias war ein König. Was das im Einzelnen bedeutete, war eine Frage der Interpretation, doch Messias bedeutete jedenfalls »König der Juden«. Man nahm an, dass der Messias, der wahre, von Gott gesandte König, die irdischen Dynastien der Hasmonäer oder Herodianer ersetzen würde.

Der Messias würde ein neues Zeitalter einläuten. Er wäre die Person, durch die Gott eine neue Ära von Frieden und Wohlstand über die Menschen brächte, eine Rückkehr aus dem Exil, einen neuen Exodus.

Der Messias würde den Tempel erneuern. Der Tempel wurde mit David assoziiert, dem ersten großen König. Das Buch von Sacharja, das selbst viele messianische Prophezeiungen enthält, befasst sich auch detailliert mit jenen, die nach dem Exil den Tempel wieder aufbauen.

Der Messias würde die Feinde Israels besiegen. In einem von Jesus zitierten messianischen Psalm heißt es: »Gott sprach zu meinem Herrn: ›Setze dich auf den Ehrenplatz an meiner rechten Seite, bis ich dir alle deine Feinde unterworfen habe, bis du deinen Fuß auf ihren Nacken setzt!‹« (Ps 110,1; Lk 20,43). In den *Psalmen Salomons*, einem etwa zwischen 63 v. Chr. und 70 n. Chr. verfassten jüdischen Text, heißt es, der Messias werde Jerusalem »von den Heiden reinigen«, die »Sünder aus dem Erbe vertreiben«, »die Arroganz der Sünder wie einen tönernen Topf zerschmettern« und sie »mit einem eisernen Stab zertrümmern«.[7] Sieg in der Schlacht war für den Messias unabdingbar.[8]

Der Messias musste erfolgreich sein. Ein Messias, der versagte, wäre ein Widerspruch in sich. Ein Messias, der besiegt würde, wäre nicht der Messias, sondern ein Betrüger oder, wie es N. T. Wright formuliert: »Die Kategorie eines besiegten, aber dennoch verehrten Messias … existierte nicht.«[9]

Genau hier müssen wir ansetzen – denn Jesus passt schließlich kaum in eine dieser Kategorien. Er starb als erfolgloser Revolutionsführer. Er stammte aus ärmlichen Verhältnissen. Er war kein König, und als die Menschen versuchten, ihn zum König zu machen, lief er davon. Er zerschmetterte die Feinde Israels nicht, sondern sagte vielmehr, dass man sie lieben und nicht einmal beschimpfen sollte. Nach seinem Tode änderte sich nicht viel, außer dass der Fischer, der ihm gefolgt war, einen Kult ins Leben rief. Es brach kein neues Zeitalter an. Nüchtern betrachtet, war Jesus ein Versager auf der ganzen Linie. (Außer darin, dass er tatsächlich ein Mensch war. Nach christlichem Glauben erreichte er allerdings auch hier nur 50 Prozentpunkte.)

In den Augen seiner Gegner hatte Jesus keine der Qualifikationen, über die ein Messias verfügen sollte. Für sie war er ein Weichei, das sich in schlechter Gesellschaft befand, keinen Respekt vor der Tradition hatte und schließlich den ehrlosesten Tod erlitt, der überhaupt in Frage kam. Wie falsch kann ein Messias denn noch sein?

Und doch sahen jene, die ihm folgten und denen man etwa 15 Jahre nach seinem Tod den Spitznamen »Christen« verpasste, in Jesus den Messias. Sie glaubten, dass genau derjenige, der nicht ins Schema passte – der Grundstein, den die Baumeister ablehnten –, Christus war: der von Gott geweihte Messias. Sie waren felsenfest überzeugt, dass er der Richtige war.

Dieses Buch ist ein Versuch herauszufinden, warum.

1 Bethlehem, 5–4 v. Chr.

Der alte König lag im Sterben.

Er hatte seine Sache gut gemacht: Er war nun fast 70 – ein bemerkenswertes Alter für die damalige Zeit, besonders wenn man all die Machenschaften gegen ihn bedenkt. Doch er hatte alles überstanden. Er hatte alle hinrichten lassen, die sich gegen ihn verschworen hatten, sogar seine eigenen Söhne. Und seine eigene Frau.

Mariamne. So lautete ihr Name. Ja, das bereute er. Manchmal war er verwirrt; dann vergaß er, dass er sie hatte hinrichten lassen. Manchmal, so erzählten sie ihm, irrte er im Palast umher und rief ihren Namen.

Sein Geist versagte ihm den Dienst. Und sein Körper, diese Hülle, die aus dem Nichts ein Königreich erschaffen hatte, zerfiel. Er hatte hohes Fieber. Seine Haut juckte entsetzlich. Er hatte Schmerzen in den Eingeweiden, eine Entzündung im Unterleib plagte ihn. Seine Füße waren geschwollen wie Früchte, die zu lange am Baum hingen. Das Atmen fiel ihm schwer, er hatte Krämpfe. Das Schrecklichste aber war, dass seine Lenden langsam verfaulten, aufgefressen von Würmern.

Die Menschen sahen dies vermutlich als gerechte Strafe für all seine monströsen Taten an. Das alte Monster starb auf angemessen monströse Weise. Die Menschen hatten ihn stets gehasst, obwohl er wunderbare Gebäude errichten ließ und der Nation einen glanzvollen Status verlieh. Sie hatten es ihm nie verziehen, dass er sich halb-jüdisch verhalten und die Freundschaft mit Rom gesucht hatte.

Doch so waren die Juden der damaligen Zeit: gefangen in der Vergangenheit und – besonders in Jerusalem – besessen von ihrem Tempel und ihrer Reinheit. In ihrem religiösen Wahn begriffen nur die wenigsten, welche Abmachungen man mit den Römern schließen musste, um zu überleben.
Selbst jetzt machten sie noch Schwierigkeiten.
Die Nachricht von seiner Erkrankung verbreitete sich schneller als die Pest in der Hauptstadt. Zwei dumme junge Zeloten, angesteckt vom Denken ultrafundamentalistischer Rabbis, seilten sich mit dicken Stricken von einem Hausdach ab und schlugen den goldenen Adler herunter, der über dem Westtor thronte. Ihr Fehler war schlicht der, dass der König noch nicht tot war.
Alle Öle und Salben versagten, doch Wut und Zorn waren noch intakt. Herodes gewann neue Energie. Er ließ 40 Aufwiegler einsperren und stand von seinem Sterbebett auf, um sie zu verhören. Die beiden Männer und ihre Rabbiner wurden bei lebendigem Leib verbrannt, und auch die anderen 40 Gefangenen richtete man hin. Es gelang Herodes sogar, sich so weit zu erholen, dass er hinausgehen und zu den Menschen sprechen konnte, die nun fürchteten, sein Zorn werde sie alle treffen.
Doch das Ende war unvermeidbar. Der Gestank von Verwesung und Zerfall war zu stark, als dass man ihn hätte ignorieren können. Außerdem waren nun fremde Männer aus dem Osten hier, Mystiker, Wahrsager. Männer, die glaubten, dass – oh Schrecken aller Schrecken – ein neuer Prinz geboren würde.
Mariamne. So lautete ihr Name …

Die Geburt von Jesus, dem Messias

Nur wenige Geschichten haben die kollektive Phantasie der westlichen Welt derart beschäftigt wie Jesu Geburt. In Tausenden von Kirchen, Schulen und Theatergruppen weisen hartherzige Gastwirte engelsgleiche Marien und ihre in der Regel jungenhaft-schüchternen Ehemänner ab. Verblüffend saubere Schafhirten hüten Herden von Watteschäfchen, Engelschöre jubilieren, und eine Jesuspuppe aus fleischfarbenem Plastik wird behutsam in eine Krippe voll Stroh gelegt. Das Ereignis ist zum Gründungsmythos eines Konsumkults geworden, der drei Tage Prasserei und Völlerei rechtfertigt.

Die wahre Geschichte ist jedoch weit weniger beschaulich. Und viel gefährlicher. Sie beginnt mit Schimpf und Schande und endet mit einem Massaker. Eigentlich kein Grund zum Feiern, sollte man denken.

Die Geschichte ist nur in zwei der vier Evangelien enthalten – bei Lukas und Matthäus. Und auch diese stimmen nur in sehr wenigen Einzelheiten überein. Lukas beginnt in Nazareth, Matthäus in Bethlehem. Bei Matthäus wird Maria nicht von einem Engel besucht, bei Lukas Josef nicht. Matthäus schickt sie nach Ägypten, wohingegen Lukas sie schlicht nach Nazareth zurückkehren lässt. Matthäus hat seine geheimnisvollen Weisen aus dem Morgenland, Lukas seine schmutzigen Schafhirten. Nach der Geburt geht Lukas' Jesus in den Tempel; der von Matthäus geht nach Ägypten ins Exil. Lukas lässt gläubige Juden das Baby besingen; bei Matthäus ordnet ein wahnsinniger König ein Massaker an. Nur in einigen wenigen Punkten sind sich die beiden einig: Jesu Eltern hießen Maria und Josef, Jesus wurde während der Regentschaft von Herodes I. (auch als Herodes der Große bezeichnet) in Bethlehem geboren, und nach der Geburt landete er irgendwann in Nazareth. Ach ja, und seine Mutter war eine Jungfrau.

Was sollen wir nun damit anfangen? Die Geschichte über das Wunder von Jesu Geburt gibt seit jeher Anlass zu Spekulation, Streit und Zank. Viele Gelehrte lehnen die Geschichte sogar als Ganzes ab. Ihrer Meinung nach ist sie schlicht ein Stück früher Kirchenpropaganda, bestehend aus ein paar zusammengewürfelten historischen Details, kombiniert mit dem Bestreben, die Göttlichkeit Jesu zu betonen und die biblischen Prophezeiungen zu bestätigen. Die Schriften besagen, dass der Messias in Bethlehem zur Welt kommen muss, also erfindet die Frühkirche einen Zensus, damit sich seine Eltern zum Zeitpunkt der Geburt dort aufhalten. Die griechische Übersetzung der hebräischen Schriften besagt, dass die Mutter eine Jungfrau ist, also lassen Lukas und Matthäus einen Engel daherflattern.

Freilich ist die historische Korrektheit problematisch. Die jungfräuliche Empfängnis lässt sich einfach nicht belegen. Es existieren keinerlei medizinische Anhaltspunkte dafür, und es ist auch niemals von einem ähnlichen Fall berichtet worden. Doch auch der Gedanke, alles könnte frei erfunden sein, bringt gewisse Schwierigkeiten mit sich. Er setzt einen einseitigen Prozess voraus, nämlich dass die Frühkirche die Schriften nach Prophezeiungen durchforstete und dann Geschichten erfand, in welche die Einzelheiten passten – vielleicht hatten sie aber auch die Geschichten vor sich und fanden dann in den Schriften Hinweise oder Prophezeiungen dazu? Eine der wichtigsten Aktivitäten der Frühkirche war das Studium hebräischer Schriften, um zu sehen, ob sich darin etwas über Jesus fand. Es war eine Tätigkeit, die ihrem Glauben nach von Jesus selbst auf der Straße nach Emmaus angeregt worden war. Sie arbeiteten sozusagen von Christus aus rückwärts.

Der Gedanke, die Geschichten seien Erfindungen, um das Schrifttum zu »erfüllen«, greift vielleicht bei Matthäus; bei Lukas hingegen landet man damit in einer Sackgasse: Er erwähnt zwar Marias Jungfrauengeburt und den Besuch in Bethlehem, unternimmt jedoch nicht einmal den Versuch, sie mit früheren Prophezeiungen in Verbindung zu bringen. Nun sollte man denken, dass Lukas, wenn er sich schon die Mühe machte, die ganze Reise und den Zensus zu erfinden, doch wenigstens die Gelegenheit ergriffen hätte, darauf hinzuweisen, dass sich damit eine Prophezeiung erfüllte. Er erwähnt dies jedoch nicht einmal.

Ein weiterer Grund, die »Erfindungstheorie« in Frage zu stellen: Die Erfindung wirkt häufig etwas überstrapaziert. Beispielsweise zitiert Matthäus in seiner Geschichte über das Massaker an den Unschuldigen einen Vers von Jeremias, in dem Rachel ihre Kinder beweint. Das Problem ist nur, dass dies in Ramah stattfindet, das rund 17 Kilometer nördlich von Bethlehem und auf der anderen Seite von Jerusalem liegt. Zwar wurde Rachel in Bethlehem begraben, doch selbst dann ist es weit hergeholt, dass Matthäus das gesamte Massaker erfunden haben soll, nur um eine einzige kleine Prophezeiung zu belegen, die örtlich falsch eingeordnet ist.

Viel wahrscheinlicher ist es, dass er von einer echten Kirchentradition berichtete und dann eine Prophezeiung fand, die seiner Meinung nach gut auf dieses Ereignis passte. Schon im 2. Jahrhundert n. Chr. gab es in Bethlehem Leute, die behaupteten, den genauen Ort von Jesu Geburt zu kennen.[1]

Ganz gleich, ob wir es nun mit schriftstellerischer Freiheit oder frühkirchlicher Propaganda zu tun haben – in jedem Fall handelt es sich um einen Bericht über ein Wunder. Jungfräuliche Geburten sind biologisch unmöglich, es sei denn, Maria wäre eine Amöbe gewesen. Und Sterne schweben nicht über Ortschaften.

In gewissen Kreisen wird gern versucht, Jesus zu entmystifizieren, ihn von allem Wundersamen zu entkleiden, in der Hoffnung, so den historischen Jesus freizulegen. Das funktioniert nicht. Was dabei herauskommt, ist ein Jesus, der schnell vergessen wird. Ohne Wunder gibt es keinen Grund, warum sich seine Anhänger an ihn hätten erinnern sollen, keinen Grund, Krankheiten, Entbehrungen, Verfolgung, Ächtung und sogar den Tod auf sich zu nehmen, um seine Geschichte zu erzählen.

Jesus – und zwar der *historische* Jesus – vollbrachte Wunder, jedenfalls glaubte man das. *Das* ist der Grund, warum die Menschen über ihn sprachen, warum man sich an ihn erinnerte. Ob wir nun vom Anfang seines Lebens, von seinem Ende oder von den vielen Begebenheiten dazwischen reden – wir können die Wunder dabei nicht außer Acht lassen. Wir können zwar versuchen, sie zu ignorieren, doch drängen sie sich immer wieder in den Vordergrund. Und wenn wir ihnen den Rücken zuwenden, beißen sie uns in den Hintern.

In diesem Buch will ich daher gar nicht erst versuchen, die Wunder zu ignorieren. Ich werde aber auch nicht darangehen, sie zu beweisen oder zu widerlegen. Welche Hilfsmittel stünden mir dafür zur Verfügung? Es gibt keine medizinischen Aufzeichnungen aus dem 1. Jahrhundert n. Chr.; keine psychiatrischen Tests, die beweisen, dass ein von Dämonen besessener Junge in Wahrheit schizophren war; keine DNA-Analysen, aus denen hervorgeht, wer wirklich Jesu Vater war. Es gibt nur die Berichte in den Evangelien. Die Zeugnisse von Menschen, die sagen: »Das habe ich mit eigenen Augen gesehen.«[2]

Anstatt die in den Evangelien beschriebenen Ereignisse zu beweisen oder zu widerlegen, werde ich sie lieber erforschen. Ich werde Ort, Zweck und Absicht beleuchten, die beteiligten Personen, die Botschaften über die Wunder, die Botschaften an jene, die deren Zeuge wurden, und die Botschaften an jene, die erstmalig die Geschichten hörten. Die Wunder sind Botschaften. Was also sagen sie?

Zur Zeit des König Herodes

Wenngleich wir im Westen Jesu Geburtstag am 25. Dezember feiern, sind sowohl der genaue Tag wie auch das genaue Jahr unbekannt. In den Evangelien finden sich jedoch einige Hinweise. Die Geburt fand unter der Herrschaft von Kaiser Augustus statt (Lk 2,1), zu einer Zeit, als das alte Monster Herodes noch am Leben war. Und Jesus »war ungefähr 30 Jahre alt«, als er in der Öffentlichkeit zu wirken begann (Lk 3,23).

Es besteht Einigkeit darüber, dass Herodes im Jahr 4 v. Chr. starb. Josephus zufolge lag sein Tod zwischen einer Mondfinsternis und dem Passahfest.[3] Mit Sicherheit lässt sich sagen, dass sich am Abend des 13. März im Jahre 4 v. Chr. eine Teilmondfinsternis ereignete. In diesem Jahr fiel das Passahfest auf den 11. April. Daraus wird üblicherweise geschlossen, dass Herodes zwischen diesen beiden Daten verstarb, also irgendwann Ende März / Anfang April 4 v. Chr.

Doch auch andere Zeitpunkte waren im Gespräch. So nimmt Clemens von Alexandria an, Herodes sei am 3. November gestorben.[4] Andere Gelehrte vermuteten, dass Herodes nicht 4 v. Chr., sondern erst etwas später, nämlich im Jahre 2 v. Chr., verstorben sei.[5] Die überwiegende Mehrheit der Historiker ist sich jedoch einig, dass Herodes im Frühjahr 4 v. Chr. starb.

Wahrscheinlich wurde Jesus ein paar Monate oder sogar nur einige Wochen vor Herodes' Tod geboren – nicht zuletzt deshalb, weil das von Matthäus beschriebene paranoide, bösartige Verhalten perfekt in die fiebrige Atmosphäre der letzten von Krankheit überschatteten Monate im Leben des alten Königs passt. Obwohl Matthäus sagt, Herodes habe befohlen, alle Jungen unter zwei Jahren zu töten, bedeutet dies nicht, wie viele meinen, dass Jesus zwei Jahre alt war. Herodes wollte schlicht kein Risiko eingehen. Wenn Jesus 7 / 6 v. Chr. geboren wäre, hätte man ihn im Jahre 29, als er sein Hauptwerk begann, nicht als etwa Dreißigjährigen beschrieben.

Somit liegt es nahe, dass Jesus Ende 5 / Anfang 4 v. Chr. zur Welt kam. Man kann noch weitergehen und versuchen, das Geburtsdatum grob zu definieren, indem man sich die Geschichte eines seiner Verwandten einmal genauer ansieht.

Vor Jesu Empfängnis und Geburt kam sein Verwandter Johannes zur Welt.

Die Abteilung Abija

In der Geschichte über die Geburt Johannes' des Täufers erfahren wir, dass er nicht aus Galiläa stammte, sondern aus dem Bergland von Judäa. Sein Vater Zacharias war ein Landpriester, der zur Abteilung von Abija gehörte.

Theoretisch war es einem Priester gestattet, jede rein geborene Israelitin zur Frau zu nehmen, doch zogen es viele vor, innerhalb ihres Standes zu heiraten, also Frauen aus priesterlichem Hause. Das ist auch bei Zacharias der Fall, der Elisabeth heiratete, eine Nachfahrin von Aaron (Lk 1,5).

Die Landpriester waren verpflichtet, zweimal jährlich im Tempel zu assistieren. Die gesamte Priesterschaft war in 24 Abteilungen gegliedert, und jeder Priester ging zweimal im Jahr für eine Woche in den Tempel, um dort bei der Andacht auszuhelfen. Eine in der Mischna aufgezeichnete Überlieferung ermöglicht es herauszufinden, zu welchem Datum Zacharias an der Reihe war. (Die Mischna wurde um das Jahr 200 n. Chr. zusammengestellt. Sie ist eine Sammlung jüdisch-rabbinischer Gesetzestexte, die zuvor nur in mündlicher Form existierten.) Dort heißt es, dass bei der Zerstörung des Tempels die Abteilung von Jehoiarab Dienst hatte, die erste der 24 priesterlichen Gruppen. Abijas Abteilung steht an achter Stelle.

Da der Tempel am 4./5. August im Jahre 70 n. Chr. von den Römern zerstört wurde, nehmen einige Historiker an, dass im Jahre 6 v. Chr. die Gruppe von Abija zweimal eingeteilt war, und zwar im Februar und im Juli.[6]

Das ist freilich nur eine Annahme, die sich obendrein darauf stützt, dass die Angaben in der Mischna korrekt sind. Sie erlaubt uns aber, die in den Evangelien beschriebenen Ereignisse zu rekonstruieren. Zacharias hat also Ende Juli/Anfang August 6 v. Chr. Dienst, als er eine Art visionäre Erscheinung hat und mit Stummheit geschlagen wird. Lukas berichtet, dass seine Frau »nur wenig später« schwanger wurde (Lk 1,24), also, sagen wir, in den nächsten paar Wochen. (Hierbei handelte es sich um keine jungfräuliche Empfängnis: Zacharias musste präsent sein, stumm oder nicht.) Dann zieht sich Elisabeth fünf Monate in ihr Haus zurück (Lk 1,24), und im Februar – dem sechsten Monat – empfängt Maria. Drei Monate darauf kommt Johannes zur Welt und weitere sechs Monate später, also etwa im November, Jesus.[7]

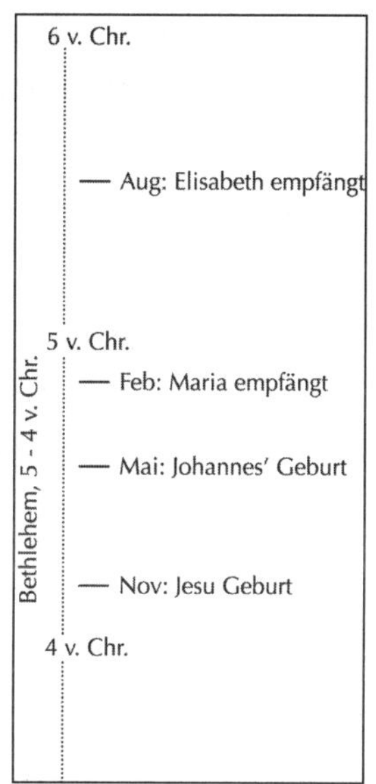

All das ist freilich reine Spekulation, die jedoch noch an anderer Stelle Unterstützung erfährt. Auf das Datum des 25. Dezember als Jesu Geburtstag einigte man sich erst im 4. Jahrhundert. Zuvor, im Jahre 194 n. Chr., hatte Clemens von Alexandria in seinem Werk *Stromateis* den 18. November angenommen. Es ist gut möglich, dass, wenn auch nicht das Jahr selbst, so doch die Jahreszeit von Jesu Geburt von Generation zu Generation weitergegeben wurde. Ohne öffentliche Aufzeichnungen war die Festlegung auf ein bestimmtes Jahr weitaus vertrackter, als sich die Jahreszeit seines Geburtstags zu merken.[8] Daher liegen wir mit unserer Rekonstruktion vielleicht gar nicht so falsch.

Nehmen wir also einmal an, das Datum von Jesu Geburt liege im November / Dezember 5 v. Chr. Wie aber geht dies damit zusammen, dass ihn Lukas zum Zeitpunkt seiner Taufe als etwa Dreißigjährigen beschreibt? Erstens müssen wir uns ins Bewusstsein rufen, dass es kein »Jahr 0« gibt. Mit anderen Worten: Jesus wäre im November / Dezember 1 v. Chr. vier Jahre alt und im November / Dezember 1. n. Chr. fünf Jahre alt gewesen. Zweitens ist es wahrscheinlich, dass Jesus im Herbst des Jahres 29 getauft wurde. Er wäre damals 32 gewesen und im November/Dezember desselben Jahres 33 geworden. Dafür spricht auch Lukas' Beschreibung, er sei »ungefähr 30 Jahre alt« gewesen.

Durch ein Geburtsdatum Jesu im Jahre 2/1 v. Chr. würde sich nichts Wesentliches ändern. Er wäre dann bei seiner Taufe 28 oder 29 Jahre alt gewesen, also ebenfalls »ungefähr 30 Jahre alt«. Zwar ist bei antiken Berichten stets Vorsicht geboten, doch werde ich meinen weiteren Ausführungen den hier aufgezeigten zeitlichen Rahmen zugrunde legen.[9] (Siehe Zeittafel im übernächsten Abschnitt.)

Johannes

Sechs Monate vor Jesu Geburt bekamen Marias Verwandte Elisabeth und Zacharias einen kleinen Jungen, den sie Johannes nannten. Johannes ist ein Baby in der Tradition der alttestamentlichen Wundergeburten, zu denen etwa Isaak, Samson oder Samuel gehören. Wie andere Mütter im Alten Testament befindet sich auch Elisabeth bereits in reiferen Jahren. Wie Samson darf Johannes weder Wein noch »andere berauschende Getränke« zu sich nehmen (Lk 1,15). Samson war ein Nasiräer. Diese Gruppierung lehnte den Alkoholgenuss ab, schnitt sich nie die Haare und vermied jeglichen Kontakt mit Unreinheit (4. Mose 6,1–8). Es wird zwar nirgends erwähnt, dass Johannes ein Nasiräer war, doch man kann es sich zusammenreimen.[10] Sein Leben war Gott geweiht, »er fastete oft und trank keinen Wein« (Lk 7,33).

Elisabeth, Zacharias und Johannes lebten im Bergland von Judäa (Lk 1,39). Die Region umfasst nicht nur das Hochland von Judäa, sondern auch das von Ephraim und erstreckt sich etwa 65 Kilometer von Be'er Sheva im Süden bis nach Jerusalem im Norden. Das Zentrum dieser Region, in der auch Bethlehem liegt, bildet Hebron.[11] Ihr genauer Wohnort ist unbekannt. Die traditionelle »Touristenstätte« ist Ain Karim, das etwa acht Kilometer von Jerusalem entfernt ist, doch wurde dies erst im 6. Jahrhundert so festgelegt. Als weitere Möglichkeit wurde unter anderem die acht Kilometer südlich von Hebron liegende Stadt Jutta (heute: Jatta) genannt.

Lukas zufolge besuchte Maria vermutlich Ende Februar 5 v. Chr. ihre Verwandte Elisabeth in dieser Berggegend. Im Johannesevangelium indes behauptet Johannes der Täufer, Jesus nicht gekannt zu haben: »Wer er ist, wusste ich vorher noch nicht, aber Gott, der mir den Auftrag gab, mit Wasser zu taufen, sagte zu mir: ›Du wirst sehen, wie der Geist auf einen Menschen herabkommt und bei ihm bleibt. Dann weißt du, dass er es ist, der mit dem Heiligen Geist tauft‹« (Joh 1,33). Wir sprechen hier also bestenfalls von einer ziemlich entfernten Cousine. Welcher Natur ihre verwandtschaftliche Beziehung auch gewesen sein mag, sie hieß jedenfalls Maria und hatte Neuigkeiten. Sie war schwanger.

Eine Jungfrau namens Maria

Maria war arm. Obwohl der soziale Status von Jesu Eltern viel diskutiert worden ist, so ist der allgemeine Eindruck doch, dass sowohl Maria als auch Josef aus einfachen, bäuerlichen Verhältnissen stammten.[12] Das Wort »Bauer« ist hier kein abwertender Begriff. Es beschreibt lediglich diejenigen, die einen einfachen, ländlichen Lebensstil pflegten und hart arbeiteten.

Sicher ist, dass Lukas Maria für arm hielt. Er schreibt ihr ein Lied zu – heute bekannt als Magnificat –, eine Hymne des Triumphes der Armen und Unterdrückten über die Reichen und Hochnäsigen. »Er [Gott] stürzt Herrscher von ihrem Thron, und Unterdrückte richtet er auf«, singt sie. »Die Hungrigen beschenkt er mit Gütern, und die Reichen schickt er mit leeren Händen weg« (Lk 1,52–53). Dieses Lied ergäbe keinen Sinn, wenn Maria – und der Mann, den sie später hei-

Der falsche Messias

Zeitlicher Hintergrund

5 Nov./Dez. Jesu Geburt
Massaker in Bethlehem;
Flucht nach Ägypten
Herodes' Tod; Familie kehrt
nach Nazareth zurück

v. Chr.

Nov.: Jesu 4. Geburtstag
Nov.: Jesu 5. Geburtstag

n. Chr.

5

Archelaus abgesetzt;
Judäa wird römische Provinz

Passah: Jesus geht in
10 Jerusalem »verloren«

15

20

25

28 15. Regierungsjahr
29 des Tiberius
Nov.: Jesu 32. Geburtstag
30 Nov.: Jesu 33. Geburtstag
31 Siehe Detail ------→
32
33

15. Regierungsjahr des Tiberius
(Aug. 28–Aug. 29)

Johannes der Täufer beginnt sein Werk;
Jesus ist »ungefähr 30« (Lk 3,23)

29

Jesu Taufe und Versuchung (Mk 1,9–12)

30

Jesus zum Passahfest in Jerusalem (Joh 3,1–21)

Jesus in Judäa; Johannes »in der Nähe
von Salim« (Joh 3,22–24)

31 Verhaftung Johannes des Täufers;
Jesus geht nach Kapernaum (Mk 1,14)

Jesus auf einem »Fest« in Jerusalem (Joh 5)

32 Speisung der 5000 (Joh 6,1–15)
Jesus in Tyros, Sidon und Caesarea
Philippi (Mk 7,24–9,32)

Jesus in Galiläa und Samaria (Lk 17,11)

Jesus in Jerusalem zum
Laubhüttenfest (Joh 7,10–10,21)

Jesus in Jerusalem zur Tempelweihe
(Joh 10,22–39)

33 Jesus in Judäa; Auferweckung des
Lazarus (Joh 10,40)

Jesus in Ephraim (Joh 11,54)

Jesus zum Passahfest in Jerusalem
(Mk 11; Joh 12)
Tod und Wiederauferstehung

ratete – nicht selbst »unterdrückt«, arm und sogar hungrig gewesen wären. Als Tochter aus wohlhabendem Hause hätte sie wohl kaum davon gesungen, dass »die Reichen mit leeren Händen weggeschickt« werden. Die Annahme, dass Maria und Josef arm waren, wird durch das Opfer gestützt, das sie später im Tempel bringen. Lukas berichtet, sie hätten »zwei Turteltauben oder zwei andere Tauben« gegeben (Lk 2,24). Dies war das Opfer, das man darbrachte, wenn man zu arm war, um ein Schaf zu opfern.[13]

Arm also, und außerdem jung. Zwar gab es auch Eheschließungen in höherem Alter, doch in aller Regel heirateten jüdische Mädchen zwischen 13 und 16 Jahren. Die Ehe selbst wurde üblicherweise durch einen Vermittler arrangiert. Obwohl das einander versprochene Paar noch nicht zusammenlebte und somit auch die Ehe nicht vollzog, betrachtete man sie, als wären sie bereits eine feste Bindung eingegangen. Wenn der Ehemann in spe vor der Hochzeit starb, war seine Verlobte technisch gesehen eine Witwe.[14] Das Eheversprechen konnte nur durch Tod oder Scheidung gelöst werden. Es war ein rechtlich bindender Vertrag – daher auch Josefs Zögern, den drastischen Schritt zu wagen und seine Verlobung zu lösen.[15]

Jüdische Paare heirateten wahrscheinlich ein Jahr nach ihrer Verlobung. In der Zwischenzeit wurden die Einzelheiten des Ehevertrages zwischen den beiden Familien ausgehandelt.[16] Die Familie der Braut stellte eine Mitgift, das heißt eine Zahlung an den Bräutigam dafür, dass er die Tochter ehelichte. Diese Mitgift bestand oft aus Bargeld; man gab aber auch Land, Handelsgüter, sonstige Besitztümer oder Tiere (und manchmal auch Sklaven). Zweck der Mitgift war es, dem jungen Paar ein wenig Startkapital für seine Ehe zu verschaffen. Die Eheleute konnten es dafür verwenden, um Möbel, Tiere, Land oder ein Haus zu kaufen.

Schafften es Josef und Maria überhaupt bis zum Hochzeitsfest? Aus dem Text geht das nicht hervor. In der Regel wurde die Hochzeit mit einem Fest im Haus der Familie des Bräutigams gefeiert. Zuerst bereitete man die Braut in ihrem elterlichen Haus vor, dann verließ sie ihr Heim und wurde in einer Prozession durch die Stadt oder das Dorf zum Haus der Familie des Bräutigams geleitet. Dort wurde sie formal im Haus ihres Ehemanns eingeführt. Danach fanden Segnungen und Feierlichkeiten statt, und die Ehe wurde vollzogen. Von da an lebte die junge Braut bei der Familie ihres Mannes.[17] Es entsprach weniger einer Heirat im heutigen Sinne, sondern mehr einem Spielertransfer im Fußball.

All das, so mag man denken, opferte Maria. Keine öffentliche Prozession für sie, keine siebentägigen Feierlichkeiten nach dem Hochzeitstag. Jüdische Hochzeitsfeste dauerten in der Regel eine ganze Woche, man feierte ausgelassen mit Verwandten und Freunden. Wohlhabende Eltern luden zu einer Hochzeit meist sehr viele Gäste ein, manchmal das gesamte Dorf. Vielleicht taten Maria und Josef das auch. Vielleicht wurde die Ehe eilig arrangiert, die Mitgift in aller Hast zusammengekratzt, um den Skandal zu vertuschen. Doch bestimmt gab es trotzdem Klatsch und Gerüchte. In einem so kleinen Dorf wie Nazareth *wussten* die Menschen bestimmt, was los war.

Josef wollte nach Gottes Geboten handeln

Und Marias Ehemann? In den Berichten der Evangelisten ist Josef eine seltsame, eher stille Figur. Er spricht kein einziges Wort. Er wird beschrieben als jemand, der »nach Gottes Geboten handeln« will (Mt 1,19), als demütiger Jude, der es sich in späteren Jahren zur Gewohnheit machte, jedes Jahr zum Passahfest nach Jerusalem zu reisen (Lk 2,41). Vielleicht war er stolz auf seine Abstammung von König David. Als es darum ging, Namen für seine Söhne zu finden – wie wir noch sehen werden, hatte er mehrere –, gab er ihnen traditionelle jüdische Namen: Zwei benannte er nach Helden aus der Bibel

(Josua und Jakob), zwei nach Helden des Makkabäeraufstandes, durch welchen Israel die Unabhängigkeit erlangte (Judas und Simeon).[18] Es ist gut möglich, dass Josef ein Verwandter war. Viele Cousinen und Cousins heirateten einander: So blieb alles in der Familie.

Überall in der Kunst ist Josef zwar als greise, altersschwache Gestalt dargestellt, doch entspringt diese Vorstellung einem späteren, fiktionalen Bericht über Jesu Geburt und Herkunft, der um das Jahr 200 entstand. Das sogenannte *Protevangelium des Jakobus* ist ein Kindheitsevangelium, das frei erfundene Geschichten über die Kindheit Jesu enthält. Es ist eines der ersten Werke, das die Doktrin der immerwährenden Jungfräulichkeit Marias verbreitet – die Vorstellung, dass Maria vor, bei und nach Jesu Geburt Jungfrau war. Dazu muss das Buch jedoch erklären, wieso Jesus dann Brüder und Schwestern hatte. Der Autor des *Protevangeliums* verfiel auf folgende Lösung: Lassen wir sie doch einfach Josefs Kinder aus einer früheren Ehe sein. Also wird behauptet, dass Josef bereits ein älterer Witwer war, als er Maria heiratete.

Das *Protevangelium* ist reine Fiktion. Es stellt Josef als alten Mann dar, um einen Punkt der Doktrin zu rechtfertigen. Wie es ein Autor formuliert: »Beinahe alles, was während der letzten zweitausend Jahre über Maria behauptet wurde, ist im Neuen Testament nicht zu finden.«[19] Lukas und Matthäus sagen nichts über eine immerwährende Jungfräulichkeit, eine unbefleckte Empfängnis und eine Jungfrauengeburt Marias. Sie sagen auch nicht, dass Josef alt oder zuvor bereits verheiratet gewesen sei.

Sie berichten auch nichts über den Zeitpunkt seines Todes. Jedenfalls lebte Josef noch, als Jesus zwölf Jahre alt war (Lk 2,41–43). Doch selbst wenn er zum Zeitpunkt von Jesu Taufe bereits tot war, heißt das nicht, dass er alt wurde. Das normale Heiratsalter für die Juden Palästinas betrug in neutestamentlicher Zeit 16 Jahre für einen Mann und etwa 14 Jahre für eine Frau. Josef war ein bäuerlicher Arbeiter, der einem körperlich anstrengenden Handwerk nachging. Er stammte eher aus ärmlichen als aus wohlhabenden Verhältnissen und lebte unter Bedingungen, die wir heute als hygienisch bedenklich einstufen würden. Einige Experten glauben, dass nur ganz wenige Menschen – unter drei Prozent – ein Alter von 60 Jahren erreichten und dass 90 Prozent bis Mitte vierzig starben.[20] Wenn er also Maria mit 16 geheiratet und ein für die damalige Zeit normal langes Leben gelebt hatte, wäre er um das Jahr 20 n. Chr. gestorben, also zehn Jahre vor Jesu ersten öffentlichen Auftritten.

Josef war jung. Er war mutig und großzügig. Matthäus schreibt, Josef habe geplant, »die Verlobung stillschweigend aufzulösen«, um Maria nicht bloßzustellen (Mt 1,19). Damit war er bereit, einiges zu opfern. Rein juristisch hätte er das Recht auf die Mitgift einer der Untreue überführten Verlobten gehabt, doch hätte dies bedeutet, dass er Maria vor ein öffentliches Tribunal hätte zerren müssen. Dadurch, dass Josef über die Angelegenheit Stillschweigen bewahrte, verwirkte er möglicherweise auch sämtliche finanziellen Ansprüche.[21]

Demnach haben wir es in dieser Geschichte nicht mit einem ältlichen Mann und einer sittsamen jungen Frau zu tun, sondern mit zwei jungen Leuten – nach heutigen Begriffen Teenagern –, die in einen Strudel aus Träumen, Visionen und einer schockierenden, skandalösen Schwangerschaft geraten. Solange Jesus in Nazareth war, umgaben ihn vermutlich ständig Gerüchte von Unehelichkeit und Schande. Arme Eltern aus einem kleinen Nest! Ein ausgesprochen schlechter Start für einen künftigen Messias.

Freilich trennte sich Josef nicht von Maria. Als ihm die Wahrheit in einem Traum offenbart wurde, heiratete er sie. Bald darauf ging er mit ihr fort. In den Süden. Nach Bethlehem.

Eine solche Volkszählung hatte es noch nie gegeben

Auch die Volkszählung ist, historisch gesehen, ein Problem, wenngleich aus anderen Gründen. Diesmal geht es nicht um Biologie, sondern um Geschichte. »In dieser Zeit befahl Kaiser Augustus, alle Bewohner des römischen Reiches in Listen einzutragen. Eine solche Volkszählung hatte es noch nie gegeben. Sie wurde durchgeführt, als Quirinius Statthalter in Syrien war« (Lk 2,1–2).

Lukas berichtet eine ganze Menge darüber:

- Es handelte sich um ein kaiserliches Dekret, das an »alle Bewohner des römischen Reiches« gerichtet war.
- Es war die erste Volkszählung dieser Art.
- Sie wurde während der Regentschaft des Quirinius durchgeführt.
- Die Menschen mussten in ihre Heimatorte zurückkehren.

Es gibt jedoch eine ganze Reihe von Ungereimtheiten. Josephus zufolge kam Quirinius, oder Publius Sulpicius Quirinius, um seinen vollen Namen zu nennen, im Jahre 6 nach Syrien, als Coponius amtierender Präfekt von Judäa war. Man weiß, dass er eine Steuerpolitik einführte, gegen die sich die Juden heftig zur Wehr setzten und die sogar zum bewaffneten Widerstand unter einem lokalen Führer namens Judas dem Galiläer führte. Daneben wissen wir auch, dass Quirinius weitere Volkszählungen durchführen ließ: Eine Inschrift auf einem Grabstein in Venedig berichtet von einem Zensus im syrischen Apameia, gibt aber kein Datum an.[22] All das wäre jedoch ein Jahrzehnt zu spät.

Es ist allerdings möglich, dass Lukas die Herrscher durcheinanderbrachte: Der frühkirchliche Apologet Tertullian behauptete, die Registrierung sei »von Sentius Saturninus in Judäa« durchgeführt worden, also früher. Vielleicht wollte Tertullian damit auch etwas korrigieren, doch ist Lukas hinsichtlich chronologischer Angaben im Allgemeinen sehr genau. Wenn ihm ein Detail bekannt ist, nennt er es. Außerdem grenzt er den Zensus klar von der im Jahre 6/7 durchgeführten Volkszählung ab und beschreibt ihn als ersten seiner Art (Lk 2,1). Später, in der Apostelgeschichte, erwähnt er den Aufstand Judas' des Galiläers in den Tagen des zweiten Zensus (Apg 5,37). Dies zeigt, dass er sich in der jüngeren Geschichte bestens auskannte. Es ist also schwer vorstellbar, dass er die beiden Volkszählungen verwechselt haben soll. Ebenso unwahrscheinlich ist es, dass er Jesus als »ungefähr 30« im Jahre 29/30 beschrieben hätte, wenn der Zensus, den er tatsächlich meinte, im Jahre 6/7 stattfand. Jesus wäre dann eher um die zwanzig gewesen.

Weitaus vorstellbarer ist es, dass Quirinius zweimal Statthalter war: einmal während der Herrschaft des Herodes und dann noch einmal in den Jahren 6–7 n. Chr. Quirinius kämpfte damals im asiatischen Taurusgebirge gegen einen Stamm. Dies würde bedeuten, dass er vermutlich das militärische Hauptquartier in Antiochia nutzte, das »Pentagon des Ostens«.[23]

Was auch immer der Fall ist, so scheint es doch, als hätte Lukas das Ausmaß der Volkszählung übertrieben – ein Zensus, der das gesamte römische Reich erfasst hätte, wäre sicher auch an anderer Stelle erwähnt worden. Vielleicht war es auch überhaupt kein Zensus. Die Römer selbst hätten wahrscheinlich gar nicht erst versucht, die Bevölkerung eines Klientelkönigtums wie Judäa zu erfassen. Das war Herodes' Aufgabe. Er war ihr Steuereintreiber. Tatsächlich hat das als Zensus übersetzte Wort nicht genau diese Bedeutung. Das ursprüngliche Wort ist *apographe,* was so viel bedeutet wie »Register« oder »Liste«. Josephus verwendet bei der Schilderung des Zensus der Jahre 6–7 n. Chr. ein anderes Wort, nämlich *apotimesin.*[24] Wir sprechen hier demnach über eine geschriebene Liste. Einen Zensus bringt man normalerweise mit der Steuerpolitik in Zusammenhang, eine reine Registrierung indes könnte andere rechtliche oder politische Gründe gehabt haben.

Was also war das für eine Liste?

Eine plausible Erklärung ist, dass es sich um ein Treuegelübde handelte. Es ist belegt, dass ein solches Massengelöbnis im 13. Jahr der Konsulherrschaft von Augustus in Rom veranstaltet wurde – im Jahre 2 v. Chr. Josephus zufolge hatten sich die Beziehungen zwischen Herodes und Augustus einige Jahre zuvor, etwa um 7 v. Chr., zunehmend verschlechtert. Um seine Loyalität zu beweisen, beschloss Herodes, dass alle Menschen ein Gelübde ablegen sollten. Dabei versicherten »alle Menschen des Volkes der Juden ihren guten Willen gegenüber Cäsar und der Regierung des Königs«.[25] Damit die Maßnahme reibungslos ablief und überwacht werden konnte, war bestimmt eine gewisse Organisation notwendig. Gut möglich, dass man die Menschen aufforderte, dafür in ihre Heimatorte zurückzukehren.

Unter den Juden herrschte damals jedoch ein weitverbreiteter Widerwille, Cäsar die Treue zu geloben. Rund 6000 Pharisäer weigerten sich, dieses Gelübde abzulegen. Warum sie sich mit solcher Vehemenz dagegenstellten, ist nicht bekannt. Vielleicht ähnelte das Gelübde jenem, das man im Jahre 3 v. Chr. den Einwohnern von Paphlagonien in Gangra abgenötigt hatte. Dieses hatte das Versprechen beinhaltet, jeden zu denunzieren, der Aktionen gegen die Römer plante.[26] Es ist also möglich, dass die Registrierung nicht steuerlichen Zwecken, sondern der Loyalitätssicherung diente. Für unsere Zwecke ist 7 v. Chr. aber immer noch zu früh.

Unterm Strich haben wir schlicht und einfach nicht genügend Informationen, um ganz sicherzugehen. Wir wissen nicht genug über die römischen Provinzregierungen der damaligen Zeit. Da die Römer die täglichen Regierungsgeschäfte örtlichen Führern und Klientelkönigen überließen, ist es gut möglich, dass man die starke historische Bindung der Juden an ihre Stammes- und Verwandtschaftsbeziehungen als Aufhänger für eine Registrierung nutzte.[27] Der britische Althistoriker Adrian Nicolas Sherwin-White bringt die Situation vielleicht am besten auf den Punkt, wenn er die ganze Debatte als »agnostische Sackgasse« bezeichnet.[28]

Lukas berichtet jedenfalls, dass Josef und Maria nach Bethlehem gingen. Möglicherweise musste Josef wegen des Treuegelöbnisses in die Stadt seiner Vorväter zurückkehren. Vielleicht erkannte er als Mann, der »nach Gottes Geboten handeln« wollte, dass der Messias in Bethlehem geboren werden musste. Vielleicht suchte er aber auch nur nach einer Ausrede, um die Stadt zu verlassen.

Im Gasthaus hatten sie keinen Platz bekommen

Seit 2000 Jahren haben Gastwirte die schlechteste PR, die man sich nur vorstellen kann. Jedes Jahr werden in Theatergruppen, Schulen, Kindergärten und Kirchen Maria und Josef von einem Gastwirt abgewiesen, bevor sie schließlich Zuflucht in einem Stall finden. Wenn wir die Geschichte jedoch aufmerksam lesen, ergibt sich ein ganz anderes Bild, in dem es weder Gasthaus noch Stall gibt.

Bei Lukas steht Folgendes zu lesen: »In Bethlehem kam für Maria die Stunde der Geburt. Sie brachte ihr erstes Kind, einen Sohn, zur Welt. Sie wickelte ihn in Windeln und legte ihn in eine Futterkrippe im Stall, denn im Gasthaus hatten sie keinen Platz bekommen« (Lk 2,6–7). Das griechische Wort, das Lukas für Gasthaus verwendet, ist *kataluma.* Dieses kann zwar »Gasthaus« bedeuten, doch wird es häufiger in seiner Bedeutung als »Gastzimmer« oder »Fremdenzimmer« gebraucht, das heißt ein freies Zimmer, in dem man Besucher unterbringt. Tatsächlich verwendet es Lukas in diesem Sinne auch an anderer Stelle im Evangelium, nämlich in seinem Bericht über das letzte Abendmahl. Dort wird zwei Jüngern aufgetragen, zu fragen: »Wo ist der Raum [*kataluma*], in dem er mit seinen Jüngern das Passahmahl feiern kann?« (Lk 22,11). Das letzte Abendmahl fand nicht in einem Gasthaus statt. Es fand in einem Raum im Obergeschoss statt, der Gästen zur Verfügung stand. Diese Annahme erhärtet sich weiter, wenn wir den einzigen Text im Lukasevangelium betrachten, in dem er ausdrücklich ein Gasthaus erwähnt – nämlich die Geschichte vom Guten Samariter (Lk 10,34). An dieser Stelle gebraucht er ein anderes griechisches Wort, nämlich *pandocheion.* Wenn er in Bethlehem also ebenfalls ein Gasthaus meinte, warum verwendete er dann nicht *pandocheion?*

Weil es gar kein Gasthaus gab. Maria und Josef gingen zum Haus von Josefs Familie. Sie brauchten kein Gasthaus, weil sie bei Verwandten absteigen wollten. Die Verwandten indes waren arm, und ihr Zuhause war bereits voll belegt. Im *kataluma* war kein Platz mehr. Also legten sie das Baby anderswo im Haus hin: in eine Krippe, einen Futtertrog für Tiere.

Kein Gasthaus also, aber was ist mit dem Stall? Darauf deutet das Vorhandensein einer Futterkrippe doch hin, oder? Nein, eigentlich nicht. In den bäuerlichen Behausungen der damaligen Zeit befand sich der Futtertrog nicht in einem anderen Gebäude, sondern im Haus selbst. Diese Häuser waren einfache zweigeschossige Konstruktionen: Es gab ein unteres Geschoss, in dem sich das tägliche Leben abspielte, und ein höhergelegenes Halbgeschoss, wo die Familie schlief. Wenn es sich um eine Höhle handelte (und viele Menschen lebten damals in Höhlen), schlief die Familie im mittleren und hinteren Teil, während die Tiere am Eingang gehalten wurden. Nachts brachte man die Tiere in die untere Etage des Hauses, sowohl aus Sicherheitsgründen als auch, um das Haus warm zu halten – ihre Körperwärme fungierte als eine Art primitiver Zentralheizung. Die Futterkrippen waren vermutlich in die Schräge eingelassen, die zur oberen Etage des Hauses führte, und genau dort legte man Jesus hinein.

Kein Gasthaus also, und auch kein Stall. In Lukas' Version der Geschichte wurde Jesus schlicht im Erdgeschoss des Hauses bei den Tieren untergebracht, weil der Rest des Hauses überfüllt war.[29]

Die Geschichte von Jesu Geburt ist somit keine Geschichte der Abweisung, sondern eine Geschichte des Willkommens. Niemand in dieser bäuerlichen Gesellschaft wies Maria und Josef ab. Man nahm sie bei sich auf. Für die Evangelisten und ihre ersten Zuhörer war dies die wichtigste Aussage: Es war die Geschichte von Gottes Sohn, der in die Welt einfacher Bauern kam. Josefs Verwandte schufen in der Mitte ihres Haushalts einen Platz für Jesus. Sie verachteten Maria nicht, obwohl ihr Ruf zweifelhaft und vielleicht sogar schandbar war. Sie nahmen sie in ihrem Haus auf. Sie schufen in der Mitte eines Bauernhauses einen Platz für Jesus.

Galiläisches Bauernhaus

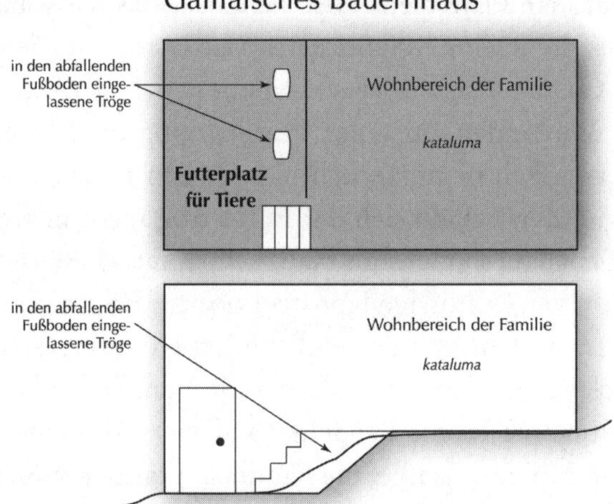

Draußen auf dem Feld bewachten Hirten ihre Herden

»Lehrt euren Sohn nicht, ein Schafhirte zu sein.« So heißt es in der Mischna: »Abba Gurion von Sidon sagt im Namen Abba Guryas: ›Ein Mann sollte seinen Sohn nicht lehren, ein Eseltreiber, ein Kameltreiber, ein Barbier, ein Seemann, ein Hirte oder ein Händler zu werden. Denn ihr Gewerbe ist das Gewerbe von Dieben.‹«[30]

Hirten genossen keinen besonders guten Ruf. Eine andere rabbinische Liste führt sie neben zweifelhaften Existenzen wie Würfelspielern, Wucherern und Steuereintreibern auf.[31] Man hielt sie für Betrüger. In der Mischna steht, dass es orthodoxen Juden verboten war, Wolle, Milch oder Jungtiere direkt von einem Hirten zu kaufen, da man ihn stets verdächtigte, diese gestohlen zu haben: »Das Kleine findet seine Herde nicht mehr, Herr.« Schafhirten wurden allgemein misstrauisch beäugt und verachtet. »Für Hirten, Steuereinnehmer und Zöllner ist die Buße schwierig«, sagte man.[32]

Die meisten Gewerbe, die mit dem Hüten oder Treiben von Tieren zu tun hatten, wurden – zumindest von bestimmten Teilen der jüdischen Gemeinde – als von Natur aus erniedrigend und würdelos angesehen. Diesen Leuten wurden bürgerliche und allgemeine Rechte abgesprochen; vor Gericht durften sie nicht als Zeugen auftreten.[33] Und doch sind es Lukas zufolge gerade diese Menschen, die Gott herbeiruft, um Zeuge der Geburt seines Sohnes zu sein. Die ausgestoßenen, verachteten, rechtlosen und vor Gericht nicht zugelassenen Schafhirten, die nicht einmal ein festes Dach über dem Kopf haben: Sie werden Zeugen der Geburt Jesu.

In seiner gesamten Lehre gebrauchte Jesus positive Bilder von Schafhirten und anderen Viehtreibern. Die Verwendung dieser Metaphern ist eine Anomalie in der rabbinischen Literatur, wo sie üblicherweise als verschlagen, unzuverlässig und unwürdig dargestellt werden.[34] Jesus hingegen hielt sie für gute Menschen. Vielleicht erinnerte er sich an die Geschichten über seine Geburt, über die ersten Gäste, die zur Tür des Hauses hereinkamen, in dem er geboren wurde. Den Schafhirten wurde aufgetragen, nach Bethlehem zu gehen und ein Baby zu finden: »Und daran werdet ihr ihn erkennen: Das Kind liegt, in Windeln gewickelt, in einer Futterkrippe« (Lk 2,12).

»Und daran werdet ihr ihn erkennen …« Wir interpretieren dies häufig als Zeichen, das ihnen dabei helfen soll, das Kind zu identifizieren. Bethlehem war jedoch ein kleines Dorf. Es wäre nicht weiter schwierig gewesen, von einer kürzlich erfolgten Geburt zu erfahren und ein Neugeborenes zu finden. Das Zeichen bezieht sich also nicht darauf, wer das Kind ist, sondern darauf, was für ein Mensch es ist. Das Zeichen ist *für die Hirten* gedacht, zu *ihrem* Wohle. Es zeigt ihnen, dass er einer von ihnen ist. Es geht nicht darum, das Baby zu identifizieren, sondern darum, sich *mit* dem Baby zu identifizieren. Das ist es, was die Krippe den Schafhirten signalisiert: Er ist einer von euch.

Somit wird uns ganz am Anfang der Geschichte bewusst, dass in gewissem Sinne alles falsch ist. Der Messias, der Sohn Gottes, sollte nicht im Haus eines Bauern geboren werden. Jene, die ihn auf der Welt willkommen heißen, sollten keine Ausgestoßenen und Unreinen sein. Doch genau so trug es sich zu.

Viel zu häufig wird die Geschichte von Jesu Geburt als eine Geschichte von Ausgrenzung und Ablehnung dargestellt. Das ist jedoch nicht der Fall. Jesus wurde von den Menschen Bethlehems willkommen geheißen. Sie nahmen ihn bei sich zu Hause auf. Die gewöhnlichen jüdischen Bauern und die unterdrückten jüdischen Hirten sahen, dass er einer von ihnen war.

Die Menschen von Bethlehem – Gastwirte eingeschlossen – wiesen Jesus nicht ab. Sie nahmen ihn auf. Dieses Willkommen sollte sie einen hohen Preis kosten.

Das Kind erhielt den Namen Jesus

Nach der Geburt blieben Maria und Josef bei ihrer Familie in Bethlehem. Acht Tage nach seiner Geburt wurde Jesus beschnitten. Lukas sagt, dass er am Tag seiner Beschneidung auch seinen Namen erhielt – ein Brauch, der in anderen rabbinischen Schriften bestätigt wird.[35] Der Name, den man ihm gab, lautete Jesus.

Oder auch nicht. Jesus wird nämlich abgeleitet von *Iesouß (Iesous)* – der griechischen Version seines Namens, in der Sprache, in der das Neue Testament verfasst ist. Sein eigentlicher hebräischer Name war *Yeshua,* was wiederum eine Kurzform von Josua war (hebräisch *Yehoshua*), dem großen Helden, der die Israeliten ins Gelobte Land führte. Seine Eltern nannten ihn vermutlich *Yeshu,* die galiläische Kurzform von *Yeshua.* Dies ist der Name, unter dem er im antiken jüdischen Schrifttum auftaucht und der wahrscheinlich die lokale galiläische Aussprache widerspiegelt.[36]

Die zehn beliebtesten Jungennamen bei den Juden Palästinas 330 v. Chr. – 200 n. Chr.	
1	Simon/Simeon
2	Josef/Joses
3	Lazarus/Eliasar
4	Judas/Judah
5	Johannes/Yohanan
6	Jesus/Joshua
7	Ananias/Hananiah
8	Jonathan
9	Matthäus /Matthias/ Mattathias
10	Manaen/Menahem

In Jesu Zeiten gaben die Juden ihren Kindern aus Respekt nicht die Namen der bedeutendsten Figuren ihrer Geschichte – es gab keine Moses, Salomons, Davids oder Aarons. Josua hingegen gehörte sozusagen zur zweiten Garde. Yeshua war einer der beliebtesten Namen der damaligen Zeit – bei den Juden Palästinas rangierte er an sechster Stelle. In Josephus' Werk gibt es etwa 20 Jesusse, von denen die Hälfte zur selben Zeit wie Jesus von Nazareth lebte.[37]

Nach Angaben des British Office of National Statistics war der sechstbeliebteste Jungenname des Jahres 2008 Alfie (Joshua war Nummer fünf).[38] [39] Nach heutigen britischen Maßstäben hieße der Messias also Alf.

Dass Jesus die griechische Version des hebräischen Namens Yeshua ist, wissen die meisten Christen, aber nur sehr wenige benutzen ihn tatsächlich. Der Name Jesus ist in unserem westlichen Bewusstsein so tief eingegraben, dass es praktisch unmöglich ist, ihn wegzudenken und zu einer Zeit zurückzukehren, als er noch nicht Jesus von Nazareth war, sondern Yeshu, der Sohn von Yehosef und Miriam.

Es ist daher äußerst heilsam, dass das einzige körperliche Merkmal, das uns von Jesus sicher überliefert ist, seine Beschneidung ist. Die Thora, das Gesetz, verlangte eine Beschneidung am achten Tag.[40] Sie signalisierte die Mitgliedschaft in der Volksgemeinschaft und die Verpflichtung, nach dem Gesetz zu leben. Jesus war jüdisch. Er wurde als Jude geboren, er lebte als Jude und starb als Jude. Die Übersetzung seines Namens ins Griechische war notwendig, damit man seine Botschaft auf der ganzen Welt verstehen konnte, doch in gewisser Hinsicht wurde dadurch ein Prozess in Gang gesetzt, der bis heute andauert: die »Ent-Judifizierung« von Jesus. In vielen Fällen geschieht dies nicht bewusst. Doch wenn die Menschen vergessen, dass Jesus eigentlich Yeshua war, verändert sich dadurch nicht nur ihr Verständnis seiner Taten und Botschaften, wie sie in den Evangelien geschildert sind. Darüber hinaus könnten so auch Misstrauen, Angst, Hass und Gewalt entstehen.

Jesu jüdische Identität ist im nächsten kleinen Abschnitt der Geschichte klar erkennbar. Vierzig Tage nach seiner Geburt brachten ihn seine Eltern zum Tempel, dem »jüdischsten« Ort der ganzen Welt.

> Als die Zeit vorüber war, in der nach dem Gesetz des Mose eine Frau nach der Geburt als unrein gilt, brachten Josef und Maria das Kind nach Jerusalem, um es Gott zu weihen. (Denn im Gesetz heißt es: ›Jeder erste Sohn der Familie und jedes erstgeborene männliche Tier sollen dem Herrn gehören.‹) Gleichzeitig brachten sie auch das vorgeschriebene Reinigungsopfer für Maria dar: »Man musste zwei Turteltauben oder zwei andere Tauben opfern.« (Lk 2,22–24)

Hauptzweck des Besuchs war die rituelle Reinigung Marias.[41] Nach einer Geburt wurde eine Frau zunächst 40 Tage lang als unrein betrachtet – oder 80 Tage, wenn sie eine Tochter zur

Welt gebracht hatte. Während dieser Zeit durfte sie weder den Tempel betreten noch einen heiligen Gegenstand berühren (Lev 12,1–8). Das Opfer, das die beiden darbringen, ist bezeichnend: Die Verwendung von Tauben als Alternative zu Lämmern und Ziegen war ein Zugeständnis an die Armen.[42]

In dieses Ereignis baut Lukas Geschichten von Simeon und Hanna ein, zwei prophetenartigen Gestalten, welche die göttliche Identität Jesu bestätigen. Simeon ist eine etwas vage Figur, Hanna hingegen wird ausführlich beschrieben.

Die gottesfürchtige Frau, »die den Tempel nur noch selten verließ«, war die Tochter von Phanuël aus dem Stamm Asser. Sie war 84 Jahre alt und nach nur siebenjähriger Ehe seit vielen Jahren Witwe. Sie spricht nicht in wörtlicher Rede – wie Simeon und sein berühmtes *Nunc dimittis* –, doch wendet sie sich an »alle, die auf die Befreiung Jerusalems warteten« (Lk 2,38).

Auffällig ist, dass sie mit dem Stamm Asser in Verbindung gebracht wird. Sie ist die einzige jüdische Figur im Neuen Testament, die aus einem der nördlichen Stämme kommt – alle anderen stammen von Benjamin, Juda oder Levi ab. Sie ist also eine Außenseiterin.[43]

Das Stammesgebiet Assers lag im westlichen Hügelland Galiläas. Als die Assyrer im Jahre 733 v. Chr. den Norden des Königreichs Israel eroberten, wurden die meisten Einwohner versklavt und verschleppt. Vermutlich blieb eine Restbevölkerung übrig, doch das Gebiet war vorwiegend nichtjüdisch, bis es von den Hasmonäern erobert wurde. Hanna könnte also eine Übriggebliebene sein, eine der wenigen, die dem Exil und der Vernichtung in Assyrien entgingen und sich an das Land und ihre Stammeszugehörigkeit klammerten. Wahrscheinlicher jedoch ist, dass sie ein Nachkomme jener Tausende von Juden war, die jenseits des Euphrat in jüdischen Gemeinden wie in Nisibis oder Adiabene überlebten. Die jüdischen Führer in Jerusalem hielten per Schriftverkehr Kontakt mit den Gemeinden der östlichen Diaspora. Von besonderer

Bedeutung waren Mitteilungen mit den Daten der wichtigsten jüdischen Feste. Auch die Rabbiner hielten Kontakt. Es gibt Briefe von Gamaliel an die pharisäischen Juden in der Diaspora, und Rabbi Akiba soll die Region auf seinen Reisen besucht haben.[44] Während der letzten Tage des zweiten Tempels war in Jerusalem ein Rabbi namens Nachum der Meder aktiv. Dies legt nahe, dass entweder er oder seine Eltern von Medea nach Jerusalem gezogen waren.

Lukas' Angaben zu Hanna lassen auf eine wahre historische Persönlichkeit schließen. Sie ist eine Frau, die in Jerusalem vermutlich sehr bekannt war und an die man sich auch gut erinnerte. Diese kleinen Details deuten darauf hin, dass Hanna vor vielen Jahren aus dem Osten gekommen war, vielleicht mit ihrem Vater Phanuël.

Sie ist freilich nicht die einzige Reisende, die mit Jesu Geburt in Verbindung gebracht wird.

Sterndeuter aus dem Orient

Stellen wir eines vorab klar: Es waren keine drei, und Könige waren sie auch nicht: »Jesus wurde in Bethlehem geboren, einer kleinen Stadt in Judäa. Herodes war damals König. Einige Sterndeuter kamen aus dem Orient nach Jerusalem und erkundigten sich: ›Wo ist der neugeborene König der Juden? Wir haben seinen Stern aufgehen sehen und sind aus dem Osten hierhergekommen, um ihm die Ehre zu erweisen‹« (Matt 2,1–2).

Das zumeist als »Weise« übersetzte Wort lautet *magoi,* im Singular *magos,* woraus sich das lateinische *magus* ableitet. Die Wurzel ist *mageia,* das griechische Wort für Magie. In frühchristlicher Zeit assoziierte man dieses Wort mit Astrologen aus Chaldäa (der antike Name für das Marschland ganz im Süden Mesopotamiens), von denen viele gen Westen reisten, um ihre Kenntnisse zu vermitteln. Damals wurde noch keine scharfe Trennlinie zwischen Astrologie und Astronomie gezogen. Die Gelehrten glaubten, dass irdische Ereignisse durch Himmelszeichen angekündigt würden und dass die exakte Beobachtung des Sternenhimmels es ermögliche, reale irdische Ereignisse vorherzusagen und zu deuten. Der Glaube an die Astrologie war in der damaligen Zeit weit verbreitet. Römische Kaiser konsultierten regelmäßig ihre offiziellen Astrologen. In der Apostelgeschichte beschäftigt der Prokonsul von Zypern, Sergius Paulus, einen Sterndeuter namens Elymas Barjesus als Ratgeber (Apg 13,7–12). Der Beruf war jedoch nicht ohne Risiko, insbesondere wenn sich die Prophezeiungen als unangenehm erwiesen. Die *magoi* und *chaldäi* wurden im 1. Jahrhundert regelmäßig aus Rom verbannt, und Augustus, obgleich er selbst an die Astrologie glaubte, erließ ein Gesetz, das es unter Strafe stellte, einen Sterndeuter über das Schicksal des Kaisers zu befragen. Könige und Kaiser töteten oft die Überbringer schlechter Nachrichten – ein weiterer möglicher Grund, warum die weisen Männer beschlossen, auf dem Heimweg nicht wieder zu Herodes zurückzukehren.[45]

Der Stern selbst wurde vielfach als Beispiel für Matthäus' Erzähltechnik aufgefasst – »man nehme eine Prophezeiung und bastle dazu eine passende Geschichte«. Im vierten Buch Mose sagt Bileam, der Sohn Beors: »Ich sehe jemanden in weiter Ferne. Noch ist er nicht da, aber ich kann ihn schon erkennen. Ein Stern steigt auf von den Nachkommen Jakobs, ein Zepter erhebt sich in Israel« (4. Mose 24,17).

In Jesu Tagen war dies längst zu einer bekannten messianischen Prophezeiung geworden. In den Schriftrollen vom Toten Meer taucht sie gleich mehrfach auf. Später wurde sie auch auf Bar Kochba angewandt, der im Jahre 135 den Aufstand gegen die Römer anführte. Seltsam aber ist, dass Matthäus den Vers nicht zitiert. Anderswo ist er mit seinen alttestamentlichen Zitaten kaum zu bremsen, warum also tut er es ausgerechnet an dieser Stelle nicht? Vielleicht war die Geschichte von dem Stern keine Erfindung. Vielleicht gab Matthäus ein historisches Ereignis wieder, wenngleich mit einigen ziemlich erstaunlichen Details.

Noch etwas: Für die Frühkirche war Zauberei etwas Schlechtes. In der Apostelgeschichte ist von einem Magier aus Samarien zu lesen, der die Menschen »jahrelang mit seinen Zauberkünsten beeinflusst hatte« (Apg 8,11). Er wurde als Simon Magus bekannt und war eine beliebte Figur in der frühchristlichen Literatur. In einem apokryphischen Buch namens *Die Apostelgeschichte des Petrus* fordert er den Apostel zu allerlei Zauberduellen heraus, darunter auch im Fliegen durch die Luft. Petrus schlägt ihn schließlich, indem er betet, sein Gegner möge zu Boden fallen. Das Buch ist der *Harry Potter* seiner Zeit (oder *Harry Petrus*, wenn man so will). In der Apostelgeschichte wird der Zauberei mit Stirnrunzeln begegnet. Elymas Barjesus wird von Paulus geschlagen, und Konvertiten in Ephesus verbrennen ihre Zauberbücher (Apg 13,9 und 19,19). Frühchristliche Autoren verwenden das Wort *magos* fast ausschließlich in einem negativen Sinne. Es ist also ziemlich abwegig, dass Matthäus eine Geschichte erfunden haben soll, in der ausgerechnet Sterndeuter die Helden sind.

Allgemein war anerkannt, dass Himmelsphänomene bedeutende Ereignisse begleiteten. Wir haben bereits gesehen, wie die Mondfinsternis den Tod des Herodes »ankündigte« (davon später mehr). Daher ist es kaum überraschend, dass sich die frühchristliche Kirche im Zusammenhang mit der Geburt Jesu an die überlieferte Geschichte eines Sterns erinnerte. Die große Frage, die viele Bücher und viel zu viele Webseiten füllt, ist jedoch, um welche Art Himmelsphänomen es sich dabei handelte. Eines ist klar: Sterne bewegen sich nicht wie in Matthäus 2,9 beschrieben. Sie bleiben auch nicht über einem bestimmten Ort stehen. Die populärste und vielleicht glaubhafteste Erklärung ist, dass es überhaupt kein Stern war. Matthäus' Bericht scheint dies zu bestätigen. Die Weisen selbst kommen »aus dem Osten«, also aus der Richtung der aufgehenden Sterne, doch haben sie den Stern »aufgehen sehen« (Mt 2,2), was auf ein Erscheinen des Sterns am Abend hindeutet.[46] Herodes »fragte sie, wann sie zum ersten Mal den Stern gesehen hätten« (Mt 2,7). Die Antwort enthielt, wie er glaubte, das genaue Geburtsdatum desjenigen, der zur Bedrohung seines Throns werden würde.

Dieses ganze Auf- und Untergehen lässt darauf schließen, dass es sich nicht um einen Stern, sondern um einen Planeten handelte. Babylonische Astronomen der damaligen Zeit führten exakte Aufzeichnungen über die Planetenbewegungen, insbesondere von Jupiter, den sie mit Marduk gleichsetzten, der höchsten männlichen Gottheit der Babylonier, etwa vergleichbar mit Zeus oder Jupiter. Diese Aufzeichnungen zeigen uns, dass die Planeten Jupiter und Saturn damals im Sternzeichen Fische auftraten und am 20./21. Tag im babylonischen »Monat des Pflügens« ihren Höhepunkt erreichten – nach unserem Kalender am 12./13. November im Jahre 7 v. Chr.[47] Es handelt sich um eine sehr seltene Planetenkonjunktion, die sich erst 854 Jahre später wiederholte.[48] Manche Wissenschaftler nehmen an, dass das Sternbild der Fische nach babylonischem Glauben für Palästina oder das Morgenland stand.

Dies könnte ein weiterer Grund dafür sein, dass Herodes alle Jungen unter zwei Jahren von seinen Soldaten töten ließ. Zwei Jahre vor dem November des Jahres 7 v. Chr. landen wir im November 5 v. Chr., also exakt in der Zeit, zu der nach unserer Rekonstruktion Jesus geboren wurde. Das Jahr 7 v. Chr. ist zu früh für Jesu Geburt – er wäre dann zu alt für Lukas' Beschreibung eines »ungefähr 30« Jahre alten Mannes, aber freilich könnten die Astrologen für ihre Reise lange gebraucht haben. Von Medea nach Palästina war es ein weiter und beschwerlicher Weg.

Zudem mussten die notwendigen Vorkehrungen getroffen werden. Es handelte sich sowohl um eine wissenschaftliche als auch um eine diplomatische Expedition. In Persien übernahmen Sterndeuter häufig wichtige politische Funktionen.[49]

In Judäa sollte es einen neuen König geben, und was dessen Rolle als Messias betraf, so hatten sie eine ausgezeichnete Informationsquelle: die große Anzahl Juden in der persischen Diaspora. Es ist also durchaus möglich, dass sie die Hintergrundinformationen ihrer astrologischen Beobachtungen durch Gespräche mit denselben Diasporajuden ergänzten, aus deren Mitte auch Hanna abstammte.

Die Geschenke, die sie mitbringen, passen jedenfalls bestens in das Bild einer diplomatischen Mission. Babylonische Priester verbrannten Weihrauch auf silbernen Altären. Insgesamt betrachtet, handelt es sich jedoch eher um luxuriöse, teure Geschenke, wie man sie allgemein mit Königshöfen verbindet. Weihrauch wurde in Syrien angebaut, doch der Hauptteil stammte, wie auch die Myrrhe, aus dem heutigen Saudi-Arabien und aus Somalia.[50] Obwohl sie als separate Symbole zu deuten sind – Gold für einen König, Weihrauch für einen Priester, Myrrhe zur Balsamierung oder Salbung –, sind es höchstwahrscheinlich einfach die ganz normalen Luxusgüter, die man in diplomatischer Mission damals verschenkte. Grundsätzlich also könnte die Geschichte der drei Weisen auf einer realen diplomatischen Mission und einer tatsächlichen Planetenkonjunktion basieren.

All das erklärt freilich weder, warum der Stern immer noch da war, als sie eintrafen, noch, wie er sich bewegte und über einem Haus stehen blieb – Einzelheiten, die der ganzen Geschichte etwas Märchenhaftes verleihen. Dieses Märchen kommt jedoch nicht zu einem glücklichen Ende, denn die Mission der Weisen führt schließlich zu einem Massaker.

Er ließ alle Jungen umbringen

Das Massaker an den Kindern ist der gern vergessene Teil der Weihnachtsgeschichte. Er wird mit Bedacht vertuscht und geht in den tristen Tagen nach den großen Feierlichkeiten unter. Dabei stellt er ein entscheidendes Element von Jesu frühester Kindheit dar. Der Tod des Herodes hatte großen Anteil an der Atmosphäre, in der Jesus aufwuchs.

Nirgendwo in der zeitgenössischen Geschichtsschreibung wird das Massaker erwähnt. Aber warum auch? Es war kein Tyrannenmord. Keine Adelsfamilie, niemand von *Bedeutung* war darin verwickelt. Auf dem Seismographen von Herodes' Verbrechen verursachte die Tötung von ein paar Bauernkindern höchstens ein kleines Zucken.

Manche Wissenschaftler behaupten, Matthäus habe das Ereignis nur erfunden, um die Prophezeiung aus Jeremias 31,15 zu erfüllen. Wie wir jedoch gesehen haben, spricht nur wenig für eine Erfindung. Rama liegt 17 Kilometer von Bethlehem entfernt auf der anderen Seite von Jerusalem. Und auch das Zitat ist in keiner Weise eine messianische Prophezeiung. Sicherlich war es die Absicht von Matthäus, dass seine Leser eine alttestamentliche Parallele erkennen sollten – es ist die Geschichte vom Auszug aus Ägypten, mit Jesus als Mose und Herodes als Pharao, der die Neugeborenen umbringen lässt. Doch abermals ist schwer nachvollziehbar, warum Matthäus oder sonst irgendjemand in der Frühkirche solch eine Geschichte hätte erfinden sollen, nur um Jesus als neuen Mose darzustellen.

Viel wahrscheinlicher ist, dass die Geschichte von einem Massaker an Kindern in der Frühkirche bereits allgemein bekannt war. Die Frühkirche glaubte, dass Herodes die Kinder von Bethlehem hatte umbringen lassen und Jesus nur durch göttliche Fügung entronnen war.

Tatsächlich passt dieses Ereignis perfekt in die fiebrige Paranoia der letzten Tage des Königs. Er lag damals bereits im Sterben, und die Art seines Todes trieb ihn zum Wahnsinn.

Die Leute, die das Kind töten wollten, sind gestorben

Josephus beschreibt den Tod des Herodes in allen Einzelheiten:

> Danach befiel die Unpässlichkeit den ganzen Körper und ergriff sämtliche Glieder mit allerlei Symptomen: Er hatte leichtes Fieber und litt am ganzen Körper unter unerträglichem Juckreiz der Haut, sein Dickdarm schmerzte unaufhörlich, seine Füße waren von wässrigen Geschwüren übersät, und sein Unterleib war entzündet – seine Lenden verwesten, und Würmer kamen daraus hervor. Zudem fiel ihm das Atmen schwer. Aufrecht sitzend, rang er nach Luft und bekam Krämpfe in allen Gliedern; die Wahrsager hielten sein Leiden für eine Strafe dafür, was er den Rabbinern angetan hatte.[51]

Die Beschreibung klingt ekelhaft: leichtes Fieber, unerträglicher Juckreiz, ständige Darmschmerzen, Geschwüre in den Füßen wie bei Wassersucht, Entzündung des Unterleibs, Verwesung der Genitalien, Kurzatmigkeit und Krämpfe (abgesehen davon, ging es ihm gut). Viel ist über die Natur der Erkrankung spekuliert worden: Diabetes, Arterienverkalkung, Herzversagen, Leberzirrhose, Amöbenruhr. Ein von mir befragter Arzt brachte Geschlechtskrankheiten oder den Biss einer Sandfliege ins Spiel. Die Würmer sind ein besonders grausiges Detail, das jedoch häufig genannt wird, wenn es um den Tod berüchtigter Personen geht. Etwa bei Herodot: Nachdem Pheretima von Kyrene für die Ermordung ihres Sohnes blutige Rache an den Barkanern genommen hat, erkrankt sie und stirbt »einen grausigen Tod, bei dem ihr Körper von Würmern wimmelte, während sie noch am Leben war«. In Makkabäer 2 leitet Antiochus Epiphanes eine Expedition gegen Jerusalem, in deren Verlauf er verwundet wird. Gegen Ende ist sein Körper von Würmern zerfressen, und seine gesamte Armee ist angeekelt von dem Gestank. In der Apostelgeschichte wird Agrippa, der Enkel des Herodes, von Würmern aufgefressen. Spätere christliche Legenden über Judas Iskariot beschreiben ihn als jemanden, der von Würmern zerfressen durch die Straßen irrt.[52]

Wie auch immer die moderne Diagnose ausfällt – für die Juden, die unter Herodes gelitten hatten, war die Ursache seines Todes weder Diabetes noch Syphilis oder gar der Biss einer Sandfliege, sondern ausgleichende Gerechtigkeit. Er büßte für seine Sünden, und diese waren gewaltig.

Herodes herrschte von 37–4 v. Chr. über das jüdische Palästina.[53] Fast 70 Jahre früher war er südlich von Judäa als Sohn einer edomitischen Familie zur Welt gekommen. Sein Großvater war während der Herrschaft des Johannes Hyrcanus I. (134–104 v. Chr.) zum Judentum konvertiert. Sein Vater Antipatros war Ratgeber von Johannes Hyrcanus II und wurde 47 v. Chr. zum *epitropos* (Aufseher) von Judäa ernannt. Im Alter von 25 Jahren wurde Herodes Statthalter von Galiläa und machte sich durch seine aggressive Politik gegen die vielen Räuberbanden und örtlichen Kriegsherren einen Namen.

Es war der Beginn einer Karriere, die sich durch zweierlei Merkmale auszeichnete: strategische Brillanz und brutale Aggression. Herodes war ein Monster, aber ein brillantes Monster. Als Pompeius im Jahre 63 v. Chr. Judäa eroberte, wusste Herodes, dass er nur dann überleben konnte, wenn er Rom gegenüber uneingeschränkt loyal war.

Selbst in den dunklen Tagen, als sein Vater ermordet wurde und er gezwungen war, aus dem Land zu fliehen, schätzte man seine persönlichen Fähigkeiten und seine Loyalität gegenüber Rom. Als sich der hasmonäische König Antigonus Mattathias mit den Parthern gegen die Römer verbündete, begab sich Herodes nach Rom, wo er zum König von Judäa gekrönt wurde. Im Jahre 39 v. Chr. kehrte er nach Judäa zurück und vertrieb im Sommer 37 v. Chr. mit Hilfe Roms schließlich Antigonus aus Judäa. Das Königreich war sein.

Nach einer zehnjährigen Konsolidierungsphase begann er ein gewaltiges Bau- und Wiederaufbauprogramm. Er baute Samaria wieder auf und nannte es Augustus zu Ehren Sebaste. Er machte Caesarea zur Vorzeigestadt nach griechisch-römischem Muster, wo er auch einen riesigen künstlichen Hafen anlegen ließ, den größten im gesamten Mittelmeerraum und Heimathafen der judäischen Marine.[54] Auf Berggipfeln ließ er eine Kette von Wehrburgen errichten.

In Jerusalem schuf er den größten Tempelkomplex der antiken Welt. Seine Tempelanbauten machten die Stadt in bislang nicht gekanntem Ausmaß zum Pilgerziel. Es war Herodes, der Neuheiten wie den Vorhof der Frauen oder den Vorhof der Nichtjuden einführte.[55] Juden aus dem gesamten griechisch-römischen Einflussbereich unterstützten den Tempel durch ihre Tempelsteuer – die ebenfalls eine neue Erfindung war und vermutlich aus der Regentschaft von Salome Alexandra (76/75 bis 67 v. Chr.) oder noch jüngerer Zeit stammte.[56] Die Pilger brachten Geld mit, das sie für Unterkunft, Verpflegung und Opfer ausgaben. Mehr als jeder andere – von Salomon vielleicht abgesehen – war Herodes dafür verantwortlich, dass der Tempel zum Zentrum jüdischen religiösen Lebens wurde.

Und doch gab es Zweifel an seinem Jüdischsein. Josephus nennt ihn einen Halbjuden.[57] Warum? Vermutlich deshalb, weil er persönlich einige sehr unjüdische Bräuche unterstützte. Er unterstützte heidnischen Gottheiten geweihte Tempel in anderen Teilen der römischen Welt. Seine Münzen trugen Bilder mit heidnischen Assoziationen. Er baute zwar den Tempel in Jerusalem, doch ließ er gleichzeitig auch ein Theater, ein Hippodrom und ein Amphitheater errichten.[58] Darüber hinaus begrüßten nicht alle Juden den Aufstieg des Tempels, wie wir noch sehen werden. Manch einer sah darin ein Symbol für die religiöse Bankrotterklärung der jüdischen Führung.

Strategisch gesehen, war Herodes also sehr erfolgreich; seine

Innenpolitik und sein Privatleben hingegen waren überschattet von entsetzlicher Paranoia und Misstrauen. Trotz der leidenschaftlichen Liebe zu seiner Frau Mariamne ließ er sie 29 v. Chr. hinrichten, weil er sie im Verdacht hatte, sich gegen ihn verschworen zu haben. Danach war er nicht mehr derselbe. Josephus berichtet, er habe ihren Namen gerufen, sei auf der Suche nach ihr im Palast umhergeirrt und habe geistesabwesend den Dienern aufgetragen, sie herbeizuholen.[59] Die Söhne, die er mit ihr hatte – Alexander und Aristobulus –, vergaben ihm nie. Das letzte Jahrzehnt seines Lebens war geprägt von Lügen und Intrigen. Trotz der politischen und wirtschaftlichen Erfolge seiner Regentschaft, trotz der Tatsache, dass man ihm die Titel »Freund Cäsars« und »Freund Roms« verliehen hatte, herrschte andernorts niemals Mangel an Feinden. Als ein Informant ein geplantes Attentat gegen ihn aufdeckte, war es der Informant, den der Mob in Stücke riss.[60] Sein Netzwerk aus Spionen und Informanten war gewaltig. Man sagt, er habe in Verkleidung heimlich den Palast verlassen, um bei seinen Untertanen die »Meinung der Straße« zu hören. Josephus zufolge diente das Netz aus Festungen – allen voran Antonia, die den Tempelberg in Jerusalem überragte, aber auch Masada, das Herodium und die Burg Machaerus – nicht dazu, Herodes vor Invasoren zu schützen, sondern vor einem Aufstand seines eigenen Volkes.[61]

Sein Verhalten ist in einem jüdischen Werk aus dem frühen 1. Jahrhundert n. Chr. mit dem Titel *Das Testament Mose* wie folgt beschrieben: »Ein anmaßender König wird ihnen folgen … Er wird die Alten und die Jungen erschlagen und niemanden schonen. Und er wird über sie richten, wie es die Ägypter getan haben.«[62]

Insbesondere seine letzten Jahre waren von Gewalt geprägt. Er tötete seine drei ältesten Söhne – den letzten gerade drei Tage vor seinem eigenen Tod. Um das Jahr 7 v. Chr. tötete er 300 seiner eigenen Beamten, denen er vorwarf, sich mit seinen Söhnen gegen ihn verschworen zu haben: »Er brachte zudem

300 Beamte, die er beschuldigte, ebenso wie Tero und seinen Sohn und den Barbier, der sie beschuldigte, vor eine Versammlung und klagte sie allesamt an.«[63]

Etwa zur selben Zeit tötete er die Anführer der 6000 Pharisäer, die das Treuegelöbnis verweigert hatten. Es war nicht ihre Weigerung, die seinen Zorn auf sie gelenkt hatte, sondern vielmehr ihre Prophezeiung: »Gott hatte bestimmt, dass Herodes' Herrschaft enden und die Nachwelt davon verschont bleiben solle; und dass das Königreich über sie und Pheroras und über ihre Kinder kommen solle.«[64] Jeden am Hofe, der dieser Prophezeiung Glauben schenkte – oder dessen verdächtigt wurde –, ließ Herodes ebenfalls töten. Nicht nur Sterndeuter hatten unbequeme Prophezeiungen zu büßen.

Am Tag der Mondfinsternis soll er den ehemaligen Hohepriester Matthias umgebracht haben. Etwas später ließ er die Hintermänner der beiden Zeloten hinrichten, die den goldenen Adler über dem Tempel gestürzt hatten, und die Rabbiner, deren Hetzreden sie dazu angestiftet hatten. Sie glaubten, der Adler – ein Götzenbild – verunreinige den Tempel, obgleich er sich vermutlich auf einem der äußeren Tore befand, nämlich auf der »königlichen Pforte« über dem Laufgang, der von der Oberstadt herunterführte. Außerdem glaubten sie, Herodes sei dem Tode zu nahe, um sich darum noch zu scheren. Doch da irrten sie sich.[65]

In diesen Kontext passt das Massaker an den Kindern perfekt hinein. Allerdings waren davon nicht besonders viele Kinder betroffen. Wenn die Einwohnerzahl Bethlehems etwa 1000 betrug, dann waren innerhalb einer zweijährigen Zeitspanne vielleicht 20 Jungen geboren worden. Die Kindersterblichkeit war hoch, also hatten nicht alle überlebt. Wir haben es also mit keiner groß angelegten Säuberungsaktion zu tun.[66] Es ist eher ein Verwaltungsakt – eine Intervention, um die Ausbreitung einer Krankheit zu verhindern.

Dennoch wirken Herodes' Umgang mit dem Besuch der Sterndeuter und auch die nachfolgenden Ereignisse angesichts seiner hohen Intelligenz etwas plump. Warum ließ er die Sterndeuter ziehen und schickte ihnen später jemanden hinterher? Warum stellte er ihnen nicht gleich eine bewaffnete Begleitung zur Seite?

Möglicherweise ist die Antwort in seinem Gesundheitszustand zu suchen. Er war nicht mehr in der Lage, rationale Entscheidungen zu treffen. Er spielte mit dem Gedanken an Suizid: Einmal hatte er bereits versucht, sich mit einem Obstmesser zu erstechen. Er erteilte Befehle, die selbst nach seinen Standards egomanischer als je zuvor waren. Wissend, dass sein Volk seinen Verlust nicht beklagen würde, ließ er »die wichtigsten Männer aus jedem Dorf in ganz Judäa« im Hippodrom in Jericho einsperren, mit der Anweisung, sie bei seinem Tode hinzurichten. Dies, so glaubte er, würde dafür sorgen, dass jede Familie in Judäa trauerte – wenn nicht um Herodes, dann um die Männer, die sie verloren hatten. (Seine Schwester, die mit der Aufgabe betraut war, weigerte sich, sie durchzuführen. Nach Herodes' Tod wurden die Männer entlassen.) Es ist, als läse man über die letzten Tage eines Diktators, eines Kim Jong-il, eines Ceauşescu. Vor diesem Hintergrund ist es vollkommen verständlich, dass etwas, das an einem Tag schlicht irrelevant erscheint, am nächsten Tag eine vermeintliche Bedrohung darstellt. Man möchte meinen, dass diese Geschichte fraglos akzeptiert würde, wäre sie an anderer Stelle überliefert als in den Evangelien. Sie ist für diesen wahnsinnigen sterbenden König absolut charakteristisch.

Die Geschichte von Jesu Geburt ist die Geschichte einer kleinen Dorfgemeinschaft, die ein Neugeborenes in ihrer Mitte willkommen heißt – und den Preis dafür zahlt. In gewisser Hinsicht waren die Menschen von Bethlehem die erste verfolgte Kirche. Sie waren die ersten Menschen, die Jesus willkommen hießen, und die ersten Menschen, die dafür bestraft wurden.

Wie sich herausstellte, war das Massaker sinnlos – weil Jesus und seine Familie bereits fort waren.

»Flieht mit dem Kind nach Ägypten. Bleibt so lange dort, bis ich euch zurückrufe!«

Matthäus zufolge entkam Jesus nach Ägypten, weil sein Vater in einem Traum gewarnt worden war. Bethlehem liegt nur um die 60 Kilometer von der Grenze entfernt, so dass die schnellste und sicherste Route über die freie Stadt Aschkelon und dann entlang der Küste über Gaza führte. Karten dieser Reise lassen Jesus und seine Familie oft bis tief nach Ägypten hinein gelangen, doch gibt es keinen Grund zur Annahme, dass sie so weit wanderten. Da es bereits 40 Tage nach der Geburt wieder sicher war, nach Jerusalem zu gehen, müssen sich der Besuch der Sterndeuter und das Massaker irgendwann in den ersten paar Monaten des Jahres 4 v. Chr. zugetragen haben – möglicherweise nach der Mondfinsternis am 11. März 4 v. Chr., die das Dahinsiechen von Herodes ankündigte. Da dieser Anfang April starb, brauchte die Familie nur einige Wochen in Ägypten zu bleiben. Es ist freilich auch möglich, dass sie sich länger dort aufhielt, aber nicht notwendigerweise. (Siehe Zeittafel im 1. Kapitel.)

Wahrscheinlich blieben Jesus und seine Familie bis etwa sieben Wochen nach seiner Geburt in Ägypten. Das Evangelium gibt lediglich an, Jesus sei nach Ägypten gegangen und nach Herodes' Tod zurückgekehrt. Da Herodes etwa Anfang April im Jahre 4 v. Chr. starb, genügten ein paar Wochen vollauf. Sie waren jenseits der Grenze außer Reichweite, in Sicherheit. Dies könnte der Grund dafür sein, dass Lukas den Aufenthalt nicht erwähnt. Es war einfach keine große Sache. Jesus wuchs nicht in Ägypten auf, er war nur kurze Zeit dort.

Schließlich starb Herodes und wurde im Herodium beigesetzt, einer palastartigen Festung etwa zwölf Kilometer südlich von Jerusalem. Sein Grab galt jahrhundertelang als verschollen, bis ein archäologisches Team unter Leitung von Professor Ehud Netzer im Jahre 2007 einen reichverzierten Sarkophag entdeckte, etwa in der Hangmitte und exakt an der von Josephus beschriebenen Stelle. Der Leichnam befand sich darin längst nicht mehr, und vom Grab selbst sind nur Fragmente erhalten.

Josef erfährt die Neuigkeiten in einem weiteren Traum, also wagen sie zögernd die Rückkehr über die Grenze. Dort erwartet sie eine Überraschung: Archelaus ist nach Herodes neuer König von Judäa. Noch wenige Tage vor Herodes' Tod war Antipas der designierte Thronfolger. Nun müssen sich drei von Herodes' verbliebenen Söhnen das Königreich teilen: Archelaus, Antipas und Philippos. (Sie sind alle drei sehr junge Männer: Archelaus 19, Antipas 17 und Philippos gerade 16 Jahre alt.)[67] Diese plötzliche Änderung erklärt, warum Josef so erstaunt wirkt, dass Archelaus König ist – und wenn wir uns Archelaus' Taten nach der Thronbesteigung anschauen, sehen wir auch, warum Josef kein Bedürfnis hatte, länger in Bethlehem oder in Judäa zu bleiben.

Wie es Vorschrift war, trauerte Archelaus eine Woche lang um seinen Vater, bis er den goldenen Thron im Tempel bestieg. Anfänglich brandete ihm Zustimmung entgegen. Da er sich seiner mangelnden Popularität bewusst war, ging er sofort auf die Forderungen des Volkes ein, senkte die direkten Steuern und die Zollabgaben und ließ obendrein ein paar Gefangene frei. Tatsächlich stimmte er allem zu, was das Volk verlangte. Einige Juden begannen die Männer, die Herodes wegen der

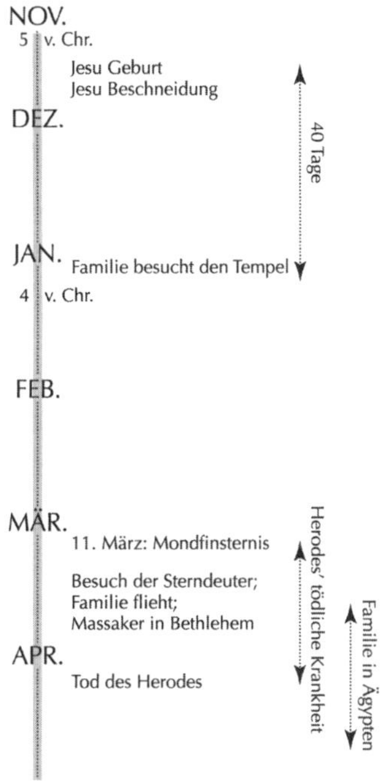

Sache mit dem goldenen Adler hatte töten lassen, öffentlich zu betrauern. Stimmen wurden laut, die eine Absetzung des Hohepriesters forderten. Als Archelaus Beamte entsandte, die mit der Menge sprechen sollten, bewarf man sie mit Steinen. Er schickte eine Kohorte Soldaten, um die Unruhen im Keim zu ersticken, doch die Juden im Tempel steinigten sie und töteten die meisten von ihnen. Es war die Zeit des Passah, und Josephus zeichnet ein lebhaftes Bild der bizarren Atmosphäre des Festes: Nachdem die Kohorte mit Steinen beworfen und die meisten Männer getötet worden waren, kam der Tribun selbst nur knapp mit dem Leben davon. »Dann«, so schreibt Josephus, »wandte sich [die Menge] dem Opfer zu, als wäre nichts Besonderes geschehen.«[68] Am Ende tat Archelaus, was seine Familie am besten konnte: Er entsandte mehr Truppen, die 3000 Menschen töteten und die Festlichkeiten beendeten. Passah war abgesagt. Es war kein guter Beginn seiner Herrschaft.

Man stelle sich also vor, wie Josef zurückkehrt und derartige Zustände vorfindet. Es ist vermutlich im späten Frühjahr 4 v. Chr. Er überquert die Grenze und kehrt nach Bethlehem zurück, nur um dort Geschichten über ein Blutvergießen im Tempel und Streit um die Thronfolge zu hören. Es ist nicht die rechte Zeit, um mit diesem mysteriösen Kind, einem künftigen König, in der Nähe von Jerusalem zu verweilen. Zeit, sich wieder aus dem Staub zu machen. Zeit, nach Norden zu gehen, nach Galiläa, und in Nazareth unterzutauchen.

Untertauchen ließ es sich dort allerdings schlecht.

Nazareth war mittlerweile ein Kriegsgebiet.

2
Nazareth, 4 v. Chr. – 28 n. Chr.

Galiläa gehörte ihnen. Als sie sicher wussten, als sie *Gewissheit* hatten, dass der alte Bastard tot war, handelte er. Blitzschnell. Er hatte lange darauf gewartet. Er war geduldig gewesen und hatte wie ein Wüstenlöwe seine Kreise gezogen, immer bereit zuzuschlagen. Seit 40 Jahren, seit der alte König Statthalter von Galiläa war, seit dem Tage, an dem er seinen Vater hatte hinrichten lassen.

Also rief Judas seine Männer aus den Höhlen, den Hügeln und den Verstecken zusammen. Sie kamen alle: Männer voller Groll, Männer mit Ambitionen, Männer mit alten Rechnungen, die noch zu begleichen waren. Sie machten sich auf nach Sepphoris. Es war Zahltag. Hurra! Endlich wurde abgerechnet.

Ein guter Augenblick, nebenbei. Die Römer zankten sich. Herodes' Söhne, diese bartlosen Knabenkönige, waren nach Rom gerannt, um Augustus zu bitten, sie zum König zu machen. Lassen wir sie gehen. Wenn sie zurückkommen, wird es kein Königreich mehr geben.

Sepphoris war einfach. Eine verwöhnte Stadt voller Griechen und Heiden mit weicher Haut vom Bade und vom Luxus geschwächtem Geist. Sie waren gut darin, Steuern von Leuten einzutreiben, die sich nicht wehren konnten. Aber wenn es zum Kampf kam …

Also nahmen sie die Stadt ein. Er und seine Männer marschierten wie eine richtige Armee in Sepphoris ein. Herodes' Zentrum in Galiläa. Sie eroberten die Stadt – und mit ihr eine Menge Waffen. Und sehr viel Geld.

Es gab nun viele Kämpfe. Nicht nur gegen die Römer, sondern auch gegen all jene, die dieselbe Idee gehabt hatten. Na gut, sollten sie es nur versuchen. Sein Augenblick war gekommen, um König zu sein. Er würde sie alle schlagen, sie in Stücke reißen, sie das Fürchten lehren und sie unterwerfen.
Die Römer würden kommen, ohne Zweifel. Aber er würde bereit sein. Er und seine Männer.
Galiläa war sein. Hurra! Die Schuld wurde beglichen.

Als er königliche Macht erhalten hatte, kehrte er zurück

Gerüchte um Herodes' Tod reichten bereits aus, dass es in Jerusalem zu Protesten kam; sein tatsächlicher, bestätigter Tod stürzte das Königreich ins Chaos.

Seine beiden Söhne Archelaus und Antipas waren nach Rom gereist, um bei Augustus vorstellig zu werden und die Testamentsstreitigkeiten zu klären. Archelaus wollte, dass der Letzte Wille seines Vaters bestätigt wurde, den er kurz vor seinem Tode verfasst hatte. Antipas hingegen forderte, einem anderen Testament Gültigkeit zu verschaffen, das nur wenige Monate zuvor aufgesetzt worden war und ihn als Alleinherrscher Judäas einsetzte.[1] Während sie abwesend waren, sich stritten und zankten, brachen in ganz Judäa Revolten aus.

Als Statthalter von Syrien entsandte Varus eine Legion Truppen nach Jerusalem, doch wurde diese Maßnahme von seinem Untergebenen Sabinus untergraben, der versuchte, die Befehlsgewalt an sich zu reißen und Herodes' Festungen »nach des Königs Gold zu durchsuchen«. Es war die Zeit des Wochenfestes (Schawuot), und Tausende Juden – Galiläer, Idumäer, Männer aus Jericho und Peräa – marschierten auf die Hauptstadt zu, diesmal nicht nur als Pilger, sondern erzürnt über die Dreistigkeit und Gier von Sabinus. Sie schlossen sich mit den Gleichgesinnten in Jerusalem zum Sturm auf die Stadt zusammen und drangen von allen Seiten auf die Römer ein.

Im Tempel entbrannte ein Nahkampf, und gerade als die Römer bereits überwältigt schienen, setzten sie die Kolonnaden in Brand. Das Dach brach ein. Diejenigen Aufständischen, die das Feuer überlebten, wurden niedergemetzelt. In ihrer Dummheit nutzten die Römer die Gelegenheit und machten etwas Beute, indem sie aus dem »unbewachten Schatz Gottes« 400 Talente entnahmen.[2] Die Juden gerieten außer sich, verdoppelten ihre Anstrengungen und belagerten Sabinus im Palast.

In der Zwischenzeit hatten sich die Unruhen weiter ausgebreitet. Es gab »zehntausend Aufstände in Judäa«, während in den Bezirken des Landes »viele die Gelegenheit ergriffen und den Thron forderten«.[3] In Idumäa kam es zu einem Aufstand von 2000 Veteranen des Herodes. In den Ebenen nahe Jerusalem versuchte ein ehemaliger Schafhirte namens Athronges, »dessen Hoffnungen sich auf seine Körperkraft und seine Todesverachtung stützten«, mit Hilfe seiner vier Brüder die Herrschaft zu beanspruchen.[4] Er blieb einige Monate in Freiheit. Andere wurden rascher dingfest gemacht. In Peräa führte der königliche Sklave Simon, der für sein gutes Aussehen bekannt war, eine Räuberbande auf Beutezug an. Sie brannten den Palast in Jericho und andere herrschaftliche Gebäude nieder, dann wurde er von Gratus, dem Kommandanten der königlichen Infanterie, in einem Hohlweg gefangen und hingerichtet.

Und nun zu Galiläa.

Im Jahre 46 v. Chr., während seines Aufstiegs zur Macht, hatte Herodes einen Banditen namens Hezekiah gefangen und getötet, der das an Syrien angrenzende Gebiet terrorisiert hatte. Josephus verwendet zwar das Wort »Bandit«, doch handelte es sich nicht um einfache Straßenräuber, sondern um politisch motivierte Guerillakämpfer. Wie die Taliban in Afghanistan oder die Dschungelguerilleros in Südamerika hatten ihre Raubzüge und Morde einen politischen Hintergrund.

Als Herodes starb, sah Hezekiahs Sohn Judas seine Chance für die lang ersehnte Rache gekommen. Er scharte eine große Anzahl Männer um sich und griff den Palast in Sepphoris an, das damals die größte Stadt Galiläas und das Verwaltungszentrum der Region war. In Sepphoris befand sich nicht nur die regionale Schatzmeisterei, sondern auch ein Waffendepot für örtliche Truppen. Judas »ergriff alle Waffen, die darin lagerten, und bewaffnete damit alle, die mit ihm waren, und trug alles Geld davon, das er finden konnte«. Offenbar war es sein Ziel, sich selbst zum König von Galiläa zu machen.[5]

Mittlerweile aber machten die Römer mobil. Varus, Statthalter von Syrien, forderte zwei Legionen aus Antiochia an und marschierte gen Süden, um der Legion von Jerusalem zu Hilfe zu kommen. Die Situation in Galiläa erforderte einen Gegenschlag, daher befahl Varus einen Angriff auf die Region:

> Als [Varus] seine Streitmacht versammelt hatte, unterstellte er einen Teil davon seinen Söhnen und einem Freund und schickte sie auf einen Feldzug nach Galiläa, welches in der Nähe von Ptolemais liegt; sie griffen den Feind an, schlugen ihn in die Flucht, eroberten Sepphoris, machten seine Bewohner zu Sklaven und brannten die Stadt nieder.[6]

Wie viel von Sepphoris zerstört wurde, ist unbekannt, doch wenn die Römer ihre gängige Taktik befolgten, war der Schaden in dem betroffenen Gebiet beträchtlich: Felder verwüstet, Häuser niedergebrannt, Familien dezimiert. Eine Wunde, die niemals heilen würde.

Und Kreuzigungen. Von Josephus wissen wir, dass Varus bei der Befriedung Judäas sehr viele Gefangene machte. Die meisten davon wurden vermutlich als Sklaven außer Landes gebracht. »Die Aufwiegler jedoch wurden gekreuzigt – etwa 2000.«[7]

Römische Bürger brauchten die Kreuzigung nicht zu fürchten; sie war jenen vorbehalten, die Rom in ständiger Angst halten wollte. Die Hauptzielgruppe dieser Todesart waren die Sklaven, doch wurde sie auch bei ausländischen Rebellen regelmäßig angewandt. Insbesondere bei den Juden.

Es ist eine grausige Ironie, dass man ausgerechnet die Juden viele Jahre lang für das Kreuz verantwortlich gemacht hat, wo sie doch häufig selbst Opfer dieser Strafe wurden. In den Tagen vor dem jüdischen Aufstand ordnete der römische Prokurator Florus die Kreuzigung als Strafe für all jene an, die sich über ihn lustig machten. Er ließ wahllos eine große Anzahl jüdischer Bürger und Mitglieder des jüdischen Adels zusammentreiben, in Ketten legen und kreuzigen.[8] Wir wissen nicht mit Sicherheit, ob die Kreuzigung zur Unterdrückung der Revolte in Galiläa eingesetzt wurde, aber falls nicht, dann war es eher die Ausnahme als die Regel.

Was auch immer der Fall war, jedenfalls kehrten Jesus und seine Familie in eine Region zurück, die sich im Schockzustand befand, traumatisiert durch die Nachwirkungen der Aufstände. Nazareth lag nur etwa fünf Kilometer von Sephoris entfernt, dem Epizentrum der Revolte. Natürlich war Jesus damals noch ein Baby, doch muss er unter dem Eindruck der Erinnerungen aufgewachsen sein, welche die Menschen in diesem Gebiet teilten: Erzählungen von Greueltaten, Geschichten von versklavten Freunden und Verwandten sowie tiefes Misstrauen gegenüber den Herrschenden und jenen, die herrschen wollten. Wie jeder andere Jude wuchs auch Jesus in einer Atmosphäre der Angst auf.

Wir stellen uns das römische Imperium hauptsächlich deshalb als »zivilisiert« vor, weil die Römer ein hochentwickeltes Rechtssystem hatten und wussten, wie man Straßen baute. Was wir dabei jedoch vergessen: Das römische Weltreich war in erster Linie eine Militärdiktatur. Der Kaiser herrschte durch Angst. Wenige Aussagen illustrieren die römische Macht besser als der Rat von Plutarch an die Herrscher einer besetzten Provinz – Herrscher wie Archelaus und Antipas: »Ihr, die ihr die Regentschaft innehabt, seid Untertanen, die einen Staat verwalten, welcher von den Prokonsuln und den Prokuratoren des Kaisers beherrscht wird ... Empfindet ob eurer Krone weder großen Stolz noch Zuversicht, denn über eurem Kopf seht ihr die Stiefel der Soldaten ...«[9]

Wenn das auf Klientelkönige zutraf, in welchem Ausmaß mag es dann erst für den gemeinen Bauern gegolten haben? Wer aus der Reihe tanzte, wurde von den Römern mit unerbittlicher Gewalt zermalmt. Selbst Kritik konnte einen leicht in Schwierigkeiten bringen:

> Rabbi Judah, Rabbi Jose und Rabbi Simeon setzten sich nieder, und Judah, Sohn der Proselyten, setzte sich zu ihnen. Da begann Rabbi Judah zu sprechen und sagte: »Wie hervorragend sind die Taten dieses Volkes. Sie haben Marktplätze angelegt, Brücken gebaut und Badeanstalten eröffnet.« Rabbi Jose schwieg. Rabbi Simeon ben Jochai antwortete und sagte: »Alles, was sie uns gebracht haben, haben sie nur für ihre eigenen Bedürfnisse getan. Sie haben Marktplätze angelegt, um Huren daraufzustellen; Bäder zu ihrem eigenen Vergnügen gebaut; Brücken, um Wegezoll einzufordern.« Judah, Sohn der Proselyten, ging davon und berichtete von ihren Worten, welche auch die Regierung vernahm. Sie sagten: »Judah, der [Rom] pries, sei gepriesen; Jose, welcher schwieg, soll nach Sepphoris verbannt werden; Simeon indes, der Anschuldigungen vorbrachte, sei des Todes.«[10]

Simeon soll durch eilige Flucht dem Tode entkommen sein. Die nächsten 14 Jahre verbrachte er versteckt in einer Höhle. Zugegeben, diese Geschichte stammt etwa aus dem Jahre 135 n. Chr., sozusagen im Kielwasser zweier jüdischer Aufstände, so dass Rom nicht in der Stimmung war, Milde walten zu lassen. Nichtsdestotrotz spiegelt sich darin ein allgemeines Verständnis wider. Antirömisches Verhalten wurde bestraft.

Dies ist ein weiterer oft vergessener Aspekt des Jüdischseins Jesu: Er wuchs mit einem Grundrauschen der Angst auf. Besetzte Völker leben stets zu einem gewissen Grad in Angst. Sie sind sich immer bewusst, dass die Machthaber mit ihnen tun und lassen können, was sie wollen, und dass sie nichts dagegen unternehmen können. So empfand auch die Mehrheit der Juden im römischen Imperium, und man begegnete ihnen mit Misstrauen und Argwohn. In Galiläa, einem Gebiet, das für Aufruhr und Rebellion bekannt war, muss es freilich noch weitaus schlimmer gewesen sein.

Angst vor den Römern, Angst vor den Steuereintreibern, Angst vor Missernten und willkürlicher Bestrafung. Angst vor dem Tod. Angst, dass jemand aus der Reihe tanzt und viele Menschen dafür büßen müssen. In dieser verbitterten, aufgebrachten Region, die um ihre Toten trauerte, lebte, lernte, spielte und arbeitete Jesus: in Nazareth. Lukas beschreibt seine Jugend mit folgenden Worten: »Das Kind wuchs heran, erfüllt mit göttlicher Weisheit, und Gottes Segen ruhte auf ihm« (Lk 2,40).

Nazareth in Galiläa

Viele christliche Biographien aus Jesu Zeit lassen die Jahre in Nazareth mehr oder minder außer Acht. Sie stellten kein »Wirken« dar, gehörten nicht zu Jesu eigentlicher Aufgabe. Dabei war Nazareth von entscheidender Bedeutung. Bevor er zu Jesus Christus wurde, war er Jesus von Nazareth. Nazareth machte ihn zu dem Mann, der er war. Dort wuchs er auf und genoss seine Erziehung. In Nazareth besuchte er die Synagoge, lernte Hebräisch, las die Thora. Nazareth gab ihm die Bilder, mit denen er seine Geschichten füllte, das Vokabular für sein späteres Werk. Das Problem ist freilich, dass die Evangelien nur sehr wenig über diese Zeit berichten. Lässt sich also irgendetwas darüber finden? Oder, in den Worten Nathanaels: »Nazareth? Was kann von da schon Gutes kommen?« (Joh 1,46).

Zunächst zum Dorf selbst. Nazareth war eines von Hunderten ähnlicher, kleiner und unbedeutender Dörfer, das auf einer Anhöhe über der ländlichen Umgegend kauerte. Schätzungen zur Bevölkerungszahl variieren, doch wohnten wahrscheinlich kaum mehr als 400 Personen dort. Josephus zufolge gab es in Galiläa 204 Städte und Dörfer, also war Nazareth nur eines von vielen.[11] Uns sind nur zwei richtige Städte in Galiläa bekannt: Sepphoris und Tiberias. Die weitaus meisten Gemeinden waren klein, mit durchschnittlich 300 Einwohnern, und nahmen vielleicht einen oder zwei Hektar Land ein.[12]

In diesen Dörfern gab es wenig, was man als »Marktwirtschaft« hätte bezeichnen können. Keine Geschäfte im eigentlichen Sinn. Stattdessen war die Mehrheit der galiläischen Bevölkerung arme Bauern; Selbstversorger, um es ein wenig neutraler zu formulieren. Sie aßen, was sie anbauten. Sie lebten in Familienverbänden zusammen, teilten sich einen Herd, einen Mühlstein zum Mahlen des Getreides und eine Zisterne als Wasserspeicher. Das Dorf verfügte über je eine gemeinschaftliche Wein- und Olivenpresse. Was man nicht hatte, tauschte man ein.

Die Bevölkerung Galiläas bestand also zum Großteil aus kleinen Landbesitzern. Die Kultur und der Boden gestatteten eine vielseitige Bewirtschaftung. Wenn eine Familie ein Feld, ein paar Schafe und Ziegen, Hühner, einen Esel und eine Kuh besaß, kam sie gut über die Runden. Möglicherweise hatten sie noch Oliven- und Obstbäume wie Feigen oder Granatäpfel und einen Gemüsegarten mit Lauch, Linsen, Bohnen, Erbsen, Gurken, Zwiebeln und Knoblauch. Wohlstand bedeutete, seinen eigenen Wein anzubauen.

Auch seine Schwestern leben alle unter uns

Der nachfolgende Text deutet darauf hin, dass Jesus das älteste von mindestens sieben Kindern war: »Er ist doch der Zimmermann, Marias Sohn. Wir kennen seine Brüder Jakobus, Joses, Judas und Simon. Und auch seine Schwestern leben alle unter uns« (Mk 6,3). Wie bereits erwähnt, war Jesus nicht sein richtiger Name: Er hieß Yeshua. Eine ähnliche »Verwestlichung« hat bei mindestens einem seiner Brüder stattgefunden. Insbesondere die englische Übersetzung von Jakobus' Namen – *James* – ist ein Beispiel dafür, wie die jüdische Herkunft Jesu gern verschleiert wird: Es ist vollkommen unmöglich, dass in neutestamentlicher Zeit jemand diesen Namen trug, da er erst etwa 1300 Jahre später eingeführt wurde. Obwohl *Jacob* heute ein beliebter Jungenname ist, hält sich die Übersetzung als *James* hartnäckig. Der im Deutschen als Jakobus bekannte Bruder Jesu hieß eigentlich Jakob, also griechisch *Iacob.* Es ist daher wenigstens denkbar, dass Jesus zu Lebzeiten »Iesous« gerufen wurde – etwa von den griechischsprachigen Juden, denen er in Jerusalem begegnete (Joh 12,20).

Sehen wir uns Jesu Brüder einmal etwas genauer an: Jakobus, Joses, Judas und Simon (Mk 6,3). Gute, bodenständige jüdische Namen: der Patriarch Jakob und drei seiner Söhne. Vielleicht lag letzteren beiden auch eine politische Motivation zugrunde, insofern sie an zwei makkabäische Helden erinnerten, die Israel in die Unabhängigkeit geführt hatten, bevor die Römer kamen. Die Namen der Schwestern Jesu sind nicht überliefert. Spätere christliche Zeugnisse erwähnen sie als Assia und Lydia oder Maria und Salome.[13] Im Text finden sich

Die zehn beliebtesten Mädchennamen bei den Juden Palästinas, 330 v. Chr. – 200 n. Chr.	
1	Maria/Miriam
2	Salome
3	Shelamzion
4	Martha
5	Johanna
5	Sapphira
7	Berenike
8	Imma
8	Mara
10	Cyprus/Kypros
10	Sarah
10	Alexandra

dafür zwar keinerlei Beweise, doch erscheint letzteres Paar angesichts der Liste beliebter Mädchennamen wahrscheinlicher (siehe Abbildung).[14]

Über die Jahre ist der Status dieser »Brüder« immer wieder in Frage gestellt worden – in den allermeisten Fällen aus dogmatischen Gründen. Um die Doktrin der immerwährenden Jungfräulichkeit Marias zu bestätigen, behauptet die katholische Theologie, sie seien seine Vettern gewesen; die orthodoxe Kirche des Ostens wiederum lehrt, sie seien seine Stiefbrüder gewesen, Josefs Kinder aus einer früheren Ehe.[15] Wie wir bereits gesehen haben, gibt es in den Evangelien keinen Hinweis darauf, dass Josef schon einmal verheiratet war: Der Text geht davon aus, dass es für beide das erste Mal ist. (Und *wenn* es sich um Kinder aus einer früheren Ehe handelte, warum begleiteten sie dann Maria und Josef nicht auf ihrer Reise nach Bethlehem und Ägypten?)

Das griechische Wort für Vettern, *anepsios*, wird für Jakobus und die anderen jedenfalls nie gebraucht, weder von den Evangelisten noch von den frühen Christen. Paulus spricht unmissverständlich von Jakobus als dem »Bruder des Herrn« (Gal 9,5), dann allgemein von den »Brüdern des Herrn« (1. Kor 9,5). Das Wort, das im Neuen Testament für Jesu Brüder verwendet wird, ist *adelphoi* – und an keiner Stelle im Neuen Testament bedeutet *adelphoi* »Stiefbrüder«. Josephus hält Jakobus auch nicht für einen Vetter. Er betrachtet ihn als Bruder Jesu.

Diese Annahme wird von der Frühkirche weiter bekräftigt: Hegesippus, der um das Jahr 170 n. Chr. schrieb, nennt Jakobus nicht nur einen Bruder, sondern stellt klar, dass er nur ein »Bruder im Fleische« gewesen sei. Für Hegesippus war Jesus der Sohn Gottes, also konnte Jakobus nicht sein vollwertiger Bruder sein. Die Vorstellung, dass er ein Vetter gewesen sein könnte, wäre ein geschicktes Hintertürchen für Hegesippus gewesen, dennoch nutzt er es nicht. Tertullian (ca. 160–220 n. Chr.) spricht ebenfalls von den Brüdern Jesu. Da Tertullian große Achtung vor der Jungfräulichkeit hatte, sollte man meinen, dass ihm die Sache mit der immerwährenden Jungfräulichkeit bestimmt gefallen hätte.[16]

Matthäus berichtet explizit, dass Maria zunächst keinen Sex mit Josef hatte: »Er schlief aber nicht mit ihr bis zur Geburt ihres Sohnes. Josef gab ihm den Namen Jesus« (Mt 1,25). Die Vermutung liegt daher nahe, dass sie nach den zugegebenermaßen ungewöhnlichen Ereignissen von und um Jesu Geburt völlig normal als Mann und Frau zusammenlebten. Die jüdische Kultur sah vor, dass verheiratete Paare Kinder bekamen; es war eine Pflicht, keine freie Entscheidung.[17] Die einfachste Erklärung ist die, die wir in den Evangelien finden: Nach Jesu Geburt hatten Maria und Josef zusammen weitere Kinder. Jesus war der älteste von fünf Söhnen des Paares.

Wir wissen nicht, wie viele Mitglieder von Jesu Familie innerhalb des in Nazareth ansässigen Klans lebten, doch ganz sicher wohnten viele Familienangehörige im Dorf. Marias Eltern müssen dort gelebt haben, und später hatte Jesus mindestens eine Schwägerin. In 1. Korinther 9,5 spricht Paulus über Apostel, die ihre Frauen mit auf Reisen nehmen, und nennt in diesem Zusammenhang auch die »Brüder des Herrn«. Vorausgesetzt, diese Brüder hätten ein heiratsfähiges Alter erreicht, bevor Jesus Nazareth verließ, wären ihre Frauen in das Haus der Familie eingezogen.

Es gab auch Tanten und Onkel, Vettern und Cousinen. Wenn man die verschiedenen Schilderungen der Frauen, die am Kreuz stehen, nacheinander aufführt, ergibt sich Folgendes:

- Markus nennt »Maria aus Magdala und Maria, die Mutter Jakobus' des Jüngeren und des Joses, sowie Salome« (Mk 15,40).
- Matthäus nennt »Maria aus Magdala und Maria, die Mutter des Jakobus und des Joses, und die Mutter der Söhne des Zebedäus« (Mt 27,56).
- Johannes nennt »seine Mutter und seiner Mutter Schwester,

Maria, die Frau des Klopas, und Maria aus Magdala« (Joh 19,25).

Bei einigen mag es sich um ein und dieselbe Person handeln, nur durch unterschiedliche Verwandtschaftsbeziehungen beschrieben. Insbesondere könnte es sich bei der von Matthäus genannten »Mutter der Söhne des Zebedäus« um die »Salome« bei Markus handeln: Matthäus weiß, dass seine Leser Salome nicht kennen und erklärt daher ihre Bedeutung.

Sie könnte aber auch die Person sein, die Johannes mit »seiner Mutter Schwester« bezeichnet. In diesem Fall wären die Apostel Johannes und Jakobus Vettern Jesu mütterlicherseits. Freilich kann es sein, dass die genannten Namen sich auf verschiedene Frauen beziehen – alle drei Evangelisten sagen, dass sich diese Frauen »unter« den anwesenden Frauen befunden hätten; doch ergibt diese Auslegung einen Sinn im Zusammenhang mit der Bitte der Mutter der Söhne des Zebedäus: »Wenn deine Herrschaft begonnen hat, dann gib meinen beiden Söhnen die Ehrenplätze rechts und links neben dir« (Mt 20,20–23). Sie gehörten zur Familie.

Schließlich gibt es noch eine weitere Geschichte, die Aufschluss über die Großfamilie Jesu gibt. Dem frühkirchlichen Historiker Hegesippus zufolge war Jakobus' Nachfolger als Oberhaupt der Jerusalemer Kirche ein Mann namens Simeon, Sohn des Klopas. Eusebius, dem wir diese Anekdote verdanken, schrieb: »Er [Simeon] war ein Vetter – jedenfalls wird solches behauptet – des Heiland; denn Hegesippus nennt Klopas den Bruder des Jakobus.«

Das hat freilich nur anekdotischen Charakter, passt aber wiederum gut ins Bild. Da der Frühkirche ein Familienmitglied Jesu angehört hatte, ist es ganz normal, dass sie diese Tradition auch fortsetzte. Also wählte man Simeon, Jesu Vetter väterlicherseits. Wenn wir zu den Frauen am Kreuz zurückgehen, finden wir dort »Maria, die Frau des Klopas« (Joh 19,25). Nimmt man alles zusammen, erhält man Josefs Bruder Klopas, dessen Frau Maria und ihren gemeinsamen Sohn Simeon, der seinem Vetter als Oberhaupt der Jerusalemer Kirche nachfolgt. (Klopas werden wir später noch einmal begegnen.)

Aus alledem lässt sich ein Stammbaum konstruieren (siehe nächster Abschnitt). Wie viele dieser Personen lebten während Jesu Kindheit und Jugend in Nazareth? Vielleicht Tante Salome, bis sie heiratete und mit ihrem Ehemann Zebedäus nach Kapernaum zog. Es zeigt sich auf jeden Fall, dass Jesus in einem ganz normalen jüdischen Großfamilienverband aufwuchs, mit all seinen Freuden, Widrigkeiten und Spannungen.

Wie kann jemand so viel aus der Heiligen Schrift wissen?

In der antiken Welt bildete eine formale Erziehung die Ausnahme, und die Zahl derer, die lesen und schreiben konnten, war äußerst gering. Die Anwesenheit von Schreibern in vielen jüdischen Dörfern spricht für ein weitverbreitetes Analphabetentum. Das Wort »Schule« taucht in den Evangelien nie und im gesamten Neuen Testament nur ein einziges Mal auf – und diese Schule liegt in Ephesos. Trotzdem ist es wahrscheinlich, dass jüdische Jungen eine bessere Erziehung erhielten als ihre nichtjüdischen Altersgenossen. Schließlich hatten sie eine Religion, die, wenn auch nicht in einem Buch, so doch in einer Schriftrolle festgehalten war. Die Thora, das große schriftliche Gesetzeswerk, war der Grundpfeiler ihres Glaubens. Dieses Werk lesen und darüber diskutieren zu können war eine Fähigkeit, nach der es sich zu streben lohnte und für die man von jedermann bewundert wurde. Josephus schreibt, Kinder seien unterrichtet worden, die Gesetze ihrer Vorväter zu lesen und zu lernen.[18]

Im Alltag sprach Jesus aramäisch. Mit Sicherheit war dies die Sprache, die er in seiner Lehre verwendete, in seinen Geschichten und in den Diskussionen mit seinen Jüngern, die

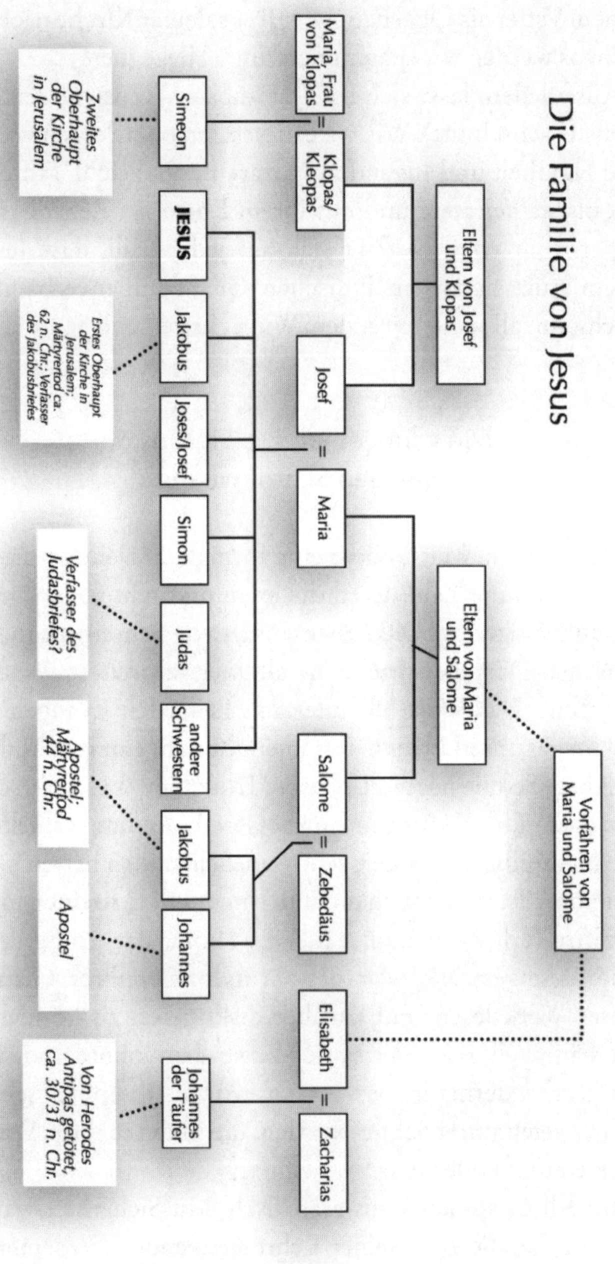

Die Familie von Jesus
Eltern von Josef und Klopas
Eltern von Maria und Salome
Vorfahren von Maria und Salome
Maria, Frau von Klopas
Klopas/ Kleopas
Josef
Maria
Salome
Zebedäus
Elisabeth
Zacharias
Simeon
JESUS
Jakobus
Joses/Josef
Simon
Judas
andere Schwestern
Jakobus
Johannes
Johannes der Täufer
Zweites Oberhaupt der Kirche in Jerusalem
Erstes Oberhaupt der Kirche in Jerusalem; Märtyrertod ca. 62 n. Chr.; Verfasser des Jakobusbriefes
Verfasser des Judasbriefes?
Apostel; Märtyrertod 44 n. Chr.
Apostel
Von Herodes Antipas getötet, ca. 30/31 n. Chr.

Sprache seiner Jugend in Nazareth. Manche Aussprüche von Jesus enthalten Wortspiele, die nur auf Aramäisch funktionieren. An einigen Stellen sind die ursprünglichen Worte erhalten: *Talita kum* bei Markus 5,41; das *Abba*-Gebet; *ephphatha* (»öffne dich«), gesprochen zu dem tauben Mann in Markus 7,34. Selbst am Kreuz schrie er auf Aramäisch.

Jeremias hat 26 von Jesus gesprochene, im griechischen Text der Evangelien enthaltene aramäische Wörter identifiziert, darunter *gehinnam, rabbi, reqa, mamona* (Mammon) und *satana.*[19] Ganz zu schweigen von den vielen aramäischen Ortsbezeichnungen und persönlichen Namen.

Die andere »verbreitete« Sprache war Griechisch. Seit der Zeit Alexanders des Großen hatte sich Griechisch als die gemeinsame Sprache der mediterranen Welt durchgesetzt. Wie Englisch heute war Griechisch damals die internationale Wirtschafts- und Handelssprache. (Und auch die Sprache des Tourismus: Im Tempel in Jerusalem befand sich eine Inschrift, die Nichtjuden verbat, die inneren Höfe zu betreten – auf Griechisch.) Man schätzt, dass von den 80 000–100 000 Menschen, die in der Region Jerusalem lebten, rund 8 000–16 000 des Griechischen mächtig waren. Das entspricht etwa 10–15 Prozent der Bevölkerung.[20] Doch auch in anderen Gebieten war Griechisch bestimmt nützlich und wurde gesprochen, insbesondere in Bezirken, die Kontakt zu den Handelszentren an der Küste hatten. In Caesarea, der römischen Hauptstadt Judäas, lebten ebenso viele Griechen wie Juden.

Wahrscheinlich lernte Jesus in seinem späteren Leben also etwas Griechisch. Schließlich wohnte er in der Nähe von Sepphoris, der größten hellenistischen Siedlung in der Region und ein Ort, an dem viele Nichtjuden lebten. Außerdem besuchte er Jerusalem, wo er die Menschen Griechisch sprechen hörte. Den Worten Lukas' zufolge konnte Jesus Hebräisch lesen (Lk 4,16–17), doch in den Tagen Jesu war Hebräisch bereits die Sprache der Religion, der Gläubigen.[21] Sie wurde in der Tempelliturgie verwendet, in den Debatten frommer Juden und natürlich beim Studium der Thora, des Gesetzes. »Was ist des Vaters Pflicht gegenüber seinem Sohn?«, fragt ein rabbinisches Dokument und gibt die Antwort gleich selbst: »Er soll ihn das Gesetz lehren.«[22] Obwohl es in der Zeit des zweiten Tempels verschiedenste Sekten und Bewegungen gab, akzeptierten doch alle die Thora als Grundlage jüdischen Lebens. Das Gesetz Mose war das Fundament, der gemeinsame Nenner, das Grundgesetz des Lebens.

Bildung bedeutete zum großen Teil Studium und Diskussion der Thora, des Gesetzes, der »Bücher Mose«. In späterer rabbinischer Zeit begannen die Kinder mit Passagen aus dem dritten Buch Mose und fuhren erst danach mit der Schöpfungsgeschichte fort. Ein rabbinisches Sprichwort beantwortet die Frage, warum die Kinder mit dem dritten Buch Mose beginnen und nicht mit der Schöpfungsgeschichte: »Weil Kinder rein sind und auch die Opfer rein sind und sich das Reine mit dem Reinen befasst.«[23] (Jeder, der etwas mit Kindern zu tun hat, weiß, dass das nicht ganz stimmen kann.)

Religion beherrschte das gesamte Leben. Die Jungen lernten, die Thora zu lesen, die *Sch'ma* (die Gebete vor den Mahlzeiten) zu rezitieren, die Dankesgebete nach dem Essen, die Familien- und Gemeinschaftsgebete, durch die sie Teil ihrer Gemeinde waren. Teil einer Gemeinde zu sein bedeutete, Gott zu ehren. Das war es, was die Gemeinde tat.

Nur Jungen kamen in den Genuss von etwas Bildung. Mädchen waren von Schrift und Lehre ausgeschlossen. Rabbi Elieser vertrat den Standpunkt, es gebe »für eine Frau keine Weisheit außer an der Spindel«.[24]

Frauen mussten ein gewisses Grundwissen der Thora haben, da sie mit reinen und unreinen Speisen zu tun hatten sowie die Feste und den Sabbat vorbereiteten – ihre Hauptaufgabe jedoch war es, ihren Männern dienstbar zu sein. Es gab zwar Frauen, die durch Zuhören in der Synagoge und persönliches Studium weiteres Wissen erwarben, doch Frauen, die über die Thora *debattieren* konnten, waren die absolute Ausnahme.

Die Erziehung – und damit auch die Kindheit – endete im Alter von zwölf oder dreizehn Jahren. Danach wurde erwartet, dass ein Junge den Beruf des Vaters aufnahm. Begabten Kindern aus wohlhabenden Familien war es gelegentlich gestattet, sich weiterzubilden und eine *bet midrasch* zu besuchen, eine rabbinische Schule, wo sie zu Füßen der Lehrer des Gesetzes saßen. Dies scheint auch Paulus, ein Zeitgenosse Jesu, getan zu haben. Er wurde Schüler eines führenden Rabbiners, nämlich von Rabbi Gamaliel.

In seinem späteren Leben erntete Jesus durch sein Wissen bestimmt großen Respekt. Er wurde »Rabbi« genannt, »Lehrer«, obgleich es klar war, dass er keine formale Ausbildung genossen hatte. »Wie kann jemand so viel aus der Heiligen Schrift wissen, obwohl er keinen Lehrer gehabt hat?«, fragen die Jerusalemer Juden ein wenig herablassend (Joh 7,15). Dieser Bauerntölpel aus einem unbedeutenden Dorf in Galiläa ist gebildet! Ihre Überraschung zeigt, dass Jesus und seine Brüder eine Ausnahme darstellten. Und das ist wahrscheinlich Josef zu verdanken. Nehmen wir an, er wusste vom wahren Wesen seines Sohnes, dann ließ er ihm zweifellos eine gewisse Bildung angedeihen. Wenn wir eines von Josef wissen, dann, dass er ein strenggläubiger Jude war. Er sorgte nicht nur dafür, dass dieser Junge zur Schule ging und die Thora lesen lernte, sondern besuchte mit seiner Familie auch jedes Jahr die Passah-Feierlichkeiten in Jerusalem.

Als Jesus zwölf Jahre alt war, ging er verloren.

Jahr für Jahr besuchten Josef und Maria das Passahfest in Jerusalem

Im 1. Jahrhundert n. Chr. war das Leben in Palästina von zwei Dingen beherrscht: Ackerbau und Feste. Diese beiden waren eng miteinander verbunden, weil die meisten Feierlichkeiten Erntedankfeste waren. Mit dem Wochenfest wurde die Weizenernte gefeiert. Weizen war das wichtigste landwirtschaftliche Erzeugnis der antiken Welt. Gesät wurde Ende Oktober oder Anfang November, Ernte war im Mai oder Juni. Kurz davor fand das Passahfest statt, das mit dem zweitwichtigsten Produkt verknüpft war, der Gerste, die am besten in den trockenen Gebieten Südsamariens und Judäas gedieh. Im Herbst wurde *Sukkot,* das Laubhüttenfest, gefeiert, das gleichzeitig das Ende des Ackerbaujahres symbolisierte. Dies waren die drei wichtigsten Feste, und von frommen Juden wurde erwartet, dass sie zu den Feierlichkeiten nach Jerusalem reisten.

> Dreimal im Jahr sollen alle Männer Israels am Heiligtum des Herrn zusammenkommen: am Fest der ungesäuerten Brote, am Wochenfest und am Laubhüttenfest. Keiner von euch darf mit leeren Händen kommen! Jeder soll so viel geben, wie er kann, je nachdem, wie reich der Herr ihn beschenkt hat. (5. Mose 16,16–17; auch 2. Mose 23,14–17)

Man fragt sich, wie viele der unterdrückten galiläischen Kleinbauern es sich leisten konnten, wenigstens eines der Feste im Jahr zu besuchen: Es dauerte etwa eine Woche, um von Galiläa nach Jerusalem zu gelangen. Doch ganz offensichtlich nahmen viele Menschen die Reise auf sich. Obwohl nur die Männer an den Feierlichkeiten teilnehmen mussten, begleiteten die Frauen ihre Familien, wie es auch hier der Fall ist. Manche Leute waren von der Pflicht zur Teilnahme ausgenommen. In der Mischna findet sich hierzu eine Liste, die unter anderen Taubstumme, Babys, Frauen, Sklaven, Hermaphroditen, Blinde, Kranke, Alte und Lahme aufführt. Von einem gewissen Alter an wurde von den Jungen erwartet, dass sie ihre Väter in den Tempel begleiteten. Nur ein Sohn, der »nicht die Hand seines Vaters halten kann, um von Jerusalem den Tempelberg zu besteigen«, galt als von der Teilnahme befreit.[25]

Lukas' Geschichte, wie der Junge im Tempel debattiert (Lk

2,41–51), ist die einzige Episode in den Evangelien, die von Jesu Kindheit berichtet. Daraus lässt sich entnehmen, dass Josef und seine Familie offenbar Teil einer großen Pilgergesellschaft waren. Die meisten Reisenden schlossen sich damals, wenn möglich, zu Gruppen zusammen. Solch ein Verband bot Schutz und reduzierte die zu Planung und Durchführung einer solchen Reise notwendigen Aufgaben des Einzelnen. In diesem Fall könnte auch die Großfamilie von Jesus zu der Pilgergruppe gehört haben: Maria, Josef und einige der Kinder – vielleicht aber auch Familienmitglieder aus anderen Teilen Galiläas.

Später nahm Jesus an einer Art Familienhochzeit in Kana teil, also ist es durchaus möglich, dass Mitglieder der Pilgergruppe von dort stammten. Lukas zufolge unternahmen sie diese Reise regelmäßig. Nach dem Tod ihres Vaters setzten die Brüder Jesu dessen Tradition fort und besuchten weiterhin die Feste in Jerusalem (Joh 7,10).

Das ganze Jahr über strömten Pilger nach Jerusalem, aber dreimal im Jahr war die Stadt besonders überfüllt: zu den großen Festen wie Passah, Wochen- und Laubhüttenfest. Normalerweise lebten in Jerusalem etwa 45 000 Menschen, doch bei hohen Anlässen drängten zusätzlich 150 000 bis 200 000 Pilger in die Stadt. Manche fanden möglicherweise eine Unterkunft in der Stadt selbst, aber die meisten mussten wahrscheinlich schlafen, wo es eben ging: in Zelten oder provisorischen Unterkünften, in Eingängen oder Hütten.

Für Jerusalem war es lebenswichtig, dass die Menschen diese Reise unternahmen. »Keiner von euch darf mit leeren Händen kommen«, forderte das zweite Buch Mose, und in den Tagen Jesu gab es eine klar definierte Mindestausgabe: Jeder männliche Besucher musste ein Opfer auf dem Altar verbrennen lassen, das wenigstens zwei Silberstücke wert war, und dazu ein weiteres Opfer im Wert von einem *maah* Silber – ein Sechstel eines Schekels, die kleinste Silbermünze.[26] An Passah wurde von den Juden erwartet, dass sie die Tempelsteuer ent-

Der jüdische Kalender

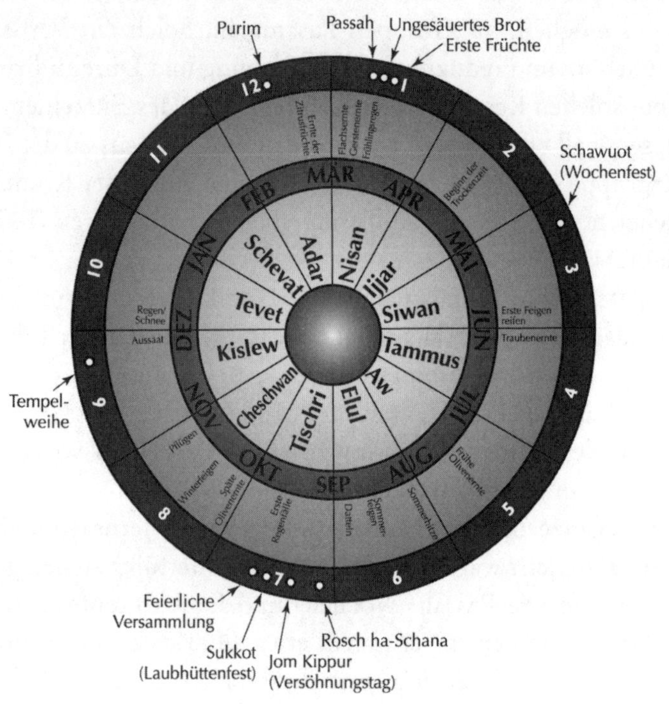

richteten, doch auch das gesamte übrige Jahr spendeten die Menschen Geld für den Tempel.

Jerusalems Ökonomie war ganz auf den Tempel ausgerichtet. Sie stützte sich auf den Tempeltourismus, auf Pilgergruppen, die in die Stadt kamen und ihr Geld ausgaben. Herodes hatte Jerusalem zu einer religiösen Fünf-Sterne-Attraktion gemacht: Jesus kam aus einem Winkel des Imperiums nach Jerusalem, um die Heilige Stadt zu sehen und bei den Festen Gott zu ehren. Der Bericht über das Wochenfest in der Apostelgeschichte zeigt, welch weite Wege die Pilger auf sich nahmen: »… ganz gleich, ob wir Parther, Meder oder Elamiter sind. Andere von uns kommen aus Mesopotamien, Judäa, Kappadozien, Pontus und der Provinz Asia, aus Phrygien, Pamphylien und aus Ägypten, aus der Gegend von Kyrene in Libyen und selbst aus Rom. Wir sind Juden oder Anhänger des jüdischen Glaubens, Kreter und Araber« (Apg 2,9–11 a).

All diese Pilger benötigten Dienstleistungen und Hilfe. Sie mussten Essen kaufen und eine Unterkunft mieten. Eine Pilgergruppe wie die von Jesus hatte vielleicht Verwandte in der Stadt. Vielleicht kampierten sie auch außerhalb. Einige Pilger fanden Unterkunft in Herbergen, die an eine Synagoge angeschlossen waren. Eine 1914 in Jerusalem entdeckte Inschrift lautet folgendermaßen:

> Theodotus, Sohn des Vettenus, Priester und Synagogenoberhaupt, Sohn eines Synagogenoberhauptes, Enkel eines Synagogenoberhauptes, ließ zum Studium der Gesetze und zur Lehre der Gebote eine Synagoge erbauen. Daneben errichtete er Unterkünfte, ein Hospiz und eine Wasserversorgung für Auswärtige, die dieser Einrichtungen bedurften und deren Errichtung von den Vätern, den Ältesten und den Simoniden festgeschrieben war.[27]

Diese Synagoge, ein Ort der Lehre und Diskussion, war daneben auch Herberge, ein Gasthaus für Juden aus der griechisch-römischen Welt, die Jerusalem besuchten. Selbstverständlich brauchten sie auch etwas zu essen: Die Straßen, die zum Tempelberg führten, waren gesäumt mit Läden. Auch am Fuße des Tempelbergs gab es Geschäfte. Die Pilger waren von Standinhabern und Straßenverkäufern umgeben, die Lebensmittel, religiösen Schmuck, kunstvolle Glaswaren, Krüge mit billigem Wein und stapelweise Brot anboten.[28]

Für viele Einwohner Jerusalems boten die Feste vermutlich eine ausgezeichnete Einnahmequelle. An anderer Stelle habe ich einen Vergleich mit der Stadt Mekka gezogen, der Heimat des Haddsch, des größten jährlichen Pilgerfestes der Welt. Der Haddsch ist ein uraltes Fest, ein Relikt aus den Zeiten der großen Feste. Seit Jahrhunderten verdienen die Einwohner Mekkas einen Großteil ihres Lebensunterhaltes durch die Versorgung der Millionen Pilger, denen sie Unterkunft und Essen bieten. Ein Reisender bemerkte 1888, dass fast sämtliche Einwohner Mekkas im »Haddsch-Geschäft« tätig seien:

> In Mekka gibt es zwar keine Hotels, doch andererseits wird in den letzten Monaten eines jeden [Mond-]Jahres jeder Einwohner zum Hotelier, gleich, ob er nun ein ganzes Haus, ein Stockwerk oder nur ein halbes Stockwerk besitzt ... Alle Mekkaner sind daher darauf bedacht, sich mit bestimmten Scheichs [mutawwifin – örtliche Fremdenführer] gut zu stellen, da Letztere über ausgezeichnete Kontakte zur Öffentlichkeit verfügen.[29]

Jerusalem hat keinen Hafen, keinen Fluss, kein Ackerland in der näheren Umgebung. Diese Erntedankfeste stellten somit auch für Jerusalem eine reiche Ernte dar. Religion war die einzige Frucht, die in Jerusalem gedieh. Wie wir noch sehen werden, war Jesu Haltung gegenüber dieser Geldmaschine später Anlass für einen ernsten Konflikt.

Jesus und seine Familie gingen zum Tempelberg. Dieser Ort war gewaltig und unterschied sich grundlegend vom Rest der Stadt. Dort gab es ausreichend Platz – es war im Grunde der einzige öffentliche Platz in Jerusalem. Zudem wurde der Tempelplatz – im Gegensatz zum Rest der Stadt, insbesondere der überfüllten und dreckigen Unterstadt – in einem Zustand außerordentlicher Sauberkeit und Reinheit gehalten.[30]

Aus diesem Grund war der Vorhof der Heiden, der für jedermann – Ausländer eingeschlossen – zugänglich war, ein Ort, an dem die Menschen zusammenkamen, diskutierten, redeten und sogar Geschäfte machten. Es ist genau der Platz, wo Jesus später lehrte und spottete und stritt und Geschichten erzählte. Es war vermutlich auch der Ort, wo er sich im Alter von zwölf Jahren hinsetzte, um Fragen zu stellen.

Das frühreife und begabte Kind ist fester Bestandteil vieler antiker Biographien. So schildert Josephus, wie er als Junge von 14 Jahren »großen Beifall für seine Liebe zur Schrift bekam«. Andererseits ist diese Geschichte von Jesus gar keine Kindheitsgeschichte. Heutzutage würden wir einen Zwölfjährigen zwar als Kind betrachten, doch im Judäa des 1. Jahrhunderts n. Chr. konnte er bereits als Mann gelten.[31] Spätestens mit 13 erwartete man von ihm, dass er wie ein Erwachsener Verantwortung übernahm. In diesem Alter konnte er als Zeuge vor Gericht gerufen werden, heiraten und das Gebet leiten. Mit 12 Jahren befand er sich in der Übergangsphase. Manche Rabbis betrachteten 12 als Alter, in dem Schwüre bindend waren und man von einem Jungen erwarten konnte, dass er den ganzen Tag fastete. (Auch die elterliche Bestrafung fiel für einen Zwölfjährigen deutlich härter aus.)[32] Jesus war also ein Junge an der Schwelle zum Mann, ausgewachsen, aber noch kein Erwachsener. Die Geschichte handelt von einem Heranwachsenden, der an der Schwelle zum Mannwerden steht, in der Tür zwischen Kindheit und Erwachsensein – und zwischen zwei Vätern. Dieser junge Mann verfügt über Klugheit, Verständnis, einen scharfen Geist und ein hohes Maß an Unabhängigkeit. Außerdem, das muss gesagt werden, legt er auch ein gewisses Maß an Ungehorsam an den Tag.

Die Feierlichkeiten zu Passah dauerten acht Tage. Maria und Josef blieben wahrscheinlich so lange in der Stadt, dann packten sie ihre Sachen und machten sich mit ihrer Pilgerkarawane aus Galiläa wieder auf den Weg zurück nach Norden. Erst am Ende des Tages, als sie das Biwak für die Nacht einrichten, bemerken sie, dass der Junge nicht bei ihnen ist; dass er nicht, wie sie angenommen haben, in einem anderen Teil der Karawane mitgereist ist. Der Junge fehlt. Man kann sich vorstellen, wie Maria und Josef in Panik geraten, wie sie umkehren, in die Stadt zurückeilen und dabei jeden ihrer Schritte zurückverfolgen. Als sie ihn schließlich in den Tempelhöfen finden, wo er Fragen stellt und beantwortet und sich um ihre

Ängste offenbar wenig schert, verhalten sie sich erwartungsgemäß wie verletzte, verwirrte Eltern: »Wie konntest du uns nur so etwas antun? Dein Vater und ich haben dich überall verzweifelt gesucht!« Jesu Antwort ist oft dahin gehend ausgelegt worden, dass er sie »korrigierte«, sie in ihre Schranken wies: »Warum habt ihr mich gesucht? Habt ihr denn nicht gewusst, dass ich im Haus meines Vaters sein muss?« (Lk 2,49).

Jesus zeigt keine Reue, noch nicht einmal Respekt. Doch wie so oft bei Jesu Aussprüchen hängt auch hier alles vom Ton ab. Man kann das Ganze auch viel unschuldiger lesen. Er ist aufrichtig überrascht, dass sie verängstigt und besorgt waren: War es denn nicht klar, wo er sein würde – bei allem, was sie über ihn wissen? Es ist ein Zeichen für die Dinge, die noch kommen werden. Auch in der Zukunft werden Jesu Handlungen – die für ihn selbstverständlich sind – seine Familie noch oft verwirren.

In späteren, großteils fiktionalen Schilderungen übernimmt Jesus die führende Rolle. Im *Kindheitsevangelium nach Thomas* lässt er seine Lehrer durch seinen Scharfsinn verstummen, während er sie im *Arabischen Kindheitsevangelium* noch Medizin und Astronomie lehrt![33] Wie auf den Renaissance-Bildern, die Jesus nicht als Kind, sondern als Yoda-artigen kleinen alten Mann darstellen, wird vorausgesetzt, dass Jesus geistig voll entwickelt ist, ein erwachsener Weiser im Körper eines Kindes. In den Evangelien finden sich in der Geschichte jedoch nichts Übernatürliches und auch keinerlei Hinweis darauf, dass Jesus die Gelehrten unterwies. Er stellt ihnen lediglich Fragen und beantwortet die Gegenfragen, die sie ihm stellen.[34] Das soll freilich nicht heißen, dass so etwas nicht außergewöhnlich wäre. In dieser Geschichte kommt eines von Lukas' Lieblingswörtern zum ersten Mal vor, *existanai*, ein Verb, das er doppelt so oft verwendet wie alle anderen Autoren des Neuen Testaments zusammen. Im klassischen Griechisch bedeutete es »außer Sinnen«, doch Lukas gebraucht es mehr, um Überraschung und Erstaunen auszudrücken – wie man heute sagen würde: Das ist ja der helle Wahnsinn![35]

Die Geschichte ist zwar ein Beweis für die Klugheit Jesu, zeugt aber auch davon, wie wissbegierig er war. Für einen Jungen aus Nazareth – aus einem winzigen Nest in Galiläa – muss die Atmosphäre in Jerusalem überwältigend gewesen sein. Man kann die Aufregung förmlich spüren, die weit geöffneten Augen. Thora-Diskussionen konnten spannend sein. Es war dieselbe Art Lehre, die er auch in Nazareth genossen hatte, aber wie unter dem Einfluss von Tabletten.

Zudem gibt es hier niemanden, der ihn auf seinen Platz verweist, weil es hier keinen Platz gibt, an den man ihn verweisen könnte. Er ist losgelöst von seiner Herkunft. Hier ist er nicht Yeshu, der Junge aus ärmlichen Verhältnissen, der Sohn eines Bauarbeiters. An der Schwelle zum Mannsein hört man ihm zum ersten Mal aufgrund dessen zu, was er zu sagen hat, und nicht, weil er etwas ist oder nicht ist.

Ganz sicher war es diese Erregung, die ihn zum Ungehorsam seinen Eltern gegenüber verleitete. Er *war* ungehorsam, denn er musste schließlich gewusst haben, was er tat. Drei Tage von seinen Eltern getrennt, das ist nicht dasselbe wie ein kleiner Ausflug runter zu den Geschäften, wenn man eigentlich zu Hause bleiben soll. An jedem dieser drei Tage schloss abends der Tempel. Wohin ging er? Was tat er?

Hier findet eine Art Bruch statt, als ob sich Jesus von seinen elterlichen Bindungen löste und nach einer neuen Rolle im Leben suchte. Und genau davon handelt die Geschichte tatsächlich. Lukas beendet seinen Bericht damit, dass Jesus nach Nazareth zurückkehrt, und beschließt, seinen Eltern zu gehorchen: »Dann kehrten sie gemeinsam nach Nazareth zurück, und Jesus war seinen Eltern gehorsam. Seine Mutter aber dachte immer wieder über die Worte nach, die er gesagt hatte« (Lk 2,51). Hier geht es nicht um Ungehorsam den Eltern gegenüber, sondern um die Unterdrückung seiner eigentlichen Wünsche. Das verleiht der Geschichte eine seltsame Intensität. Es ist die Geschichte eines Opfers.

Bestimmt hätte er in Jerusalem eine Zukunft gehabt, als bekannter Gelehrter, der mit den Rabbis und Weisen diskutiert und debattiert. Stattdessen aber entscheidet er sich für Gehorsam und Unterwerfung. Er kehrt mit seinen Eltern nach Nazareth zurück. Dort verbringt er die nächsten 15 Jahre auf der Baustelle.

Ist das nicht der Sohn Josefs, unseres Zimmermanns?

> So wuchs Jesus heran. Sein Wissen und sein Verständnis nahmen zu, und er war geliebt von Gott und den Menschen. (Lk 2,52)

Sein Wissen mag vielleicht größer geworden sein, er selbst hingegen kaum, wenigstens nach unseren Maßstäben. Das übliche Hollywoodbild von Jesus als 1,80 Meter großem Hippie mit wallendem blondem Haar ist vollkommen falsch. Nach einer Analyse von Skelettresten wurde geschätzt, dass die normale Größe für einen Mann zu Jesu Zeit etwa zwischen 1,55 und 1,65 Meter lag.[36] Wenn Jesus für die Menschen seiner Zeit repräsentativ war, dann war er nicht viel größer als 1,55 Meter, hatte dunkle Haut, kurz geschorenes Haar und dunkelbraune Augen. Wie bei den bäuerlichen Unterschichten damals üblich, trug er eine Tunika und darüber einen Umhang, der ihm nachts auch als Bettdecke diente.[37]

Er nahm den Beruf seines Vaters auf. Verwandte arbeiteten in der Regel zusammen. Wahrscheinlich half Jesus seinem Vater und seinen Brüdern in der Familienwerkstatt. Auch die »Fischer-Jünger« sind als mit ihren Brüdern und Vätern gemeinsam arbeitend dargestellt. Die Familie war für das Leben in der antiken Gesellschaft entscheidend. Man könnte sagen, sie stellte die Weichen für das gesamte Leben. Der familiäre Hintergrund bestimmte Arbeit, Heirat (und den Ort, wo man nach der Eheschließung lebte, sofern man eine Frau war), den Freundeskreis und die Stellung innerhalb der Gesellschaft. Zum großen Teil definierte er auch die religiöse und politische Ausrichtung.[38]

Der Begriff, der in den Evangelien zur Beschreibung des Familiengewerbes verwendet wird, ist *tekton* (Mk 6,3). Traditionell wird dies zwar mit »Zimmermann« übersetzt, doch war *tekton* eigentlich das griechische Wort für einen Bauhandwerker mit einer breiten Palette unterschiedlicher Fähigkeiten, die auch Maurer- und Metallarbeiten umfasste.[39] Holz war damals in Israel allgemein ein knappes Gut, und ganz besonders in jenem Teil Galiläas, in dem Jesus lebte; deshalb bauten die Menschen Häuser aus Stein oder gruben sich einfach Höhlen in einen Berghang. Natürlich hatte er mit Holz gearbeitet: Türen, Tische, Stühle, kleinere Möbelstücke. (Justin der Märtyrer behauptete, Jesus habe auch Pflüge und Joche hergestellt. Gut möglich, schließlich musste jemand solche Sachen anfertigen.) Das Vokabular der Werkstatt findet sich in seinen Lehren: frisches Holz und abgelagertes Holz, Handwerker, die sich an einem Körnchen Sägemehl im Auge eines anderen stören, doch den Balken in ihrem eigenen Auge nicht sehen. Er arbeitete aber auch mit anderen Materialien. Als *tekton* musste er auch Mauern setzen und grundlegend mit Metall umgehen können.[40]

»Josef und Söhne, Bauunternehmung und Zimmerei« – aktiv nicht nur in Nazareth, sondern wahrscheinlich auch in der Umgegend. Wenn es in einem kleinen Dorf wie Nazareth manchmal schwierig war, regelmäßig Arbeit zu finden, konnten sie einfach nur über die Hügel nach Sepphoris gehen. Dort nämlich ließ Herodes Antipas eine schöne neue Stadt errichten.

Der römische Kaiser Augustus hatte den umstrittenen letzten Willen des Herodes gebilligt. Archelaus erhielt den Titel

Ethnarch und bekam Idumäa, Judäa und Samarien zugeteilt; Philippos bekam Trachonitis und Batäa; Antipas wurde Tetrarch genannt – wörtlich: »Herrscher über ein Viertel des Königreiches« – und erhielt Peräa und Galiläa.

Aufgewachsen und erzogen in Rom, machte sich Antipas als römischer Klientelherrscher ausgezeichnet. Sobald er in Galiläa die Macht übernommen hatte, beschloss er, dass man dort moderne, kosmopolitische Städte benötigte. Er begann mit Sepphoris und machte es Josephus zufolge zur »Zier Galiläas«.[41] Es war die Stadt, in der Herodes Antipas von etwa 2 v. Chr. bis zum Baubeginn Tiberias' etwa 20 Jahre später residierte.[42]

Arbeiteten Jesus und seine Familie wirklich auf den Baustellen von Sepphoris? Über diese Frage wird regelmäßig spekuliert. Jesu Geschichten beziehen sich oft auf Bauarbeiten – jedenfalls mehr als auf reine Zimmermannstätigkeiten. Dabei geht es meist um große Gebäude, Häuser mit Fundamenten, Grundsteine und Leute, welche die Kosten für einen Turmbau unterschätzen. Freilich gibt es keinen Beweis dafür – die Stadt wird im Neuen Testament an keiner Stelle erwähnt. Doch ist es schwer vorstellbar, dass er niemals dort gewesen sein soll: Zu Pferd konnte man die Strecke in 15 Minuten bewältigen, also wäre es für Jesus ein Fußmarsch von weniger als einer Stunde gewesen.[43] Obwohl es keine direkte Verbindung zwischen dem Dorf und der Stadt gab, führte die Hauptstraße nach Sepphoris östlich an Nazareth vorbei durch das nahe gelegene, wesentlich größere Dorf Japha.[44]

Es ist also durchaus denkbar, dass Jesus und sein Vater eine Stadt aufsuchten, wo ihre Arbeit gefragt war und sich gutes Geld verdienen ließ. Es gab dort viel zu tun. Zum Beispiel errichtete Herodes eine ausgeklügelte Wasserversorgung nach römischem Vorbild.[45] Eines der wichtigsten Bauprojekte in Sepphoris war das Theater, das über 5000 Zuschauern Platz bieten sollte. Archäologen streiten sich darum, ob das Theater Ende des 1. Jahrhunderts n. Chr. oder bereits zu Jesu Zeiten

Rekonstruktion der Werkstatt eines **tekton** *in Nazareth, 1. Jh. n. Chr.*

erbaut wurde, doch gibt es eine ganze Reihe von Anhaltspunkten dafür, dass Antipas es errichten ließ. Bekanntlich war schon sein Vater ein großer Theaterbauer gewesen.[46] Es gab ein Theater in Caesarea Maritima, dem Sitz der römischen Verwaltung. Es gab auch eines in Jericho und sogar eines in Jerusalem, erbaut von Herodes im Jahre 28 v. Chr., um dort Spiele zur Feier von Octavius' Sieg über Antonius und Kleopatra abzuhalten. Es gab Theater in Sebaste/Samarien, in Sidon sowie in den Städten der Dekapolis, den zehn griechischen Städten östlich von Galiläa.

Zumindest muss Jesus diese Bautätigkeiten beobachtet haben. Interessanterweise finden sich in seinen Geschichten und Sprüchen immer wieder Bilder von Theatern. So bezeichnet er einmal Menschen als »Heuchler« – das Wort taucht in den Evangelien etwa 17 Mal auf und stammt von dem griechischen Wort *hypokrites,* »Schauspieler« (Mt 6,2; 5; 16). Im griechischen Theater traten die Schauspieler regelmäßig mit großen Masken auf, die das Wesen der von ihnen verkörperten Figuren widerspiegeln sollten. Hinter den Masken verbarg sich freilich ein ganz gewöhnlicher Mensch, der eine Rolle spielte. Jesus übernahm dieses Konzept und übertrug es auf die religiösen Führer der damaligen Zeit, die sich in religiöse »Kostüme« hüllten und eine »Maske« der Frömmigkeit trugen. Als er an den Ufern des Sees Genezareth vor einer riesigen Menschenmenge sprechen musste, machte er ein Boot zur Bühne und einen Abhang zum Amphitheater. Er begriff die Technologie des Bauens und der Theater. Er verstand, wie solche Dinge funktionierten.

Wie dachten die Menschen von Galiläa über diese Städte? Die Menschen in den Städten waren ganz anders. Sepphoris wies wenigstens einige Merkmale einer römisch-hellenistischen Stadt auf: Es gab ein Theater, Kolonnadenstraßen, wahrscheinlich auch Badeanstalten und dergleichen Einrichtungen mehr.[47] Dort lebten griechischsprachige Juden und Nichtjuden. Griechisch war die Verwaltungssprache und Sepphoris das Verwaltungszentrum. Antipas' Administration bestand zum größten Teil aus Nichtjuden. Die Namen der »Hellenisierer«, der Modernisierer, nennt Josephus auf Latein: Justus, Sohn des Pistus; Compsus, Sohn des Compsus; und Cripsus.[48] Antipas und seine Anhänger – die Herodianer – bildeten inmitten des ländlichen Galiläas eine städtische Elite. Um das Jahr 20 n. Chr., als Jesus 23 war, begann Antipas mit dem Bau einer Schwesternstadt namens Tiberias, benannt zu Ehren des neuen römischen Kaisers, mit dem Antipas eng befreundet war.[49]

Sepphoris als auch Tiberias waren Städte im griechischen Stil mitten im jüdischen Galiläa. Rom *light:* »Kaum zu glauben, dass es nicht Caesarea ist.« Der Glanz römischer Kultur muss neben der selbstgesponnenen Kleidung des ländlichen Galiläa reichlich protzig gewirkt haben. Die Einwohner antiker römischer Städte schätzten das städtische Leben mit seiner Sicherheit, seiner Polizeigewalt und Jurisprudenz, seinem Unterhaltungsangebot, seiner Hygiene und seinen religiösen

Stätten. Die Einwohner des ländlichen Galiläa indes sahen diese Dinge möglicherweise mit etwas anderen Augen. Welche Gerechtigkeit einem vor einem römischen Gericht widerfuhr, hing vom jeweiligen Sozialstatus, Wohlstand und Nutzen für das römische Reich ab. Zur Beilegung lokaler Streitigkeiten gab es in den Dörfern eine eigene, auf die Synagoge gegründete Rechtsprechung. Vor den »höheren Gerichten« hatte ein kleiner Bauer kaum Aussicht auf ein gerechtes Verfahren.

Dass den galiläischen Dörflern Sepphoris und die städtische Elite verhasst waren, zeigt sich an ihrem Verhalten während der großen Revolte der Jahre 66–70 n. Chr. Sepphoris nahm eine prorömische Haltung ein und wollte mit der ganzen Angelegenheit nichts zu tun haben. Doch schon zu Beginn des Aufstandes brandschatzten galiläische Rebellen die Stadt. Bei einem späteren Angriff flohen viele Einwohner in die Festung, um einem Massaker zu entgehen. Schließlich heuerten sie eine Söldnertruppe zu ihrem Schutz an.

Zwischen Stadt und Land klaffte im gesamten römischen Palästina eine breite Kluft: Die Stadt konsumierte, das Land produzierte. Die städtische Welt hatte, bis zu einem gewissen Grade, eine griechische Kultur. Die Namen der Städte wurzelten im Lateinischen und im Griechischen: Sebaste, Caesarea, Junias, Tiberias, Paneas, Apollonia, Neapolis. Es waren Orte, deren Fundamente fest im Kult der Kaiserverehrung und im Triumphalismus des römischen Kaiserreiches verankert waren. Sie waren, den Worten eines Wissenschaftlers zufolge, »aggressive« Städte: errichtet in einem offensichtlich »ausländischen« Stil mit den Steuern der bäuerlichen Bevölkerung aus der Region und dazu bestimmt, der Elite ein verschwenderisches Leben zu bieten.

Die Tatsache, dass Jesus ein *tekton,* ein Bauhandwerker, war, stand nicht im Gegensatz zu seiner späteren Rolle als Lehrer und »Rabbi«. Die Rabbis und Weisen der damaligen Zeit waren keine akademisch gebildeten Theologen – erst nach Jesu Zeit brachte man den Begriff »Rabbi« mit einer formal-akademischen Ausbildung in Verbindung. Vielmehr wurde erwartet, dass auch ein Rabbi einem Beruf nachging und das Studium der Thora nicht zum Selbstzweck wurde: »Rabban Gamaliel, Sohn von R. Judah dem Patriarchen, sagt: ›Es schickt sich, die Thora zusammen mit einem Handwerk zu erlernen, denn die Arbeit, die man für beides aufwendet, lässt einen die Sünde vergessen. Alles Studium der Thora, das nicht mit Arbeit verbunden ist, wird nichtig sein und Sünde hervorrufen.‹«[50]

Arbeit verlieh ihnen Unabhängigkeit und ein gewisses Maß an Freiheit. Shemaiah, ein Schriftgelehrter aus der Generation vor Jesus, sagte: »Liebe die Arbeit und hasse die Meisterschaft und suche keine Nähe zur herrschenden Klasse.« Oder, in Neusners spitzer, prägnanter Übersetzung: »(1) Liebe die Arbeit. (2) Hasse die Macht. (3) Freunde dich nicht mit der Regierung an.«[51]

»Sorgt euch nicht um morgen«

Das Wesen einer bäuerlichen Existenz ist einmal mit den Worten »politische Machtlosigkeit und beengte wirtschaftliche Verhältnisse« charakterisiert worden.[52] Bauern im römisch besetzten Palästina schufteten unter einer schweren Steuerlast. Wie schwer, darüber wird gestritten, doch sind sich die meisten Historiker einig, dass zwischen 30 und 60 Prozent ihrer Produktion als Steuern eingefordert wurden. Dazu zählten nicht nur die Steuern an die Römer, sondern auch der Tempelzehnt, den die Juden als Verpflichtung gegenüber Gott betrachteten.[53]

Josephus führt die Jahreseinnahmen aus den einzelnen Teilen Palästinas auf. Antipas' jährliche Einnahme aus Galiläa betrug 200 Talente, was etwa 1,2 Millionen Dinar entspricht.[54] Archelaus, der anfangs über Idumäa, Judäa und Samarien herrschte, zog rund 600 Talente ein. Steuern wurden jedoch oft in Naturalien anstatt in barer Münze entrichtet. So zahlte man beispielsweise in Feigen, Wein, Oliven oder Getreide. Oder man musste seine Steuerschuld auf einer der zahlreichen Baustellen des Tetrarchen abarbeiten.

Eine kleinbäuerliche Familie – und Maria und Josef waren damit durchaus vergleichbar – begann also jedes neue Jahr mit drei Prioritäten:

- genügend Nahrungsmittel zu produzieren, um die Familie und die Tiere zu ernähren und Saatgut für das nächste Jahr zu erhalten;
- einen Überschuss zu produzieren, den sie gegen andere Dinge wie Metallwaren, Tontöpfe oder vielleicht die Dienste eines *tekton* tauschen konnte;
- einen weiteren Überschuss zu produzieren, um den Zehnt und die Steuern zahlen zu können.

Das Steuersystem war fast ausschließlich auf das Wohlergehen der Elite ausgerichtet. Um es etwas platter auszudrücken: Der Wohlstand floss nach oben – den herrschenden Familien und schließlich der Besatzungsmacht zu. Im gesamten römischen Kaiserreich befanden sich Macht und Reichtum in den Händen einer adligen Elite – vielleicht nicht mehr als zwei bis fünf Prozent der Bevölkerung –, die über riesige Gebiete herrschte.[55] Wenngleich Klientelkönige wie Antipas und Philippos für den Erhalt einer Infrastruktur wie Straßen, Aquädukte und Häfen verantwortlich waren, so richtete sich das Hauptaugenmerk doch darauf, was der herrschenden Klasse zugutekam, und nicht auf das Wohlergehen der Gesamtbevölkerung. Freilich flossen nicht die gesamten Einnahmen in Antipas' Kasse. Einen beträchtlichen Anteil davon musste er sicherlich als Tribut an die Römer abführen. Dieser bestand möglicherweise in einer jährlichen Zahlung oder in Geschenken zu Ehren des kaiserlichen Schutzherrn, etwa einem Tempel oder einer Subventionszahlung an eine Lieblingsstadt des Kaisers.[56]

Wo auch immer das Geld am Ende landete, es war eine Besteuerung ohne jegliche Mitbestimmung. Das gemeine Volk hatte in seiner eigenen Regierung nichts zu sagen und besaß keinen Einfluss auf die Höhe der Besteuerung. Zwischen einem Drittel und einem Viertel der Ernte gingen als Grundsteuer an die Römer oder die herodianischen Könige. In harten Jahren – Hungerjahren – wurde die Steuerlast vielleicht ein wenig erleichtert, doch meistens war sie erdrückend. Angesichts dieser Machtlosigkeit entwickelten die Bauern alternative Strategien: Lügen, Betrug, Verstecken bis hin zur Ausbeutung noch tiefer in der Rangordnung stehender Menschen. Und manchmal leisteten sie auch bewaffneten Widerstand.

Dies betraf das Geld für Antipas. Doch für den jüdischen Bauern in Galiläa gab es auch noch den Tempel in Jerusalem, für dessen Erhalt jeder Bauer einen Zehnt spenden musste. Der späteren rabbinischen Überlieferung zufolge waren diese Zehnte folgende:

- ein Zehnt der Ernte für die Priester;
- ein Zehnt der verbleibenden Ernte für die Leviten;
- ein weiterer Zehnt des Restes als zweiter Zehnt. Dieser war im ersten, zweiten, vierten und fünften Jahr zu entrichten; im dritten und sechsten Jahr des Sabbat-Zyklus war nur ein »Arme-Leute-Zehnt« gefordert.

Wenn man danach noch über so viele Nahrungsmittel verfügte, dass man sie über Straßen und Brücken in die Stadt transportieren wollte, kamen dazu noch Wege- und Grenzzölle.[57] Das folgende Diagramm zeigt, dass den Bauern nur etwa 39–48 Prozent ihres Ernteertrages blieben. Der Rest wurde von Steuern und Abgaben verschlungen.

Die Auswirkungen dieser Steuerpolitik waren vielgestaltig. Es gab keinen Anreiz, die eigene Effizienz zu verbessern oder

Steuerbelastung eines Kleinbauern

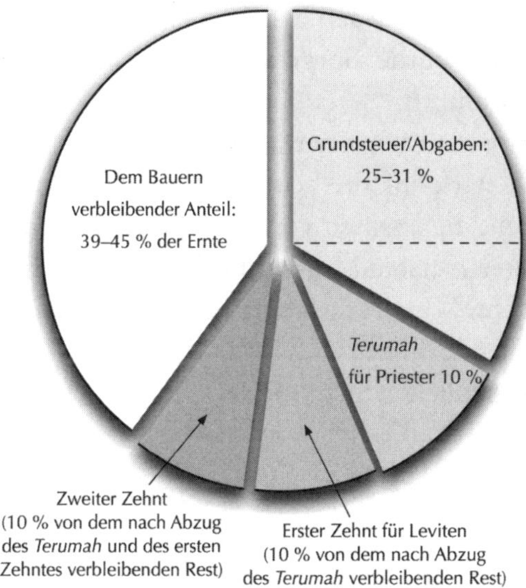

verschiedene Arbeitsweisen auszuprobieren. Wozu das Ergebnis verbessern, wenn einem jeder Gewinn in Zeit, Erzeugnissen oder Geld sofort vom Adel weggenommen wurde? Rabbi Gamaliel soll einmal gesagt haben: »Dieses Kaiserreich nagt durch vier Dinge an unserer Substanz: seine Zölle, seine Badehäuser, seine Theater und seine Steuern gleichermaßen.«[58] So entstanden Groll und Verbitterung – freilich in erster Linie gegenüber Rom, aber auch gegenüber dem Tempel, der sich sein eigenes Stück vom Kuchen nahm.

Und dann die Schulden. Eine einzige Missernte brachte einen bereits in arge Bedrängnis. Um die Ausfälle wettzumachen, musste man sich Geld leihen und dann auf eine reiche Ernte im nächsten Jahr hoffen, um seine Schulden zurückzahlen zu können. Wenn das nicht eintrat ... Das Resultat muss für viele Familien eine Abwärtsspirale in die Armut gewesen sein. Wie wir noch sehen werden, bildet das Thema Verschuldung auch den Hintergrund vieler Parabeln Jesu.

Man lebte in ständig nagender Sorge und Existenzangst. Sorge darum, ob während der nassen Jahreszeit genügend Niederschläge fallen würden oder ob der heiße Schirokko die Ernte vernichten würde. Sorge darum, was man essen sollte. Sorge um die Zukunft.

In diesem Lichte ist es offensichtlich, warum sich die Botschaft Jesu so stark auf Freiheit und Befreiung richtete. Gemeint war nicht die Freiheit von Rom im eigentlichen Sinne: Ein bewaffneter Aufstand verhalf nur einer neuen Führungsriege zur Macht. Was Jesus schließlich verkündete, war eine viel weitergehende Freiheit. Es war die Freiheit von dieser ganzen unmenschlichen Struktur der Unterdrückung.

Freiheit von Geld, Freiheit von Besitz.

Freiheit von der Angst.

3
In der Wüste, 28–30 n. Chr.

Selbst im Winter war es heiß. Flimmernd, unwirklich. Eine trockene, feindliche Landschaft ohne jedes Leben, abgesehen vom Fluss Jordan, der sich in vielen Schleifen beharrlich durch das felsige Terrain wand, um irgendwann in das Tote Meer zu münden.

Als sie sich ihrem Ziel näherten, schwoll der Lärm an. Menschenmassen versammelten sich. Wie zu einem Fest. Doch außer der von Gott geschaffenen Landschaft stand dort kein Tempel. Keine rituellen Bäder außer dem schlammigen Fluss. Keine Priester oder Leviten, um die Opferungen vorzunehmen.

Nun gut, einer. Ein Priester. Oder so etwas Ähnliches. Angetan mit einem Kamelhaargewand wie die Wüstenbewohner. Breiter Ledergürtel. Grobe Kleidung. Die Leute sagten, es sei Elija, der in seinem Feuerwagen zurückgekehrt sei. Die Sprache jedenfalls war feurig genug: Er forderte die Menschen auf, ihr Leben zu ändern. Er sagte ihnen, wie sie dies anzufangen hätten. Und er sprach mit tiefer, apokalyptischer Stimme von dem Einen, der bald kommen würde. Dem letzten Propheten, auf seiner letzten Mission.

Da stand er, bis zur Hüfte im Jordan, dessen Schilf von all jenen niedergetrampelt war, die kamen, um sich von ihm waschen zu lassen. Das Wasser spritzte, wenn sie auf ihn zurannten. Sie sprangen mit den Füßen voran in einen Fluss der Reue, nahmen einen tiefen Schluck von einer Vergebung, deren Geschmack sie niemals zu kosten gehofft hatten. Es war ein Reinigungsritual für die unwandelbar Unreinen.

Es war im Herbst des Jahres 28 n. Chr. Und der Täufer war am Werk.

Ein Prophet, und mehr als das

Lukas nennt das genaue Datum:

> Es war im 15. Regierungsjahr des Kaisers Tiberius. Pontius Pilatus verwaltete als Statthalter die Provinz Judäa; Herodes herrschte über Galiläa, sein Bruder Philippos über Ituräa und Trachonitis, und Lysanias regierte in Abilene; Hannas und später Kaiphas waren die Hohepriester. In dieser Zeit sprach Gott zu Johannes, dem Sohn des Zacharias, der in der Wüste lebte. (Lk 3,1–3)

Dies ist die erste präzise Zeitangabe für die Ereignisse in den Evangelien. Tiberius folgte Augustus am 19. August 14 n. Chr. als Kaiser nach. Wenn wir ab dem Tod von Augustus rechnen, beginnt das 15. Jahr von Tiberius' Herrschaft am 19. August 28 und endet am 18. August 29 n. Chr.[1] Das stimmt mit den anderen Daten überein, die Lukas aufführt:

- Pilatus war von 26 bis 36 n. Chr. Prokurator von Judäa.
- Herodes Antipas herrschte von 4 v. Chr. bis 39 n. Chr. über Judäa.
- Philippos war von 4 v. Chr. bis 34 n. Chr. Tetrarch dieser nördlichen transjordanischen Gebiete.
- Annas war von 6 bis 15 n. Chr. Hohepriester, und sein Sohn Kaiphas von 18 bis 36 n. Chr.

Das einzige Mysterium bleibt Lysanias von Abilene, über den nur wenig bekannt ist. Abilene lag westlich von Damaskus, und ein früherer Lysanias herrschte vor 36 v. Chr. über das Gebiet. Die spätere Ausgabe ist jedoch nur aus einigen Hinweisen bei Josephus und einer in Abila gefundenen Inschrift bekannt, die nicht älteren Datums sein kann als die Herrschaft des Tiberius.[2]

Die Evangelien beschreiben Johannes' Wirkungsbereich: »die Wüste und … das ganze Gebiet am Jordan« (Lk 3,2–3; Mt 3,1). Der Begriff »Wüste«, wie er in der Bibel verwendet wird, deckt ein weites Gebiet ab, doch in Verbindung mit Johannes dem Täufer aus den Evangelien ist vermutlich nur das nördliche Ende gemeint, »das ganze Gebiet am Jordan«, wo sich der Fluss zum Toten Meer hinabwand.[3]

»Er zog sich in die Einsamkeit der Wüste zurück«, schreibt Lukas, »bis zu dem Tag, an dem er öffentlich vor dem Volk Israel auftrat« (Lk 1,80). Dies war sein Zuhause. Seine Eltern lebten in einem Dorf im Bergland von Judäa. Die Wüste lag immer vor seiner Haustüre.

Die Wüste, die Wildnis – das hatte für die Juden hohe Symbolkraft. Es war ein Ort der Versuchung und Bedrohung. Sie war unbehaglich, verwirrend und spirituell unsicher, denn dort ereigneten sich seltsame Dinge. Der Wüstendämon Asasel lebte dort (3. Mose 16,8–10). Dämonische Verführer suchten die öden Landstriche heim (4 Makk 18,8).

Die Wüste war zudem auch ein Ort physischer Gefahren. Dort gab es Banditen und Aufständische, die sich weit draußen in den Schluchten verbargen. Revolutionäre, apokalyptische Gruppen versammelten sich meist dort. In Paulus' Zeit scharte ein ägyptischer Führer 4000 bewaffnete Rebellen in der Wüste um sich (Apg 21,38).[4] Falsche Messiasse und apokalyptische Propheten lockten ihre Anhänger mit dem Versprechen der Errettung in die Wüste. Jesus warnte später vor solchen Leuten: »Wenn euch jemand erzählt: ›Der Retter ist draußen in der Wüste‹, so geht nicht hin. Wenn er sich irgendwo verborgen halten soll, glaubt es nicht« (Mt 24,26).

Die Wüste wurde mit der Rückkehr des Messias in Verbindung gebracht. Bei Jesaja heißt es: »Und nun will ich Jerusalem trösten. Noch liegt die Stadt in Trümmern, doch ich werde mich über sie erbarmen und das ganze Land wieder aufblühen lassen. Ich werde diese Wildnis in einen blühenden Garten verwandeln, schön und prächtig wie der Garten Eden« (Jes 51,3; s. a. Jes 35,6–7; 41,18–20). Steinige Pfade sollten geebnet und begradigt werden: »Bahnt dem Herrn einen Weg durch die Wüste! Baut eine Straße durch die Steppe für unseren Gott!« (Jes 40,3). Der Messias würde bald kommen.

Andere Splittergruppen ließen sich ebenfalls von dieser Stelle im Schrifttum inspirieren. Die Essener-Gemeinde in Qumran etwa bezog Jesajas Worte auf sich selbst: »Sie sollen sich von den Behausungen der Menschen abwenden, die in Sünde leben, und in die Wüste gehen, um dort seinen Pfad zu bereiten. Denn es steht geschrieben: ›Bahnt [YHWH] einen Weg durch die Wüste. Baut eine Straße durch die Steppe für unseren Gott.‹«[5] Seit Entdeckung der Schriftrollen vom Toten Meer im Jahre 1947 ist die Möglichkeit einer Verbindung zwischen Johannes dem Täufer und der in der Wüste ansässigen Qumran-Gemeinde tatsächlich Gegenstand erhitzter Diskussionen.

Vieles jedoch bleibt dabei im Bereich des Spekulativen, nicht zuletzt die Frage, wer die Besitzer dieser Schriftrollen eigentlich waren oder, ob diejenigen, die sie verbargen, überhaupt Mitglieder der nahe gelegenen Gemeinde in Khirbet Qumran waren.[6] Der allgemeine Konsens ist, dass es in Qumran eine Essener-Gemeinde gab. Eine externe Referenz – ein Text, der Dion Chrysostomos (ca. 40–112 n. Chr.) zugeschrieben wird – bestätigt, dass die Essener am Toten Meer lebten.

War Johannes ein Mitglied ihrer Gemeinde? Auch er lebte in der Wüste Judäas. Wie die Essener befürwortete auch er eine Abkehr vom Jerusalemer Tempel; beide legten großes Gewicht auf rituelle Bäder.[7] Doch diese Parallelen machen Johannes noch lange nicht zu einem Essener mit gültigem Mitgliedsausweis. Sie zeigen lediglich, dass es noch andere Leute mit ähnlichen Ansichten gab, die es auf der Suche nach Reinheit und Heiligkeit in die Wüste zog, die das baldige Kommen des Königreichs Gottes erwarteten und die sich abfällig über jene äußerten, die in Jerusalem herrschten.

Die Wüste war also ein unzivilisierter Ort. Ein Ort messianischer Erwartungen. Ein äußerst symbolträchtiger Ort. Doch keineswegs unzugänglich. Im Johannesevangelium sind zwei Orte genannt, an denen man auf Johannes den Täufer traf: Betanien jenseits des Jordans (Joh 1,28; 10,40) und Änon in der Nähe von Salim (Joh 3,23). Wie wir noch sehen werden, wird heftig darüber gestritten, wo genau sich diese Orte befanden, jedoch war keiner von beiden weit von der »Zivilisation« entfernt. Beide lagen an wichtigen Verbindungsstraßen. Johannes der Täufer war kein mönchartiger Eremit, der in einer Höhle oder in einer Zelle sein Dasein fristete. Er wirkte an Orten, die leicht zugänglich waren, damit ihn die Menschen sehen und hören konnten. Er *wollte,* dass die Menschen zu ihm kamen.

Und sie kamen. Aus Jerusalem, aus Galiläa, aus Judäa, aus der gesamten Jordanregion kamen Hunderte, vielleicht Tausende, um ihn zu sehen (Mt 3,5–6). Und was sahen sie? Was die Symbolik betrifft, war Johannes' Kleidung ein unmissverständliches Zeichen: »Johannes trug ein aus Kamelhaar gewebtes Gewand, das von einem Lederriemen zusammengehalten wurde. Er ernährte sich von Heuschrecken und wildem Honig« (Mk 1,6).

Die Anleihen an Elija sind unübersehbar. Dieser wird folgendermaßen beschrieben: »Er trug einen Mantel aus zottigem Fell mit einem Ledergürtel« (2. Kön 1,8).

Elija war ein Mann der Wüste gewesen. Den hebräischen Schriften zufolge war er in einem feurigen Wagen gen Himmel gefahren: Er war nie wirklich gestorben, und deshalb erwartete man, dass er eines Tages zurückkehrte. Johannes klang wie Elija, er sah aus wie Elija; vielleicht war er tatsächlich Elija.

Johannes selbst hingegen wies eine exakte Identifikation von sich. Wie Elija jedoch war er unumstößlich in seiner Kritik der Macht, insbesondere der Königsherrschaft. Jesus sagt über ihn: »Was habt ihr von Johannes erwartet, als ihr zu ihm in die Wüste hinausgegangen seid? Wolltet ihr ein Schilfrohr sehen, das bei jedem Windhauch hin und her schwankt? Oder wolltet ihr einen Mann in vornehmer Kleidung sehen? Dann hättet ihr in die Königspaläste gehen müssen! Oder wolltet ihr einem Propheten begegnen? Ja, Johannes ist ein Prophet, und mehr als das« (Mt 11,7–9).

Das Schilfrohr steht für den Jordan, dessen Ufer mit hohem Schilf bewachsen waren. Daneben lässt sich aber auch ein Bezug zu Herodes Antipas herstellen, auf dessen Münzen Schilf abgebildet war und dessen Kleidung definitiv aus den edlen Gewändern eines Königs bestand.[8] Es handelt sich also um das Äquivalent eines T-Shirt-Slogans aus dem 1. Jahrhundert n. Chr. Jeder wusste, dass ein König kein Kamelhaar trug.

Hinter der Schande, die mit solcher Kleidung verbunden wurde, verbirgt sich ein Ereignis am Hofe Herodes I. Josephus berichtet von einer Zeit, als die Söhne von Herodes' Frau Mariamne dagegen protestierten, dass Herodes die besten Kleider ihrer Mutter an seine späteren Frauen verschenkte. Sie drohten, diese königlichen Gewänder durch Haarstoff zu ersetzen.[9]

Johannes' Kleidung soll provozieren. Und Provokation ist auch der Schlüssel zum Verständnis des Täufers – das wirklich Interessante an Johannes ist nämlich nicht so sehr, was er war, sondern, was er nicht war.

Er war kein Priester. Er hätte aber einer sein sollen.

Dort lebte der Priester Zacharias

Johannes' Vater Zacharias war Priester, und seine Mutter stammte aus dem Priesterstamm des Aaron (Lk 1,5). Es war also vorgesehen gewesen, dass Johannes in die Fußstapfen seines Vaters trat. Er folgte jedoch nicht der Familientradition und ging nicht in den Tempel, sondern in die Wüste – nicht, um der Elite Jerusalems zu dienen, sondern den Menschen aus Peräa, Judäa und sogar Samarien. Er war kein Priester der Tempelpilger, sondern ein Priester der Steuereintreiber und Prostituierten. Johannes war eine so bedeutende Gestalt, dass ihn sogar Josephus erwähnt:

> Johannes, den sie den Täufer nannten ... war ein guter Mann, der die Juden aufforderte, tugendhaft zu leben, sowohl gerecht gegeneinander als auch fromm gegenüber Gott, und sich deshalb taufen zu lassen; denn die Waschung [mit Wasser] werde von ihm angenommen, wenn sie sich dieser unterzögen, nicht [nur], um sie von Sünden zu befreien, sondern als Reinigung des Körpers; vorausgesetzt aber, dass die Seele zuvor durch Rechtschaffenheit gründlich gereinigt worden sei ... [viele] andere kamen in Scharen zu ihm, waren sie doch sehr bewegt [oder angetan], als sie seine Worte hörten.[10]

Die Taufe ist Johannes' Alleinstellungsmerkmal, eine Tätigkeit, die ihn unverkennbar macht. Im Neuen Testament erhält Johannes den Beinamen »der Täufer«. Die Tatsache allein, dass ihm dieser Spitzname anhaftete, zeigt, wie beherrschend dieses Element in seinem gesamten Wirken war.

Im 1. Jahrhundert n. Chr. wurde unter den Juden in Judäa gesteigerter Wert auf Reinheit gelegt: »Reinheit brach im Volke Israel aus.«[11] Zu den wichtigsten Möglichkeiten, wie Juden diese Reinheit demonstrieren konnten, zählten die rituellen Bäder. Jerusalem war voller *miqva'ot,* ritueller Bäder, in denen die frommen Juden untertauchen mussten, bevor sie zu einer Opferung oder einem Fest gingen. Sie finden sich auch im herodianischen Palast von Masada.[12] Der Qumran-Komplex umfasst ebenfalls zahlreiche Badeanstalten mit Stufen, und die Gemeinde verlangte die Immersion, das vollkommene Eintauchen: »Kein Mann sollte in Wasser baden, das schmutzig ist oder nicht dazu ausreicht, einen Mann zu bedecken.«[13]

Die Essener glaubten jedoch, dass der reumütige Sünder zunächst selbst mit seinen Sünden fertig werden müsse, bevor er ins Wasser stieg.[14] Reue und eine rechtschaffene Lebensweise reinigten die Seele, das Wasser reinigte nur die äußere Hülle. Auch bei den Waschungen des Johannes war es die Reue, die einen reinigte – die Seele wurde »zuvor durch Rechtschaffenheit gründlich gereinigt«. Die Waschungen demonstrierten jedoch die Ernsthaftigkeit der Absicht. Johannes bot den Menschen eine Form der rituellen Reinigung, jedoch eine, die im Innern begann. Was Johannes freilich von allen anderen unterschied, die rituelle Waschungen durchführten, war der Ort, wo sie stattfanden, und die Menschen, denen sie zuteilwurden.

Für die Qumran-Gemeinde galten alle, die nicht Mitglieder der Gemeinde waren, als unrein.[15] Johannes hingegen bot allen Menschen Reinheit an, also auch den Steuereintreibern, Soldaten und Prostituierten – Menschen, die vom Gottesdienst im Tempel ausgeschlossen waren (Mt 21,32; Lk 3,12–14). Johannes war, wenn man so will, ein Anti-Priester. Ein Hohepriester im Kamelhaargewand, hüfttief im *miqva'ot* des Jordans. Seine Handlungen waren priesterliche Handlungen: rituelle Reinigungen, Fasten und Gebete (Lk 5,33; 11,1). Doch er führte sie am falschen Ort aus und bot sie unreinen Menschen an.

Von den vielen Menschen, die durch Johannes' Hand die Taufe erfuhren, werden drei gesellschaftliche Gruppen gesondert genannt: Steuereintreiber, Soldaten und Prostituierte.

Prostituierte – ihre Unreinheit versteht sich von selbst. Doch Steuereintreiber waren genauso schlimm. In der Mischna heißt es: »Wenn ein Steuereintreiber ein Haus betritt, wird das Haus [und alles, was sich darin befindet] unrein.« Steuereintreiber galten als Gauner, Betrüger, *Kollaborateure.* Sie waren das lokale Gesicht der Besatzung.

Johannes taufte auch Soldaten – das ist besonders interessant, da viele von ihnen Nichtjuden waren. Herodes' Armee bestand zwar aus Juden und Nichtjuden, die Elitetruppen indes – seine persönliche Leibgarde – scheinen ausschließlich Nichtjuden gewesen zu sein, die in der Region um Sebaste und Caesarea rekrutiert wurden. Allerdings waren Juden während Herodes' Herrschaft vom Militärdienst in der römischen Armee befreit.

Dies war zum Teil Herodes' Loyalität geschuldet, teilweise aber auch der Erkenntnis, dass die strikte Einhaltung des Sabbats sie als Soldaten ziemlich unnütz machen würde, wenn man einmal an einem Samstag Krieg führen wollte. Daraus folgte, dass die Armee hauptsächlich aus Nichtjuden bestand. Die Prozession bei Herodes' Begräbnis wurde von seinem nichtjüdischen Elitekorps angeführt, dann kamen Thraker, Germanen, Gallier, und erst dann der Rest der Armee.[16] Als die Römer die direkte Kontrolle über Judäa und Samarien übernahmen, rekrutierten sie Truppen aus Sebaste und Caesarea: Samariter und Griechen – beide von Natur aus unrein.

Die drei Gruppen von Menschen, die eigens als von Johannes getauft erwähnt werden, wurden von der Mehrheit ihrer jüdischen Mitbürger als Ausgestoßene und Kollaborateure betrachtet. Die Taufe des Johannes bot eine ekstatische Erfahrung der Hoffnung für all jene, die glaubten, sie seien dauerhaft ausgeschlossen.

Was nicht heißen soll, dass er ihnen nichts abverlangte. Lukas nennt ein paar Einzelheiten aus Johannes' Predigten. Er trug den Steuereintreibern auf, nie mehr zu nehmen als die Höhe der Schuld. Von den Soldaten forderte er: »Plündert nicht, und erpresst niemand! Seid zufrieden mit eurem Sold« (Lk 3,13–14).

Steuereintreiber erhöhten die von ihnen einzuziehende Steuerschuld nach eigenem Gutdünken – so machten sie ihren Gewinn. Was die Soldaten betraf, so forderte Johannes sie auf, ihre Haupteinnahmequelle aufzugeben. Kein Soldat in der römischen Armee verdiente besonders viel; erst durch Erpressung und Schmiergelder kam man einigermaßen über die Runden. Johannes verlangte aber noch mehr: Sie sollten nicht einmal eine Erhöhung des Soldes fordern. Für einen kleinen Fußsoldaten, der von seinem Kommandeur angewiesen wurde, Geld von den örtlichen Opfern zu erpressen, könnte all das ernste Konsequenzen gehabt haben.

Johannes' Aktivitäten standen in direktem Gegensatz zum Tempel und seinen Idealen von Reinheit und Unreinheit. In der Wüste, im Tal, bot er eine radikale Alternative zum Tempel, der hoch auf seinem Hügel über Jerusalem thronte. Johannes' Botschaft ist die eines Hardliners. Anti-Establishment. Alles, was Johannes sagte, alles, was er war, war eine kalkulierte Herausforderung der Führung in Jerusalem. Er *versteckte* sich nicht in der Wüste. Er kommentierte und kritisierte.

Er bot den Menschen einen Neuanfang. Das rituelle Untertauchen fand noch bei einer anderen Zeremonie statt, nämlich bei der Bekehrung, wenn ein Nichtjude zu einem Juden wurde. Für Proselyten – Nichtjuden, die zum jüdischen Glauben übergetreten waren – markierte das Untertauchen in einem *miqva'ot* die klare Grenze zwischen der nichtjüdischen Vergangenheit und der jüdischen Zukunft. Es war, in den Worten von Craig Keener, »das am weitesten verbreitete Ein-für-alle-Mal-Immersionsritual des Judentums«.[17] Die Nichtjuden, die sich im Jordan taufen ließen, müssen sich gefühlt haben, als träten sie einem neuen Glauben, einer neuen Gemeinde bei. Doch was war mit den Juden, die Johannes' Botschaft annahmen? Forderte er auch *sie* auf zu »konvertieren«? Bewusst und *mit voller Absicht* jüdisch zu werden?

»Ihr Schlangenbrut!«

Den orthodoxen jüdischen Tempelherren muss Johannes' Verhalten unerhört erschienen sein. Als sich die Vertreter des orthodoxen Judentums aus der Stadt herauswagten, um zu sehen, was dort vor sich ging, knallte er es ihnen vor den Latz:

> Als er aber sah, dass auch viele Pharisäer und Sadduzäer kamen, um sich taufen zu lassen, wies er sie ab: »Ihr Schlangenbrut! Wer hat euch eingeredet, dass ihr dem kommenden Gericht Gottes entrinnen werdet? Zeigt erst einmal durch Taten, dass ihr wirklich zu Gott umkehren wollt! Bildet euch nur nicht ein, ihr könntet euch damit herausreden: ›Abraham ist unser Vater!‹ Ich sage euch: Gott kann selbst aus diesen Steinen hier Nachkommen Abrahams hervorbringen. Schon ist die Axt erhoben, um die Bäume an der Wurzel abzuschlagen. Jeder Baum, der keine guten Früchte bringt, wird umgehauen und ins Feuer geworfen.« (Mt 3,7–10)[18]

Das grenzt an verbale Körperverletzung. Warum verspürte Johannes das Bedürfnis, das Tempelestablishment derart anzugreifen? Warum stellte er sich so sehr dagegen? Als er diese Worte sprach, verband man den gesamten Tempelapparat bereits untrennbar mit der Ausübung und dem Streben nach politischer Macht.

Wie bereits erwähnt, war die Ernennung des Hohepriesters eine politische Angelegenheit, vorgenommen zunächst von Herodes und später von seinem Sohn Archelaus. Archelaus hatte als Herrscher katastrophal versagt. Er besaß die Brutalität seines Vaters, jedoch nicht dessen Schlauheit. Als er und Antipas nach Rom gingen, um Klarheit über Herodes' Nachfolge zu erwirken, wurden sie von einer jüdischen Delegation begleitet, die einen langen Katalog mit den Verbrechen Herodes I. zusammengestellt hatte, darauf verwies, dass Archelaus derselbe Menschenschinder sei, und um ihre Freiheit ersuchte:

> In erster Linie wünschten sie Folgendes: dass man sie von königlichen und anderen Regierungsformen erlöse, an Syrien anschließe und unter die Herrschaft von Präsidenten [z. B. römischer Statthalter, Präfekten usw.] stelle, die man ihnen senden solle; dann würde sich zeigen, ob sie wirklich ein aufrührerisches Volk seien, das stets nach Veränderungen strebe, oder ob sie unter einem milden Herrscher gesittet leben könnten.[19]

Am Ende bestätigte Augustus Archelaus als Ethnarch, unter der Bedingung, dass er »seinen Teil mit Geschick regiere«. Doch die Prophezeiung der jüdischen Delegation erwies sich als zutreffend. Sofort nach seiner Rückkehr ersetzte Archelaus den Hohepriester durch einen Mann seiner Wahl. Er ließ den Palast von Jericho wieder aufbauen und zog die halben Wasservorräte eines nahe gelegenen Dorfes ab, um seine Gärten zu bewässern. Er brach das jüdische Gesetz, indem er die Frau seines Bruders heiratete. Und er »verhielt sich wüst, nicht nur den Juden, sondern auch den Samaritern gegenüber«.[20]

Nach zehn Jahren hatten die Bürger genug. Im Jahre 6 zog eine weitere Delegation nach Rom, die Josephus zufolge diesmal aus den »wichtigsten Männern aus Judäa und Samarien« bestand. Die Juden und die Samariter hatten ihren gegenseitigen Hass offenbar überwunden, um einen gemeinsamen Feind zu besiegen. Archelaus wurde nach Rom zitiert, sein Vermögen wurde konfisziert und er selbst nach Vienna in Gallien verbannt.

Danach übernahmen die Römer selbst die Kontrolle. Samarien, Idumäa und Judäa wurden zur Provinz Judäa zusammengefasst, und die Römer setzten einen Präfekten als Regenten ein. Der Präfekt hatte jedoch nicht die Absicht, in Jerusalem zu leben. Er machte Caesarea zu seiner Hauptstadt und delegierte die Verwaltungsmacht an die nächstniedrigere Stufe in der imperialen Organisationsstruktur: an den Hohepriester und die adligen Familien Jerusalems.

Unter römischer Herrschaft wurde der Hohepriester direkt von Rom ernannt. Die Politik der Römer sah alle drei Jahre eine Rotation des Amtes unter drei oder vier Familien vor. Die Hohepriester wurden nicht ernannt, um die Gottesdienste im Tempel zu betreuen, an welchen die Römer geringes Interesse hatten. Sie wurden ernannt, um Steuern einzutreiben und für Ruhe und Ordnung zu sorgen. Der Hohepriester und seine Stellvertreter waren römische Bedienstete und in ihrer Position vom Präfekten abhängig.

Die offiziellen Führer des jüdischen Volkes wurden daher zu Jesu Zeit keinesfalls respektiert, sondern waren vielmehr allgemein verhasst, wie sich aus den meisten Quellen ergibt.[21] Die verabscheute herodianische Dynastie war einfach durch deren Lakaien ersetzt worden. Noch Jahrhunderte später erinnerte man sich an die Angst vor diesen zutiefst verhassten Familien. Im babylonischen Talmud sagt Abba Saul ben Batnit:

> Wehe mir vor dem Hause Boethos,
> Wehe mir vor ihren Knüppeln!
> Wehe mir vor dem Hause Hanin,
> Wehe mir vor ihrem Getuschel!
> Wehe mir vor dem Hause Kathros,
> Wehe mir vor ihren Schreibstiften!
> Wehe mir vor dem Hause Ismael ben Phiabi,
> Wehe mir vor ihrer Faust!
> Sie selbst waren Hohepriester, ihre Söhne waren Schatzmeister [des Tempels], ihre Schwiegersöhne waren Verwahrer, und ihre Diener schlugen das Volk mit Stöcken.[22]

Sämtliche Hohepriesterfamilien sind in diesem Klagelied vertreten – die Familien Boethos, Kathros, Phabi und die Familie, zu welcher Kaiphas gehörte, das Haus Hanin (auch Hanan oder Ananus). Ihr Verhalten blieb noch lange im kollektiven Gedächtnis – die Vetternwirtschaft, die physische Gewalt, die Schläge mit Stöcken und Fäusten, die finanzielle Macht, die geheimen politischen Machenschaften. Tatsache ist, dass sich nach der Vernichtung des Tempels im Jahre 70 n. Chr. in keiner einzigen jüdischen Quelle auch nur das geringste Bedauern über das Ende der Tempelaristokratie findet. Freilich vermisste man den Tempel, jedoch nicht die Leute, die ihn verwaltet hatten.[23]

Der erste Hohepriester, der direkt der römischen Verwaltung unterstand, war so unbeliebt, dass er seines Postens wieder enthoben wurde. Die römische Führung ersetzte ihn durch einen Mann, der scheinbar aus dem Nichts zu kommen schien: Ananus, Sohn des Seth. Ananus, oder Hannas, wie er in den Evangelien genannt wird, erwies sich als weitaus geschickterer Stratege, und seine Familie sollte den Posten des Hohepriesters die nächsten 60 Jahre über besetzen. Ananus war von 6 bis 15 n. Chr. Hohepriester, danach hatten fünf seiner Söhne das Amt inne.[24] Kaiphas, der im Jahre 18 ernannt wurde, war sein Schwiegersohn. Auch er stammte also aus dem Hause Hanin, wenn auch nur durch Heirat.

Das Ganze ähnelte mehr einer Feudalmonarchie als einer religiösen Stellung und bescherte dem Hohepriester und seiner Clique nicht nur Macht und Wohlstand, sondern trieb auch einen Keil zwischen die oberen Etagen der Priesterschaft und die Landpriester wie Johannes' Vater Zacharias – das »Fußvolk«, das die tägliche Arbeit im Tempel verrichtete. Die Landpriester gehörten zur bäuerlichen Schicht. Sie stammten aus einer anderen gesellschaftlichen Klasse als jene Priester, welche die privilegierteren Positionen bekleideten. Diese ärmeren Landpriester wurden nun streitlustig, ja sogar rebellisch.

Später, während des jüdischen Aufstandes, trat der Hass zwischen den »Tempelpriestern« und den »Priestern des Volkes« offen zutage. Die beiden Fraktionen beschimpften einander und bewarfen sich sogar gegenseitig mit Steinen. Josephus berichtet, dass einige der ärmeren Priester kurz vor Ausbruch der Revolte verhungert seien, weil sich die Hohepriester die Zehnte unter den Nagel gerissen hätten, die ihre einzige Einkommensquelle darstellten.[25]

Ob Johannes solche Feindseligkeiten mit eigenen Augen beobachtet hatte, ist nicht bekannt. In den Evangelien findet sich kein Hinweis, dass er jemals nach Jerusalem ging. Doch offensichtlich war er überzeugt, dass der Tempel in Jerusalem den Menschen niemals geben könne, was diese wirklich benötigten.

Schon ist die Axt erhoben, um die Bäume an der Wurzel abzuschlagen

Johannes' Botschaft war apokalyptisch: Der Tag des Gerichts nahte, der Tag, an dem der Baum gefällt würde. Nur, wenn die Menschen bereuten, könnten sie gerettet werden.

Im Judäa des 1. Jahrhunderts n. Chr. gab es unzählige apokalyptische Bewegungen. Für die unterdrückten Kleinbauern, verhaftet in den ruhmreichen Zeiten von Israels Vergangenheit, war die Revolution oft verbunden mit dem Beginn eines neuen Zeitalters, eines Zeitalters der Gerechtigkeit, der Hoffnung und des Wohlstands. Der Tag des Herrn, an dem die Mächtigen, die Reichen und die ausländischen nichtjüdischen Eindringlinge ihre wohlverdiente Strafe erhalten würden.

Die Mitglieder der vielleicht bekanntesten unter diesen apokalyptischen Wüstengemeinden – die Essener von Qumran – nannten sich »Bruderschaft in der Wüste« und hielten am Glauben an die Endzeit fest.[26] Wie Johannes waren sie in der Opposition gegen den Tempel verwurzelt, den sie als hoffnungslos korrupt betrachteten. Sie griffen ihre Gegner auf ähnliche Weise an wie Johannes und bezeichneten ihre Feinde – vermutlich die Tempelaristokratie – als Männer der

Falschheit, Söhne der Finsternis und Schlangen, »die im Staub kriechen«.[27]

Neben der Qumran-Gemeinde beschreibt Josephus zahlreiche Hochstapler und Revolutionsführer, die Gruppen in die Wüste führten und ihren verzweifelten Anhängern versicherten, sie würden nun bald Wunderzeichen der Erlösung schauen. Gegen Ende von Pilatus' Herrschaft stand ein unbekannter samaritanischer Anführer an der Spitze einer Bewegung, die den Tempel auf dem Berg Garizim wieder aufbauen wollte (der von Pilatus rücksichtslos zerstört worden war).[28] Um das Jahr 45 n. Chr. führte ein Rebell namens Theudas eine Gruppe Anhänger über den Jordan. (Er und seine Gefolgsleute wurden von dem judäischen Statthalter Fadus ebenfalls vernichtet.)[29] Die biblische Ikonographie war unmissverständlich: ein Aufstand in Gestalt des Exodus. Das Muster ist durchaus ähnlich: Ein beliebter Prediger beflügelt die Phantasie des gewöhnlichen, unterdrückten Kleinbauern. In Erwartung eines Wunders marschieren sie zu einem biblischen Ort. Die Römer hauen sie in Stücke.

Johannes war kein gewalttätiger Revolutionär, und Josephus liegt viel daran, das klarzustellen. Doch er war ein Prediger der Apokalypse. Er warnte vor einem bevorstehenden Gericht: »Schon hat er die Schaufel in der Hand, mit der er die Spreu vom Weizen trennt. Den Weizen wird er in seine Scheunen bringen, die Spreu aber wird er verbrennen, und niemand kann dieses Feuer löschen« (Mt 3,12; Lk 3,17).

Johannes predigte Vergebung und Reue als Vorbereitung auf ein apokalyptisches Ereignis, ein Ereignis, das über die Mächtigen und Herrschenden Gericht halten würde. Er taufte Menschen, aber er machte auch klar, dass die von ihm vorgenommene Taufe nur die erste war. Johannes rief den Menschen zu: »Nach mir wird ein anderer kommen, der viel mächtiger ist als ich. Ich bin nicht einmal würdig, ihm die Schuhe auszuziehen. Ich taufe euch mit Wasser, aber er wird euch mit dem Heiligen Geist taufen« (Mk 1,7–8).[30]

Die späteren Rabbis waren daran gewöhnt, dass ihre Schüler sie bedienten, aber es gab etwas, was diese Schüler nicht taten – nämlich, die Sandalen des Meisters zu lösen oder zu tragen.[31] Jesus sollte später, bei der radikalen Machtumstrukturierung unter seinen Anhängern, dieselbe Bildsprache verwenden – und sie sogar in die Tat umsetzen. Doch zunächst war es Johannes, der behauptete, er sei nicht einmal würdig, demjenigen, der da komme, als Sklave zu dienen. Bald scharte er eine beträchtliche Zahl von Anhängern um sich:

Josephus berichtet, die Menschenmassen seien so groß gewesen, dass es Antipas langsam mit der Angst bekommen habe.[32] In diese aufgeheizte Atmosphäre trat nun Jesus ein, vermutlich im Herbst des Jahres 29 n. Chr. Der »andere, der viel mächtiger ist«, war gekommen.

Als Erstes ließ er sich taufen.

»Du musst mich taufen!«

Den Zeitabgaben im Johannesevangelium zufolge muss Jesu Taufe vor seinem Besuch in Jerusalem im Jahre 30 n. Chr. stattgefunden haben. Vermutlich irgendwann Ende 29 n. Chr. Christen im 2. Jahrhundert gedachten der Taufe Jesu am 6. Januar. Könnte sein. Es ist ziemlich wahrscheinlich, dass Johannes' Aktionen im Herbst und im Frühling stattfanden. Die Sommerhitze wäre für ihn und seine Anhänger viel zu stark gewesen, um sich in der Wüste zu versammeln. Im Herbst hingegen nahm die intensive Hitze langsam wieder ab.[33] Ein bestimmtes Herbstfest passt daher perfekt zu Johannes' Wirken, wie es in den Evangelien geschildert ist: der Versöhnungstag am zehnten Tag des Tischri – im September/Oktober.

Wahrscheinlich bereitete sich Jesus gerade auf das große Fasten im Zeichen der Reue vor. Bei diesem Fest wurde dem Herrn ein Ziegenbock geopfert, während ein anderer – der

Sündenbock – zum Dämon Asasel in die Wüste gejagt wurde, beladen mit den Sünden der Menschen.[34]

Der genaue Zeitpunkt ist nicht bekannt. Auch der Ort nicht. Theodosius, einem Pilger des 5. oder 6. Jahrhunderts n. Chr., zeigte man einen Ort, der in der Nähe des Jordans lag, und gegenüber davon den Ort, von dem man glaubte, dass der Prophet Elija dort gen Himmel aufgefahren sei – doch handelt es sich hier um eine spätere Überlieferung.[35] Im Johannesevangelium ist dieser Ort mit Betanien verknüpft; auf der anderen Seite, gegenüber oder jenseits des Jordans. Doch davon gleich mehr.

Jesu Taufe durch Johannes ist eine der unbestritten historischen Fakten in den Evangelien. Das hat einen einfachen Grund: Verlegenheit. Für eine Kirche, die glaubte, dass Jesus frei von Sünde sei, war der Gedanke, dass er der Taufe durch Johannes bedurfte, zumindest unangenehm. (Man bezeichnet dies als »Kriterium der Verlegenheit« – d. h., jede Geschichte, die für die Kirche potenziell peinlich ist, drängt sich als authentisch auf.) Warum musste er sich taufen lassen, wenn er perfekt war? Welche Sünden sollte er denn zu bereuen haben?

Jedenfalls wurde Jesus getauft – und obwohl die Berichte in den Evangelien leicht voneinander abweichen, kommt der Geist Gottes doch stets in Gestalt einer Taube über ihn. In den synoptischen Evangelien ist eine himmlische Stimme zu hören: »Du bist mein geliebter Sohn, der meine ganze Freude ist« (Mk 1,11; Lk 3,22).[36]

Der Geist kommt über Jesus, bestätigt seine Identität, entweder gegenüber der Menge oder gegenüber Johannes oder gegenüber beiden. Der Geist spricht, passenderweise, in den Worten von Jesaja: »Seht, hier ist mein Bote, zu dem ich stehe. Ihn habe ich auserwählt, und ich freue mich über ihn. Ich habe ihm meinen Geist gegeben, und er wird den Völkern mein Recht verkünden« (Jes 42,1).

Warum also ließ sich Jesus taufen? Die am nächsten liegende Antwort ist, dass Jesus selbst der Ansicht war, es müsse ihm vergeben werden. Das war der Grund, warum alle anderen zur Taufe gingen. Das passt jedoch nicht gerade zur Vorstellung der Sündenlosigkeit Jesu. Frühe Theologen sahen verschiedene mögliche Antworten, etwa, dass sich Jesus habe taufen lassen, um das Taufwasser zu reinigen (Ignatius von Antiochia, ca. 35–107 n. Chr.); dass er damit der ganzen Menschheit ein Beispiel gegeben habe (Justin der Märtyrer, ca. 100–165 n. Chr.); und sogar, dass er dem Drängen seiner eigenen Familie nachgekommen sei (Hebräerevangelium, ca. 80–150 n. Chr.).[37] Es könnte ein Zeichen der Solidarität gewesen sein, ein Bekenntnis zu den Zielen und Methoden des Johannes. Sich von Johannes taufen zu lassen war schließlich ein Akt der Rebellion, der Opposition gegen den Tempel. Vielleicht dachte Jesus auch voraus und versuchte so, die Taufe als Norm für seine künftigen Anhänger zu etablieren.

All das ist möglich. Ich glaube, dass er mit der Taufe und seinem anschließenden Aufenthalt in der Wüste in erster Linie etwas beweisen wollte, und zwar nicht nur Johannes und den Menschen, die zuschauten, sondern sich selbst. Im Johannesevangelium sagt Johannes der Täufer:

> »Ich sah den Geist Gottes wie eine Taube vom Himmel herabkommen und bei ihm bleiben. Wer er ist, wusste ich vorher noch nicht, aber Gott, der mir den Auftrag gab, mit Wasser zu taufen, sagte zu mir: ›Du wirst sehen, wie der Geist auf einen Menschen herabkommt und bei ihm bleibt. Dann weißt du, dass er es ist, der mit dem Heiligen Geist tauft.‹ Und weil ich das gesehen habe, kann ich euch bezeugen: Dieser Mann ist Gottes Sohn!« (Joh 1,32–34).

Es war die Taufe, die Johannes die Augen dafür öffnete, wer Jesus war. Der Schlüssel liegt hier also vermutlich darin, dass sich Jesus zu erkennen gab, seine Identität bestätigte. Wahrheiten, die man zuvor nur erahnte, treten plötzlich klar hervor, Verbindungen, die nur ungenau zu erkennen waren, ergeben auf einmal einen Sinn.

In diesem Zusammenhang ging es Jesus nicht um die symbolische Bedeutung der Taufe, sondern um die Handlung selbst. Jesu Wirken gründete auf dem Glauben, dass er der Sohn Gottes war, ermächtigt und ernannt vom Heiligen Geist. James Dunn schreibt hierzu: »Es ist sicher, dass sich Jesus selbst für Gottes Sohn hielt und glaubte, er sei vom Heiligen Geist erfüllt.«[38] Aber *wann* wurde er sich dessen sicher? *Wann* wurde ihm selbst das endgültig klar?

Obwohl die Evangelisten in diesem Punkt voneinander abweichen, stimmen doch alle darin überein, dass Jesus als Gottes Sohn gepriesen wurde. In den verschiedenen Berichten scheint sich diese Ansicht mit der Zeit zu festigen: Aus Markus' »Du bist mein geliebter Sohn« (Mk 1,11) wird später Matthäus' objektiveres »Dies ist mein geliebter Sohn« (Mt 3,17). Lukas wiederum ist bemüht zu betonen, dass der Heilige Geist in der physischen Gestalt einer Taube erschien (Lk 3,22).

In diesem Sinne war das, was mit Jesus im Wasser geschah, der Anfangspunkt, der Beweis dafür, dass er der war, für den er sich hielt. Deshalb musste er sich taufen lassen – weil es für ihn bestätigte, was er vielleicht bereits geahnt hatte. Bei der Taufe erfuhr Jesus Gott in einer Weise, wie er ihn nie zuvor erfahren hatte.

Die Christen präsentieren gerne einen vollentwickelten Jesus, einen Gott in Menschengestalt, der von Geburt an wusste, was er zu tun hatte und wie er es zu tun hatte, der in göttlicher Gewissheit samt Heiligenschein umherwandelte. Wie auf den Ikonen: das Baby mit Heiligenschein, stechenden Augen und der herrschend erhobenen Hand. Freilich muss er auch vor der Taufe schon ein gewisses Bewusstsein gehabt haben: Die Geschichten seiner Mutter, die Ereignisse bei seiner Geburt und seine Erlebnisse im Tempel zeigten ihm vermutlich, dass er auserwählt war. Das ist jedoch nicht dasselbe, als wenn er von Anfang an über seine Rolle Bescheid gewusst hätte. Jesus ging nicht nach einem Drehbuch vor; er gelangte zu einer Erkenntnis.[39]

Bei seiner Taufe begriff Jesus so klar wie nie zuvor, wer er war und was er auf Erden zu tun hatte. Die Taufe ist die Geburtsstunde seines Lehrens und Wirkens, und die Taube verleiht ihm dazu die notwendigen Kräfte für die nächste Stufe seiner Karriere: die Fähigkeit, Wunder zu tun.

Danach begab sich Jesus allein in die Wüste. Etwas war geschehen. Er hatte die Stimme Gottes vernommen. Er hatte den Heiligen Geist erfahren.

Nun wollte er das Ganze ausprobieren.

Der Geist Gottes führte Jesus in die Wüste

In den synoptischen Evangelien folgen seiner Taufe 40 Tage der Versuchung in der Wüste. Markus bietet nur ein Grundgerüst: »Kurz darauf führte der Geist Gottes Jesus in die Wüste. Vierzig Tage war er dort den Versuchungen des Satans ausgesetzt. Er lebte unter wilden Tieren, und die Engel Gottes dienten ihm« (Mk 1,12–13).

Lukas und Matthäus hingegen sind hinsichtlich der Natur dieser Versuchungen etwas spezifischer und nennen insbesondere drei Versuchungen:

> »Wenn du Gottes Sohn bist, dann mach doch aus diesem Stein Brot!« (Lk 4,3)
>
> »Alle Macht über diese Welt und ihre ganze Pracht will ich dir geben; denn mir gehört die Welt, und ich schenke sie, wem ich will. Wenn du vor mir niederkniest und mich anbetest, wird das alles dir gehören.« (Lk 4,6–7)
>
> »Spring hinunter! Du bist doch Gottes Sohn! Und in der Heiligen Schrift steht: ›Gott wird seine Engel schicken, um dich zu beschützen. Sie werden dich auf Händen tragen,

und du wirst dich nicht einmal an einem Stein verletzen!‹«
(Lk 4,9–11)

Das Ereignis ist mysteriös, wundersam. Es ist natürlich eine Prüfung. Die Wüste war ein Ort der Prüfung, ein Ort, dessen hartes Licht jede menschliche Schwäche gnadenlos zutage brachte. Die Parallelen zum Alten Testament sind offensichtlich: Jesus ist Elija in der Wüste (der ebenfalls von Engeln ernährt wurde). Er ist Noah, der 40 Tage und Nächte in der Arche ausharrte. Er ist Mose in der Wüste.

Die erste Versuchung ist unmissverständlich: Du bist hungrig, also mach dir Brot. Doch steckt darin noch weiterer Symbolgehalt. Man nimmt an, dass die Versorgung mit Brot, die Ernährung der Hungrigen, auch ein Zeichen für den Messias war. Eines der Dinge, die der Messias tun würde, war es, ein Festmahl für die Armen zu bereiten.[40] Als Jesus später die Menschen tatsächlich mit Brot versorgte, versuchten sie, ihn zum König zu machen. Das ist bemerkenswert. Vielleicht verbirgt sich hier also noch eine etwas subtilere politische Aussage. Ich glaube jedoch, im Kern ist die Aussage ganz direkt zu verstehen. »Gebrauche deine Macht, um deinen Hunger zu stillen«, sagt der Verführer.

Die zweite Versuchung besitzt zweifellos ein politisches Element: die Vorstellung aller irdischen Königreiche. »Du

kannst sie alle haben«, sagt Satan. »Du brauchst mich nur anzubeten.« Interessant ist hier die Annahme, dass Satan überhaupt über diese Königreiche verfügt. Die Macht und die Herrlichkeit der irdischen Königreiche seien ihm übergeben worden, behauptet er in Lukas 4,6. Es wird also angenommen, dass das römische Imperium und alle weltlichen Königreiche – mit ihren gottlosen Idolen von Wohlstand, Macht und Nationalismus – in der Gewalt einer bösen Macht stehen. Politisch war temporäre Macht jedoch ein Weg, den Jesus konsequent ablehnte. Er wusste, dass sich Frieden nicht durch Zwang herbeiführen ließ.[41]

Beide Erscheinungen hatte Jesus in der Wüste. Die erste lässt sich leicht erklären: Er brauchte nur aus der Höhle – oder an welchem Ort auch immer er Zuflucht gefunden hatte – herauszuschauen, um dort ein Geröllfeld zu erblicken. Die zweite Erscheinung muss tatsächlich eine Vision gewesen sein, wenngleich ihn der Teufel an einen »hohen Ort« führt. Der überlieferte Schauplatz, der sogenannte Berg der Versuchung, könnte ein Kandidat sein: Er liegt etwa drei Kilometer nordwestlich von Jericho und überblickt das Tal des Jordans. Eine Art Gipfelerfahrung also.

Die Wüste von Judäa: Blick von der Römerstraße Jerusalem–Jericho nach Norden.

Die dritte Versuchung hingegen findet an einem ganz besonderen Ort statt, nämlich in Jerusalem. Lukas und Matthäus zufolge brachte ihn der Teufel dorthin. Wir erfahren, dass er ihn »auf die höchste Stelle des Tempels stellte«. Seit jeher nehmen Christen an, dass Jesus wie in einem Harry-Potter-Film durch die Lüfte getragen wurde und auf dem Dach des Tempels landete. Die allgemeine Lehrmeinung hingegen kommt zu dem Schluss, dass sich »die höchste Stelle des Tempels« nicht auf das Tempelgebäude, also das Heiligtum selbst, bezieht, sondern dass damit der höchste Punkt des Tempelkomplexes gemeint ist.

Dieser befindet sich an der südöstlichen Ecke, wo sich Herodes' Tempelberg über das darunterliegende Tal erhebt. In der Zeit von Jesus war dieser Bereich mit einem Kolonnadengang überbaut, der »Salomons Portikus« genannt wurde. Hier die Beschreibung bei Josephus:

> Dieser Säulengang verdient mehr als jeder andere unter der Sonne Erwähnung; denn das Tal war bereits sehr tief, und seine Sohle war nicht zu erblicken. Doch wenn man von oben in die Tiefe schaute, addierte sich die ungeheure Höhe des Tempels noch hinzu, so dass jedem schwindelte, der von den Mauern hinabsah, denn er blickte in beide dieser Tiefen zusammen, und sein Auge konnte eine derart immense Tiefe nicht erreichen.[42]

Trotz der mystischen Natur dieser Ereignisse gibt es keinen Grund, warum Jesus nicht einfach zu Fuß dorthin hätte gehen können, aus der Wüste, nach Jerusalem, über den Ölberg und in den Tempel hinein. Je nachdem, wo sich Jesus in der Wüste aufhielt, hätte diese Reise etwa einen oder zwei Tage gedauert. (Nur zur Information: Der Berg der Versuchung liegt etwa 21 Kilometer von Jerusalem entfernt.)

Jedenfalls kommt Jesus im Tempel an. Er sieht sich um, denkt an die Macht und den Reichtum, die ihm gehören könnten. Er überquert den Tempelplatz und betritt Salomons Portikus. Es ist eine Reise, die ihn buchstäblich und metaphorisch an den Rand des Abgrunds führt.

Doch warum die »höchste Stelle des Tempels«? Und warum fordert ihn der Teufel auf, sich hinabzustürzen? Das ist eine seltsame Herausforderung. Die herkömmliche Interpretation konzentriert sich auf die Engelsrettung als Zeichen göttlicher Macht und Autorität. Diese zu beweisen hätte es aber mannigfache andere Möglichkeiten gegeben, so dass ein selbstmörderischer Sprung gar nicht notwendig gewesen wäre. Der Schlüssel findet sich meiner Meinung nach in einem frühkirchlichen Fragment. Es ist die einzige Stelle, wo der höchste Punkt des Tempels sonst noch erwähnt wird.[43]

Die Passage stammt aus Eusebius' *Kirchengeschichte*, einem im 4. Jahrhundert n. Chr. verfassten Werk, das jedoch Fakten (aber auch Legenden, Überlieferungen und reine Fiktion) aus früheren Jahrhunderten enthält. An einer Stelle berichtet Eusebius vom Tod des Jakobus, des Bruders Jesu. Von Josephus wissen wir, dass Jakobus auf Anordnung des Hohepriesters Ananus – illegal – zu Tode gesteinigt wurde. Das Ereignis fand im Jahre 62 n. Chr. statt, während eines Machtvakuums zwischen dem Tod eines römischen Prokurators und dem Eintreffen seines Nachfolgers.

Eusebius liefert noch weitere Einzelheiten der Geschichte, darunter die völlig überzogene Darstellung eines Autors namens Hegesippus, der berichtet, Jakobus habe so viel Zeit mit Beten verbracht, dass seine Knie hart geworden seien »wie die eines Kamels«.[44] Doch bevor er sich in Hegesippus' Phantasiewelt verliert, zitiert Eusebius noch eine weit simplere Version: »Die Art von Jakobus' Tod ist bereits geschildert worden, und zwar in den Worten von Clemens, der berichtet, dass er von der höchsten Stelle des Tempels gestürzt und mit einem Knüppel zu Tode geprügelt wurde.«[45] Das Zitat stammt aus einem verlorenen Werk, das Clemens von Alexandria zugeschrieben wird.[46]

Es zeigt auf jeden Fall, dass die Frühkirche an dem Gedanken festhielt, dass diejenigen, die sich der Gotteslästerung schuldig gemacht hatten, die man »steinigte«, vom höchsten Punkt des Tempels gestürzt wurden. Die Praxis der Steinigung ist somit eigentlich die falsche Bezeichnung, da es üblich war, sie zunächst von einem hohen Punkt hinabzustürzen. Dies spiegelt sich auch in den Evangelien wider, wo Jesus zu einem Felsen in der Nähe von Nazareth gebracht wird (Lk 4,29).

Bezeichnenderweise droht Jesus im Johannesevangelium zweimal die Steinigung, beide Male im Tempel und beim zweiten Mal in Salomons Portikus (Joh 8,59; 10,22,31–32). Auch bei Josephus findet sich ein möglicher Bezug: Als die Zeloten den Tempel eroberten, töteten sie einen ihrer Gegner, einen Mann namens Zacharias, und »warfen ihn vom Tempel in das Tal darunter«.[47]

Die Schlussfolgerung ist eindeutig: Leute, die man vom höchsten Punkt des Tempelkomplexes warf, waren Gotteslästerer, die gesteinigt werden mussten. Vielleicht erklärt das die wahre Natur der Versuchung. Die Versuchung besteht für Jesus darin, sein Schicksal und damit sein Ende zu verändern. »Du weißt, wie das alles enden wird«, sagt der Teufel. »Sie werden dich umbringen. Denn genau das passiert Leuten wie dir. Aber du kannst dich retten.« Am Kreuz hallt diese Versuchung aus den Mündern der johlenden Menge wider: »Rette dich doch selber und steig herab vom Kreuz!« (Mt 27,40; Mk 15,30; Lk 23,37).

»Rette dich.« Das ist die Versuchung, die sich wiederholt – immer und immer wieder. Als Petrus Jesus zu überreden versucht, nicht nach Jerusalem zu gehen, erscheint die Reaktion – »Weiche, Satan!« – zunächst vollkommen übertrieben. Sie kommt uns grausam und ungerecht vor. Doch wenn wir sie in diesem Kontext betrachten, als Fortführung der ärgsten Versuchung, der Jesus je ausgesetzt war und sein würde, ist sie wesentlich verständlicher.

Der höchste Punkt des Tempels (markiert durch einen Kreis) von Osten gesehen.

Es ist die Versuchung, die Satan Jesus immer wieder vor die Nase halten wird: »Du kannst alles ändern. Du musst das nicht tun. Du kannst entkommen.« Satan will Jesus dazu verführen, das Ende der Geschichte abzuändern, ein Ende, das schon damals beide zu kennen scheinen.

Dies geschah in Betanien

Die synoptischen Evangelien lassen Jesus nach der Versuchung zunächst nach Galiläa zurückkehren, das vierte Evangelium hingegen zeichnet ein vollkommen anderes Bild: Johannes lässt die Versuchung in der Wüste komplett aus. Stattdessen schildert er eine »Woche«, in welcher Johannes der Täufer über die wahre Identität Jesu Zeugnis ablegt, Jesus seinen ersten Jüngern begegnet und schließlich nach Galiläa zurückkehrt, um an einer Hochzeit in Kana teilzunehmen.

Die Authentizität des Wüstenerlebnisses vorausgesetzt, und dass sich Johannes 1,32–34 auf Ereignisse bei der Taufe Jesu bezieht, dann liegt diese Woche nach der Versuchung, aber vor Jesu Wirken in Galiläa. Nach diesem Modell würde die gesamte Passage von Johannes 1,19–4,54 zwischen Lukas 4,13 und 4,14 stattfinden.

Die »erste Woche« im Johannesevangelium		
Tag 1	Johannes der Täufer legt Zeugnis über Jesus ab.	1,19–28
Tag 2	Johannes der Täufer begegnet Jesus.	1,29–34
Tag 3	Johannes der Täufer empfiehlt Jesus erste Jünger an.	1,35–39
Tag 4	Andreas stellt Jesus seinen Bruder Petrus vor.	1,40–42
Tag 5	Rückkehr nach Galiläa. Philippus und Nathanael schließen sich Jesus an.	1,43–51
Tag 6		
Tag 7	Die Hochzeit in Kana	2,1–11

Im Johannesevangelium finden die Ereignisse dieser Woche »in Betanien, einem Dorf östlich des Jordans« statt, »wo Johannes taufte« (Joh 1,28). »Betanien jenseits des Jordans«, wie es in der Regel übersetzt wird, findet sich außerhalb des Johannesevangeliums in keiner einzigen Quelle. Origenes, der etwa um das Jahr 200 n. Chr. schrieb, unterstellte, dass der tatsächliche Ort ein Dorf namens Bethabara sei, am Westufer des Jordans, ein Stück nördlich des Toten Meeres.

Dies übernahmen Eusebius und die spätere Kirche, und auch auf der Madaba-Karte – einer Mosaikkarte Palästinas aus dem 6. Jahrhundert – ist der Ort verzeichnet.[48] Origenes scheint die Lage aber ausschließlich wegen des Ortsnamens gewählt zu haben: Bethabara bedeutet »Haus der Vorbereitung«, was er als Ort von Jesu Taufe offenbar für angemessen hielt. Es gibt keinen Hinweis darauf, dass es der Ort war, den Johannes meinte.[49]

An anderer Stelle wurde davon ausgegangen, dass er am anderen Ende des Jordans, in der Region Batanäa lag, im Ostjordanland nordöstlich vom See Genezareth.[50] Dafür spricht, dass unter Johannes' Anhängern Männer aus Galiläa waren, da die Region in der Nähe von Bethsaida und Kapernaum liegt. Andere Überlieferungen sprechen weniger dafür, etwa, dass Jesus direkt nach seiner Taufe in die Wüste ging, dass Johannes' Wirkungsbereich die Wüste von Judäa war und dass die Menschenmengen aus Jerusalem und Judäa zu ihm kamen (Mk 1,5; Joh 1,19). Lukas schreibt, Johannes sei in der gesamten Region um den Jordan tätig gewesen (Lk 3,3); also ist es denkbar, dass er auch in den Norden kam. Insgesamt jedoch ist es wesentlich wahrscheinlicher, dass sich Johannes der Täufer im südlichen Teil des Jordantals aufhielt.

Es gibt jedoch noch eine weitere, hochinteressante Möglichkeit. Folgendes wissen wir über »Betanien«:

- Es liegt so nahe an Jerusalem, dass eine Abordnung von dort gesandt wurde (Joh 1,19; 24).
- Jesus hatte in der Nähe eine Unterkunft (Joh 1,39).
- Es wuchsen dort Feigenbäume (Joh 1,48–49).

Es ist durchaus möglich, dass das von Johannes beschriebene Betanien das in den anderen Evangelien und später bei Johannes beschriebene Betanien ist – das Dorf von Martha, Maria und Lazarus und Jesu Unterkunft während seiner letzten Woche in Jerusalem. Die griechische Textpassage lautet wörtlich: »Diese Dinge in Betanien ereigneten sich jenseits des Jordans, wo [dieser] Johannes taufte.«

Man kann daher annehmen, dass Johannes das Dorf in dieser Weise beschreibt, um es von dem anderen Betanien in der Nähe von Jerusalem abzugrenzen. Johannes hat Betanien bei Jerusalem bis zu dieser Stelle aber noch nicht erwähnt. Möglicherweise will er also zwischen Betanien (wo diese Dialoge stattfinden) und dem Ort auf der anderen Seite des Jordans unterscheiden, wo Johannes zuvor taufte. Es ist nicht weiter schwer, den Satz etwas anders zu lesen: »Dies ereignete sich in Betanien jenseits [also auf der gegenüberliegenden Seite] des Jordans, [von der Stelle] wo Johannes taufte.«

Betanien liegt südlich der Wüste Judäas, wo Jesus gefastet

hat. Es ist also nicht das Betanien am Fluss Jordan – von Betanien in der Nähe Jerusalems liegt der Fluss etwa 29 Kilometer entfernt talabwärts. Doch nirgendwo in diesem Textabschnitt erwähnt Johannes, dass Johannes der Täufer damals tatsächlich taufte. Er sprach und diskutierte mit seinen Anhängern. Dies würde auch ein weiteres seltsames Detail erklären, nämlich die Tatsache, dass am dritten Tag jener Woche zwei seiner Schüler Jesus in seiner Unterkunft aufsuchen wollen.

> »Wo wohnst du, Meister?« »Kommt mit und seht selbst, wo ich wohne!«, sagte Jesus. Es war ungefähr vier Uhr nachmittags, als sie mit Jesus gingen; und sie blieben bei ihm bis zum Abend. (Joh 1,38–39)

Das klingt nicht nach einem in der Wüste aufgeschlagenen Zelt oder einer groben Matte, die sich Jesus in einer Höhle ausgerollt hätte. Es klingt nach einer Unterkunft in einem Haus. Wir wissen, dass Jesus in Betanien weilte, als er nach Jerusalem ging. Wir wissen, dass Betanien die Heimat von Lazarus, Maria und Martha war, die zu Jesus ergebensten Anhängern zählten. Lernte er sie vielleicht damals kennen? War es der Beginn seiner Verbindung mit dem Dorf?

Später erzählt Jesus, er habe Nathanael unter einem Feigenbaum gesehen. Vielleicht war das eine Wundererscheinung. Vielleicht war es aber tatsächlich ein Feigenbaum. In der Wüste findet man keine Feigenbäume, wohl aber in Betanien: An späterer Stelle in den Evangelien verwendet Jesus einen davon als Mittel der Illustration.[51]

»Du bist wirklich Gottes Sohn«

Um welches Betanien es sich auch gehandelt haben mag – jedenfalls begegnet Jesus dort Menschen, die später zu seinen wichtigsten Jüngern gehören werden: Galiläer, die aus dem

Norden gekommen sind, um am Puls der Zeit zu sein. In Betanien trifft er erstmals Andreas, Simon Petrus, Philippus und Nathanael sowie einen nicht namentlich genannten Jünger, bei dem es sich um den sogenannten Lieblingsjünger handeln könnte, den Autor des Johannesevangeliums (Joh 1,39–51).[52] Diese waren – in gewissem Umfang – Schüler des Johannes, bevor sie zu Jüngern Jesu wurden. Im Johannesevangelium wechseln sie direkt von Johannes dem Täufer zu Jesus über.

Ja, sie »folgen« Jesus sogar buchstäblich. Als er sie bemerkt, bitten sie darum, etwas Zeit mit ihm verbringen zu dürfen. Was Andreas und der andere Jünger wissen wollen, ist, wo dieser »Rabbi« wohnt. Sowohl in der jüdischen als auch in der griechischen Kultur lebten Schüler manchmal bei ihrem Lehrer. Häufig verbrachten sie viel Zeit miteinander, und es ist wahrscheinlich, dass solche Rabbis zu Hause lehrten. Hier nimmt Jesus sie mit zu seiner Unterkunft, und sie verbringen den Tag gemeinsam – etwa ab vier Uhr nachmittags (Joh 1,37–39).

Andreas ist so beeindruckt von diesem Erlebnis, dass er seinen Bruder holt. Dies ist die Stelle, an der Jesus Simon neu benennt: »Du bist Simon, der Sohn des Johannes. Du sollst *Petrus* heißen« (Joh 1,42). (Eigentlich: Cephas. *Kepha* ist das aramäische Wort für Fels; Petrus – *petros* – ist die griechische Übersetzung.) Simon sollte der Fels Jesu werden; unverrückbar, standfest – wenngleich bisweilen erschreckend bröckelig.[53]

Am nächsten Tag – Tag fünf in Johannes' Woche – beschließt Jesus, nach Hause zu gehen, und bittet Philippus, ihn zu begleiten. Philippus, Andreas und Simon Petrus stammten Johannes zufolge aus Bethsaida. Dieses lag nicht in Galiläa, sondern in der Gaulanitis, die zu Herodes' Territorium gehörte. Juden stellten in Bethsaida die Minderheit dar und hatten sich in dem Gebiet angesiedelt – ein bisschen so wie die modernen israelischen Siedler auf der West Bank.[54] Vielleicht bestärkten das nichtjüdische Umfeld und die Tetrarchie von Herodes Philippos diese jungen Juden in ihrem Glauben.

Philippus sucht und findet Nathanael. Dieser wird allerdings nur im Johannesevangelium erwähnt. Seine anderweitige Abwesenheit hat dazu geführt, dass ihn viele mit Bartholomäus von den Zwölfen gleichsetzten, doch das ist nicht notwendig. Nicht alle Jünger Jesu zählten zu diesem inneren Kreis. Nathanael könnte die Quelle für Johannes' Material über Galiläa sein, da er aus Kana stammte (Joh 21,2).[55] Ihre Begegnung ist ein seltsames kleines Intermezzo, das einen weitverbreiteten Zweifel an den messianischen Behauptungen Jesu widerspiegelt: »Nazareth? Was kann von da schon Gutes kommen!« (Joh 1,46).

Es ist das erste überlieferte Auftreten des »Falscher-Messias-Syndroms«. In einer Kultur, die historische Parallelen schätzte, war Jesu aufgrund seiner Herkunft nicht zum Messias geeignet. Nazareth ist unbekannt, unspektakulär, unbedeutend. Es wird im Alten Testament nie genannt (geschweige denn im Midrasch, im Talmud oder gar in zeitgenössischen Schriften). Für Nathanael passt es einfach nicht ins Bild. Wenn man bedenkt, dass er aus Kana stammt, kommt vielleicht noch ein wenig Lokalrivalität dazu. Jesus überzeugt Nathanael dadurch, dass er ihm sagt: »Noch bevor Philippus dich rief, habe ich dich unter dem Feigenbaum gesehen« (Joh 1,48).

Christen gehen hier meist von einer hellsichtigen Vision aus – dass Jesus etwas sah, das er nicht hatte sehen können, wenngleich es die ebenso interessante wie verwirrende Frage aufwirft, was Nathanael unter dem Feigenbaum eigentlich vorhatte. Johannes ordnet das Ganze jedoch nicht unter »wundersam« ein. Für ihn liegt das erste Zeichen von Jesu Wundertätigkeit noch einige Tage entfernt: die Hochzeit in Kana. Möglicherweise nimmt Jesus Bezug auf das Bild des Feigenbaums und seine metaphorische Bedeutung für das Volk Israel. Die rabbinische Lehre besagte, der richtige Ort, um die Thora zu lesen und zu studieren, sei unter einem Feigenbaum, weil dieser ein Symbol für Israel sei.[56] Es könnte also sein, dass Jesus eine Passion Nathanaels erkannte, nämlich das Studium der Thora.

Nathanael ist ein Mensch, der in Israels Erbe und Vergangenheit verwurzelt ist. Wenn man sich jedoch zu viel mit der Vergangenheit beschäftigt, wird man blind für die Möglichkeiten der Gegenwart. Nathanaels ablehnende Haltung gegenüber Nazareth ist historisch gewachsen. Jesus hingegen schien sich nicht allzu sehr um die Geschichte zu kümmern. Das Einzige, was er mit der Geschichte je tun wollte, war, ihren Verlauf zu ändern.

In dem Dorf Kana in Galiläa wurde eine Hochzeit gefeiert

Dem Johannesevangelium zufolge kehrte Jesus nach einer Woche in Betanien wieder nach Galiläa zurück, in das Dorf Kana. Der Anlass war eine Hochzeit, die möglicherweise irgendwann im Winter 29/30 n. Chr. stattfand; ein Familienfest, wie es scheint, zu welchem Jesu Mutter ebenfalls eingeladen war und an dem Jesus mit seinen »Jüngern« teilnahm (Joh 2,2).

> Nun gab es im Haus sechs steinerne Wasserkrüge. Man benutzte sie für die Waschungen, die das jüdische Gesetz verlangt. Jeder von ihnen fasste 80 bis 120 Liter. Jesus forderte die Diener auf: »Füllt diese Krüge mit Wasser!« Sie füllten die Gefäße bis zum Rand. Dann ordnete er an: »Nun bringt dem Mann, der für das Festmahl verantwortlich ist, eine Kostprobe davon!« Dieser probierte den Wein, der vorher Wasser gewesen war. Er wusste allerdings nicht, woher der Wein kam. Nur die Diener wussten Bescheid. Da rief er den Bräutigam zu sich und warf ihm vor: »Jeder bietet doch zuerst den besten Wein an! Und erst später, wenn alle Gäste schon betrunken sind, kommt der billigere Wein auf den Tisch. Aber du hast den besten Wein bis jetzt zurückgehalten!« (Joh 2,6–10)

Wie wir gesehen haben, konnte ein Hochzeitsfest bis zu einer Woche dauern, manchmal auch zwei. Es wurde daher von den Gästen erwartet, dass sie etwas zum Fest beisteuerten, und als Anführer war Jesus für die Spenden seiner Gruppe verantwortlich. Für Maria ist dies daher die perfekte Gelegenheit, seine Pflichten als Gast zu erfüllen. So ist sie anfangs auch nicht auf ein Wunder aus, sondern bittet Jesus, das zu erfüllen, was man von ihm als Gast erwartet: etwas beizusteuern, um eine peinliche Situation zu verhindern.[57]

Jesus tut natürlich etwas Unerwartetes. Anfangs wirkt er distanziert von seiner Mutter, sogar abweisend. »Schreib mir nicht vor, was ich zu tun habe«, entgegnet er auf ihre besorgte Äußerung den Wein betreffend. »Meine Zeit ist noch nicht gekommen!« Seine Mutter, wie alle Mütter zu allen Zeiten, kümmert sich nicht um die Widerworte ihres Sohnes und weist die Diener an, zu tun, was er ihnen aufträgt. Jesus lässt sechs Steinkrüge mit Wasser füllen und verwandelt es in Wein.

Wie bereits erwähnt, waren rituelle Bäder und Waschungen zu Jesu Zeiten sehr wichtig. Diese Art von Wasser enthielten ursprünglich auch die Steinkrüge, jeder etwa 80 bis 120 Liter. Kein Trinkwasser, sondern Wasser für rituelle Waschungen.[58] In der jüdischen Welt war alles entweder rein oder unrein.

Dazwischen gab es nichts. Unreinheit konnte man sich zuziehen wie eine ansteckende Krankheit. So wurde man unrein, indem man etwas Unreines berührte: einen Leichnam, eine menstruierende Frau, einen Nichtjuden. Hypothetische Diskussionen darüber, wie Wasser unrein werden könnte, füllen die rabbinischen Schriften: Wenn man reines Wasser in ein unreines Gefäß gösse, könnte die Unreinheit dann auf den Fluss zurückwirken und dessen reines Wasser verunreinigen? Und was ist mit dem Gefäß? Würde dieses ebenfalls unrein?

Die Rabbis bestimmten, dass Gefäße aus Keramik und Glas unrein werden und das in ihnen enthaltene Wasser verunreinigen könnten. Stein hingegen war in Ordnung. Steingefäße, so hieß es, könnten nicht unrein werden. Das machte sie perfekt für die Aufbewahrung von Wasser. Archäologen haben bei Ausgrabungen viele solcher Steingefäße gefunden.

Es ist somit kein gewöhnliches Wasser, das Jesus in dieser Geschichte in Wein verwandelt. Es ist das Wasser für die rituellen Waschungen. Dies ist das erste Beispiel dafür, auf welch signifikante Weise Jesus die jüdischen Reinheitsgebote änderte. Durch die Tätigkeit von Johannes hatte er gesehen, dass rituelle Bäder überall und für jedermann stattfinden konnten. Nun betrat er eine noch höhere Stufe der Subversion.

Für Johannes ist dies das erste »Zeichen« Jesu. Das Wasser wurde verwandelt – nicht nur in billigen Fusel, sondern in richtig guten Wein. Im Gegensatz zu Johannes dem Täufer war Jesus nicht für Askese, Fasten und Abstinenz bekannt. Was Jesu Mission mehr als alles andere charakterisierte, war der Gedanke des Feierns und Fröhlichseins. Die Botschaft ist klar: Vergesst die Waschungen, lasst uns feiern.

Johannes berichtet, Jesus sei nach den wundersamen Ereignissen jenes Abends »für einige Tage mit seiner Mutter, seinen Brüdern und seinen Jüngern nach Kapernaum« gegangen (Joh 2,12). Achtung: Josef fehlt bei dieser Aufzählung. Damals scheinen Jesus und seine Familie noch zusammen zu sein. Vielleicht verbrachten sie den Winter in Kapernaum; vielleicht, wie Johannes berichtet, blieben sie dort auch nur kurze Zeit. Wenn wir das nächste Mal von Jesus hören, ist er jedenfalls nicht in Kapernaum, sondern in Jerusalem.

Kurz vor dem jüdischen Passahfest reiste Jesus nach Jerusalem

Dem Johannesevangelium zufolge kehrte Jesus zum Passahfest nach Jerusalem zurück. Das müsste dann im Frühling des Jahres 30 n. Chr. gewesen sein, das erste Mal seit seiner Versuchung am höchsten Punkt des Tempels sechs Monate zuvor, dass er die Stadt wieder besuchte. Johannes' Bericht legt zwei

Ereignisse auf diesen Zeitpunkt: den Tempelprotest (auch: die Tempelreinigung; Joh 2,13–22) und den nächtlichen Besuch von Nikodemus (Joh 3,1–21).

Die Synoptiker legen den Tempelprotest auf einen wesentlich späteren Zeitpunkt, nämlich auf den Beginn der letzten Woche in Jesu Leben.

Vielleicht verfügte Johannes über Informationen, die ihn diesen früheren Zeitpunkt wählen ließen, vielleicht hatte er dafür aber auch theologische Gründe. Außerdem ist es durchaus möglich, dass es zwei Proteste gab – wenn Jesus Jerusalem besuchte, gab es immer etwas Aufruhr. Die Ähnlichkeit von Johannes' Geschichte mit der des Markus ist jedoch so groß, dass es sich aller Wahrscheinlichkeit nach um dasselbe Ereignis handelt; es direkt an den Beginn von Jesu Wirken zu stellen unterstreicht seine oppositionelle Natur. Wie und wann auch immer es gewesen sein mag, die Herrschenden wollen jedenfalls wissen, wer Jesus zu seinen Handlungen ermächtigt hatte:

> »Woher nimmst du dir das Recht, die Leute hinauszuwerfen? Wenn du dabei im Auftrag Gottes handelst, dann musst du uns einen eindeutigen Beweis dafür geben!« Jesus antwortete ihnen: »Zerstört diesen Tempel! In drei Tagen werde ich ihn wieder aufbauen.« »Was?«, riefen sie. »Sechsundvierzig Jahre wurde an diesem Tempel gebaut, und du willst das in drei Tagen schaffen?« (Joh 2,18–20)

Diese Angabe hilft uns, den Besuch zu datieren. Die 46 Jahre beziehen sich auf das Tempelgebäude, griechisch *naos*, das Herodes vom Jahre 19 v. Chr. an bauen oder erweitern ließ. Wir verstehen diese Passage am besten so, dass der Tempel nun seit 46 Jahren steht. Wenn die Arbeiten 18 / 17 v. Chr. abgeschlossen waren, bringen uns 46 Jahre in das Jahr 29 / 30 n. Chr. Wir sprechen also vom Passahfest des Jahres 30 n. Chr.[59]

Eines Abends während seines einwöchigen Aufenthaltes bekam Jesus Besuch von einem Mann namens Nikodemus.

Es war ein Mensch unter den Pharisäern mit Namen Nikodemus

Nikodemus war ein Pharisäer (Joh 3,1). Die Pharisäer werden meist als nach außen hin fromme Leute beschrieben, die nichts anderes zu tun hatten, als andere Menschen mit Regeln und Verboten zu gängeln. Wenn man jemanden einen »Pharisäer« schimpft, bezeichnet man ihn damit als scheinheiligen Heuchler: aufgeblasen, selbstzufrieden, arrogant. Diese Karikatur hat ihren Ursprung in Jesu beißender Kritik an den Pharisäern, wie sie in den Evangelien geschildert ist. Sie waren »übertünchte Gräber« (Mt 23,27), die sich fromm gaben, aber voll des Bösen waren.

Zweifellos gab es solche Pharisäer – wie in jeder religiösen Bewegung. Das Interessante an den Pharisäern ist jedoch, dass sie im Grunde eine Art volksnaher Heiligkeitsbewegung bildeten. Sie waren beliebt in den ländlichen Gegenden und den ärmeren Stadtteilen, und zwar gerade *weil* sie das Judentum in einer Weise neu zu definieren versuchten, die der Durchschnittsjude befolgen konnte. Natürlich schufen sie eine Masse an Regeln und Geboten, die der Kritik Jesu zufolge Schwierigkeiten und Verwirrung mit sich brachten, aber sie taten es, weil sie den Menschen helfen wollten, den jüdischen Glauben einzuhalten. Ihre Gebote und Verbote, so kompliziert sie auch sein mochten, waren der Versuch, die Komplexität der Thora auf den Alltag zu übertragen. Ihre Regeln spiegeln das Leben in den Dörfern und Weilern Palästinas wider, mit all seinen Konflikten und Problemen.[60]

Wenn sie jedoch helfen wollten, das Gesetz der Thora im Alltagsleben zu befolgen, warum griff sie Jesus dann derart an? Die Antwort scheint in der Natur des pharisäischen Lösungsansatzes zu liegen. Die Pharisäer lösten das Problem mit der Gesetzestreue dadurch, dass sie ein noch engmaschigeres Netz aus Regeln und Vorschriften knüpften. Wenn man die Mischna liest – den aus dieser Tradition entwickelten Kodex –, ist man von der schieren Komplexität des Ganzen verblüfft.

Jesu Lösung war viel einfacher: Vergesst das Ganze. Lasst euch nicht derart einschränken. Viele Wissenschaftler vertreten die Ansicht, Jesus sei gar nicht gegen Regeln und Gebote eingestellt gewesen. Bei den entsprechenden Textpassagen handele es sich um spätere christliche Erfindungen, geschaffen von antijüdischen Fraktionen der jungen Kirche. Es gibt aber schlicht zu viele Stellen, wo sich Jesus auf die eine oder andere Weise gegen die jüdischen Reinheitsgebote stellt – sie können nicht allesamt als Erfindungen abgetan werden. Es ist möglich, dass die Kirche diese Kritik unterstrichen hat, doch ist den Evangelien immer wieder zu entnehmen, dass Jesus keine Zeit für religiöse Regeln hatte, wenn es um echte Reue und echte Beziehungen ging. Er aß mit den falschen Leuten, er wusch sich nicht richtig (Mk 7,15), er sah keine Notwendigkeit zu fasten (Mk 2,19), seine Einhaltung des Sabbat war fragwürdig (Mt 12,1–18). Er erkannte nicht einmal den Vorrang der Gesetze Mose an (Mk 10,2–9).

Sowohl die Pharisäer als auch Jesus wollten die Heiligkeit demokratisieren, aber sie fingen es auf unterschiedliche Weise an. Jesu Ansatz war, die Tabus zu brechen:

> »Hört, was ich euch sage, und begreift doch: Nicht, was ein Mensch zu sich nimmt, macht ihn unrein, sondern das, was er von sich gibt.« (Mk 7,14–15)
> »Der Sabbat wurde doch für den Menschen geschaffen und nicht der Mensch für den Sabbat. Deshalb hat der Menschensohn auch das Recht zu entscheiden, was am Sabbat erlaubt ist und was nicht.« (Mk 2,27–28)

Jesus wollte weder die Thora außer Kraft setzen noch das Judentum aufgeben. Vielmehr scheint es, als hätte er die Beziehung zwischen Juden und Thora neu definieren wollen. Für Jesus war die Thora nicht länger das Maß aller Dinge.[61]

Hierin liegt die Wurzel von Jesu Kritik an den Pharisäern. Es waren nicht ihre Absichten, sondern ihre Methoden, die er für falsch hielt. Wo man glaubte, die Pharisäer würden den Menschen in ihrer Frömmigkeit helfen, bezichtigte sie Jesus, den Menschen nur noch weitere Regeln aufzuerlegen. Darüber hinaus richteten sie sich regelmäßig nicht nach den von ihnen selbst geschaffenen Gesetzen. Wieder und wieder verwies Jesus auf die Kluft zwischen ihrer peinlich genauen Gesetzesauslegung und ihrer nicht immer ganz so genauen Handhabung einfacher Justiz.

Dies erklärt, warum man die Pharisäer und Jesus, trotz dessen offensichtlich antipharisäischer Rhetorik, so oft beieinander findet. Sie waren grundsätzlich auf derselben Seite. Daher gibt es viele Bibelstellen, wo Pharisäer zu Jesus kommen und ihm zuhören, selbst wenn man eine gewisse »Faszination des Schreckens« bei ihnen feststellen kann. Bei Lukas gibt es drei Stellen, wo Pharisäer Jesus einladen, mit ihnen zu essen (Lk 7,36; 11,37; 14,1). Es sind Pharisäer, die Jesus warnen, dass Antipas ihn töten will (Lk 13,31). Sie kamen zu ihm und stellten ihm Fragen.

Nikodemus wird als jüdischer Führer beschrieben, was darauf hindeutet, dass er einen Sitz im Sanhedrin hatte, dem jüdischen Hohen Rat. Die Pharisäer hatten dort einen gewissen politischen Einfluss, doch waren sie eher in der Opposition. Nikodemus' Mitgliedschaft zeigt immerhin, dass der Rat auch gemäßigte Elemente umfasst haben muss.[62] Möglicherweise wird Nikodemus sogar außerhalb der Evangelien genannt. Zur Zeit der Zerstörung Jerusalems lebte dort ein reicher Mann namens Nakdimon ben Gorion. Es ist möglich, dass dies derselbe ist, der sich als junger Mann mit Jesus traf. Es handelt sich jedoch um einen beliebten Namen, und zu Jesu Zeit gab es bestimmt mehr als einen wohlhabenden Nikodemus in Jerusalem. Die Tatsache, dass ihn Nikodemus bei Nacht aufsucht, könnte auch schlicht bedeuten, dass die Nacht eine Zeit des Studiums und der Diskussion war. Vielleicht will Johannes seitens Nikodemus ein gewisses Maß an Verschwiegenheit andeuten. Im Augenblick tappen wir bei Nikodemus buchstäblich im Dunkeln.

Die Antwort liegt in der Forderung Jesu, »neu geboren« zu werden. Wie bereits ausgeführt, waren Herkunft und Verwandtschaft die definierenden gesellschaftlichen Charakteristika der antiken Welt. Sie legten Status, Stamm und Rasse fest und natürlich auch, ob man Jude oder Nichtjude war. Es war für Nichtjuden jedoch möglich, Jude zu werden, und dies geschah durch die »Wiedergeburt«.

Proselyten des Judentums – nichtjüdische Konvertiten – waren »wie ein neugeborenes Kind«. Sie wurden neu geboren – ins Judentum. Diese neue Geburt wurde von einigen jüdischen Kommentatoren als so vollkommen betrachtet, dass sie die Ansicht vertraten, ein Proselyt könne – technisch gesehen – sogar seine eigene Mutter heiraten. Sie war schließlich nur seine Mutter aus einem vorherigen Leben, und dieses Leben existierte nicht mehr.[63]

Ein Teil des Konvertierungsprozesses war die Immersion im Wasser. Der Konvertit wurde getauft und beschnitten (bei jüdischen Jungen wurde dies normalerweise im Alter von acht Tagen vorgenommen). Sie waren neue Geschöpfe. So wie die Taufe des Johannes ein Zeichen für einen bewussten Neubeginn ist, so schlägt Jesus diesem Pharisäer, einem religiösen Führer und orthodoxen Juden, im Grunde nichts anderes vor, als sich zum Judentum zu bekennen! Er bietet Nikodemus einen alternativen Weg zum Königreich an. Nichts Physisches, sondern eine »spirituelle proselytische Taufe«.[64]

Für einen orthodoxen Juden wie Nikodemus muss das eine unerhörte, ja aggressive Anmaßung gewesen sein. Vielleicht missverstand Nikodemus Jesus – oder er geriet durch die Forderung, einem nichtjüdischen Konvertiten gleichgestellt zu werden, derart in Wut, dass er ihn missverstehen wollte. Jesus sagt, dass alle Menschen – selbst die orthodoxesten – neu beginnen müssen. Es ist nicht genug – um mit den Worten des

Täufers zu sprechen –, ein Kind Abrahams zu sein. Man muss sich dafür entscheiden.

In der Provinz Judäa

> Danach kam Jesus mit seinen Jüngern in die Provinz Judäa. Dort blieb er einige Zeit, um zu taufen. Auch Johannes taufte bei Änon, in der Nähe von Salim, weil es dort genügend Wasser gab. Immer wieder kamen Menschen zu Johannes, um sich von ihm taufen zu lassen. Denn damals war er noch nicht im Gefängnis. (Joh 3,22–24)

Jesus verließ Jerusalem, kehrte jedoch nicht nach Galiläa zurück. Stattdessen begab er sich mit seinen Jüngern in die »Provinz Judäa«, wo er wie Johannes begann, Menschen zu taufen. Er war jedoch nicht mit Johannes zusammen, denn laut Johannesevangelium war Johannes der Täufer in den Norden gegangen, nach Änon in der Nähe von Salim.

Änon gibt – wie alle anderen Ortsangaben im Zusammenhang mit Johannes dem Täufer – ein kleines Rätsel auf. Salim kennen wir: Es besteht im Namen des Dorfes Salim fort, das in der Nähe der antiken Stadt Sichem liegt. Ungefähr elf Kilometer nordöstlich von Salim stehen die Ruinen eines Dorfes namens Ainun, also handelt es sich hier vielleicht um die Überreste des biblischen Änon. Es gibt jedoch Probleme mit dieser Identifikation, nicht zuletzt deshalb, weil man in Ainun keine Quellen vorfindet.[65] Tatsächlich muss mit »Änon« auch nicht zwingend das Dorf an sich gemeint sein. Das Wort bedeutet schlicht »Quellen«, also taufte Johannes bei den Quellen in der Nähe von Salim. In Ainun gibt es zwar keine Quellen, wohl aber in der Nähe von Salim: fünf an der Zahl, nahe beieinander, die bestimmt ausreichend Wasser für die Arbeit des Täufers boten.

Da haben wir es also. Die Quellen in der Nähe von Salim.

Fall erledigt. Bis auf ein winziges Detail. Die Quellen befinden sich auf der Ostseite des Berges Garizim. Damit landen wir mit einem Schlag auf samaritanischem Territorium.[66]

Die Feindschaft zwischen Juden und Samaritern dauerte schon viele Jahrhunderte an. Fast 500 Jahre zuvor, als Nehemia nach dem babylonischen Exil wieder nach Jerusalem zurückkehrte, befand er Sanballat den Samariter für nichtjüdisch und verweigerte jeglichen Kontakt mit ihm. Als Sanballats Tochter den Hohepriester Jojada heiratete, verbannte Nehemia das Paar unverzüglich (Neh 13,28). Während der makkabäischen Ära brannte Johannes Hyrkanus I. den samaritanischen Tempel auf dem Berg Garizim bis auf die Grundfesten nieder und zerstörte die Stadt Sichem vollkommen – die Ruinen in der Nähe der Stadt Sychar waren zu Jesu Zeiten noch sichtbar. Hyrkanus hatte den Tempel zerstört, weil er von den Juden als Abscheulichkeit betrachtet wurde. Es gab nur einen einzigen Tempel, und der lag in Jerusalem, nicht auf dem Berg Garizim. Für die Juden war dies ein unüberwindbares Problem. »Wann sollen wir sie wieder aufnehmen?«, fragt ein späterer Rabbi und meint damit die Samariter. »Wenn sie sich vom Berg Garizim lossagen und sich zu Jerusalem und der Wiederauferstehung der Toten bekennen.«[67]

Es ist wenig überraschend, dass auch die Samariter ihrerseits fanden, es könne niemals eine Aussöhnung zwischen beiden Seiten geben: Sie waren getrennte Völker – und würden es immer bleiben.

Politisch gesehen, standen Samariter und Juden unter derselben Herrschaft: Rom. Als Pompeius Palästina eroberte, unterstellte er die Stadt Samaria und die umliegende Region der Provinz Syrien.[68] Mit der Herrschaft des Herodes fiel sie wieder unter jüdische Kontrolle. In einem für ihn typischen, äußerst gerissenen politischen Schachzug investierte Herodes massiv in die Infrastruktur der Stadt Samaria. Er benannte sie in Sebaste um, die griechische Version des Namens Augustus, baute einen dem römischen Kaiser gewidmeten Tempel und besiedelte die Stadt mit seinen Veteranen und Angehörigen benachbarter Völker. Josephus zufolge wurden etwa 6000 Kolonisten in Sebaste angesiedelt. Eine von Herodes' Ehefrauen, Malthake, könnte Samariterin gewesen sein; jedenfalls stammte sie aus der Region und war Nichtjüdin.[69]

Immer noch gab es konfessionelle Ausschreitungen und Angriffe. Josephus berichtet, dass während der ersten Jahre der römischen Besatzung einige Samariter in den Tempel gelangten und Leichen in die Höfe legten – ein Akt, der den gesamten Tempelbau unrein machte.[70] Für die Juden Jerusalems waren die Samariter Abtrünnige, unreine, mutierte Juden, die falsche Lehren über den Tempel verbreiteten und in geheime, schmutzige Machenschaften verstrickt waren. Galiläische Juden hatten vermutlich ein etwas besseres Verhältnis zu den Samaritern, weil sie möglicherweise samaritanisches Gebiet durchqueren mussten, um zum Tempel zu gelangen. Dennoch gab es Hass, tiefen Hass, und nichts würde jemals etwas daran ändern.

Teile der Wissenschaft lehnen die Theorie ab, dass Änon in der Nähe von Salim lag – und zwar genau deshalb, weil es sich um samaritanisches Gebiet handelte: Vor einem derartigen geschichtlichen Hintergrund könne sich Änon unmöglich dort befunden haben. Doch spricht vieles dafür, dass Salim tatsächlich dort lag, zumal es schwer vorstellbar ist, warum Johannes diese Episode erfunden haben soll; schließlich schrieb er für ein hauptsächlich nichtjüdisches griechisches Publikum, dem die Feindseligkeiten zwischen Juden und Samaritern ziemlich egal waren. Es liegt somit nahe, dass Johannes schlicht und einfach etwas wiedergab, von dessen Wahrheitsgehalt er wusste.

Wir haben bereits gesehen, dass Johannes sogar Soldaten taufte – also stand dieses Ritual bestimmt auch Nichtjuden offen. Das war für damalige Begriffe schon ziemlich schockierend. Regelrecht radikal aber war die Tatsache, dass Johannes der Täufer auch Samariter taufte.

Dies erklärt eine spätere Begebenheit in derselben Geschich-

te, nämlich die Episode, in der Jesus Samarien durchquert und dabei der Frau am Jakobsbrunnen begegnet. Als Jesus dort ankommt, sagt er zu seinen Jüngern: »Hier trifft das Sprichwort zu: ›Einer sät, der andere erntet.‹ Ich habe euch auf ein Feld geschickt, das ihr nicht bestellt habt, damit ihr dort ernten sollt. Andere haben sich vor euch abgemüht, und ihr erntet die Früchte ihrer Arbeit« (Joh 4,37–38). Warum ist es ausgerechnet »hier«, in Samarien, dass sich der Spruch bewahrheitet? Weil sich das Ereignis am Jakobsbrunnen zutrug: *Bir Yakub.* Gerade vier Kilometer westlich von Salim. Jesus erntete, was Johannes zuvor gesät hatte.
Wir bekommen hier einen falschen Eindruck von Johannes dem Täufer. Wir halten ihn lediglich für einen Vorboten, einen Mann, der sofort freiwillig zurückstand, als Jesus auftauchte. Er machte jedoch noch eine ganze Weile weiter, und sein Werk wurde nur durch seine Verhaftung beendet. Er setzte seine Tauftätigkeit nicht allein deshalb fort, um »weiterhin Gelegenheit zu haben, Jesus als Christus zu erleben«.[71]

Er tat es, weil seine Taufe eine eigene Berechtigung hatte. Wer ihn als Botenjungen abtut, verkennt die verblüffende Radikalität seines Wirkens. Er sprach alle möglichen ausgestoßenen Menschen an und brachte durch die symbolische Handlung des rituellen Bades eine ganze Masse unreiner, entfremdeter, ja, sogar ketzerischer Menschen dazu, Buße zu tun. Wichtiger noch: Jesus schloss sich ihm an. Wie lange Jesus ein Mitglied von Johannes' »Team« war, ist nicht bekannt, aber wenn wir eine durch die Hitze bedingte Sommerpause einrechnen, lässt das Johannesevangelium darauf schließen, dass sich Jesus und Johannes der Täufer im Herbst danach wieder gemeinsam an die Arbeit machten – im Herbst des Jahres 30 n. Chr. Der Täufer ging nach Samarien, in die Nähe von Salim, während Jesus und seine Jünger weiter südlich in der judäischen Provinz tätig wurden.

Dem Johannesevangelium lässt sich entnehmen, dass zwischen den beiden ein gewisses Maß an Koordination stattfand.

Änon bei Salim; verzeichnet sind auch die Quellen in der Nähe von Salim.

Johannes hat sich für eine noch schwierigere Aufgabe entschieden, eine Mission nach Samarien. Jesus setzt indes die Arbeit im Süden fort.

Die Informationen aus dem Johannesevangelium deuten darauf hin, dass Jesus das gesamte Jahr 30 hindurch bis Anfang des Jahres 31 in enger Verbindung zu Johannes dem Täufer stand. Wenn seine Taufe im Herbst 29 stattfand, arbeitete Jesus also über ein Jahr lang mit Johannes zusammen. Zwar ging er daneben auch seiner eigenen Mission nach und scharte eigene Jünger um sich, doch blieb er mit dem Werk und den Methoden seines Verwandten eng verbunden.

Christen ist die Vorstellung, Jesus könnte selbst ein Jünger gewesen sein, vielleicht ein wenig unangenehm. Jesus lernte jedoch eine ganze Menge durch die Zusammenarbeit mit Johannes. Er sah, wie dieser alle willkommen hieß, die Buße tun wollten. Er sah, wie er das Ritual des Tempels unterlief. Später wich er von Johannes' Ansatz ab und ging sogar noch radikaler vor, was den Täufer dazu bewegte, seine eigene Beurteilung der Person Jesu in Frage zu stellen. Doch in jenen Monaten des Jahres 30 n. Chr. war Jesus die rechte Hand von Johannes dem Täufer. Sein Agent in Judäa. Er war Jesus der Täufer.[72]

Offensichtlich kam es zwischen den beiden zu Spannungen. Im Johannesevangelium führt ein namenloser Jude mit einigen von Johannes' Jüngern eine Diskussion darüber, »welche Taufe wichtiger sei«. Mit einem Anflug von Eifersucht gehen sie schließlich zu Johannes und sagen zu ihm: »Meister, der Mann, der damals am anderen Jordanufer zu dir kam und von dem du gesagt hast, dass er der von Gott versprochene Retter ist, der tauft jetzt selbst. Alle Leute gehen zu ihm, anstatt zu uns zu kommen« (Joh 3,26). Jesus erwies sich als populärer, obwohl das kaum überrascht, wenn man bedenkt, dass Johannes damals in Samarien tätig war. Die Evangelien deuten an, dass die Jünger des Johannes die Einhaltung der Gesetze sehr ernst nahmen (Mt 9,14). Jesus hingegen nahm es damit nicht so genau, wie wir noch sehen werden.[73] Die Jünger des Johannes sehen darin einen Bruch, doch Johannes selbst beißt nicht darauf an. Vielleicht akzeptiert er, dass sein Stern im Sinken begriffen ist: »Ich bin nicht Christus, der von Gott gesandte Retter. Ich soll ihn nur ankündigen, mehr nicht. Christus soll immer wichtiger werden, und ich will immer mehr in den Hintergrund treten« (Joh 3,28–30).

Johannes der Täufer war von König Herodes verhaftet worden

> Nachdem Johannes der Täufer von König Herodes verhaftet worden war, kam Jesus in die Provinz Galiläa, um dort Gottes Botschaft zu verkünden: »Jetzt ist die Zeit gekommen, in der Gottes neue Welt beginnt. Kehrt um zu Gott und glaubt an die rettende Botschaft!« (Mk 1,14–15)

Die synoptischen Evangelien legen den Beginn von Jesu Wirken in Galiläa anhand eines bestimmten Ereignisses fest – der

Verhaftung des Johannes. Matthäus sagt es ganz deutlich: »Als Jesus hörte, dass man Johannes den Täufer verhaftet hatte, zog er sich nach Galiläa zurück« (Mt 4,12).

Johannes war eine Zeitlang zu hart am Wind gesegelt. Nicht nur, dass er in seiner Einstellung gegen die jüdische Aristokratie kein Blatt vor den Mund nahm, er hatte auch offene Kritik an Herodes Antipas geübt.

Es ist nicht bekannt, wo sich die Verhaftung ereignete. Solange Johannes in Samarien war, konnte er nicht festgenommen werden. Samaria wurde von Pilatus beherrscht.[74] Es ist daher höchstwahrscheinlich, dass er in den Süden zurückkehrte, nach Peräa am östlichen Ufer des Jordans, wo er zuvor bereits getauft hatte. Dies würde erklären, warum er in die Festung Machaerus gebracht wurde, eine palastartige Burg auf einem Berg in Südost-Peräa. Dieses Detail stammt aus dem Bericht von Josephus; daraus geht auch hervor, dass »Herodes fürchtete, Johannes könne durch den großen Einfluss, den er auf die Menschen hatte, zu sehr an Macht gewinnen und einen Aufstand entfachen (denn seine Anhänger schienen bereit, alles zu tun, was er verlangte).«[75]

Wir können nur vermuten, wann Johannes verhaftet wurde. Im Johannesevangelium finden sich Hinweise darauf, dass es im Winter 30/31 n. Chr. war, aber ganz sicher sagen lässt es sich nicht. Allerdings wissen wir, *warum* er verhaftet wurde. Es gibt zwei mögliche Gründe: Josephus geht davon aus, dass es Antipas' Angst vor einer Rebellion war, während Markus vor allem Johannes' Kritik an dessen ehelichen Verhältnissen nennt:

> Herodes hatte Johannes nämlich verhaften und im Gefängnis in Ketten legen lassen. Denn der König hatte Herodias, die Frau seines eigenen Bruders Philippos, geheiratet, und daraufhin hatte Johannes ihm vorgeworfen: »Es ist nicht richtig, dass du die Frau deines Bruders geheiratet hast!« Darum hasste ihn Herodias. Sie wollte Johannes umbrin-

gen lassen, aber Herodes war dagegen. Er fürchtete sich nämlich vor Johannes, weil er wusste, dass dieser ein Mann war, der Gott ehrte und ganz zu ihm gehörte. Er hatte Johannes zwar ins Gefängnis sperren lassen, aber er hörte ihm doch gern zu, auch wenn ihn seine Worte sehr beunruhigten. (Mk 6,17–20)

Antipas war zunächst eine strategische Ehe mit der Tochter des nabatäischen Königs Aretas IV. eingegangen. Das Königreich Nabatäa (heute berühmt für die Stadt Petra) grenzte an Peräa. Aretas IV. (9 v. Chr. – 40 n. Chr.), genannt »Freund des Volkes«, war der bedeutendste König der Nabatäer. Er vergrößerte sein Reich und ließ unter anderem die Hauptstadt Petra errichten. In diese Familie einzuheiraten erschien daher als geschickter Zug: Das war kein Mann, den man gerne zum Feind haben wollte.

Später, bei einem Besuch in Rom, verliebte sich Antipas in eine Frau namens Herodias. Wie der Name andeutet, war sie ein Mitglied seiner eigenen Familie; tatsächlich war sie seine Schwägerin, verheiratet mit einem Halbbruder (der, um die Verwirrung noch größer zu machen, ebenfalls Herodes hieß).[76] Antipas verfiel Herodias, die sich einverstanden erklärte, mit ihm durchzubrennen – unter der Bedingung, dass er sich von seiner Frau, der Prinzessin von Nabatäa, scheiden ließ. Die Prinzessin bekam in der Zwischenzeit Wind davon, was vor sich ging, und wartete nicht auf die Scheidung: Sie floh in ihr eigenes Land. Ihr Vater Aretas schwor Rache.[77]

Antipas' Heirat mit Herodias verärgerte nicht nur Aretas; sie versetzte auch Teile seines eigenen Volkes in Aufruhr. Der jüdische Glaube verbietet es, die Frau des eigenen Bruders zu ehelichen (3. Mose 18,16). Antipas – Herrscher eines Königreiches, dessen Bevölkerung zum größten Teil aus Juden bestand – hatte sich durch seine Handlung selbst rituell unrein gemacht (3. Mose 20,21).[78]

Inzwischen hatte Johannes eine beträchtliche Anhängerschaft um sich geschart. Wenn er wieder nach Süden gegangen war, zurück zum südlichen Ende des Jordans, dann hätte er nur 20 Kilometer von der Grenze zu Nabatäa gewirkt.[79] Jede Unruhe oder auch nur der Verdacht einer Unruhe in diesem gefährlichen Grenzgebiet hätte ausgereicht, damit Antipas mit harter Hand durchgriff. Also ließ Antipas Johannes verhaften und in der Burg Machaerus einsperren.

Im Johannesevangelium steht, Jesus habe Judäa als direkte Folge der Informationen verlassen, die er über die Pharisäer erhalten habe: »Den Pharisäern war zu Ohren gekommen, dass Jesus noch mehr Nachfolger gewann, und taufte als Johannes – obwohl er nicht einmal selber taufte, sondern nur seine Jünger. Als Jesus, der Herr, das erfuhr, verließ er Judäa und kehrte nach Galiläa zurück. Sein Weg führte ihn auch durch Samarien« (Joh 4,1–4).

Ich bezweifle, dass die Pharisäer die eigentliche Gefahr darstellten. Möglicherweise war es die Tempelelite, die bereit war, schnell zu handeln und die Bewegung des Täufers zu zerschlagen, solange sie noch konnte.

Es war eigentlich keine richtige Flucht – schließlich war Antipas auch Herrscher über Galiläa –, aber sicher ein Fall weiser Voraussicht. Fahren wir mit der Arbeit fort, aber besser woanders. Oder, was wahrscheinlicher ist: Nehmen wir diesen Augenblick zum Anlass, die nächste Stufe der Arbeit zu beginnen.

Johannes' Arbeit ist getan. Zeit, das Steuer zu übernehmen, einen Gang hochzuschalten. Und aus Sicherheitsgründen den schnellsten Weg nach Norden zu nehmen. Durch Samarien.

4
Kapernaum, im Jahre 31 n. Chr.

Wie immer trafen sie sich ohne ihn. Die Menschen aus der Stadt, seine Familie und seine Freunde gingen zu der Versammlung, feierten den Tag, wandelten im Sonnenlicht, während er in der Dunkelheit gefangen saß.
Und in dieser Dunkelheit sprachen die Stimmen zu ihm. Sie sagten ihm, wie schmutzig er sei, wie unrein, wie befleckt, und dass jene, die draußen zusammensaßen, beteten, sich unterhielten und über die Thora diskutierten, ihn nie unter sich aufnehmen würden.
Nun, heute würde er es ihnen zeigen. Heute würde er von außen hereinkommen. Heute würde er ihre kleine Welt zum Einsturz bringen. Wenn er schmutzig war, dann würde er alle anderen ebenfalls schmutzig machen. Wenn er unrein war, würde er sie allesamt verunreinigen.
So ging er denn hin. Vorsicht jetzt. Sie dürfen dich nicht bemerken. Halt dich im Schatten, in den dunklen Ecken. Geh an den Wänden entlang. Die Straßen sind still. Niemand arbeitet heute. Weiter, zur Stadtmitte, wo der Centurio ihren schlichten Versammlungsplatz hatte errichten lassen. Schwarzer Stein. Der schwarze Stein dieses schwarzen Ortes.
Er wusste, dass sie dort waren, denn am Sabbat waren sie immer dort.
An der Tür hielt er inne. Die Stimme war nun ganz laut. Sie klang nervös. Etwas Neues war hier. Er konnte eine Stimme hören. Irgendwelche Verkündungen. Ein neuer Rabbi in der Stadt. Nun, er würde es ihnen zeigen. Er würde es ihnen allen zeigen.

Sein Weg führte ihn durch Samarien

Jesus wählte den schnellsten Weg zurück vom Jordan nach Galiläa: Richtung Nordwesten durch Samarien. Trotz des Hasses zwischen Juden und Samaritern rechnete er nicht mit Problemen bei der Durchreise, da er wusste, dass Johannes erst vor wenigen Monaten dort gewesen war. Er war vielleicht ein Jude, aber er gehörte zu den »Guten« – zum näheren Umfeld des Täufers. »Sein Weg führte ihn auch durch Samarien, unter anderem nach Sychar. Dieser Ort liegt in der Nähe des Feldes, das Jakob seinem Sohn Josef geschenkt hatte. Dort befand sich der Jakobsbrunnen. Müde von der langen Wanderung setzte sich Jesus an den Brunnen. Es war gerade Mittagszeit« (Joh 4,5–6).

Beim Jakobsbrunnen handelt es sich mit hoher Wahrscheinlichkeit um *Bir Yakub* – am Eingang einer Schlucht, die den Berg Ebal und den Berg Garizim voneinander trennt. Die Evangelien sprechen für diese Annahme, da sie klare Hinweise auf den Berg Garizim enthalten (Joh 4,20). Die Authentizität dieses Ortes wird von jüdischen, samaritanischen, christlichen und muslimischen Überlieferungen gestützt. Der Jakobsbrunnen ist somit einer der am besten dokumentierten Orte im Heiligen Land.

Die Einzelheiten der Geschichte passen ebenfalls: »Aber Herr, du hast doch gar nichts, womit du Wasser schöpfen kannst, und der Brunnen ist tief! Wo willst du denn das Wasser für mich hernehmen?« (Joh 4,11). Der Brunnen ist über 30 Meter tief und wird sowohl vom Grundwasser als auch durch Regenfälle gespeist.[1] Die griechische Fassung lautet, wörtlich übersetzt, »Jesus *saß* auf dem Brunnen«, was ebenfalls historisch stimmig ist, da viele Brunnen eine steinerne Abdeckung hatten. In deren Mitte befand sich ein Loch, das gerade groß genug war, um einen Eimer hinabzulassen. Auch der heutige Jakobsbrunnen verfügt über einen solchen Steindeckel.[2]

Daneben findet sich auch ein Hinweis auf die Jahreszeit, in der die Begegnung stattfand. In einer Diskussion mit seinen Jüngern sagt Jesus: »In vier Monaten beginnt die Ernte« (Joh 4,35). Da im Mai oder April geerntet wurde, lässt sich daraus schließen, dass Johannes' Verhaftung und Jesu Reise nach Galiläa im Januar stattfanden.

Diese Einzelheiten bieten demnach einigermaßen gesicherte historische Erkenntnisse über die Jakobsbrunnen-Geschichte. Diese ist in sich gleichermaßen überraschend und schockierend. Zunächst einmal spricht Jesus mit einer Frau. Einer alleinstehenden Frau. Einer alleinstehenden *samaritanischen* Frau. Für einen männlichen Juden war es bereits tabu, *allein* mit einer Frau zu sprechen. Bei einer samaritanischen Frau war es noch schlimmer: »Samaritanische Frauen sind von der Wiege an zur Menstruation verdammt«, besagte die Mischna in ziemlich abwertender Weise.[3] Menstruierende Frauen galten als rituell unrein, was bedeutete, dass sich eine samaritanische Frau im Zustand dauerhafter Unreinheit befand. Trotzdem bittet Jesus sie, aus ihrem Eimer trinken zu dürfen, aus einem Gefäß, das folglich ebenfalls als unrein gilt. »Normalerweise wollten die Juden nichts mit den Samaritern zu tun haben«, heißt es im Johannesevangelium, was noch reichlich untertrieben ist (Joh 4,9).

Es wurde spekuliert, ob diese Frau möglicherweise nicht gänzlich unbescholten war. Frauen holten frühmorgens oder kurz vor Sonnenuntergang Wasser vom Brunnen, also zu den kühlsten Tageszeiten. Diese Frau hingegen war allein und zur Mittagszeit dort. Wollte sie den Kontakt mit anderen Menschen vermeiden? Waren es Klatsch und Beschimpfungen, die sie diese Zeit wählen ließen?

Die alle Tabus brechende Konversation zwischen den beiden folgt einem interessanten Pfad. Als sie ahnt, dass ihr das Gespräch entgleiten könnte, versucht sie, es in einen theologischen Kontext zu ziehen: Sie spricht von *unserem* Brunnen, *unserem* Vater Jakob – Phrasen, die bei einem gläubigen Juden normalerweise zu einem zornigen Streitgespräch führen müssten.

Jesus bringt sie jedoch immer wieder zurück zu *ihrem* Leben, *ihrer* Antwort. Als er ihr offenbart, er wisse, dass sie mit einem Mann zusammenlebt und vor diesem bereits fünf Ehemänner gehabt hat, versucht sie ein letztes theologisches Spielchen: das Thema Garizim. »Ich sehe, Herr, du bist ein Prophet. Kannst du mir dann eine Frage beantworten? Unsere Vorfahren haben Gott auf diesem Berg dort angebetet. Warum also behauptet ihr Juden, man könne Gott nur in Jerusalem anbeten?« (Joh 4,19–21).

Das ist der Aus-Knopf für jedes Gespräch zwischen Juden und Samaritern. Doch erneut weigert sich Jesus, diesen Köder aufzunehmen. Stattdessen »de-zionisiert er die Tradition«, wie es Kenneth Bailey so schön formuliert hat.[4] Die Rangelei um Jerusalem oder Garizim ist hinfällig: »Glaub mir, die Zeit wird kommen, in der ihr Gott, den Vater, weder auf diesem Berg noch in Jerusalem anbeten werdet« (Joh 4,21). Jesus schließt mit einer bewusst provokativen Aussage. Er behauptet, der Messias zu sein.

In dem gegebenen gesellschaftlichen Kontext betrachtet, handelt es sich insgesamt also um eine hochinteressante Geschichte. Jesus bricht ein Tabu. Er übertritt Gesetze, die es Männern untersagen, mit Frauen zu sprechen, und die es Juden verbieten, mit Samaritern zu trinken. Im weiteren Zusammenhang wird jedoch klar, dass er lediglich die Arbeit Johannes' des Täufers fortführt. Durch Johannes' Wirken hatte Jesus gesehen, dass niemand vom Königreich Gottes ausgeschlossen ist. Nicht die Steuereintreiber, nicht die Soldaten, nicht die Samariter. Nicht einmal Frauen.

Die Episode beleuchtet zudem eine Frage, die auch durch Jesu Wirken in Galiläa aufgeworfen wird: sein Verhältnis zu Frauen. Dieses Thema – und die Frage nach der Stellung der Frau innerhalb der Kirche – ist seit Jahrhunderten ein Stein des Anstoßes. Jesus habe keine weiblichen Jünger gehabt, so heißt es, als ob dies als Rechtfertigung für die »Schule der männlichen Führung« ausreichte. Im sozialen Kontext seiner Zeit war Jesu Verhältnis zu Frauen jedoch außergewöhnlich. Wenn man bedenkt, dass er sich in einer patriarchalischen Gesellschaft bewegte, ist es erstaunlich, dass er überhaupt Kontakt zu Frauen hatte. (Darüber hinaus hatte er tatsächlich weibliche »Jünger«, wie wir später noch sehen werden.)

Als die Frau in die Stadt zurückrannte und den Bewohnern berichtete, was sich zugetragen hatte, reagierten diese entsprechend schockiert: »Viele Leute aus Sychar glaubten allein deshalb an Jesus, weil die Frau überall erzählt hatte: ›Dieser Mann weiß alles, was ich getan habe‹« (Joh 4,39). Jesus blieb zwei Tage in der Stadt, bevor er weiter gen Norden und nach Galiläa zog.

Nach Kapernaum …

Im Johannesevangelium erreicht Jesus Galiläa und geht zunächst wieder nach Kana (Joh 4,46–54). Es ist etwa ein Jahr nach seinem Besuch der Hochzeit. Sein Ruf war ihm bereits vorausgeeilt, und er wurde dort von einem Mann erwartet, einem königlichen Beamten, der vermutlich deshalb nach Kana gekommen war, weil er von Jesu Taten dort gehört hatte.

Wer war er? Ein Beamter von Antipas, wohnhaft in Kapernaum. Ein Angehöriger jener Klasse, die Markus als »Herodianer« bezeichnet. Da wir wissen, dass Antipas nichtjüdische Beamte beschäftigte, ist es gut möglich, dass er kein Jude war.[5] Er drängt Jesus, mit ihm zu seinem Sohn zu gehen, doch Jesus gebietet lediglich dessen Genesung – Wunder über lange Strecken wurden als besonderer Beweis der Göttlichkeit angesehen. Dieser Mann macht sich also auf den langen Weg zurück von Kana nach Kapernaum am See. Abermals sind die Details schlüssig. Jesus gebot etwa gegen 1 Uhr die Genesung des Sohnes (Joh 4,52–53). Die ca. 25 Kilometer lange Reise machte eine Übernachtung notwendig. Wenn der Beamte um 1 Uhr aufbrach und unterwegs übernachtete, müsste er Kapernaum am Morgen des darauffolgenden Tages erreicht haben. Als er dort eintrifft, ist sein Sohn bereits genesen.

Irgendwann in den Tagen danach unternahm Jesus dieselbe Reise: zum See Genezareth, an Tiberias vorbei und dann nach Kapernaum. Diesmal kam er jedoch nicht nur, um dort zu überwintern. Er wollte dauerhaft in der Stadt bleiben.

Lukas beschreibt Kapernaum als »Stadt in Galiläa«, was ein bisschen übertrieben ist. In vielerlei Hinsicht war Kapernaum ein unbedeutender Ort. Josephus erwähnt es nur zweimal, davon einmal deshalb, weil er dort vom Pferd fiel.[6] Kapernaum war jedoch eine richtige Stadt mit etwa 1000 Einwohnern in neutestamentlicher Zeit. Es lag am nördlichen Ende des Sees Genezareth an der *Via Maris,* der Straße, die Damaskus im Osten mit Caesarea Maritima an der Mittelmeerküste verband.

Kapernaum lag zudem an der Grenze zwischen den Territorien von Herodes Antipas und dessen Bruder Philippos; deshalb lebten dort etliche Verwaltungsbeamte, darunter Zoll- und Steuereintreiber. In der Nähe lag das Dorf Arbel, ein Ort der Mythen und Legenden, ein Ort, an dem angeblich Seth, Sohn des Adam, und Dinah, Tochter des Jakob, ihre letzte Ruhe gefunden hatten. Die nahe gelegene Felswand war übersät mit Höhlen, die Banditen und Rebellen Unterschlupf boten.[7] Dies erklärt vielleicht die Präsenz einer Abteilung Soldaten unter dem Kommando eines Centurios (Lk 7,1 ff.). Sie sollten dafür sorgen, dass die Steuereintreiber ihre Abgaben auf Güter erheben konnten, die über die Grenze gebracht wurden.

Wie bereits erwähnt, verabscheute Rabbi Gamaliel die Zölle, Badeanstalten, Theater und Steuern des Imperiums.[8] Zölle waren in der Regel einfache Gebühren für die Nutzung von Straßen oder Brücken. Auch der Güterverkehr über Flüsse oder Brücken von einem Distrikt zum anderen wurde besteu-

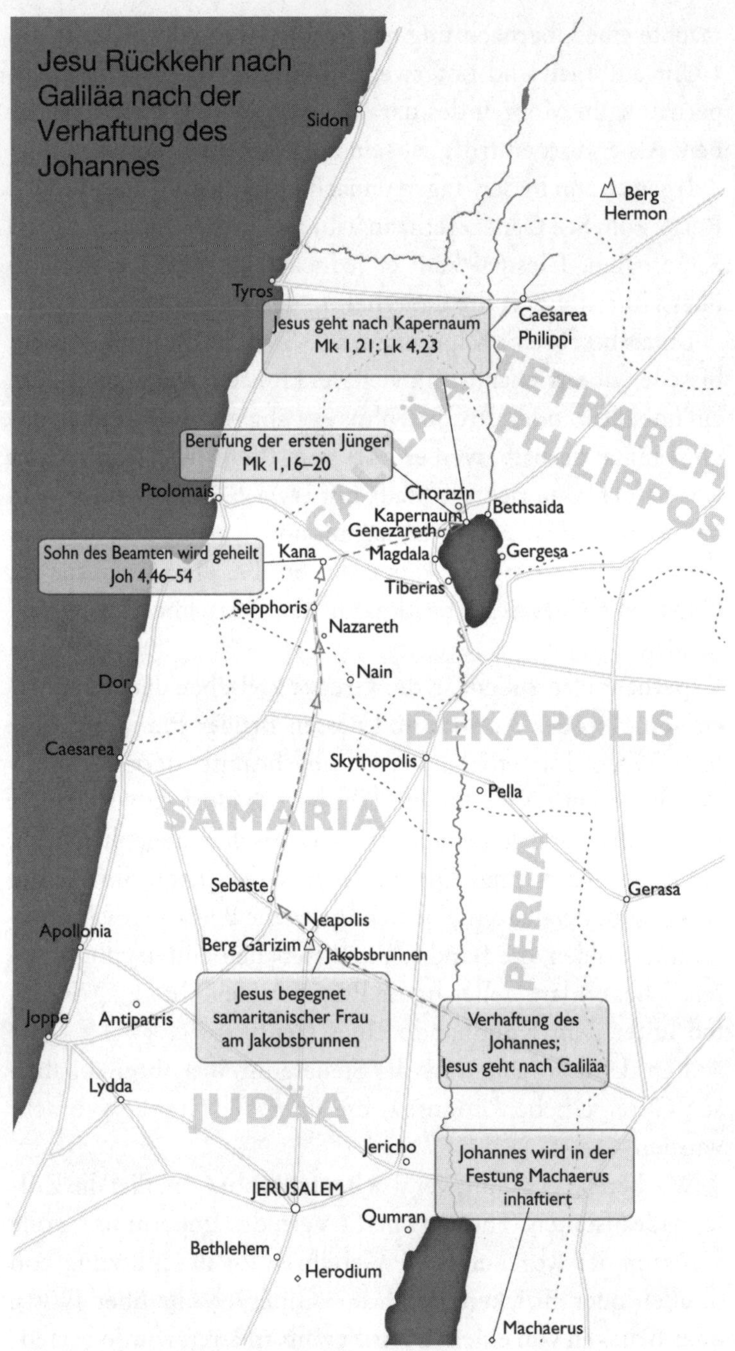
Jesu Rückkehr nach Galiläa nach der Verhaftung des Johannes
Sidon
Berg Hermon
Tyros
Jesus geht nach Kapernaum
Mk 1,21; Lk 4,23
Caesarea Philippi
TETRARCHIE PHILIPPOS
GALILÄA
Berufung der ersten Jünger
Mk 1,16–20
Ptolomais
Chorazin
Bethsaida
Kapernaum
Genezareth
Sohn des Beamten wird geheilt
Joh 4,46–54
Kana
Magdala
Gergesa
Tiberias
Sepphoris
Nazareth
Nain
Dor
DEKAPOLIS
Caesarea
Skythopolis
Pella
SAMARIA
PEREA
Gerasa
Sebaste
Neapolis
Apollonia
Berg Garizim
Jakobsbrunnen
Jesus begegnet samaritanischer Frau am Jakobsbrunnen
Verhaftung des Johannes; Jesus geht nach Galiläa
Joppe
Antipatris
Lydda
JUDÄA
Jericho
Johannes wird in der Festung Machaerus inhaftiert
JERUSALEM
Qumran
Bethlehem
Herodium
Machaerus

ert, ähnlich unseren heutigen Importzöllen. Die Höhe der Gebühr variierte von zwei bis fünf Prozent, abhängig von der Art der Güter. Einer der Namen für die Zollbeamten war *penekostologos* – »Einzieher des Fünfzigstels«, also von zwei Prozent. Aus Galiläa sind uns keine einzelnen Gebühren überliefert, doch eine Aufstellung aus Ägypten ist recht anschaulich: einen *Obolus* für ein Kamel, vier *Drachmen* für einen Planwagen. In einem Hafen musste ein Seemann fünf *Drachmen* Zugangsgebühr bezahlen, der Frau eines Seemanns hingegen wurden 20 *Drachmen* abverlangt. Die Kosten für den Import von gesalzenem Fisch nach Palmyra beliefen sich im Jahre 137 n. Chr. auf zehn *Denarii* pro Kamelladung.

Die Steuer- und Zollbeamten kassierten aber nicht nur Zölle und Gebühren. Sie beschafften noch auf andere Weise Geld für ihre Herrscher. Durch das Fischen beispielsweise, denn Kapernaum war natürlich eine Fischerstadt.

Lukas und Josephus – Männer, die schon das Mittelmeer bereist hatten – nannten den See Genezareth einen *limne,* einen See, doch für die Anwohner war es »das Meer«, das Herz der Region und die Quelle örtlichen Handels und Wohlstandes. Die Fischindustrie war die wirtschaftliche Basis dieser Gegend, die nicht nur den Fischern Arbeit gab, sondern auch zahlreichen mit ihr verbundenen Industriezweigen, etwa Bootsbauern, Segelmachern und -flickern, Salzproduzenten und Fischkonservierern. Josephus berichtet, der Fisch aus dem See »unterscheidet sich in Geschmack und Aussehen von jenem, den man andernorts findet«.[9] Es ging aber beileibe nicht nur um frische Ware. Fisch aus dem See Genezareth wurde gesalzen, konserviert und in alle Himmelsrichtungen verschickt. Magdala am Westufer des Sees war berühmt für seinen gesalzenen Fisch. Der griechische Name für Magdala, *Tarichaeae,* lässt sich sogar grob mit »Fischverarbeitungsstadt« übersetzen.[10]

Der Fischfang war nicht frei. Es war ein vom Staat reguliertes Gewerbe, bei dem der Seezugang von den Steuereintreibern kontrolliert wurde, die auch Fangrechte für die Fischer vergaben. Wenn man im See Genezareth fischen wollte, musste man vorher beim örtlichen Steuereintreiber eine Lizenz erwerben. Dieser lieh einem eventuell auch gleich das Geld für die nötige Ausrüstung – für Boot und Netze.[11]

Fischer waren also eher so etwas wie Franchise-Holder. Um die Lizenzkosten für den Einzelnen möglichst gering zu halten, bildeten sie Kooperativen – *koinonoi* –, Zusammenschlüsse, die gemeinsam Fischereirechte beantragten und ihre Arbeitskraft bündelten. Lukas berichtet, auch Zebedäus und Jona seien Teil einer Fischerkooperative gewesen:

> Deshalb winkten sie den Fischern im anderen Boot, ihnen zu helfen. Bald waren beide Boote bis zum Rand beladen, so dass sie beinahe sanken. Als Simon Petrus das sah, fiel er erschrocken vor Jesus nieder und rief: »Herr, geh weg von mir! Ich bin ein sündiger Mensch!« Er und alle anderen Fischer waren fassungslos über diesen Fang, auch Jakobus und Johannes, die Söhne des Zebedäus, die Simon bei der Arbeit geholfen hatten. Aber Jesus sagte zu Simon: »Fürchte dich nicht! Du wirst jetzt keine Fische mehr fangen, sondern Menschen für mich gewinnen.« (Lk 5,7–10)

Es wäre durchaus denkbar, dass Zebedäus, der Vater von Johannes und Jakobus, in einer Partnerschaft mit Jona arbeitete, dem Vater von Simon und Andreas. Es war ein Zusammenschluss zweier Familien. Jede besaß oder leaste ein Boot, und Zebedäus' Familie stellte dazu noch Arbeiter ein (Mk 3,19–20). Unter diesen Menschen, sowohl Fischern als auch Steuereintreibern, warf Jesus sein Netz aus und brachte seinen Fang an Jüngern ein.

Markus zufolge trifft Jesus bei seiner Ankunft in Kapernaum Simon und Andreas beim Fischen an. Das bedeutet, dass sie weder mit ihm in Samarien gewesen sind noch die eilige Reise aus Peräa unternommen haben.

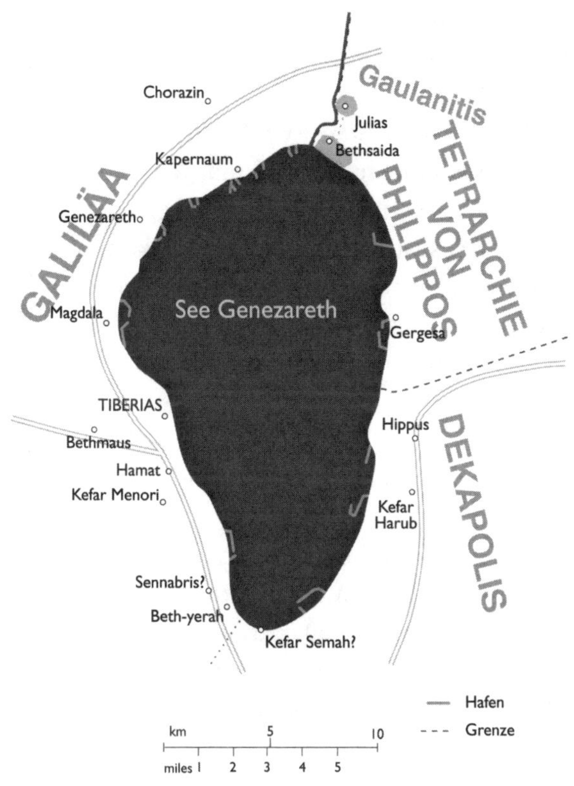

Sie waren vermutlich in Kapernaum geblieben, als Jesus und seine Familie dort den Winter des Jahres 29 n. Chr. verbrachten. Jesus beruft sie von ihrer Arbeit als Fischer ab, um seine Jünger zu werden. Er verspricht, dass sie von nun an keine Fische, sondern Menschen fischen werden.

Über die Berufung der Jünger gibt es verschiedene Berichte. Wie wir gesehen haben, begegnen sie im Johannesevangelium Jesus zum ersten Mal in Judäa, als sie noch bei Johannes dem Täufer sind. Lukas erzählt eine Wundergeschichte, in der Jesus Simon und der Fischerkooperative einen riesigen Fang beschert, der so groß ist, dass sie ihre Partner zu Hilfe rufen müssen, damit die Netze nicht reißen (Lk 5,1–11). Markus und Matthäus lassen Jesus in Kapernaum eintreffen und am

Seeufer entlangwandeln. Er sieht sie in den Booten arbeiten und ruft Simon und Andreas zu sich, ihm zu folgen (Mk 1,16–20; Mt 4,18–22).

Keine dieser Geschichten ist inkompatibel mit den anderen. Markus' Geschichte stimmt mit Jesu Ankunft in Kapernaum überein. Es ist keine Erstbegegnung, sondern ein Wiedersehen. Jesus ist nach Kapernaum gekommen und geht zu Menschen, die er bereits kennt, Menschen, die ihm in Judäa folgten. Sie verstehen ihn. Sie folgen ihm. Und, noch wichtiger: Sie haben eine Unterkunft für ihn.

Im Haus des Simon

»Die Füchse haben ihren Bau, die Vögel ihre Nester; aber der Menschensohn hat keinen Platz, an dem er sich ausruhen kann«, sagt Jesus (Mt 8,20). Daraus konstruieren wir das Bild eines Mannes, der ständig unterwegs ist und auf der harten Erde schläft. Doch meistens hatte Jesus eine feste Bleibe. Er lebte eine Zeitlang in Betanien. Einmal hielt er sich mehrere Monate lang in der Wüste in der Nähe des Jordans auf. Und in Kapernaum bewohnte er etwa 18 Monate lang ein Haus – oder zumindest ein Zimmer in einem Haus.

Höchstwahrscheinlich quartierte er sich bei Simon ein. Dort heilte er Simons Schwiegermutter. Dort versammelte sich auch bei Sonnenuntergang die Menschenmenge. Als er nach einigen Tagen Abwesenheit nach Kapernaum zurückkehrte, sprach es sich schnell herum, »dass er wieder im Haus des Simon war« (Mk 2,1). Und vielleicht wissen wir sogar, wo dieses Haus genau lag.

Archäologen haben innerhalb des antiken Kapernaum sogenannte »Klanbehausungen« entdeckt.[12] Sie bestehen aus einem zentralen Innenhof, um den sich mehrere kleine Räume oder Häuser gruppierten. Diese waren aus dichten, schwarzen Basaltblöcken errichtet. Die Böden bestanden ebenfalls aus schwarzen Steinblöcken, zwischen die Kiesel gepresst wurden. Manchmal waren sie auch mit einer Schicht gelber Erde bedeckt. (In den Rissen verliert man leicht eine Münze.[13])

Ein Tor führte von der Straße in den ersten Innenhof, von dem aus man Zugang zu den Räumen oder Häusern hatte. Das Familienleben spielte sich wohl hauptsächlich im Hof ab, wo sich vermutlich auch die Kochstelle, ein Mühlstein zum Mahlen von Getreide und eine Handpresse für Oliven befanden. Eine Treppe im Innenhof gestattete den Zugang auf die Dächer, die aus Balken und mehreren Schichten gestampften Lehms bestanden. (Es war leicht, das Dach zu durchbrechen und sich ins Haus hinabzulassen.[14])

Im Jahre 1968 entdeckten Archäologen in Kapernaum eines dieser Klanhäuser. Es lag unter zwei später errichteten Gebäuden – den Überresten einer prächtigen achteckigen Kirche aus byzantinischer Zeit (etwa aus dem 5. Jahrhundert n. Chr.) und einer älteren Kirche mit christlichen Symbolen und Wandbemalungen, Inschriften über Jesus und Petrus. Das etwa im 1. Jahrhundert n. Chr. (möglicherweise noch früher) erbaute Haus war Teil eines Komplexes mit zwei Innenhöfen. Irgendwann war es zu einer Kirche umfunktioniert worden: Den größten Raum im Haus hatte man mit einem gewölbten Dach versehen, so dass eine Art zentraler Halle entstand. Boden, Wände und Decke dieses Hauptraums wurden verputzt. Es ist das einzige Haus in Kapernaum mit verputzten Wänden; in römischer Zeit besaßen nur solche Räume verputzte Wände, die als Versammlungsorte dienten.

Wir haben also ein Gebäude, das einmal ein gewöhnliches Haus war. Die Menschen begannen, sich dort zu treffen. Bald kamen noch mehr Menschen, so dass man eine Wand einreißen musste, um mehr Platz zu schaffen. Dann, viel später, wurde auf dem Grundstück eine prächtige Kirche errichtet.[15]

Es könnte sich daher um das Haus des Simon Petrus in Kapernaum und um eine der ältesten Kirchen der Welt handeln. Im 4. Jahrhundert schrieb ein Pilger namens Egeria, in Ka-

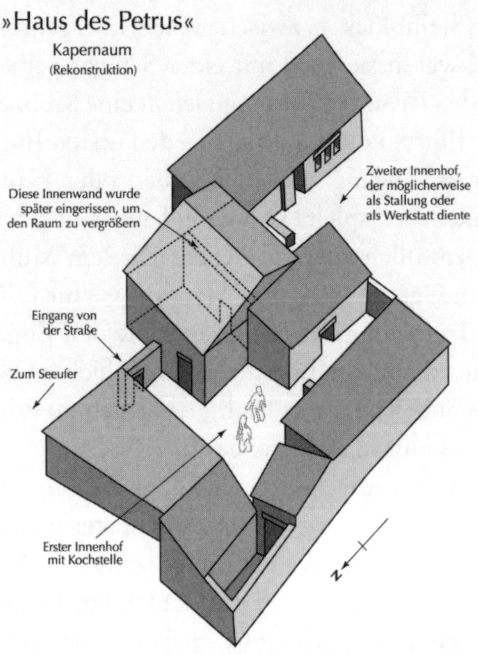

pernaum habe man »das Haus des wichtigsten Apostels zu einer Kirche umgebaut«.[16] Wenn das Haus tatsächlich Petrus – dem Hauptapostel – gehörte, dann ist es vermutlich der Ort, wo Jesus während seines Aufenthaltes im Dorf aß und trank, der Ort, den er höchstwahrscheinlich sein Zuhause nannte.

Es war der Ort, von dem die Menschen wussten, dass sie Jesus dort antreffen würden. Bald kamen sie in Scharen, weil Jesus begonnen hatte, Menschen zu heilen. In Judäa war er Jesus der Täufer; in Jerusalem war er Jesus der Rabbi und Aufwiegler; aber in Galiläa war er ein Wunderheiler.

Am nächsten Sabbat besuchte Jesus die Synagoge

Markus bietet uns einen Schnappschuss aus Jesu Leben in Kapernaum, sozusagen einen »Tag im Leben des Messias«. Eine Untersuchung dieses Abschnitts gibt einen tiefen Einblick in die Welt, in der Jesus lebte: Dämonen und Seuchen, Sabbate, Synagogen und Schriftgelehrte, predigen und reden, dazu der ständige Druck auf den Mann der Stunde, Jesus von Nazareth.

Markus' Schilderung deckt etwa 36 Stunden ab. Er nennt drei zeitliche Bezugspunkte: »Am nächsten Sabbat« (Mk 1,21), »am Abend, als die Sonne untergegangen war« (Mk 1,32) und »am nächsten Morgen vor Tagesanbruch« (Mk 1,35). (Außerdem spricht er davon, dass Simons Schwiegermutter »für ihre Gäste sorgte«, wozu bestimmt auch eine Mahlzeit gehörte.) Markus' »Sabbat-Tag« lässt sich also wie folgt rekonstruieren:

- Freitag bei Sonnenuntergang: Beginn des Sabbat. »Am nächsten Sabbat« (Mk 1,21).
- Samstagmorgen: Jesus geht in die Synagoge und redet mit »Vollmacht« (Mk 1,21–22; 27). Treibt einen Dämon aus (Mk 1,23–28).
- Samstagmittag: Jesus kehrt zu Simons und Andreas' Haus zurück. Simons Schwiegermutter wird geheilt. Das Mittagessen wird serviert (Mk 1,29–32).
- Samstag bei Sonnenuntergang: Der Sabbat endet, und der nächste Tag beginnt. Die Menschen versammeln sich vor dem Haus und bringen ihre Kranken und Besessenen (Mk 1,32–34).
- Sonntag, frühmorgens: Jesus entflieht der Menschenmasse und sucht Ruhe im Gebet (Mk 1,35).
- Sonntagmorgen: Simon und die anderen finden Jesus (Mk 1,36–37). Jesus beschließt, zu einer Reise durch Galiläa aufzubrechen (Mk 1,38–39).

Die Eröffnungsszene dieser Erzählung beginnt damit, dass Jesus zur Synagoge geht und die Menschen mit seiner Predigt verblüfft, »denn anders als ihre Schriftgelehrten redete Jesus mit einer Vollmacht, die Gott ihm verliehen hatte« (Mk 1,22). Wie der Name schon sagt, waren Schriftgelehrte Menschen, die des Schreibens mächtig waren. In der griechisch-römischen Welt dienten sie oftmals als städtische Beamte (Apg 19,35), in Palästina hingegen bildeten sie eine Art religiöser Bürokratie. Sie waren Experten, wenn es darum ging, wie etwas getan werden sollte.

Oder sie unterstanden dem Tempel, waren Schreiber und Berichterstatter, eine Art Tempelbeamte. Zwar werfen die Evangelien meist alle in einen Topf, doch die Schriftgelehrten bildeten keineswegs eine einzige, homogene Gruppe. Matthäus und Lukas stellen sie gerne als pharisäische Schriftgelehrte dar, Hüter der örtlichen Traditionen und Führer der Gemeinde, die das Judentum schützen und bewahren, es aber auch auslegen und auf die örtlichen Lebensumstände und Gegebenheiten anwenden. Es gab jedoch auch viele Tempelschriftgelehrte, die wahrscheinlich weit mehr den Sadduzäern ähnelten.

Was die unterschiedlichen Gruppen von Schriftgelehrten gemein hatten, war dies: Sie legten großen Wert auf Präzedenzfälle und vor allem auf die Autorität der Bibel. Doch anstatt auf Präzedenzfälle zu verweisen, scheint Jesus einfach nur Dinge zu sagen – und diese scheinen auf seine Zuhörer eine ganz besondere Macht auszuüben. Seine Weisheit und seine Autorität entspringen seiner eigenen Überzeugung und Einsicht, seiner Unabhängigkeit. Im Gegensatz zu den Schriftgelehrten beruft sich Jesus nicht auf andere Autoritäten oder auf Präzedenzfälle, ja nicht einmal auf die Thora. Seine Aussagen besitzen »ihre eigene selbstbeweisende Kraft«.[17]

Hinter der Autorität Jesu verbarg sich jedoch mehr als nur die Macht seiner Worte oder ihre redegewaltige Darbietung. Seine Autorität beruhte vor allem auf seinen Taten. In Kapernaum demonstrierte er dies durch einen Exorzismus.

Ein Mann, der von einem bösen Geist beherrscht wurde

In der Synagoge war ein Mann, der von einem bösen Geist beherrscht wurde. Der schrie: »Was willst du von uns, Jesus von Nazareth? Du bist doch nur gekommen, um uns zu vernichten. Ich weiß, dass du von Gott kommst und zu Gott gehörst!« Jesus befahl dem Dämon: »Schweig und verlass diesen Menschen!« Da zerrte der Dämon den Mann hin und her und verließ ihn mit einem lauten Schrei. Darüber erschraken alle in der Synagoge und fragten sich: »Was ist das nur für eine Lehre? Und welche Macht dieser Jesus hat! Seinen Befehlen müssen sogar die bösen Geister gehorchen!« In Windeseile wurde in ganz Galiläa bekannt, was Jesus getan hatte. (Mk 1,23–28)

Zu den Ruinen von Kapernaum gehört auch eine ziemlich beeindruckende Synagoge. Es ist nicht das Gebäude aus Jesu Zeit, das wahrscheinlich wesentlich einfacher und schmuckloser war, doch könnte es durchaus an dem Ort stehen, an dem Jesus Markus zufolge den von einem Dämon besessenen Mann heilte. Eine Tat, die ihn zum Gespräch von ganz Galiläa machte.

In antiken Kulturen glaubten die Menschen daran, dass böse Mächte – Dämonen – in einen Menschen eindringen und von ihm Besitz ergreifen könnten. Diese weitverbreitete Vorstellung scheint sich in der Zeitspanne zwischen dem Alten und dem Neuen Testament entwickelt zu haben. In der vorchristlichen Literatur finden sich nur sehr wenige Berichte von Dämonenbesessenheit. Noch im 1. Jahrhundert n. Chr. werden jüdische Dämonenaustreibungen außerhalb des Neuen Testaments nur äußerst selten erwähnt. Jesus war jedoch keinesfalls der einzige Exorzist seiner Zeit. Josephus erzählt die Geschichte des Juden Eleasar, der in Gegenwart von Vespasian einen Exorzismus durchführte. (Dazu verwendete er

Die Ruinen der Synagoge in Kapernaum. Sie stammen zwar aus dem 4. Jahrhundert n. Chr., doch ist es gut möglich, dass auch die Synagoge des 1. Jahrhunderts an diesem Platz stand.

einen besonderen Ring, rief den Namen Salomons und beschwor ihn. Jüdische Legenden stellten König Salomon als Meister des Exorzismus dar.)[18] Auch die Qumran-Gemeinde kannte sich mit der Dämonenaustreibung aus; ob sie diese aber praktizierte, ist nicht bekannt.

Wenige Ereignisse in den Evangelien wirken so fremd, unwirklich und verstörend wie die Vorstellung einer Dämonenbesessenheit. Unser Geist ist angefüllt mit Horrorbildern. Diese stammen aus Filmen oder, schlimmer noch, aus dem wirklichen Leben: tragisch fehlgeleitete – oder sogar bösartige – Exorzisten, Evangelisten und Medizinmänner. Der Gedanke beschwört eine Voodoo-Welt herauf, die zwar noch vielerorts auf der Erde lebendig ist, die wir aber nur widerstrebend betreten. Dennoch war die Dämonenaustreibung ein wichtiger Bestandteil von Jesu Wirken. Solche Wunder bilden immerhin die größte Einzelkategorie unter den Heilungsgeschichten der synoptischen Evangelien.[19]

Die heute am weitesten verbreitete »Erklärung« für Besessenheit ist, dass sie die antike Deutung von Geisteskrankheit oder Epilepsie gewesen sei. Sicher, es gibt Übereinstimmungen: Krämpfe, Zuckungen, Fälle von Selbstverletzung, ein fast Tourette-artiges Rufen von Namen. Vielleicht kamen sogar Fälle multipler Persönlichkeiten vor. Solche Symptome schreiben wir ungern Dämonen zu – teilweise deshalb, weil wir Geisteskrankheiten zu Recht nicht »dämonisieren« wollen. In den Evangelien hingegen haben diese Dinge etwas Böses an sich. Man vermutete, dass hinter den Ausbrüchen eine zerstörerische, finstere, gefährliche Macht lauerte.

Die Exorzismen Jesu sind in der Tat ein Kampf gegen dämonische Besessenheit, die das Persönlichkeitsbild vollkommen verändert. Die Betroffenen sind gewalttätig, extrem aggressiv, aufgebracht. Dämonen haben sich ihrer bemächtigt. Sie sind sozusagen in den Körper eingezogen, haben alles gründlich renoviert und in Besitz genommen.[20]

Was auch immer wir von diesen Praktiken halten mögen und ob wir das Phänomen an sich einer Geisteskrankheit oder aber wahren dämonischen Kräften zuschreiben – wir können es jedenfalls nicht ignorieren. Es war etwas, das Jesus von Johannes dem Täufer unterschied, der, soweit bekannt ist, niemals einen Exorzismus durchführte. Für Jesus war der Sieg über diese Mächte ein Beweis für das Königreich Gottes. »Wenn ich aber die Dämonen durch Gottes Macht austreibe, so beginnt Gottes neue Welt jetzt – mitten unter euch«, sagt er (Lk 11,20). Die Exorzismen waren ein Beweis der Invasion: Brückenköpfe des Königreichs auf menschlichem Territorium.

Aus jüdischer Sicht war ein von Dämonen besessener Mensch geistig und körperlich geächtet. Dämonen besudelten eine Person, weshalb sie bisweilen auch als »unreine Geister« bezeichnet werden. Da Unreinheit auch hier durch Berührung übertragen werden konnte, schloss man »Besessene« aus der Gemeinschaft aus. Sie durften weder an den Versammlungen in der Synagoge noch am täglichen Leben im Dorf teilnehmen. Körperliche Unreinheit war eine Frage des Waschens; geistige Unreinheit hingegen war eine wesentlich komplexere Angelegenheit. Sie war innerlich, mysteriös, unauslöschlich.

Deshalb erscheint es seltsam, dass sich dieser Mann überhaupt in der Synagoge aufhält. Normalerweise hätte die Präsenz eines unreinen Geistes zum sofortigen Ausschluss aus der Gemeinde geführt.[21] Vielleicht ist es die erste Manifestation des unreinen Geistes. Wahrscheinlicher ist, dass sich der Mann einfach Zutritt verschafft hat. »In der Synagoge war ein Mann …«, beginnt Markus seinen Bericht. So, wie dieser Mann von dem Dämon besessen ist, gerät nun die sichere, reine Welt der Synagoge durch eine verstörende, unreine Präsenz ins Wanken.

Die in dieser Episode gebrauchten Worte passen exakt in das antike Verständnis von Zauberei. Der böse Geist scheint durch die Anwesenheit Jesu beinahe gekränkt: »Was willst du von uns?« – oder, anders gesagt: »Warum mischst du dich hier ein?«[22] Der Geist versucht, Jesus zu »benennen«, ihn zu identifizieren, und schließt: »Ich weiß, dass du von Gott kommst und zu Gott gehörst.« Im antiken Verständnis von Zauberei ist dieser Versuch, den wahren Namen Jesu auszusprechen, ein Angriff.

Jemanden zu »kennen«, um seine wahre Identität zu wissen, das wurde als Weg betrachtet, Macht über diesen Menschen auszuüben, ihn zu überwältigen.[23] In einem Papyrus aus dem 4. oder 5. Jahrhundert n. Chr. heißt es: »Ich kenne deinen Namen, den du im Himmel erhalten hast, ich kenne deine Gestalten … Ich kenne deinen fremden Namen und deinen wahren Namen.«[24] Ein anderer alter Zauberspruch lautet: »Ich rufe dich an, dämonischer Geist, sag, wer du bist.«[25] Bei der spektakulärsten Dämonenaustreibung Jesu – der Heilung des Besessenen in Gadara – nennen die Dämonen Jesus beim

Namen und versuchen, ihn durch Gebrauch folgender Formel in ihre Gewalt zu bringen: »Was willst du von mir, Jesus, du Sohn Gottes, des Höchsten? Ich beschwöre dich bei Gott, quäle mich nicht!« (Mk 5,7). Nach dem Zaubereiverständnis des 1. Jahrhunderts ist dies also ein Präventivschlag. Der Satz des Mannes in der Synagoge, »Du bist doch nur gekommen, um uns zu vernichten«, könnte demzufolge also eher ein Angriff denn eine bloße Vorahnung sein. Jesus nimmt die Herausforderung an.

Die Welt, in der Jesus wirkte, glaubte zwar an dämonische Mächte, doch der Umgang mit solchen Mächten nahm die unterschiedlichsten Formen an. So versuchte man, mit Beschwörungen und Kräutern der Probleme Herr zu werden, oder man rief eine höhere Macht an, welche die niedere überwinden sollte.[26] Jesus verwendet keine komplizierten Rituale oder spezielle Ringe; er ruft nicht den Namen Salomons oder einer anderen alttestamentlichen Gestalt an; er betet nicht einmal zu Gott, wie es allgemein üblich war. Er weist die Dämonen nur zurecht und gebietet ihnen, den Körper zu verlassen. Das häufig verwendete griechische Wort ist *ekballo,* von *ballo,* »werfen«. Jesus wirft sie buchstäblich hinaus. Er sagt zu dem Geist *»phimotheti«* – »halt die Klappe«.[27] Bevor der Geist noch etwas erwidern oder noch weitere Verteidigungsmanöver einleiten kann, beginnt Jesus mit dem Prozess der Austreibung. »Komm heraus«, gebietet er, und unter Krämpfen und lauten Schreien wird der Mann befreit.

Das Resultat ist, dass der Mann zu den Seinen, zur frommen Gemeinde zurückkehren kann. Für Jesus geht es beim Exorzismus, wie bei anderen Heilungen auch, niemals nur darum, das sichtbare Problem zu beseitigen. Es geht darum, die Ganzheit der Menschen wiederherzustellen, ihnen zu gestatten, am Gottesdienst teilzunehmen. Kurz gesagt, sie im Königreich Gottes aufzunehmen.

Dieses Wunder – der Exorzismus an dem von einem Dämon besessenen Mann in der Synagoge von Kapernaum – ist eine

Art Schlüsselwunder. Dabei ist die gesamte Gemeinde in ihrem Versammlungshaus zugegen, und bald spricht die ganze Region davon. Es geschah nicht, um einen bestimmten Effekt zu erzielen, aber es hatte gewaltige Auswirkungen. Die griechischen Worte, mit denen die Menschen in der Synagoge beschrieben sind (»Darüber erschraken alle in der Synagoge«), zeugen von einer gewissen Nervosität.[28] Der Dämon erkennt, was die nervöse Menge spürt: Die bisherige Ordnung ist gestört. Etwas hat sich verändert.

Er ging in Simons Haus, in dem auch Andreas wohnte

Das neue Königreich Gottes ist nicht auf Versammlungen in der Synagoge oder den Tempel beschränkt. Es ist Teil der irdischen Welt. Von der Synagoge kehrt Jesus zu seinem neuen Heim im Haus von Simon und Andreas zurück. Dort heilt er Simons Schwiegermutter, die mit Fieber daniederliegt (Mk 1,29–31). Wir haben bereits gesehen, wie seine heilende Kraft über große Distanz wirkte – das in Kana ausgesprochene Wort landete in Kapernaum. Hier ist es ein noch unspektakuläreres, einfacheres, beinahe nüchternes Ereignis. Jesus tritt an ihr Bett, nimmt ihre Hand und richtet sie auf. Der Handlungsort erinnert uns freilich daran, dass Simon ein Zuhause hatte, eine Familie und einen Beruf. Es war wahrscheinlich keine besonders gut bezahlte Arbeit. Die Tatsache, dass seine Schwiegermutter ihnen das Mahl serviert, zeigt, dass sie keine Diener hatten, die dies für sie übernehmen konnten.[29]

Zunächst einmal sollten wir definieren, womit wir es in diesen Geschichten eigentlich zu tun haben. Die Menschen sind »gelähmt«, sie haben eine »verkrüppelte« Hand, es gibt Blindheit und Lepra – der Begriff umfasst nicht nur die Lepra, die wir als solche kennen, sondern alle möglichen Hautkrankheiten. Es wurde nie der Versuch unternommen, eine detaillierte

Pathologie dieser Krankheiten zu erstellen, nicht zuletzt deshalb, weil die antike Welt unfähig war, in solchen Bahnen zu denken. Doch selbst wenn es uns gelänge, die Krankheit zu erkennen, was wäre dann mit der Heilung? Was geschieht da eigentlich? Die Antwort lautet: Den Leuten geht es besser. Zumindest behaupten die Evangelien das. Ohne medizinische Aufzeichnungen und ärztliche Unterlagen ist alles, was uns zur Verfügung steht, die historische Tatsache, dass sowohl Jesus behauptete, Wunder zu vollbringen, als auch die Menschen glaubten, dass er Wunder vollbrächte. Für die Menschen seiner Zeit war er ein Heiler und Exorzist. Was es mit den jeweiligen »Wundern« auch auf sich haben mag, so gibt es doch zu viele dieser Geschichten, um insgesamt auf bloße Erfindungen schließen zu können.

Vielleicht sollten wir uns, wie bei den Exorzismen auch, lieber einmal ansehen, was die Wunder bedeuten, denn hinter den Wundern verbirgt sich eine Botschaft. Sie sind Akte der Barmherzigkeit, aber manchmal auch der Aggression. Viele der Wunderheilungen finden beispielsweise am Sabbat statt, stehen also in direktem Widerspruch zum jüdischen Brauchtum. Genauer gesagt: Heilen fiel in eine der 39 Kategorien, die laut rabbinischer Lehre als am Sabbat verbotene Arbeit galten (wenngleich der Exorzismus nicht erwähnt ist).[30] Jesus entzieht sich hier jedoch der Zensur, entweder weil er noch unerfahren ist oder weil der Handlungsort vollkommen häuslich und privat ist. Später heilt er Menschen ganz bewusst, ja, provokativ.

Eine Heilung brachte auch die gesellschaftliche Wiedereingliederung mit sich. In einer Welt ohne Krankenversicherung war ein Kleinbauer mit einer Verletzung, einer Missbildung oder einer Krankheit wirtschaftlich am Ende. Ihm blieb nichts anderes übrig, als zu betteln. Die Heilung durch Jesus versetzte die Menschen also regelmäßig in einen Zustand der »Ganzheit« zurück, weil sie die Fähigkeit wiedererlangten, sich selbst und andere zu ernähren. Manche Krankheiten galten zudem als unrein. Leprakranke und Frauen mit Dauerblutungen wurden durch ihren Zustand unrein und – wie die Menschen mit einem unreinen Geist – von der Gemeinde und den Gottesdiensten ausgeschlossen. Diese Menschen kommen also in einer Art und Weise wieder auf die Beine, die über die reine Wiederherstellung der körperlichen Gesundheit weit hinausgeht.

Die Heilung von Simons Schwiegermutter ist das erste der spontanen, pragmatischen Wunder Jesu. Bald werden viele weitere folgen. Markus berichtet, dass bei Sonnenuntergang – der den Beginn des Tages nach dem Sabbat markiert – die Menschen ihre Kranken und Besessenen zu Jesus brachten, damit er sie heile und ihnen die Dämonen austreibe (Mk 1,32–34). So viele Menschen müssen jedoch geheilt und befreit werden, dass Jesus überfordert ist. Der Druck, der auf ihm lastet, ist bereits immens. Für eine Weile kann er sich diesem noch entziehen: In den frühen Morgenstunden, noch bei Dunkelheit, verlässt er das Haus, um einen einsamen Ort zu finden, seine eigene kleine Wüste.

Offensichtlich ging er aber nicht weit genug. Simon und seine Begleiter spüren Jesus auf. Das griechische Wort für ihre Suche ist ein sehr starkes Verb, das klingt, als hätten Simon und die anderen Jesus »gejagt«. Wie ein Prominenter, der von Paparazzi verfolgt wird, kann Jesus den Teleobjektiven seiner Anhänger nur äußerst selten entwischen.

Der Druck ist bereits massiv. Die Gerüchte verbreiten sich in Windeseile, und die Verzweifelten, Kranken und Besessenen strömen nach Kapernaum. »Alle Leute fragen nach dir«, sagt Simon (Mk 1,37). Da verlässt Jesus Kapernaum.

Jesus reiste durch Galiläa

> Jesus reiste durch die ganze Provinz Galiläa, predigte in den Synagogen und befreite viele aus der Gewalt dämonischer Mächte. (Mk 1,39)

Wohin ging er? Markus lässt ihn die Synagogen Galiläas aufsuchen, während Lukas ihn in den Synagogen Judäas predigen lässt (Lk 4,44).[31] Der Bericht des Matthäus ist am ausführlichsten: Jesus geht in die Synagogen von Galiläa, wo er predigt und alle möglichen Krankheiten heilt (Mt 4,23). Sein Ruf verbreitet sich bis nach Syrien, so dass ihm bald Menschenmengen »aus Galiläa, aus dem Gebiet der Zehn Städte (Dekapolis), aus Jerusalem und dem ganzen Gebiet von Judäa, selbst von der anderen Seite des Jordans« folgen (Mt 4,25).

Jesus sagt zu seinen Jüngern, dass er auch noch »in die anderen Dörfer« gehen will. Das hier verwendete griechische Wort *komopoleis* (Mk 1,38) bezeichnet nicht die Städte, sondern die kleineren Zentren, die etwa mit unseren heutigen Marktstädten vergleichbar sind.[32] Orte also, die sogar noch kleiner sind als Kapernaum (das immerhin eine *polis* war). Er will die einfachen Menschen erreichen, an gewöhnlichen Orten. Abgesehen davon hat Markus nicht viel von dieser Reise zu berichten.

Er erzählt nur von einer einzigen Begebenheit, die charakteristisch für Jesus ist – die Heilung von Leprakranken. Was in den Evangelien als Lepra bezeichnet wird, ist nicht die »moderne« Lepra, die Hansen-Krankheit. In antiker Zeit war »Lepra« ein allgemeiner, weit gefasster Begriff für schuppige Hautausschläge, Exantheme, Flecken und andere Auffälligkeiten.[33]

Wie die Besessenheit brachte auch die Lepra Unreinheit mit sich. Selbst wenn man sich nur unter demselben Dach mit einem Leprakranken aufhielt, machte einen das unrein; wenn man sich im Haus hinlegte oder etwas aß, wurde ein kompletter Kleiderwechsel notwendig (3. Mose 14,33–47). Nach der Mischna wurde man bereits unrein, wenn man nur einen Teil seines Körpers ins Haus streckte: »Wenn ein Mann, der rein ist, seinen Kopf und den größeren Teil seines Körpers in ein unreines Haus hält, wird er unrein; und wenn ein unreiner Mann seinen Kopf und den größeren Teil seines Körpers in ein Haus hält, das rein ist, dann macht er dieses dadurch unrein.«[34]

Die einzigen Häuser, die durch Kontakt mit Leprakranken nicht unrein gemacht werden konnten, waren die Häuser der Nichtjuden – da sie ohnehin als unrein galten.[35] Bei Hiob wird die Lepra als »Bote des Todes« bezeichnet. Durch Lepra wurde man zu einem wandelnden Toten.[36] Kein gläubiger Jude wollte die Toten berühren. Dies zu tun machte einen – erraten! – unrein.

Aus diesem Grund hielt man die Leprakranken mehr oder weniger dauerhaft in Quarantäne. Alle Formen des Judentums sahen den Ausschluss Leprakranker aus Städten und Gemeinden vor. Jeder, der an einer offenen oder unheilbaren Form der Lepra litt, wurde aus der Stadt Jerusalem verbannt, ganz zu schweigen vom Tempel. Nur diejenigen, die wieder gesundet waren, durften ihn betreten, und selbst dann gab es für sie einen gesonderten Bereich innerhalb des Tempels – das Haus der Leprakranken, wo sie sich den zahlreichen Reinigungsritualen unterziehen konnten. Wie die »Besessenen« führten sie fern der Ansiedlungen eine Schattenexistenz. Die Leprakranken, denen Jesus am Rand eines Dorfes in Samarien begegnet, rufen ihn aus einer gewissen Entfernung an (Lk 17,12).

Bezeichnenderweise berührt Jesus den Leprakranken, noch bevor dieser geheilt wird (Mt 8,3; Mk 1,41; Lk 5,13). Dadurch wird Jesus rituell unrein, aber es gibt keinen Hinweis darauf, dass er irgendetwas dagegen unternimmt. Jesus scheint sich nicht darum zu sorgen, selbst unrein zu werden; ihm geht es lediglich darum, den anderen Menschen wieder zu seiner »Ganzheit« zurückzuführen. Die Unreinen werden rein. Die

Ausgestoßenen kehren nach Hause zurück. Die »Toten« werden ins Leben zurückgeholt.

Es steckt jedoch noch mehr dahinter. Die Worte, die Jesus gebraucht, scheinen anzudeuten, dass er den Leprakranken für rein erklärt – und das war etwas, das offiziell nur die Priester in Jerusalem tun konnten. Die meisten Bibelübersetzungen stellen Jesus zwar als von Mitgefühl bewegt dar, doch einige frühe Versionen des Markusevangeliums berichten, er sei »wütend« gewesen (Mk 1,41). Es scheint, als schickte er den Aussätzigen zu den Priestern zurück, um etwas zu beweisen: »Geh sofort zum Priester und lass dich von ihm untersuchen. Bring das Opfer für deine Heilung dar, wie es Mose vorgeschrieben hat. So werden die Priester sehen, dass ich im Auftrag Gottes handle« (Mk 1,44). An anderer Stelle im Markusevangelium rät Jesus seinen Jüngern: »Will man eure Botschaft nicht hören, so geht fort und schüttelt den Staub von euren Füßen als Zeichen dafür, dass ihr die Stadt dem Urteil Gottes überlasst« (Mk 6,11).[37] Er fordert damit das System heraus. Jesus greift hier ein System an, das diese Menschen ausschließt. Er berührt den Mann ohne Furcht, weil er weiß, dass man diese Menschen berühren muss, um sie zu heilen. Und er schickt ihn mit einer Botschaft fort – nicht an alle, denn er gebietet dem Aussätzigen nicht, etwas öffentlich zu sagen, sondern an die Priester. Jesus ist aufgebracht. Er ist wütend. Und er bringt sich damit in Schwierigkeiten.

Jesus stieg auf einen Berg

An dieser Stelle der Geschichte folgt im Matthäusevangelium dessen wahrscheinlich berühmtester Abschnitt: die sogenannte Bergpredigt. Ich sage »sogenannte«, weil es keine Predigt und der Berg eigentlich gar kein Berg, sondern nur ein Hügel war. Tatsächlich stammt die Bezeichnung aus viel späterer Zeit, nämlich aus einer augustinischen Schrift des 4. Jahrhunderts. Diese Episode als »Predigt« zu bezeichnen ist, als würde man eine Synagoge »Kirche« nennen. Jesus setzt sich hin und diskutiert mit seinen Jüngern. Es ist also keine Bergpredigt, sondern eine »Hügeldiskussion«.

Oder Diskussion*en.* Matthäus versucht hier, eine Kernsammlung von *logia,* also Sprüchen Jesu, zusammenzustellen.[38] Das Material umfasst einige der prägnantesten und bekanntesten Lehren Jesu: die Seligpreisungen mit ihrem verkehrten Königreich, in dem die Armen, Trauernden und Gnadenvollen glücklich sind; die Forderung, das Salz der Erde zu sein – sie zu bewahren, zu reinigen und ihr Geschmack zu verleihen; die Aufforderung, sich nicht um seine persönliche Sicherheit zu sorgen, sondern nur um das tägliche Brot zu bitten und nach dem Königreich Gottes zu streben.

Ein großer Teil dieses Materials hat Parallelen in anderen jüdischen Lehren der damaligen Zeit. Varianten der »goldenen Regel« in Matthäus 7,12 etwa finden sich auch in anderen jüdischen Schriften. »Was du hasst, das tu keinem anderen an«, besagt das Buch Tobit. »Beurteile die Empfindungen deines Nächsten anhand deiner eigenen«, heißt es im Buch Sirach.[39] In der Mischna sagt Rabbi Elieser: »Lasse den Respekt, den du anderen entgegenbringst, dir ebenso wichtig sein wie den Respekt, den du dir selbst schuldest. Und lasse dich nicht leicht in Wut bringen. Und tue einen Tag vor deinem Tode Buße.«[40]

Ähnlich verhält es sich mit Jesu Metapher vom ebenen, leichten Weg, die auf den jüdischen Vorstellungen von den »zwei Wegen« basiert. In den Schriftrollen vom Toten Meer heißt es: »Er hat dir zwei Wege zur Wahl gestellt, einer davon ist gut, der andere ist böse.«[41] Die Anhänger Jesu verwendeten in der *Didache* – einer Art Gebrauchsanweisung zur Jüngerschaft für die Frühkirche – dasselbe Bild. Die *Didache* beginnt mit den Worten: »Es gibt zwei Wege, einen Weg des Lebens und einen Weg des Todes, und zwischen diesen beiden Wegen besteht ein großer Unterschied.«[42] Einer der berühmtesten

Rabbis, Rabbi Jochanan ben Sakkai, bat seine Schüler, den »geraden Pfad« zu beschreiben, »an den man sich halten sollte«, und »den schlechten Weg, der zu vermeiden ist«.[43]

Jesus mag hier zwar durchaus ein Kind seiner Zeit sein, doch erweitert er diese Gedanken und lotet ihre Grenzen aus. Das Ganze ist eine ziemlich knifflige Angelegenheit. Bis zu diesem Augenblick war Jesus stets jemand, der alle mit offenen Armen empfing: Steuereintreiber und Prostituierte, nichtjüdische Soldaten, ja, sogar Samariter sind ihm willkommen. Leprakranke können berührt, Dämonen ausgetrieben werden. Sein Königreich ist für alle da. In sämtlichen Berichten und Geschichten bekommen die Armen und Ausgestoßenen die besten Plätze im Hause. Da fängt man an zu denken: Vielleicht möchte Jesus alles über den Haufen werfen, das Judentum von seiner Obsession mit der Thora befreien.

Und dann das hier:

> »Meint nur nicht, ich sei gekommen, das Gesetz und die Worte der Propheten aufzuheben. Ich werde vielmehr beides bekräftigen und erfüllen … Ich warne euch: Wenn ihr das Gesetz Gottes nicht besser erfüllt als die Pharisäer und Schriftgelehrten, kommt ihr nicht in Gottes neue Welt.« (Mt 5,17; 20)

Er hat also nicht die Absicht, »das Gesetz und die Worte der Propheten« abzuschaffen – vielmehr will er ihnen noch größeres Gewicht verleihen. Man kann dies an den sogenannten *Antithesen* ablesen. Diese folgen dem Muster »Ihr habt dies und jenes gehört, ich aber sage euch Folgendes«. Ihr habt vernommen: »Begeht keine Morde, begeht keinen Ehebruch, legt kein falsches Zeugnis ab, Auge um Auge, Zahn um Zahn, liebt euren Nächsten …« Ich aber sage euch: »Seid nicht einmal zornig, seht die Frau eures Nächsten nicht einmal lüstern an, flucht nicht, nehmt keine Rache, liebt eure Feinde.« Nicht, dass die äußere Reinheit falsch wäre, aber man muss noch weitaus intensiver an sich arbeiten. Auf die äußere Reinheit kommt es nicht in erster Linie an; die Reinheit des Herzens ist, was wirklich zählt. Das Königreich Gottes steht jedem offen, der es finden will, aber nur, weil jeder es betreten darf, bedeutet das noch lange nicht, dass es keinen Eintritt kosten würde.

Über die Jahre ist die Wucht dieser aufwieglerischen Lehre abgeschwächt worden. Meist neigte die Kirche dazu, die Predigt zu »spiritualisieren« oder sie als unerreichbares Ziel darzustellen, dessen einziger Zweck es sei, uns zu zeigen, wie unzureichend wir in diesem Vergleich sind. Das entspricht jedoch nicht, wie die Frühkirche den Text begriff, noch wie er zur Zeit seiner Entstehung aufgefasst wurde. Es ist eine unbequeme Tatsache, dass Jesus das alles tatsächlich *meinte.*

Er beschäftigte sich mit den realen Problemen seiner Zeit, Problemen wie Schulden, Zorn, Unterdrückung. Ein Schlüsselelement in der Lehre Jesu ist seine Unterstützung der Underdogs. Die Armen, die Verfolgten, die Trauernden, die Hungrigen, jene, denen Unrecht widerfahren ist – sie sind die Gesegneten, die Glücklichen, die Auserwählten. Jesus beginnt mit Worten des Trostes für die Armen und Unterdrückten, sagt jedoch nie, dass Armut und Unterdrückung von ihnen genommen würden. Somit sind es eigentlich Worte, die denkbar wenig Trost spenden.

Indem wir von der »Bergpredigt« sprechen, machen wir daraus ein zeitloses, abstraktes Stück Theologie; aber das war nicht, was Jesus auf diesem Hügel tat! Er diskutierte mit seinen Jüngern, wie sie leben sollten. Jesu Lehre über die Scheidung beispielsweise wurde seit jeher als eine Art globaler einstweiliger Verfügung betrachtet. Das ist falsch. Punkt. Die moderne Scheidung unserer Zeit unterscheidet sich grundlegend von der Scheidung in den Tagen Jesu. Seine Lehre über die Scheidung (Mt 5,31–32) muss daher in erster Linie im Kontext des Schutzes der Schwachen und Machtlosen gesehen werden.

Im Judäa des 1. Jahrhunderts n.Chr. konnte man sich aus

praktisch jedem erdenklichen Grund von seiner Frau scheiden lassen. Das fünfte Buch Mose gestattet es einem Mann, sich von seiner Frau zu scheiden, wenn er an ihr »etwas auszusetzen hat« (5. Mose 24,1). So vertraten verschiedene rabbinische Schulen beispielsweise die Ansicht, es sei einem Mann erlaubt, sich von seiner Frau zu trennen, wenn sie das Abendessen verbrannte (Rabbi Hillel), oder sogar, wenn sie weniger attraktiv als eine andere Frau sei (Rabbi Akiba). Frauen hingegen konnten nur dann die Scheidung einreichen, wenn ihr Ehemann in irgendeiner Weise unrein war.[44]

Es finden sich allerhand Beispiele hierfür. Josephus trennte sich von seiner Frau, weil ihm »ihr Verhalten nicht behagte«, obgleich sie die Mutter seiner drei Kinder war. Später machte er Karriere und heiratete eine kretische Jüdin »aus gutem Hause«.[45] Jesu Verfügung, dass die Scheidung nur im Falle eines Ehebruchs gestattet sein solle, schützt also nicht nur die Frauen, sondern geht weit über die Restriktionen des rabbinischen Judentums hinaus.

Wenn wir die Lehren Jesu lesen, sollten wir immer im Auge behalten, was sie für seine ersten Zuhörer bedeuteten. Seine Lehre hatte – und hat – eine direkte gesellschaftliche Stoßrichtung. Durch nichts wird dies besser illustriert als durch die bahnbrechende, originäre Idee seiner Lehre: die Gewaltlosigkeit.

Auge um Auge, Zahn um Zahn

In der Kirche hört man nicht besonders viel davon, dass Jesus einst für Gewaltlosigkeit stand. Ich persönlich bin seit über 30 Jahren Christ und kann mich nicht erinnern, auch nur eine einzige Predigt zu diesem Thema gehört zu haben. Pazifismus ist ein Randthema. Für Mönche vielleicht, für Wiedertäufer und Quäker, diese seltsamen Leute mit Bärten und Sandalen. Wir wissen zwar, dass er diese Dinge gesagt hat, aber wir sprechen nicht gerne darüber. Ganz unter uns – vielleicht war er hier ein wenig fehlgeleitet.

Aus rein historischer Sicht ist die Idee des gewaltfreien Widerstandes jedoch absolut fundamental für die Botschaft Jesu und für die Ereignisse in seinem Leben. Um es ganz offen zu sagen: Jesus musste sterben, weil er sich weigerte zu kämpfen. Wir können den historischen Jesus und sein Schicksal ohne ein Verständnis von Racheverzicht und gewaltfreiem Widerstand nicht begreifen. Sein gesamter Ansatz einer gesellschaftlichen Veränderung – einer Veränderung der Welt – beruhte auf dem Gedanken des gewaltfreien Widerstandes.

Jesu Lehre wurzelt in seiner Vorstellung davon, wer unser Mitmensch ist und welche Haltung man seinem Mitmenschen gegenüber einnehmen sollte. »Liebe deinen Mitmenschen wie dich selbst«, fordert er die Menschen auf (Mt 19,19; 22,39; Mk 12,31; Lk 10,27). Bittet man ihn jedoch, zu definieren, wer dieser Mitmensch ist, erzählt er die Geschichte vom guten Samariter, die das allgemeine Verständnis vollkommen über den Haufen wirft. Mitmenschen waren also nicht die Angehörigen des eigenen Klans, des eigenen Stammes oder der eigenen Nationalität – die *Feinde* waren die Mitmenschen. Und *die* sollte man lieben. Das war in der Tat ein verblüffend radikaler Gedanke. »Die von Jesus geforderte Liebe besitzt eine universelle Gültigkeit, die im jüdischen Schrifttum keine Parallele hat.«[46] Nehmen wir eine der berühmtesten Passagen:

> »Es heißt auch: ›Auge um Auge, Zahn um Zahn!‹ Ich sage euch aber: Leistet keine Gegenwehr, wenn man euch Böses antut! Wenn jemand dir eine Ohrfeige gibt, dann halte die andere Wange auch noch hin! Wenn einer dich vor Gericht bringen will, um dein Hemd zu bekommen, so gib ihm auch noch den Mantel! Und wenn einer von dir verlangt, eine Meile mit ihm zu gehen, dann geh zwei Meilen mit ihm! Gib jedem, der dich um etwas bittet, und weise keinen ab, der etwas von dir leihen will.« (Mt 5,38–42)

»Auge um Auge, Zahn um Zahn« steht in der Thora (2. Mose 21,24). Dadurch soll das Ausmaß der Vergeltung begrenzt, eine eskalierende Blutfehde verhindert werden. Jesus geht jedoch weit über die Forderung der Thora hinaus, indem er jede Gewaltanwendung von vornherein ablehnt. Wie das funktionieren soll, veranschaulicht er im Kontext der spezifischen Lebensumstände des 1. Jahrhunderts n. Chr.

»Halte die andere Wange auch noch hin«, sagt er. Doch warum eigentlich zuerst die rechte Wange, wie es in einigen Bibelübersetzungen heißt? Warum ist er hier so genau? Weil dies für die meisten Menschen die Wange war, die mit dem Handrücken geschlagen wurde. Ein Schlag ins Gesicht mit der Fläche der rechten Hand war ein Schlag auf die linke Wange. Die rechte Wange hingegen war diejenige, die von einem herabwürdigenden Schlag mit dem Handrücken getroffen wurde. Dies war eine Geste, die man mit all jenen in Verbindung brachte, die Macht ausübten, wie beispielsweise Soldaten oder Vernehmungsbeamte. Im gesellschaftlichen Kontext handelt es sich also um eine schwere, sogar herausfordernde, persönliche Beleidigung.[47]

Dann ist da diese seltsame Formulierung »Wenn einer dich vor Gericht bringen will«. Hier geht es nicht um Nächstenliebe. Nicht um jemanden, der einfach ein Hemd braucht und fragt, ob er sich eines ausleihen kann. Das mit »Hemd« übersetzte griechische Wort steht für ein Kleidungsstück, das man auf der Haut trug. Es war die Leibwäsche, über der man einen Mantel trug. Es handelt sich also um ein Gerichtsverfahren, bei dem die Gegenpartei das Hemd vom Leibe fordert und einem dann auch noch die Jacke nimmt.[48] Wer in der damaligen Gesellschaft würde so etwas tun? Diejenigen, die jemanden auf Rückzahlung einer Schuld verklagten. Das Bild erinnert an eine Passage im fünften Buch Mose:

> Wenn ihr jemandem etwas leiht, dann geht nicht in sein Haus, um euch dort selbst ein Pfand auszusuchen. Wartet

draußen vor der Tür, bis er euch etwas herausbringt. Ist er so arm, dass er nur seinen Mantel verpfänden kann, dann behaltet das Kleidungsstück nicht über Nacht. Gebt es ihm auf jeden Fall noch am selben Abend zurück! Er braucht es nachts als Decke. Dafür wird er euch segnen, denn ihr tut, was in den Augen des Herrn, eures Gottes, gut und richtig ist. (5. Mose 24,10–13)

Hier geht es um eine Schuld, zu deren Sicherung das Einzige dient, worüber ein armer Mensch verfügt: sein Mantel. Im fünften Buch Mose heißt es, dass dieser bis Sonnenuntergang zurückzugeben sei, da viele arme Leute ihre Oberbekleidung auch als Bettzeug benutzen. Für die kleinbäuerlichen Anhänger Jesu, die Steuern und Zehnte schuldeten und unter der erdrückenden Last ächzten, muss diese Botschaft schockierend, ja, sogar unfair gewesen sein. In diesem Kontext muss man ein Gebet wie das Vaterunser (Mt 6,9–13) ein wenig anders lesen. »Vergib uns unsere Schuld«, heißt es da in der Übersetzung Martin Luthers, »wie auch wir vergeben unsern Schuldigern.« Das griechische Wort für Schuld ist *opheilema* und bezieht sich auf eine Geldschuld.[49]

Schulden als Sünden oder archaische »Übertretungen« zu deuten, wie es bei einigen Bibelübersetzungen der Fall ist, ist nicht falsch, doch im weiteren Kontext der Lehre Jesu verfehlt diese Interpretation die handfeste Bedeutung für jene Zuhörer des 1. Jahrhunderts, denen Geld geschuldet wurde. Die Vergebung Gottes hing also davon ab, wie sie ihre Schuldner behandelten.

Dann die »zweite Meile«. Wer verlangt von einem, eine Meile zu gehen? Soldaten. Hier handelt es sich um eine durch und durch militärische, imperiale Angelegenheit. »Zu gehen verlangen« *(angareuo)* ist ein fester Begriff für die Praxis der römischen Soldaten, zivilen Arbeitskräften in einem besetzten Land Befehle zu erteilen. Dasselbe Wort findet Verwendung, als Simon von Kyrene aufgefordert wird, das Kreuz

Jesu zu tragen (Mt 27,32). Kaiserliche Soldaten konnten einen Kleinbauern anweisen, ihnen als Träger zu dienen, und dieser musste gehorchen. Jesus rät seinen Jüngern, sich jenseits der *milion* zu begeben – das lateinische Wort für die römische Militärmeile von 1000 Schritten. Es handelt sich also zweifelsfrei um eine imperiale, militärische Situation, die aus der Besatzung heraus entstanden ist.[50]

Dann die abschließende Illustration: »Gib jedem, der dich um etwas bittet, und weise keinen ab, der etwas von dir leihen will.« Der Satz mit den Bittstellern ist selbsterklärend, aber warum sollte jemand zu Jesu Zeit ablehnen, einem anderen Geld zu leihen? Vermutlich, weil man befürchtete, es nicht zurückzuerhalten. Dafür kommen zwei Gründe in Frage: Entweder war der Leihende zu arm für die Rückzahlung oder der geliehene Betrag würde null und nichtig. Wir sind wieder bei den Schulden, einem ungeheuer wichtigen Thema für das Publikum Jesu.

Das Gesetz der Thora enthielt spezielle Regeln, die verhindern sollten, dass die Menschen sich langfristig verschuldeten. Jedes siebte Jahr – im Sabbatjahr – wurden alle Schulden erlassen. Niemand musste mehr Geld zurückzahlen. Die Absicht war gut, doch wirkte sich diese Regel dahingehend aus, dass man nun schwerer an einen Kredit kam, weil kurz vor dem Sabbatjahr niemand mehr etwas verlieh.

Rabbi Hillel fand einen Weg, das Ganze zu umgehen, indem er eine Kreditsicherung mittels einer *prozbul* erfand, einer Erklärung, dass der Kredit im siebten Jahr nicht erlassen würde.[51] Doch auch dieser Schuss ging nach hinten los, denn im Endeffekt ließen sich so die Sabbatregeln insgesamt umgehen, was dauerhafter Verschuldung Tür und Tor öffnete.[52]

Eine Möglichkeit, Jesu Botschaft auszulegen, ist also, dass der Schuldherr die Kreditvergabe nicht deshalb ablehnen soll, weil das Sabbatjahr bevorsteht. Er soll den Kredit trotzdem vergeben. Das ist eine starke Forderung an die Kreditgeber, zu denen nicht nur die wohlhabenden Bürger, sondern auch der Tempel zählte. Der Tempel war die reichste Institution im jüdischen Palästina. Sein Vermögen wurde über Kredite an arme Bauern in Land investiert, denn wenn diese ihre Schuld nicht zurückzahlen konnten, ging das Land in das Eigentum des Tempels über.[53]

Aus dieser Untersuchung wird ersichtlich, dass Jesus Bilder verwendet, die in seiner eigenen Zeit und Gesellschaft fest verwurzelt sind. Er spricht zu armen Kleinbauern, die von ihren Kreditgebern verklagt werden, zu unterdrückten Bürgern, die von Soldaten geschlagen und zu Trägerdiensten gezwungen werden, zu all jenen am unteren Ende der gesellschaftlichen Skala, die durch einen Schlag mit dem Handrücken brutal gedemütigt wurden. Er spricht zu Menschen mit echten Feinden. Er fordert sie auf, im Angesicht der Aggression eine verblüffende, immens subversive Großzügigkeit zu zeigen.

Ironischerweise war es diese Art radikaler Unterwerfung, diese unerschütterliche Ablehnung von Gewalt und Rache, die Jesus zur größten und gefährlichsten Bedrohung für die Herrschenden machte. Eben weil er es ablehnte, auf konventionelle Weise zu kämpfen, wussten die Mächtigen nicht, was sie gegen seine Gedanken ausrichten sollten.

Jesu Lehre des gewaltfreien Widerstandes stützt sich nicht auf frühere Denkansätze. Gewaltfreiheit war immer schon gefährlich und radikal. Kurlansky bezeichnet sie als derart radikales Konzept, dass es kein positives Wort dafür gibt. Sie kann nur über das definiert werden, was sie nicht ist.[54]

Der Gedanke bleibt radikal, weil er auf alle Zeiten und Gesellschaften anwendbar ist. »Die meisten politischen Ordnungen werden durch Gewalt errichtet und setzen zu ihrer Aufrechterhaltung ebenfalls Gewalt ein.«[55] In Jesu Zeit traf dies ganz besonders zu. Für seine jüdischen Zuhörer muss der Gedanke daher schwer zu fassen gewesen sein, dass man ihre Unterdrücker – die Feinde Israels – nicht vernichten sollte.

Für Jesus war Gewalt eine Option. Er besaß Macht und gebrauchte sie. Der Teufel nimmt an, dass Jesus die Macht habe, den Engeln zu gebieten. Jakobus und Johannes glauben, dass bereits ein kleiner Teil der gewaltigen Macht Jesu genüge, um ein samaritanisches Dorf auszulöschen. Jesus hingegen begriff, dass Gewalt, wie es Mark Kurlansky formuliert, »ein Virus ist, das ansteckend ist und von einem Besitz ergreift«.[56] Dasselbe trifft auf Hass und Lust und all die anderen negativen Dinge zu, gegen die sich Jesus so hartnäckig einsetzte. Deshalb mussten drastische Maßnahmen ergriffen werden. Wenn Jesus davon sprach, sich von solchen Gedanken zu befreien, verwendete er Begriffe aus dem Bereich der Amputation. Schneide die Hand ab, reiß das Auge aus. Am Ende sollte er recht behalten. Der einzige Weg, der Gewalt Herr zu werden, war durch Gewalt: nicht durch ihre Anwendung, sondern durch ihre Austreibung. Durch eine Amputation der Gewalt, einen Sieg über die Gewalt.

Jesu Anhänger in der Frühkirche übernahmen seine Lehre und lebten danach. Die Frühkirche ist die erste bekannte Gruppierung, die jeglichen Militarismus ablehnt. Sie existierte unter einigen der militaristischsten Gesellschaften der Geschichte, lehnte den Kampf jedoch ab. Ihre Gemeinde gründete sich auf den Frieden. In den ersten christlichen Schriften, den Paulusbriefen, erkennt man diese Haltung ganz deutlich. Paulus' Aufforderung, den Segen für seine Verfolger zu erbitten, zeigt ganz deutlich: Die Frühkirche hatte Jesu Worte bereits verinnerlicht. »Lass dich nicht vom Bösen besiegen, sondern besiege das Böse durch das Gute«, sagt er (Römer 12,21). Wie Richard Hays schreibt: »In den Paulusbriefen findet sich nicht eine einzige Silbe, die dazu geeignet wäre, eine Gewaltanwendung durch Christen zu belegen.«[57]

Dreißig Jahre nach Paulus stellt das revolutionärste aller Traktate, die Offenbarung, die Anhänger des Tieres als gewalttätig und die Anhänger des Lammes als friedfertig dar.[58] Noch später standen Autoren wie Ignatius und Origen aktiv für Gewaltlosigkeit ein. »Wir Christen werden nicht zu Soldaten des Kaisers, selbst wenn er uns dazu zwingen will«, schrieb Origen. Sie verurteilten das Militär nicht. Sie suchten Konvertiten innerhalb der Armee, aber sie schlossen sich ihr nicht an. Tertullian hingegen wollte Soldaten bekehren, damit sie nicht mehr kämpften.[59]

Tatsache ist, dass »die Kirche während der ersten 300 Jahre ihres Bestehens beinahe universell pazifistisch war«.[60] Der Sieg über das Böse war durch Jesu Opfertod bereits erreicht worden, und sofern man überhaupt noch gegen etwas kämpfen musste, kamen nur die »Waffen« in Frage, die auch Jesus gebraucht hatte: Demut, Gnade, Selbstaufopferung bis zum Märtyrertod.

Später freilich, als das Christentum zur Religion des Kaiserreichs wurde, musste es die Gewalt in seiner Theologie unterbringen. Damit begann die schrittweise Aufweichung dieser Lehre, ihre Verdrängung in die Randbereiche oder ihre Neueinordnung als eher »spirituell« denn praktisch. In den vergangenen 2000 Jahren hat die Kirche Jesus immer mehr entwaffnet, jenen Prediger, dessen wirksamste Waffe der Frieden war.

Jesus kehrt nach Kapernaum zurück

Bei Markus finden sich keine genauen Angaben darüber, wie lange Jesus durch Galiläa reiste. Es heißt lediglich, er sei »nach ein paar Tagen« zurückgekehrt (Mk 2,1). Wie lange er auch unterwegs gewesen sein mag, es war jedenfalls nicht lange genug, um das fieberhafte Interesse an seiner Person etwas zu dämpfen. Als bekannt wird, dass er wieder »im Haus des Simon« weilt, scharen sich die Menschenmassen abermals vor seiner Tür. Schließlich wird sogar das Flachdach des Hauses geöffnet, damit ein gelähmter Mann herabgelassen werden kann, der sich von Jesus Heilung verspricht. Das zur Beschreibung der Bahre des Mannes gebrauchte Wort ist ein Latinismus: *krabatton,* also die Schlafmatte eines armen Mannes oder die schlichte Rollmatte eines Soldaten.[61]

Jesus heilt den Mann, und zum ersten Mal überkommt die Anwesenden ein leichter Schauer – weil Jesus den Mann nicht nur heilt, sondern sagt: »Mein Sohn, deine Sünden sind dir vergeben!« (Mk 2,5). Bei den Schriftgelehrten, deren feine Sensoren auch den geringsten Hinweis auf Blasphemie erkennen, klickt es sofort: »Das ist Gotteslästerung! Was bildet der sich ein! Nur Gott allein kann Sünden vergeben« (Mk 2,7). Jesus reagiert darauf, indem er den Mann auffordert, aufzustehen und nach Hause zu gehen, was dieser auch tut.

Durch die Wahl seiner Freunde wirft Jesus weitere Fragen auf. Levi, Sohn des Alphäus, sitzt in seiner Zollhütte, als Jesus ihn ruft. Levi ist ein Zöllner, nicht einer der sogenannten »Steuerbauern«. Levis Aufgabe war es, die Ein- und Ausfuhrzölle auf die Güter zu kassieren, die über die Grenze ins und aus dem Territorium von Herodes Philippos gebracht wurden. Zöllner waren in der Regel Juden und unterstanden direkt der regionalen Verwaltung. In diesem Falle ist Levi ein niederer Beamter, der für Antipas arbeitet. Damals hatten Zöllner – wie die Grenz- und Zollbeamten in vielen Teilen der heutigen Welt – reichlich Gelegenheit, Schmier- und Bestechungsgelder zu kassieren.

Sie waren für ihre Unehrlichkeit bekannt und wurden daher von den meisten anderen Juden verachtet.[62] Jesus ruft Levi nicht nur als Jünger zu sich, sondern speist auch mit ihm und weiteren »Zolleinnehmern und anderen Leuten mit schlechtem Ruf« (Mk 2,15).[63] Markus lässt keinen Zweifel daran, dass es sich um eine private Angelegenheit handelt: Jesus setzt sich an einen Tisch mit den Zolleinnehmern. Er distanziert sich nicht von ihnen, steht nicht über den Ereignissen. Kein Wunder, dass die Schriftgelehrten außer sich sind. (Es gibt Hinweise auf weitere Tabubrüche. Jesus macht vieles anders als die Jünger des Täufers [Mk 2,18–22]. Vermutlich erreichte die Nachricht davon auch Johannes, der weit weg im Gefängnis saß.)

An einem Sabbat ging Jesus durch die Getreidefelder

Dann kommt der Sabbat. Wenige Dinge sind so charakteristisch für die Juden – oder, aus nichtjüdischer Sicht, so seltsam – wie ihre strikte Einhaltung des Sabbats. Der Sabbat war ein Tag, der allein Gott gewidmet war, ein Zeichen, ein Unterpfand des Glaubens. Er war mehr als nur ein leeres Ritual, mehr als eine Erinnerung daran, dass es im Leben noch wichtigere Dinge als die Arbeit gab. Es war ein Nachvollziehen des göttlichen Rhythmus. Sechs Tage lang arbeitete Gott, am siebten Tag ruhte er sich aus.

Die am Sabbat einzuhaltenden Regeln waren sehr komplex. In der Bibel stand, es solle keine Arbeit getan werden – aber was genau war denn Arbeit?

Das Traktat über den Sabbat in der Mischna enthält 39 verbotene Tätigkeiten: alles vom Nähen bis hin zum Tragen von Gegenständen oder Festziehen und Lösen von Knoten. Nicht einmal zwei Buchstaben des Alphabets dürfen geschrieben werden. Darüber hinaus sollte keine Arbeit aufgenommen werden, die am Vortage nicht vollendet werden konnte – etwa das Färben von Stoffen oder das Aufstellen von Vogelfallen.[64] Einem Juden war es am Sabbat nicht gestattet, mehr als 1000 Ellen zu gehen. Dem Buch der Jubiläen zufolge war auch jeglicher Sex verboten, wenngleich dieser dort nicht explizit als »Arbeit« definiert ist.[65]

Andere Nationalitäten hatten wenig Verständnis für diese Praxis. Die Römer glaubten, die Juden faulenzten nur herum und äßen kalte Speisen. Seneca machte sich über die Juden lustig, die »beinahe ein Siebtel ihres Lebens durch Müßiggang« verlören.[66] Am Sabbat war es jüdischen Soldaten nur gestattet, zur Selbstverteidigung zu kämpfen. Tatsächlich hatten sie früher überhaupt nicht gekämpft, doch dem Buch der Makkabäer zufolge griffen die Syrer einmal an einem Sabbat an und massakrierten tausend Juden, weil diese nicht zu den

Waffen griffen. Danach beschlossen die Juden, es müsse ihnen zumindest erlaubt sein, sich zu wehren.[67]

Trotz allem wäre es falsch, sich den Sabbat als tristen, freudlosen Tag vorzustellen. Finsteren, trübsinnigen Sabbatianismus müssen wir bei Calvin und nicht in der Thora suchen. Für die Juden war es ein Fest- und Dankestag. Der Beginn des Sabbats wurde mit einem Gebet bei einem Glas Wein gefeiert, das Ende des Sabbats mit einem Dankesgebet.

Rabbinischen Aufzeichnungen zufolge galt der Sabbat als begonnen, wenn drei Sterne am Himmel erschienen waren. Die ersten beiden dienten zur Warnung. Wenn der erste Stern erschien, stieg der *hazzan* auf das Dach des höchsten Gebäudes im Viertel. Er hatte eine »Sabbattrompete« dabei, mit welcher er den Feldarbeitern signalisierte, ihre Arbeit einzustellen. Sobald der zweite Stern erschien, blies er erneut, um den Händlern anzuzeigen, dass nun die Geschäfte ruhen sollten. Ertönte die Trompete zum dritten Male, wurde die Sabbatlampe entzündet. Der Sabbat hatte nun begonnen, und die Familie setzte sich zum Essen.

Nach dieser Mahlzeit gab es allerdings bis nach dem Gottesdienst in der Synagoge am Samstagmorgen nichts zu essen. Dies erklärt den Hunger der Jünger, als sie am Sabbat durch ein Getreidefeld gehen (Mt 12,1–8; Mk 2,23–28; Lk 6,1–5).[68]

Die Einhaltung des Sabbats war *kompliziert,* vieles musste sorgfältig geplant werden. Den ganzen Freitag über wurde das Haus hergerichtet und gründlich geputzt. Auch das Sabbatessen wurde vorbereitet, da Kochen am Sabbat selbst verboten war. Die Lampe musste mit Öl gefüllt werden. Manche Leute wuschen sich – insbesondere Menschen mit unreinen Berufen wie etwa die Gerber. Man fand zahlreiche Wege, die Sabbatregeln zu umgehen. So war es etwa verboten, ein Werkzeug, ein anderes Utensil oder Nahrungsmittel von einem Haus in ein anderes zu tragen. Waren die Häuser jedoch auf irgendeine Art miteinander verbunden – zum Beispiel, wenn sie einen gemeinsamen Innenhof hatten –, dann galten sie als

Gemeinschaftsbehausung. Das Essen konnte in der Mitte des Hofes serviert und gemeinsam verspeist werden. Was aber, wenn man von der Hand in den Mund lebte? Wie sollte man da genug Essen aufsparen, um den Sabbat einhalten zu können?

Und es blieb ja nicht nur bei dem einen Tag. Schließlich gab es auch noch das Sabbatjahr. Alle sieben Jahre sollte das Land brachliegen. Der Erde sollte eine Art Sabbatruhe gegönnt werden. Im Prinzip ist das eine gute Idee, die erste geschichtlich dokumentierte Fruchtfolge – aber was bedeutete das für die bedrängten Kleinbauern? Es ist schwer vorstellbar, dass sie jemals in der Lage waren, dieses Gebot einzuhalten.

In den Evangelien ist deutlich das Empfinden spürbar, dass mit der Einhaltung des Sabbats etwas schiefgegangen sei. Etwas, das die Menschen Gott hätte näherbringen sollen, entfremdet sie von ihm. Das ist vielleicht der Grund, warum Jesus nach Kapernaum ganz bewusst und provokativ die Regeln des Sabbats untergrub. Für Jesus ist es von entscheidender Bedeutung, was man am Sabbat tun und nicht tun darf. »Der Sabbat wurde doch für den Menschen geschaffen und nicht der Mensch für den Sabbat«, sagt er (Mk 2,27).

Im Abschnitt, der bei Matthäus vor dem Ereignis im Getreidefeld steht, setzt sich Jesus sogar mit dem Sabbat gleich: »Kommt alle her zu mir, die ihr euch abmüht und unter eurer Last leidet! Ich werde euch Ruhe geben. Lasst euch von mir in den Dienst nehmen und lernt von mir! Ich meine es gut mit euch und sehe auf niemanden herab. Bei mir findet ihr Ruhe für euer Leben. Mir zu dienen ist keine Bürde für euch, meine Last ist leicht« (Mt 11,28–30).

In derselben Passage bei Markus wird Jesus zweier Regelverstöße beschuldigt. Erst pflücken seine Jünger Ähren und essen sie – ein Vorgang, der als Sammeln von Nahrung gewertet werden kann. Als Jesus bezichtigt wird, das Gesetz des Sabbats gebrochen zu haben, bezieht er sich darauf, dass Davids Männer auf der Flucht um ihr Leben ebenfalls Getreide gepflückt hätten. Das ist, ehrlich gesagt, nicht gerade ein besonders glücklicher Vergleich, aber Jesus geht es offenbar darum, ein Argument anzubringen. Er bricht nicht nur Getreideähren ab, sondern bricht auch einen Streit vom Zaun.

Diese Annahme erhärtet sich in der Synagoge, als Jesus einen Mann mit einer verdorrten Hand heilt. »Soll man am Sabbat Gutes tun oder Böses?«, fragt er. »Soll man das Leben eines Menschen retten, oder soll man ihn zugrunde gehen lassen?« (Mk 3,4). Das Ganze ist eine bewusst aufrührerische Geste. Die Krankheit des Mannes ist keinesfalls lebensbedrohlich, also nichts, was nicht bis nach dem Sabbat hätte warten können oder zumindest, bis Jesus mit dem Mann allein gewesen wäre. Es gibt nicht einmal einen Hinweis darauf, dass der Mann überhaupt geheilt werden wollte: Jesus muss ihn zu sich rufen (Mk 3,3). Es ist politisches Theater, ein bewusster Akt, wie alle Handlungen Jesu am Sabbat und in der Synagoge.

Jesus ist kein naiver, guter Mann, der unschuldig Gutes tut und sich dann über die Konsequenzen wundert. Er weiß ganz genau, was er tut.[69] Er gewinnt zwar, doch ist Markus zufolge das Resultat, dass die Pharisäer und Herodianer nun beginnen, gegen ihn zu arbeiten.

Es ist eine seltsame Kombination von Feinden. Der Name impliziert, dass die Herodianer Anhänger des herodianischen Regimes waren, was zweifelsfrei der Fall war, da sich Markus wahrscheinlich auf herodianische Beamte bezieht: von Antipas ernannte Mitglieder der lokalen Verwaltung. Diese kümmerten sich wohl kaum um Jesu Haltung gegenüber dem Sabbat, doch bereitete ihnen vielleicht seine zunehmende Popularität Sorge. Es mag noch einen konkreteren Grund dafür gegeben haben, dass sie mit Jesu Heilungen nicht einverstanden waren: Möglicherweise waren sie für einige der Leiden selbst verantwortlich.

Markus zufolge zog sich Jesus mit seinen Jüngern wieder an das Ufer des Sees Genezareth zurück. Dort strömen ihm nicht nur Menschen aus Galiläa zu, sondern auch »aus Judäa, Jerusalem, Idumäa, von der anderen Seite des Jordans und aus Tyros und Sidon« (Mk 3,8). Sie kommen aus allen Richtungen: Norden, Süden, Osten, Westen. »Er beauftragte seine Jünger, ein Boot bereitzuhalten, wenn ihn die Menschen zu sehr bedrängen sollten. Jesus heilte viele Kranke. Darum drängten sich die Leute um ihn. Sie wollten wenigstens seine Kleider berühren, um dadurch gesund zu werden« (Mk 3,9–11).

Dieser kurze Abschnitt (Mk 3,7–12) ist voll von Hinweisen darauf, unter welchem Druck Jesus stand. Nicht nur ein unreiner Geist, sondern viele rufen ihn an in der verzweifelten Hoffnung, dem Exorzismus zu entgehen. Die Menge bedrängt ihn. Das griechische Wort *epipipto* kann »umfassen« bedeuten, aber auch »erdrücken«, »auf etwas/jemanden fallen«, »durch Fallen Schaden anrichten«. Kreischende Fans. Jesusmania.

Diese Menschen werden als »Kranke« beschrieben, doch das mit »Kranke« übersetzte griechische Wort ist *mastis,* was auch »peitschen« oder »geißeln« bedeuten kann. Markus verwendet das Wort *mastis* zwar noch an anderer Stelle im Sinne von Leid und körperlichem Leiden, doch nur in einem einzigen Fall, nämlich dem der seit zwölf Jahren an Blutungen leidenden Frau (Mk 5,29). Bei Markus leidet die Frau, ist »gegeißelt« von ihrer Krankheit. Auch Lukas verwendet das Wort – bei ihm ist es mit »Leiden« und »Plagen« übersetzt: »Jesus heilte gerade viele von ihren Krankheiten und Leiden. Er befreite Menschen, die von Dämonen geplagt wurden« (Lk 7,21).[70] Es kann als Metapher für Leiden verwendet werden, doch besitzt es stets die Konnotation von schlagen, peitschen und prügeln. An anderer Stelle in den Evangelien taucht *mastis* auf, als jemand im Rahmen eines Verhörs gegeißelt wird.

Dasselbe Wort wird gebraucht, als Jesus von Soldaten geschlagen wird (Mt 20,19; Mk 10,34; Lk 18,33; Joh 19,1), und sogar von Jesus selbst, als er vorhersagt, dass man seine Anhänger in der Synagoge auspeitschen werde (Mt 10,17; 23,34). Es ist dasselbe Wort, mit dem auch die Auspeitschung beim Verhör des Paulus beschrieben wird (Apg 22,24).

Warum verwendet Markus dieses Wort? In 1,34 beschreibt er eine praktisch identische Szene und gebraucht das normale griechische Wort für Krankheiten – *nosos.* Das Wort *mastis* metaphorisch zu betrachten bringt eine Übereinstimmung mit Markus 1,34, aber war das auch so beabsichtigt? Markus wollte offenbar keine Übereinstimmung, denn er verwendete ein anderes Wort. Was, wenn es *keine* Metapher war? Was, wenn er das Wort in seiner tatsächlichen Bedeutung gebrauchte: Geißelungen, Auspeitschungen? Was, wenn Jesus die Menschen von Krankheiten, Auspeitschungen und bösen Geistern befreite? Dann ergibt sich ein ganz anderes Bild: Es kommen Menschen zu Jesus, die von den Machthabern misshandelt wurden, von den Herodianern, den Soldaten, Verwaltungsbeamten und Magistraten, die für Antipas arbeiten.[71]

Unter der Oberfläche ist Markus ein hochpolitischer Text. Der Gedanke, Jesus sei von den politischen Realitäten seiner Zeit irgendwie abgekoppelt gewesen, ist einfach nicht korrekt. Er befasste sich nur in anderer Weise mit ihnen – nach Meinung mancher Leute in der falschen Weise. Sein Weg war nicht die Gewalt, sondern der Frieden. Seine Antwort auf Schläge und Auspeitschungen war nicht Rache, sondern Heilung. Dass sich Jesus mit der politischen Realität auseinandersetzte, zeigt auch das nächste von Markus dokumentierte Ereignis: die Wahl der zwölf Jünger.

Zwölf von ihnen erwählte er zu Aposteln

Jesus hatte zahlreiche Anhänger. Es gab in Jerusalem ansässige Jünger wie Nikodemus und möglicherweise den »Lieblingsjünger«; in Betanien lebten Lazarus und Simon von Betanien, Nathanael in Kana. Wir wissen, dass Josef Barsabbas und Matthias ebenfalls wichtige Jünger waren, weil sie als mögliche Nachfolger für Judas ausgewählt wurden (Apg 1,23). Andere wie Zachäus und Bartimäus schlossen sich Jesus in Jericho an. Daneben gab es Lukas zufolge noch die 72 Jünger, die Jesus vorausschickte, als er auf dem Weg nach Jerusalem war. Ganz zu schweigen von den Frauen, die seine Sache unterstützten.

Aus all diesen Jüngern wählt Jesus in Galiläa eine Kerngruppe, einen inneren Zirkel. Markus bezeichnet sie als »Apostel« – ein Begriff für einen Gesandten, einen Boten oder einen Vertreter mit einer Botschaft.

Es überrascht, dass die Listen der Apostel in den Evangelien nicht ganz übereinstimmen (Mk 3,13–19; Mt 10,1–4; Lk 6,12–16). Johannes zählt überhaupt keine Jünger auf.

Bei Markus und Matthäus findet man Thaddäus, wohingegen bei Lukas »Judas, Sohn des Jakobus« auftaucht. Matthäus wird im gleichnamigen Evangelium, in dem sich mehr oder weniger auch die Geschichte des Levi findet, als »der Steuereinnehmer« bezeichnet, doch »Matthäus« spielt die Hauptrolle. Handelt es sich also um dieselbe Person? Es ist wahrscheinlicher, dass der Verfasser des Matthäusevangeliums – wissend, dass Matthäus ein Steuereinnehmer war – annahm, die Geschichte des Levi handle von ihm. Markus hingegen, der Levi ebenfalls erwähnt, führt ihn nicht in seiner Liste auf und gibt auch keinen Hinweis auf eine personelle Übereinstimmung.

Jesu engste Vertraute sind eindeutig Simon, Jakobus und Johannes. Diese drei begleiten Jesus auch zur Verklärung, was darauf hindeuten mag, dass sie den harten Kern des inneren

Zirkels bilden. Zudem sind sie die Einzigen, denen er neue Namen gibt. Aus Simon wird »Petrus« (Mk 3,16). Der Name ist allgemein anerkannt, doch vergessen wir dabei, dass *petros* nur die griechische Version des aramäischen *cephas* ist, was »Stein« und nicht »Fels« bedeutet. Bevor Jesus es als Namen verwendete, war *petros* ein Nomen, aber nicht der Name einer Person. In vorchristlicher Zeit taucht es nirgendwo in der griechischen Literatur als Name auf. *Cephas* wurde vermutlich als Name gebraucht – das Wort findet sich wohl als aramäischer Name in einem Text aus dem 5. Jahrhundert v. Chr. –, doch wenn dies die einzige andere Fundstelle ist, kann es sich nicht gerade um einen weitverbreiteten Namen gehandelt haben. Wir könnten die Stelle daher lesen als »Simon, dem er den Namen Steini gab«. Der Fels. Rocky.[72]

Dasselbe Problem hat man mit den Donnersöhnen (Mk 3,17). *Boanerges* ist ein Wort ohne jede Parallele. Das eigentliche Problem besteht darin, dass niemand die genaue Herleitung von *Boanerges* kennt. Es wurde angenommen, dass damit ein »Tumult« oder »Aufregung«, das »Grollen des Meeres« oder sogar ein Erdbeben gemeint sein könnte. Alles, was sich dem entnehmen lässt, ist der Eindruck von Erregung oder einer plötzlichen Unruhe, die möglicherweise bald unter der Oberfläche hervorbricht.[73]

Dann sind da noch die Jünger, die wir bei Johannes dem Täufer in Judäa kennengelernt haben: Simons Bruder Andreas und Philippus von Bethsaida.

Neben den drei engsten Jüngern gibt es einige neue und vergleichsweise unbekannte Figuren. Andreas und Philippus sind griechische Namen, Bartholomäus ist eigentlich ein Familienname: Bar Talmai, Sohn des Talmai. Matthäus ist die Kurzform des hebräischen Namens Mattathias; wenn er dieselbe Person wie Levi ist, lässt sich nur schwer erkennen, wie ein Name zum anderen führt. Thomas ist ein aramäischer Name, der »Zwilling« bedeutet – daher die griechische Übersetzung als *Didymus.* Bei Jakobus, dem Sohn des Alphäus, könnte es sich um den jüngeren Jakobus handeln, der bei Markus 15,40 genannt ist und dessen Mutter Maria und dessen Bruder Joses hieß.

Wir sollten nicht vergessen, dass auch Levi ein Sohn von Alphäus war (Mk 2,14). Gehörten sie alle zur selben Familie? Ermunterte Levi seine Brüder Jakobus und Joses dazu, sich Jesus anzuschließen? War seine Mutter deswegen bei Jesus am Kreuz?

Markus und Matthäus nennen Thaddäus (Mt 10,3), Lukas hingegen führt Judas an, den Sohn des Jakobus (Lk 6,16; Apg 1,13). Es ist also möglich, dass es sich hier um dieselbe Person handelt und nur Lukas deren ursprünglichen Namen beibehielt – Judas, einen Namen, der nach den Ereignissen um Jesu Tod nicht mehr sonderlich beliebt war.

Wir sehen also, dass die Menschen, die Jesus begleiteten, die unterschiedlichsten Hintergründe hatten. Wenigstens vier waren Fischer. Matthäus war Steuereintreiber. Und mindestens einer war ein ehemaliger politischer Extremist.

Simon der Zelot aus dem Lukasevangelium ist Simon der Kanaaniter bei Markus und Matthäus. »Kanaaniter« bezieht sich hier nicht auf eine geographische Herkunft, sondern ist die griechische Version seines Spitznamens. Das griechische Wort *kananion* ist eine Transliteration des aramäischen *qanana,* was »Eifer« bedeutet. Simon ist ein politischer Aktivist.

Die Zeloten waren Linksradikale, sozusagen der militante Flügel der Pharisäer. Sie forderten Guerilla-Aktionen gegen Rom und die Verweigerung sämtlicher Steuern und finanzieller Unterstützung. Sie gingen gewaltsam gegen das Hohepriestertum vor. Als die Zeloten während des ersten Unabhängigkeitskrieges die Macht über Jerusalem erlangten, ermordeten sie die beiden Hohepriester Ananus und Gamaliel.[74] Allerdings lag das zu Jesu Zeiten noch mehr als drei Jahrzehnte in der Zukunft. Markus' und Matthäus' Gebrauch des Wortes »Kanaaniter« dokumentiert vermutlich einen früheren Namen, da die Zeloten erst in den Jahrzehnten unmittelbar vor der jüdischen Revolte als organisierte politische Gruppierung in Erscheinung treten. Es ist jedoch durchaus denkbar, dass es eine kontinuierliche, unterschwellige Auflehnung gegen die römische Herrschaft gab. Josephus spricht von einem »vierten Weg«, den er mit einem Mann in Verbindung bringt, der im Jahre 6 n. Chr. einen Aufstand gegen eine römische Zählung anführte. »Diese Männer teilen die pharisäischen Auffassungen beinahe vollständig«, schreibt er, »aber sie besitzen einen starken Freiheitsdrang.«[75] Unter den Aposteln mögen sich noch weitere Proto-Zeloten befunden haben. In einigen alten Manuskripten von Matthäus 10,3 wird statt Thaddäus der Name Judas Zelotes genannt.[76]

Die Präsenz eines Zeloten unter den Jüngern Jesu hat zu der Spekulation geführt, Jesus selbst könne ein politischer Revolutionär gewesen sein.[77] Genauso ließe sich allerdings auch argumentieren, dass die Zugehörigkeit von Matthäus bedeute, dass er ein Zolleinnehmer gewesen sei. Darüber hinaus wäre die von ihm propagierte »Feindesliebe« allen, denen ein bewaffneter Kampf gegen Rom vorschwebte, als Verrat erschienen. Damit hätte sich Jesus sogar auf die Seite der Feinde gestellt. Die Anwesenheit eines ehemaligen Revolutionärs und eines ehemaligen Funktionärs – eines Zollbeamten – unter den engsten Vertrauten Jesu zeigt also lediglich, wie dramatisch eine Begegnung mit ihm das eigene Leben verändern konnte.

Kommen wir nun zu Judas Iskariot. Sein Familienname liegt ebenso im Dunkeln wie der Charakter dieses Mannes. Die am weitesten anerkannte Bedeutung ist »Mann aus Kerijot«, einer Stadt in der Nähe von Hebron, die in Josua 15,25 erwähnt wird. Diese Namensdeutung hat Parallelen bei Josephus, doch bestehen Zweifel daran, dass die Stadt zur Zeit Jesu bereits existierte. Es kommen daher noch andere Erklärungen in Frage. Der aramäische Begriff *sakar* bedeutet »Lügner« oder »Betrug«, doch erscheint dies als zu schwaches Wort für seine Tat. Eine andere Theorie besagt, »Iskariot«

stamme von *sicarius* – einem lateinischen Wort für »Meuchelmörder«. Die *Sicarii* waren, wie die Zeloten, eine Gruppe radikaler Revolutionäre. Dies ist jedoch ein Anachronismus, da die Sicarii erst viel später, während der Revolution, aktiv waren. Es ist daher am wahrscheinlichsten, dass Judas aus Kerijot stammte. Einer kleinen, beinahe vergessenen Stadt. Ganz ähnlich wie Nazareth.[78]

Die Region um Nazareth war das nächste Ziel Jesu.

5
Galiläa, im Jahre 31 n. Chr.

Am Abend.
Als es sicher war, dass er sterben würde, bereiteten sie seinen Körper für das Begräbnis vor und wickelten ihn in Tuch ein. Er sah bereits tot aus. Als der Augenblick kam, hoben die Frauen ihr übliches Wehgeschrei an und zerrissen ihre Kleider, aber sie waren nicht sicher, ob sie überhaupt noch die Kraft hatten, das zu tun.
Sie salbten den Körper und legten ihn auf ein Brett.
Dann begannen sie den Trauermarsch durch die Straßen und aus der Stadt hinaus. Zwei Flötenspieler führten den Zug an. Eine Frau, klagend. Professionelle Trauerhilfe. Den Sohn auf den Schultern von vier Männern, näherten sie sich ganz langsam dem Friedhof, der Höhle, in der bereits ihr Ehemann zur letzten Ruhe gebettet worden war und die nun ihren Sohn verschlingen würde.
Sie hatte geglaubt, zu müde zum Weinen zu sein, doch nun kamen die Tränen. Sie weinte um ihren Sohn und ihren Mann, natürlich, aber auch um sich selbst, denn wer würde sich nun um sie kümmern? An wen sollte sie sich um Hilfe wenden? Sie war bereits eine Witwe, und nun war sie auch noch kinderlos. Durch die Tränen sah sie eine Menschenmenge auf sich zukommen. Es waren viele. Kamen sie etwa zu dem Begräbnis? Natürlich nicht. Ihr Unglück und Leid waren nur ein Fleck am Horizont.
Zum ersten Mal fühlte sie sich wirklich allein.

Er ging in ein Haus

In den meisten klassischen Bibelübersetzungen lässt Markus Jesus »in ein Haus« gehen. Die Ortsangabe ist unpräzise. Die Menge, jener verwirrte *ochlos,* trifft in solchen Scharen ein, dass Jesus und seinen Jüngern nicht einmal Zeit zum Essen bleibt (Mk 3,19–20).

Man könnte nun annehmen, dass es sich um Jesu Zuhause in Kapernaum handelt. Lukas lässt Jesus nach Kapernaum zurückkehren, wo er den Diener eines Centurio heilt (Lk 7,1–10). Der Centurio ist ein gottesfürchtiger Mann, ein Proselyt, ein jüdischer Konvertit, der in Kapernaum den Bau einer Synagoge ermöglicht hat. Jesus sagt ein Wort, und der Mann ist geheilt. Möglicherweise handelt es sich um eine Version der Heilungsgeschichte, die Johannes nach Kana verlegt.

Dann jedoch schwenkt Lukas zu einem Ort namens Nain, etwa 25 Kilometer von Kapernaum entfernt, auf der anderen Seite des Sees und an der südlichen Grenze von Galiläa – das ist die Kulisse für den nächsten Akt des Dramas.

Lukas berichtet, Jesus sei bei seiner Ankunft in Nain von einer großen Menschenmenge begleitet worden. Als er die Stadt betritt, begegnet er einem Trauerzug, der dem Körper eines toten Mannes auf einer Bahre folgt. Sofern die üblichen jüdischen Gebräuche befolgt wurden, war der Körper für das Begräbnis vorbereitet und in Tuch gewickelt worden, als der Tod feststand. Sobald der Tod eingetreten war, salbte man den Körper und legte ihn auf eine hölzerne Bahre. An jenem Abend – desselben Tages, an dem der Mann gestorben war – trug man ihn aus der Stadt, begleitet von Flötenspielern und professionellen Klagerufern.[1] Der Verstorbene wird meist als »Mann« bezeichnet; seine Mutter war eine Witwe, befand sich also in einer ungeheuer schwachen gesellschaftlichen Position.

Jesus berührt die Bahre, um die Prozession anzuhalten. Er ignoriert die rituelle Unreinheit des Leichnams.[2] Er gebietet dem Toten, sich zu erheben, und dieser »setzte sich auf und begann zu sprechen. So gab Jesus der Mutter ihr Kind zurück« (Lk 7,15). Die Mutter hatte damit nicht nur ihren Sohn zurück, sondern auch ihr Leben, ihre Sicherheit.

Dies ist die erste von mehreren Geschichten im Lukasevangelium, in denen Jesu Beziehung zu Frauen beschrieben wird, doch vor allem ist es die erste Geschichte, in der Jesus einen Toten wieder zum Leben erweckt. In Kapernaum hatte er Kranke geheilt, doch nun betritt er eine vollkommen neue Ebene. Was soll uns das sagen? Ganz sicher ist es kein »Einzelfall«: In jedem Evangelium finden sich Geschichten, in denen Jesus Tote wieder zum Leben erweckt, wenn auch nicht unbedingt dieselben Geschichten.

- Sohn der Witwe in Nain (Lk 7,11–15): »Ich befehle dir: Steh auf!«
- Jairus' Tochter (Mk 5,21–43; Mt 9,18–26; Lk 8,40–56): »Kind, steh auf!«
- Lazarus (Joh 11,1–44): »Lazarus, komm heraus!«

Abermals müssen wir weit über die historischen Fakten hinausdenken. Die Annahme, all diese Wunder seien Erfindungen, widerspricht der Tatsache, dass Jesus wenigstens in einem Fall ein einfaches Kommando auf Aramäisch gibt. Zu Jairus' Tochter sagt er: *Talita kum.* Schwer vorstellbar, dass ein späterer griechischer Autor das erfunden haben soll. Wir können auf jeden Fall festhalten, dass alle Evangelien von solchen Handlungen Jesu berichten, wenngleich sie seltener sind als die Heilungen und Dämonenaustreibungen. Die Wunder steigerten natürlich den Wirbel um Jesus. Lukas berichtet, die Geschichte von dieser Auferweckung habe sich in ganz Judäa und in den umliegenden Regionen verbreitet, also, kurz gesagt, im gesamten jüdischen Palästina.[3]

Insbesondere zwei Gruppen hören ebenfalls die Geschichten über Jesus – »seine Leute«, wenn man so will. Zuerst erfahren seine Verwandten, was vor sich geht, dann der immer noch in der Festung Machaerus inhaftierte Johannes. Keine der beiden Parteien ist sonderlich überzeugt.

Das führt uns zu Markus' »Haus« zurück. Vielleicht lag das Haus, von dem Markus sprach, gar nicht in Kapernaum, sondern war das Elternhaus Jesu, in seiner Heimat. Nain liegt nur etwa zehn Kilometer von Nazareth entfernt, und in Markus' nächster Geschichte geht es ausschließlich um Jesu Familie.

Eine Familie, die ständig in Zank und Streit lebt, bricht auseinander

In der Kirche spricht man nicht allzu oft über diese Tatsache, aber Jesu Familie hielt ihn für verrückt und versuchte, ihn zu stoppen: »Als seine Angehörigen das erfuhren, wollten sie ihn unbedingt mit nach Hause nehmen. ›Er hat den Verstand verloren!‹, sagten sie« (Mk 3,21).

Dies spricht abermals für die Glaubwürdigkeit der Evangelien: Eine solche Tatsache muss der Frühkirche äußerst peinlich gewesen sein, und doch beließen sie die Passage im Text, so dass wir hier zweifelsfrei von einer wahren Geschichte ausgehen können. Es fällt nicht schwer, den Standpunkt der Familie zu begreifen. Jesus lenkte die Aufmerksamkeit sowohl der religiösen als auch der herodianischen Machthaber auf sich. Er war zwar ein Held der Armen und Ausgestoßenen, doch für jene, die weltliche oder religiöse Macht besaßen, war er ein unbequemer Störfaktor. Politisch war die Situation angespannt. Johannes war von Antipas eingesperrt worden, und nun kam dieser Jesus, in einer Region Galiläas nur wenige Kilometer von Tiberias und Sepphoris entfernt, scharte größere Menschenmengen um sich, als es Johannes je getan hatte, und vollbrachte ebenso unglaubliche wie bewusst provokative Wunder.

Ob seine Familie nun tatsächlich glaubte, Jesus habe »den Verstand verloren«, oder nicht – jedenfalls fand sie, dass man ihm Einhalt gebieten müsse. Das von Markus hier verwendete Wort *krateo* bedeutet, die Kontrolle über jemanden zu übernehmen, wenn nötig mit Gewalt. Es ist dasselbe Wort, das Markus an anderer Stelle gebraucht, um diejenigen zu beschreiben, die Jesus festnehmen wollen.[4] Es handelt sich also um einen Familienarrest.

Andere sagten, sein Problem sei schlimmer als Wahnsinn. Markus nennt hier einen Vorwurf, der in allen Evangelien enthalten ist: dass Jesus mit dämonischen Mächten im Bunde sei. »Er hat sich dem Obersten Teufel verschrieben«, sagen seine Gegner (Mk 3,22).[5]

»Nur weil er vom Herrscher über alle Dämonen die Macht bekommen hat, kann er Dämonen austreiben.« Der »Herrscher über alle Dämonen« ist Beelzebub, ein Synonym für Satan, den Prinzen der Dämonen.[6] Es ist eine klassische religiöse oder politische Schmierenkampagne: Man dämonisiert den Gegner, in diesem Fall sogar buchstäblich. Sie taten es bei Johannes dem Täufer (Lk 7,33), und nun versuchen sie es bei Jesus, indem sie behaupten, er arbeite für ebenjene Kräfte, die er zu bekämpfen vorgebe.

Jesus zerstört ihre Logik. Wenn Beelzebub seine eigenen Dämonen bekämpft, ist das ein Bürgerkrieg – es bedeutet, dass sein Reich dem Untergang geweiht ist. Er illustriert das mit einer Parabel: »Niemand kann in das Haus eines starken Mannes eindringen und ihn berauben. Erst wenn er gefesselt ist, kann man sein Haus plündern« (Mk 3,27). Diese Parabel spiegelt sich auch in einem der ersten Bilder Jesu in der Frühkirche wider: dem Dieb in der Nacht (1. Thess 5,2; 4; 2. Petr. 3,10). Er dringt in die Festungen des Bösen ein und stiehlt daraus die Menschen.

Dann spricht Jesus seine ernsteste Warnung aus: Wer sich gegen den Heiligen Geist versündigt, dem kann nicht vergeben werden. Diese Textpassage hat über die Jahre viele verschiedene Auslegungen und Deutungen erfahren, von Leuten, die zu definieren versuchten, was die unverzeihliche Sünde sei. (Oft zeigt sich, dass es genau die Sünde ist, die sie selbst am meisten verdammen möchten.) Im Zusammenhang jedoch scheint es, dass Jesus über das spricht, was gerade vorgefallen ist: den Vorwurf, er sei böse. Denjenigen, die zusehen, was er tut, und die ihn trotzdem als dämonisch bezeichnen, kann nicht vergeben werden. Wen sollen sie auch um Vergebung bitten, wenn sie ihren Heiland abgewiesen haben?

Das Eintreffen seiner Familie deutet darauf hin, dass sich Jesus immer noch im südwestlichen Teil Galiläas aufhält, vielleicht in Nain oder in Magdala. Auf jeden Fall nahe genug an Nazareth, damit die Familie die Gelegenheit hat, ihn unter ihre Fittiche zu nehmen. Sie stoßen jedoch auf zwei Schwierigkeiten. Erstens die schiere Anzahl von Menschen. Sie können durch die Menge nicht zu ihm vordringen (Lk 8,19). Zweitens möchte er sie ohnehin nicht zu sich lassen.

> Noch während Jesus sprach, kamen seine Mutter und seine Geschwister. Aber weil so viele Menschen bei ihm waren, kamen sie nicht an ihn heran. Deshalb baten sie, Jesus auszurichten: »Deine Mutter, deine Brüder und deine Schwestern warten draußen. Sie wollen mit dir reden!« Er gab zur Antwort: »Wer ist meine Mutter, und wer sind meine Geschwister?« Dann sah er seine Zuhörer an und sagte: »Seht diese dort, sie sind meine Mutter und meine Geschwister. Wer Gottes Willen tut, ist für mich Bruder, Schwester und Mutter!« (Mk 3,31–35)

Für die ersten Zuhörer Jesu war das einer jener Augenblicke, in denen man die Luft scharf durch die Zähne einzog. Die eigene Familie in dieser Weise zu behandeln war ungeheuerlich. Jesu Familie – insbesondere seine Mutter – stand nach allgemeiner Auffassung ein ehrenvoller Empfang zu. Stattdessen lässt Jesus sie draußen warten und benutzt sie auch noch, um etwas zu verdeutlichen. Denn er meint seine Jünger – die eindeutig männlichen wie weiblichen Geschlechts sind –, wenn er sagt: »Sie sind meine Mutter und meine Geschwister.«

Das Vokabular des familiären Konflikts findet sich mehrfach in Jesu Lehre. So sagt er zu seinen Anhängern: »Das sollt ihr wissen: Jeder, der sein Haus, seine Eltern, seine Geschwister, seine Frau oder seine Kinder zurücklässt, um sich für Gottes neue Welt einzusetzen, der wird dafür reich belohnt werden: hier schon, in dieser Welt, und erst recht in der zukünftigen Welt mit dem ewigen Leben« (Lk 18,29–30). Und: »Wenn einer mit mir gehen will, so muss ich für ihn wichtiger sein als seine Eltern, seine Frau, seine Kinder, seine Geschwister, ja wichtiger als das eigene Leben. Sonst kann er nicht mein Jünger sein« (Lk 14,26).

Der Begriff »Hass« wäre übertrieben. Jesus war sich einfach bewusst, dass die Familie und der Stamm starre Gefüge waren, in welche die Menschen eingebunden waren – mit allen guten und schlechten Aspekten. Er war nicht antifamiliär. Auch seine Anhänger hatten Familien. Er lebte mit ihnen und half ihnen. Doch in einer Gesellschaft, in der *alles* durch die Verwandtschaftsstruktur definiert wurde, forderte er einen radikalen Bruch mit der Tradition.

Tatsache ist, dass Jesu Familie eigentlich nie ganz begriff, was er eigentlich tat. Seine Mutter ist bei ihm am Kreuz, seine Brüder aber sind es eindeutig nicht (wir kommen bald auf einen Geschwisterkonflikt zu sprechen).

»Bist du wirklich der Retter, der kommen soll?«

Nicht nur im engsten Familienkreis hegt man Zweifel an Jesus. Weit weg in seinem Berggefängnis hat Johannes der Täufer davon erfahren, was Jesus tut. Er ist besorgt und verwirrt. Er schickt eine Delegation, zwei seiner Jünger, um Jesus auf die Finger zu schauen. Seine Sorge ist groß. Er ist inzwischen unsicher, ob Jesus tatsächlich »der Retter, der kommen soll«, ist (Lk 7,19). Aber warum? Es wurde spekuliert, dass Johannes vor allem das Ausmaß der Feindseligkeit Sorge bereitete, die Jesus heraufbeschwor, doch das kann nicht ganz zutreffen – auch Johannes selbst war zu seinen Gegnern nicht gerade höflich; außerdem saß er damals sowieso im Gefängnis, was darauf schließen lässt, dass er mit einem gewissen Maß an Feindseligkeit durchaus leben konnte.

Ferner benutzt Jesus für seine Gegner Worte, die er von Johannes gelernt hat (Mt 3,7; 12,34; 23,33; Lk 3,7). Es kann auch nicht daran gelegen haben, dass er die falschen Leute im Königreich willkommen hieß, denn auch hier spiegeln Jesu Worte das wider, was wir bereits von Johannes gehört haben. Selbst die von Jesus vollbrachten Wunder können keinen Anlass zur Sorge gegeben haben, da Jesus sie gezielt als Beispiele wählt, von denen Johannes erfahren soll (Lk 7,22).

Es bleibt also nur eines übrig, etwas, das seit jeher einen Keil zwischen die beiden Gruppen trieb: die Beachtung der Thora. »Die Jünger von Johannes dem Täufer fasten und beten viel, und unsere Jünger halten es auch so. Warum aber essen und trinken deine Jünger, ohne sich um die Fastentage zu kümmern?« (Lk 5,33). Das war der Unterschied zwischen den beiden. Es gab bestimmte Anlässe, zu denen man fastete: insbesondere am Versöhnungstag, einem nationalen Fastentag, und ebenso an den vier Tagen, die an den Fall Jerusalems erinnerten. Dazu kam die private jüdische Praxis von Fasten und Abstinenz, und besonders eifrige Juden fasteten sogar zweimal wöchentlich.[7] Jesus hielt es genau umgekehrt. Es ist Jesu Ruf als Vielfraß, als jemand, der ständig isst und trinkt, was Johannes Sorgen bereitet: Sein mangelnder Respekt vor den Gesetzen der Thora.

Auf menschlicher Ebene ist das verständlich. Da ist dieser Jesus, der als Mann von sich reden macht, der gerne feiert, während Johannes im Kerker schmort. Vielleicht erwartete Johannes sogar, dass man ihn befreite. Jesus verkündete jedoch ein Hochzeitsfest und kein religiöses Fasten. Das habe später noch Zeit, sagte er.

Bei alledem nimmt Jesus die Sorgen seines ehemaligen Mentors aber durchaus ernst. Er weist seine Gesandten nicht ab wie die Pharisäer oder die Schriftgelehrten, ja, wie sogar seine eigene Familie. Stattdessen beschwichtigt er die Boten, erklärt ihnen, was er tut. Weit davon entfernt, Johannes zu kritisieren, verteidigt er ihn leidenschaftlich. Welche Zweifel Johannes auch an Jesus gehabt haben mag, so hatte Jesus jedenfalls keinerlei Zweifel an Johannes.

> »Ja, ich versichere euch: Von allen Menschen, die je geboren wurden, ist keiner bedeutender als Johannes der Täufer. Trotzdem ist der Geringste in Gottes neuer Welt größer als er.« Alle, die Johannes zuhörten, selbst die von allen verachteten Zolleinnehmer, unterwarfen sich dem Urteil Gottes und ließen sich von Johannes taufen. Nur die Pharisäer und Schriftgelehrten lehnten hochmütig Gottes Hilfe ab. Sie ließen sich nicht von Johannes taufen. (Lk 7,28–30)

Keiner ist bedeutender als Johannes – und doch ist es jeder. Die Ersten werden die Letzten, Herren werden Sklaven sein. Die Welt, die Jesus hier entwirft, steht kopf. Doch es ist eine Welt, die seine Anhänger begrüßen. Auch wenn wir annehmen, dass Lukas seinen Text besonders anti-pharisäisch gestaltet hat, so ist doch eindeutig, dass sich unter den Anhängern Jesu viele befanden, die von Johannes dem Täufer getauft worden waren. Johannes hatte die Funktionen des Tempels zu den Außenseitern und Ausgestoßenen gebracht. Nun nahm sie Jesus nicht nur in sein Königreich auf, sondern stellte sie auch noch allesamt auf ein und dieselbe Stufe. Wie kleine Kinder beklagen die Herrschenden, dass niemand mehr an ihren Spielen teilnimmt oder ihren Wutausbrüchen Beachtung schenkt (Lk 7,32–35).

In Nain wird Jesus in das Haus eines Pharisäers namens

Simon eingeladen. Während der Mahlzeit tritt eine Frau ein – in Lukas' euphemistischer Beschreibung eine »Sünderin«, also höchstwahrscheinlich eine Prostituierte. Die Frau wäscht Jesus mit ihren Tränen die Füße und trocknet sie dann mit ihrem Haar. Dann öffnet sie eine Flasche Parfüm und salbt sie damit. Dies ist eine von zwei Geschichten, in denen Jesus die Füße gesalbt werden. Möglicherweise handelt es sich um zwei Versionen derselben Geschichte, doch diese besitzt ganz eigene Untertöne und Charakteristika.

Jesus lehnt sich am Tisch zurück. Seine Sandalen sind ausgezogen, seine Füße zeigen vom Tisch weg. Der Akt des Fußwaschens blieb auf bestimmte Personengruppen beschränkt: Ehefrauen, Kinder oder Sklaven. Nach Jesu Tod sollte es außerdem zu einem wichtigen Ritual der Frühkirche werden. Vielleicht kommt Jesus hier auf die Idee, was er später im Abendmahlssaal tun will. Diese Annahme wäre stimmig, wenn man seine Aussage über die Stellung von Johannes dem Täufer und anderen in seinem Königreich bedenkt.

In diesem Kontext ist die skandalträchtige Natur dieser Handlung kaum zu unterschätzen. Eine unverheiratete Frau, noch dazu von zweifelhaftem moralischem Ruf, die einen alleinstehenden Mann salbte – das war schockierend. Frauen waren gefährlich, eine Bedrohung. Sie erweckten Lust im Mann und brachten ihn dadurch in die Gefahr, eine Sünde zu begehen. Die späteren Rabbis betonten immer wieder, wie gefährlich es bereits sei, eine Frau auch nur anzusehen.[8] Sogar noch im Tod konnte eine Frau eine Versuchung darstellen, weshalb Männer nackt, Frauen jedoch bekleidet hingerichtet wurden.

Und diese Frau benutzt auch noch ihr Haar! Das Haar einer Frau wurde als sexuell erregend betrachtet, etwa so wie in der heutigen westlichen Gesellschaft die Brüste. Ohne Kopfbedeckung das Haus zu verlassen war, als zeigte man heutzutage ein gewagtes Dekolleté: Fromme Frauen trugen ihr Haar in der Öffentlichkeit bedeckt (und die ultrafrommen hielten es zu Hause ebenso).[9] Auf der Liste von Verfehlungen, für die ein Mann sich ohne finanzielles Arrangement von seiner Frau scheiden lassen darf, zählt die Mischna unter anderem Folgendes auf: »Wenn sie mit losem Haar ausgeht oder spinnt [im Sinne von Garn spinnen] oder mit einem anderen Mann spricht.«[10] Im babylonischen Talmud predigt Rabbi Meir, es sei die religiöse Pflicht eines Mannes, sich von einer Frau scheiden zu lassen, die so etwas tut.[11] Dies erklärt die schockierte Reaktion Simons des Pharisäers auf das, was in seinem Hause geschieht. In der Handlung der Frau liegt eine gewisse Fleischeslust. Sie ist nicht nur eine bekannte Sünderin, sondern tut obendrein etwas, das für eine verheiratete Frau einen Scheidungsgrund darstellt.[12] Der Himmel allein weiß, was Johannes der Täufer damit angefangen hätte.

Jesus hingegen ist nicht entsetzt und weist sie nicht zurück. Er begreift, dass in der Welt dieser Frau die Fußwaschung alles ist, wodurch sie ihre Liebe und Dankbarkeit zeigen kann. In ihrem Vokabular gibt es statt Worten nur physische Handlungen. Es ist die einzige Sprache, die sie spricht.

Jesus scheint die Welt dieser Frau intuitiv zu begreifen. Sein Einfühlungsvermögen für Frauen spiegelt sich in der Anzahl weiblicher Begleiter in seinem Gefolge wider. Als Jesus Nain verlässt und zu einer Reise durch die Region aufbricht (Lk 8,1), begleiten ihn nicht nur seine männlichen Jünger, sondern auch einige Frauen. Lukas nennt insbesondere drei: Susanna; Johanna, »die Frau des Chuzas, eines Beamten von König Herodes«; und Maria Magdalena. Alle drei sind Frauen, »die er von bösen Geistern befreit und von ihren Krankheiten geheilt hatte«, insbesondere Maria, »die er von sieben Dämonen befreit hatte« (Lk 8,3). Über Susanna ist nichts weiter bekannt, und sie taucht auch an keiner anderen Stelle im Neuen Testament auf. Johanna indes ist interessanter.

Ihr Ehemann war ein *epitropos* – ein Verwaltungsbeamter – an Antipas' Hof. Es ist möglich, dass er Herodes' Vermögensverwalter war. Er könnte sowohl in Sepphoris als auch in

Tiberias tätig gewesen sein, da beide in der Region liegen, wo die Handlung angesiedelt ist. Tiberias ist wahrscheinlicher, weil sich nach dem Jahre 20 n. Chr. dort Antipas' galiläisches Hauptquartier befand. Johanna war offensichtlich wohlhabend genug, um Jesus zu unterstützen – im Hinblick auf den Arbeitgeber ihres Mannes ein riskantes Unterfangen. Vielleicht war ihr Ehemann aber auch verstorben, und sie war eine reiche Witwe.

Wir wissen, dass auch Frauen gepredigt wurde, während sie bei Jesus waren. Nachdem sie das leere Grab gesehen haben, erinnern sich »die Frauen« an die Worte Jesu (Lk 24,8), also hat er ihnen offenbar dasselbe mit auf den Weg gegeben wie seinen Jüngern. Eine interessante Möglichkeit ist, dass es sich bei Johanna um die Junia aus Römer 16,7 handelt, die in der Frühkirche eine bekannte Apostelin wurde. (Junia ist die lateinische Version von Johanna.) Junia war Jüdin – eine Verwandte von Paulus – und konvertierte vor ihm, so dass es wahrscheinlich ist, dass sie zu Jesu Lebzeiten eine Gefolgsfrau Jesu war. Ihr Ehemann wird zwar Andronicus genannt, doch handelt es sich hier vermutlich nur um einen lateinischen Spitznamen. Andronicus könnte schlicht »Eroberer von Menschen« bedeuten.[13] Noch wahrscheinlicher ist, dass sie erneut geheiratet hatte. Was auch immer zutreffen mag, jedenfalls war Johanna eine der ersten Frauen, die Jesus nach seiner Auferstehung sahen (Lk 24,10).

Kommen wir zu Maria. Eine weitere Frau, die den auferstandenen Jesus sah: Miriam aus Magdala oder Tarichea, wie es bisweilen genannt wird: Maria Magdalena.

Sie ist zu einer Gestalt der Mythen und Legenden geworden; Maria, das Postergirl für alle Gnostiker und Verschwörungstheoretiker. Sie wurde schon zu Jesu Ehefrau erhöht oder zur Führerin der Kirche nach seinem Tod. Alles Quatsch. Tatsächlich wissen wir kaum etwas über sie.

Wir wissen, dass sie aus Magdala/Tarichea stammte, der fischverarbeitenden Stadt am Westufer des Sees Genezareth.

Ansonsten wissen wir nur noch, dass ein Exorzismus bei ihr vorgenommen wurde: Sieben Dämonen waren dabei ausgetrieben worden. Durch Jesus befreit, folgte sie ihm bis ans Ende. Sogar über das Ende hinaus: Sie stand am Kreuz, als er starb, und begegnete ihm nach seiner Auferstehung auf dem Friedhof, wo sie ihn für einen Gärtner hielt.

Magdala war eine Stadt von zweifelhaftem Ruf. Die Tatsache, dass es dort viele Hippodrome gab, deutet auf einen signifikanten nichtjüdischen Bevölkerungsanteil hin. Spätere Rabbis sahen den Niedergang der Stadt in ihrem Sittenverfall begründet.[14] (Vielleicht wird das arme Mädchen deshalb als die »sündige« Frau bezeichnet, der wir gerade in Nain begegnet sind. Lukas freilich will das nicht andeuten: Hätte er gewusst, dass sie es war, hätte er das auch gesagt.)

Vom 2. Jahrhundert an beginnen gnostische Schriften, sich intensiv mit Maria zu befassen. Sie taucht im *Thomasevangelium* und natürlich in ihrem eigenen *Marienevangelium* auf, in welchem sie geheime Offenbarungen von Jesus hat. Ende des 3. Jahrhunderts erhält das Ganze eine etwas romantischere Note, und in Werken wie dem *Philippusevangelium* ist Maria als Frau dargestellt, die Jesus häufig küsst und deren enge Beziehung zum Heiland den Neid seiner Jünger hervorruft.[15] Maria ist eine leere Leinwand, eine Figur, auf die sich alles Mögliche projizieren lässt: Romantik, Feminismus, sogar der aristokratische Wunsch nach einer göttlichen königlichen Familie. Sie wollen eine Frau für Jesus? Oder Kinder? Sie wollen einen weiblichen Jünger mit geheimem Wissen? Dann ist Maria die Richtige für Sie. Natürlich ist das alles Unsinn. Für solche wilden Theorien gibt es keinerlei historische Anhaltspunkte.

In den Evangelien treffen wir auf Frauen, die treue Anhängerinnen Jesu waren, die von ihm geheilt wurden, die ihm folgten und ebenso an ihn glaubten wie die Männer. Wie wir noch sehen werden, sind es diese Frauen, die bis zum bitteren Ende – und darüber hinaus – bei Jesus bleiben.

Der Versuch, Jesus in Gewahrsam zu nehmen, um ihn vor sich selbst zu schützen, schlägt fehl. Er geht zum See Genezareth. Unterwegs erzählt er ein paar Geschichten. »Was er ihnen von Gott zu sagen hatte, erklärte er ihnen durch Gleichnisse«, schreibt Markus (Mk 4,2). Immer wieder Geschichten also. Angesichts der Tatsache, wie zugänglich diese Parabeln waren, wirkt der nachfolgende Vers bei Markus recht verwirrend:

> Später, als Jesus mit seinen zwölf Jüngern und den anderen Begleitern allein war, fragten sie ihn: »Warum erzählst du solche Gleichnisse?« Er antwortete: »Euch lässt Gott die Geheimnisse seiner neuen Welt verstehen. Zu allen anderen aber rede ich durch Gleichnisse. Denn ›sie sollen sehen, aber nicht erkennen; sie sollen hören, aber nicht verstehen. Sonst würden sie zu Gott umkehren, und ihre Sünde würde ihnen vergeben.‹« (Mk 4,10–12)

Das ist ein seltsamer Kommentar, der jedoch impliziert, dass die Parabeln die Grenze zwischen Insider und Outsider bilden. Die Außenstehenden hören zu, verstehen aber nichts. In diesem Sinne ist die Parabel des Bauern, die Markus hier wiedergibt, beinahe eine Parabel über die Parabel selbst: Diejenigen, die Jesus zuhören und verstehen, sind der fruchtbare Boden für die Evangelien.

Die Parabeln Jesu im Detail zu erörtern würde den Rahmen dieses Buches sprengen, doch können wir ein paar allgemeine Merkmale festhalten. Sie waren eine typisch jüdische Form der Predigt. (Manche Prediger spezialisierten sich. Rabbi Meir etwa soll über ein Repertoire von 300 Fuchsparabeln verfügt haben, von denen leider nur wenige überliefert sind.[16]) Sie sind eine von Jesus bevorzugte Methode der Kommunikation und bilden rund ein Drittel seiner Lehre. Sie waren eine sehr zeitgenössische Form der Predigt. Im gesamten Tanach finden sich gerade einmal fünf Parabeln, im Neuen Testament dagegen über dreißig.[17] Interessanterweise enthält das Johannesevangelium, das unstrittig den synoptischen Evangelien zugerechnet wird, keine richtigen Parabeln.

Parabeln sind nicht einfach nur Geschichten. Die Kategorie umfasst Rätsel (»Wenn der Satan sich selbst vertreiben würde, dann bekämpfte er sich ja selbst«) und Gleichnisse (»wie eine Schafherde ohne Hirte«). Sie können fragend sein (»Wie soll ich die Menschen von heute beschreiben?«) oder bewusst »offen« bleiben und so den Zuhörer zu einem Urteil zwingen (»Welcher von den dreien hat an dem Überfallenen als Mitmensch gehandelt?«). Darin waren sie den hebräischen *mashal* ähnlich, die Geschichten enthalten konnten, aber auch Rätsel, Sprichwörter und »jegliche dunkle Aussage, die geeignet ist, das Denken anzuregen«.[18]

Es sind vergleichende Geschichten. Das griechische Wort *parabole* stammt von paraballo, was etwa so viel bedeutet wie »danebenstellen oder vergleichen mit ...«. »Das himmlische Königreich ist wie ...« Sie haben jedoch stets eine Pointe. Bisweilen eine recht scharfe.

In erster Linie jedoch verankern Parabeln abstrakte Konzepte in der Welt, in welcher der Zuhörer lebt. Die Geschichten Jesu spielen in der realen, physischen Welt seiner Zeit. Sie sind voller armer Kleinbauern, die sich um ihre Ernte sorgen oder hoch verschuldet sind, korrupter Richter, abwesender Grundherren und Witwen, die so arm sind, dass sie der Verlust einer einzigen Münze in eine fieberhafte Suche treibt. In dieser Welt ging der landlose Arbeiter, der Niedrigste der Niedrigen, tatsächlich auf den Marktplatz und hoffte auf eine Arbeit als Erntehelfer. Die Straße von Jerusalem nach Jericho war für Alleinreisende tatsächlich gefährlich; und, wie wir gesehen haben, reisten Adlige wie Archelaus und Antipas tatsächlich in ein fremdes Land, um sich königliche Macht zu sichern (Lk 19,12).

Die Parabel des säenden Bauern beispielsweise spiegelt die landwirtschaftliche Praxis der damaligen Zeit wider. Sie beginnt damit, dass ein Bauer die Saat ausbringt. In Palästina wurde zuerst gesät und dann gepflügt. Der Boden wurde zuvor nicht bereinigt; Dornen und Unkraut wurden einfach untergepflügt.

Große Teile der Saat trugen keine Früchte. Wie alle Bauern bitter feststellen mussten, erfüllte sich die Hoffnung auf eine gute Ernte eher selten. Jesus sagt jedoch, dass bisweilen auch eine geringe Aussaat reichen Ertrag bringt. Menschen, für die ein zehnfacher Ertrag bereits eine Jahrhunderternte darstellte, müssen ein 30-, 60- oder sogar 100-facher Ertrag wie Traumbilder von unvorstellbarem Überfluss erschienen sein.[19]

In diesem Sinne bergen alle Parabeln ein gewisses Risiko. Jesu Parabeln mögen bei einigen Menschen die Saat der Reue gesät haben, bei anderen hingegen führten sie zu Zorn, Hass und Rachegelüsten. Es sind keine Kindermärchen. Es sind aufrührerische Geschichten.

Die Gegend um Gadara

Jesu Anwesenheit im Westen Galiläas erklärt, warum Markus den nächsten Schauplatz – die Gegend um Gadara – als »auf der anderen Seite des Sees gelegen« beschreibt. Jesus hat am Westufer alles erledigt und möchte nun den See überqueren. Selbst davon lassen sich die Menschenmassen nicht abhalten, und eine kleine Flotte sticht von der Gegend um Tiberias aus in See.

Plötzlich kommt ein Sturm auf, die Wellen schlagen gegen das Boot und drohen, es zum Kentern zu bringen. Voller Entsetzen wecken die Jünger den schlafenden Jesus. Ein einziges Wort von ihm genügt, damit sich das Unwetter legt – ein Wunder, das die Jünger mehr denn je zu der Frage drängt, wer dieser Mann wirklich ist. Der buchstäbliche griechische Wortlaut fasst ihre Gefühle zusammen: »Sie fürchteten mit großer Furcht« (Mk 4,41). Freilich ist dieses Wunder aus historischer Sicht etwas problematisch, doch sollten wir zunächst festhalten, dass plötzlich auftretende Unwetter auf dem See Genezareth nichts Ungewöhnliches sind.

Der See ist von einer Hügellandschaft umgeben, deren schmale Täler zum See hin abfallen. Der Wind bläst durch diese Täler und trifft mit großer Geschwindigkeit auf die Wasseroberfläche, wo er Stürme aufpeitschen kann. (Bei einem Besuch in Galiläa stellte ich mit Erstaunen fest, dass die Seeterrasse, auf der ich stand, windstill und ruhig war, während hohe, mächtige Wellen gegen den Landungssteg brandeten. Offensichtlich wurden sie in einem völlig anderen Teil des Sees vom Wind aufgewühlt.) Wir sollten außerdem auf die Detailgenauigkeit dieser Geschichte achten. Jesu Aufenthaltsort ist präzise beschrieben – er schläft im Heck des Bootes. Er hat sogar eine Art Kissen bei sich.

Was wir von diesem Wunder auch halten mögen, es kommt in einer sehr detaillierten und gut beobachteten Verpackung daher.

Bei den geographischen Details der nachfolgenden Geschichte hingegen stößt man auf Unstimmigkeiten: »Als sie auf der anderen Seite des Sees die Gegend um Gadara erreichten und Jesus aus dem Boot stieg, lief ihnen ein Mann entgegen. Dieser Mensch wurde von Dämonen beherrscht und hauste in Grabhöhlen« (Mk 5,1–2). Markus zufolge erreichen sie auf der anderen Seite des Sees alsbald die »Gegend um Gadara«. Da Gadara etliche Kilometer landeinwärts lag, müssen wir wohl davon ausgehen, dass sie ein beachtliches Tempo vorlegten.

Gadara kann eindeutig nicht der genaue Schauplatz des nächsten Wunders sein, bei dem eine Herde Schweine einen Abhang hinunter in den See stürmt (es sei denn, wir glauben, dass die Schweine einen langen Anlauf genommen haben). In anderen alten Manuskripten ist von der Stadt Gergesa die

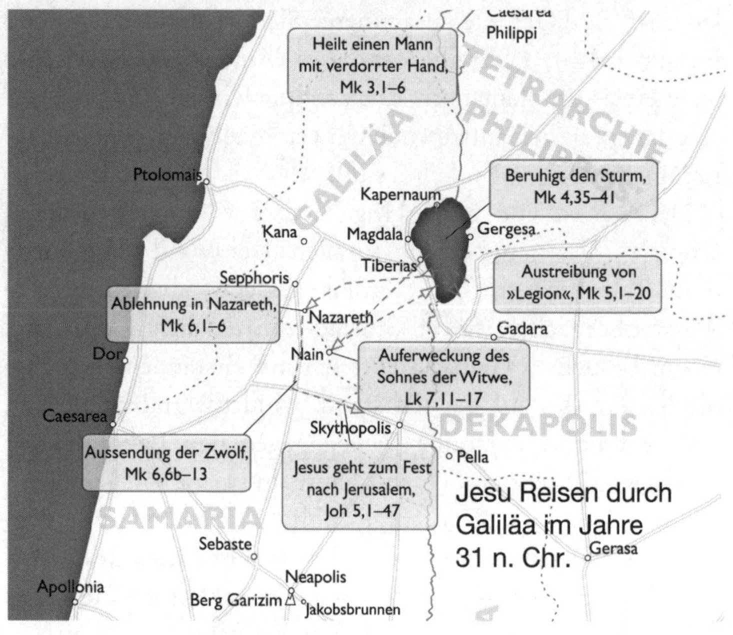

Rede. Vermutlich will Markus nur grob die Gegend umschreiben und keine präzise Ortsangabe machen.

Wir wissen immerhin, dass sich das Wunder in der Dekapolis zutrug, einem losen Zusammenschluss von zehn Städten und den dazugehörigen Gebieten (Mk 5,20). Es war eine nichtjüdische Gegend (daher die Schweine), welche die östliche Grenze des römischen Imperiums bildete. Jenseits der Dekapolis verlor sich das Reich in den Steppen der arabischen Wüsten. Dahinter, weit im Osten, lag das Reich der Parther. Aus römischer Sicht war die Dekapolis der letzte Außenposten der Zivilisation.

Es ist die dramatischste aller Dämonenaustreibungen. Zunächst einmal der unmittelbare Handlungsbedarf: Jesus wird mit dem Problem konfrontiert, sobald er aus dem Boot steigt. Dann die Symptome und Anzeichen von Gewalt: Der Mann ist unnatürlich stark, er lebt unter den Toten und fügt sich mit scharfen Steinen selbst Verletzungen zu. Aus exorzistischer Sicht ist er sozusagen ein Bilderbuchfall.

Die nichtjüdische Umgebung bestimmt die gesamte Begebenheit. Da sind zum einen die Schweine, unreine Tiere, die man auf jüdischem Territorium niemals antreffen würde. (Heute können Archäologen jüdische Siedlungsgebiete über das Nichtvorhandensein von Schweineknochen identifizieren.) Dann die Namen: Der Name, den der Dämon gegen Jesus einzusetzen versucht, ist eine hellenistische Phrase – »Sohn Gottes, des Höchsten« (Mk 5,7). Für einen Juden wäre dies tautologisch (und natürlich höchst blasphemisch) gewesen: Es kann keinen höchsten Gott geben, wenn es nur einen Gott gibt. In einer nichtjüdischen Kultur indes, mit ihrem Pantheon zahlreicher Götter und Gottheiten, ergibt dies durchaus einen Sinn. Das eigentliche Geschehen folgt einem mittlerweile bekannten Muster. Der Dämon versucht, Jesus in seine Gewalt zu bringen, doch Jesus weiß das zu vereiteln und fragt stattdessen den Dämon nach dessen Namen. Es sind viele. Sein Name ist Legion. Jesus treibt die Dämonen aus, die in eine Schweineherde fahren. Die wild gewordenen Tiere stürzen einen Abhang hinunter in den See und ertrinken. Da bittet die dankbare Bevölkerung Jesus, die Gegend wieder zu verlassen (Mk 5,1–20). Die Geschichte wirft allerhand Fragen auf. Warum gebraucht der Dämon diesen Namen? Warum fürchten sich die Dämonen so davor, ihr Territorium zu verlassen? Und warum wollen die Einwohner der Region, dass Jesus die Gegend wieder verlässt? Die Antwort lautet, dass dies ein Exorzismus mit politischen und militärischen Untertönen ist. Er kann gefährliche Auswirkungen haben, und zwar nicht nur für die Schweine. Zunächst der Name des Dämons: Legion. Die übliche Erklärung lautet, dass dies schlicht Ausdruck der multiplen Persönlichkeiten ist, die diesen Menschen plagen, genug, um in 2000 Schweine zu fahren. Es ist jedoch ein sehr spezifischer Begriff. Es ist nicht das griechische Wort für »viele«, es ist der lateinische Fachausdruck für eine Gruppe von 6000 Soldaten. Das Wort, das für die Schweine gebraucht wird, lautet »Herde«, was ebenfalls ungewöhnlich ist, da Schweine nicht in Herden leben. Das verwendete Wort *(agele)* bezeichnete aber auch eine Gruppe von Rekruten beim Militär.[20] Jesus treibt die Dämonen mit einem militärischen Befehl aus, und sie preschen wie randalierende Soldaten in den See. Feindliche Soldaten, die im Wasser ertrinken. Es gibt einen Mose-Bezug hier, ein Bild der Ägypter, die das Volk der Israeliten versklavten und dann von den Wasserfluten des Schilfmeers verschlungen wurden (2. Mose 15,4).

Der Grund, warum die Dämonen in die Schweine fahren, ist, dass sie nicht aus ihrem Land vertrieben werden wollen (Mk 5,10). Warum? Sie sind eine Legion. Es ist *ihr* Land, *ihr* Imperium; das letzte Stück Land, bevor die Barbarei beginnt. Wie alle Soldaten möchten auch sie ihren Posten nicht verlassen. Und das Emblem der in Syrien stationierten römischen Truppen – der *Legio X Fretensis* – war ein wilder Eber.[21] Das gesamte Ereignis ist also von einer antirömischen Bildsprache durchtränkt. War die dämonische Besessenheit des Mannes ein Resultat der römischen Besatzung? Hatte ihn die Tatsache, dass sie in seinem Land waren, in den Wahnsinn getrieben?[22] Drohte Jesus mit einer gewaltsamen Revolution? Natürlich nicht. Sandte er ein Signal an die Römer, dass ihre Legionen eines Tages untergehen und ihre Macht vernichtet würde?

Sicherlich kann man diese Austreibung so interpretieren. Der Mann leidet entsetzlich unter der Präsenz von »Legion«, lebt zwischen den Gräbern, bei den Toten. Das entehrt ihn. Die Austreibung bringt ihm Befreiung und Freiheit. Beabsichtigt oder unbeabsichtigt, die politische Bedeutung ist hier jedenfalls kaum zu übersehen.

Ob es sich nun um eine antiimperialistische Botschaft handelte oder nicht – Theologen haben diesen Aspekt jahrelang heruntergespielt –, so ist es doch begreiflich, warum sie die Menschen ein wenig nervös machte. Hier war ein Grenzgebiet. Eine politisch höchst sensible Zone. Viel später, während des jüdischen Aufstandes, kamen die Römer nach Gerasa, zerstörten die Stadt, metzelten 1000 Mann nieder, plünderten ihre Häuser und brannten sie nieder.[23] Dieses Ereignis trug sich Jahrzehnte später zu, doch gibt es einen Hinweis darauf, warum die Einwohner so verängstigt sind. Solche Geschichten hatten die Eigenart, dass sie irgendwann den Herrschenden zu Ohren kamen.

Meiner Ansicht nach ist das auch ein Grund, warum dieser Exorzismus im Markusevangelium einen wichtigen Platz einnimmt und so detailliert beschrieben ist. Wir sollten nicht vergessen, dass Markus in den 60er Jahren des 1. Jahrhunderts n. Chr. schreibt, einer Zeit der beginnenden Christenverfolgung durch die Römer. Im Jahre 64 setzte die neronische Christenverfolgung ein: Christen wurden mit Pech angestrichen und als lebende Fackeln angesteckt oder in Tierhäute gekleidet und den wilden Bestien im Amphitheater vorgeworfen.

Das römische Imperium hatte stets etwas Dämonisches an sich, wie eigentlich jedes Imperium. Es war ein Polizeistaat, der in den eroberten Ländern in brutaler und vernichtender Weise herrschte. Sie schlachteten zum Spaß Menschen ab. Sie brannten Städte nieder. Freilich waren sie auch zu majestätischen Akten der Kunst, Literatur und Architektur fähig. Doch für die meisten Menschen, die während der Blütezeit ihrer Macht mit ihnen zu tun hatten, standen diese Dinge nicht im Vordergrund.

Für sie waren die Römer Schweine, die ihre Schnauzen in den Trog steckten.

Jesus verbot ihnen nachdrücklich, anderen davon zu erzählen

Die Geschichte um den besessenen Gerasener (oder was immer er war) hat noch einen weiteren interessanten Aspekt: Jesus versuchte nicht, ihn davon abzuhalten, anderen Menschen von seiner Heilung zu erzählen.

Die Wunder auf der anderen Seite des Sees oder weiter nördlich auf jüdischem Gebiet werden in der Regel von Anweisungen Jesu begleitet, niemandem davon zu erzählen. Den Aussätzigen in Kapernaum schärft er ein, »niemandem etwas zu sagen« (Mk 1,44). Unmittelbar nach dem Ereignis mit »Legion« erweckt Jesus ein kleines Mädchen von den Toten und trägt dann den Menschen auf, nichts davon zu erzählen (Mk 5,43).

Dies zieht sich durch die gesamten Evangelien. Jesus tut Dinge, über welche die Menschen sprechen, und mahnt sie dann zum Stillschweigen. Dieses sogenannte »messianische Geheimnis« wurde lange Zeit als Argument gegen die Evangelien eingesetzt. Der Gedankenstrang ist leicht nachvollziehbar: Jesus wollte offenbar nicht, dass ihn jemand für den Messias hielt. Warum? Weil er selbst nicht daran glaubte, der Messias zu sein.

Außer im Falle des Besessenen in der Dekapolis, dem Jesus eine exakt anderslautende Anweisung erteilt: Der Besessene will mit Jesus gehen, doch dieser gebietet ihm, zurückzukehren und allen zu berichten, was sich zugetragen hat.

Warum dieser Unterschied? Warum Stillschweigen am einen Seeufer und am anderen nicht? Die Antwort muss in der Lage der Schauplätze zu finden sein. In der Dekapolis – dem Schauplatz der Legion-Austreibung – befinden wir uns in einem nichtjüdischen Kulturkreis. Hier gibt es keine miteinander wetteifernden Judentümer mit ihren jeweiligen Blaupausen, wie der Messias aussehen soll.

Auf der anderen Seite des Sees hingegen, im jüdischen Galiläa, herrschte eine ausgereifte und komplexe messianische Erwartungshaltung. Auf jüdischem Gebiet spielte Jesus die Erwartungen herunter – nicht, weil er *nicht* der Messias war, sondern, weil er nicht dem *erwarteten* Messias entsprach. Während seines gesamten Wirkens wollte sich Jesus nie in eine Schublade stecken lassen.

Insbesondere lehnte er die weitverbreiteten Königsideologien ab. Jedes Mal, wenn jemand mit ihm über politische Macht zu sprechen beginnt, sucht er das Weite. Er verlässt die

Szene der Speisung der Fünftausend – eine klassisch messianische Tat, falls es so etwas gibt –, weil sie versuchen, ihn zum König zu machen (Joh 6,15). Darüber, wie ein messianisches Königtum aussehen könnte, scheiden sich seit jeher die Geister – einige sahen darin eine Wiedererrichtung des Hauses David, andere eine Rückkehr zu politischer Unabhängigkeit, wie man sie unter den Makkabäern genossen hatte. Für die besitzlosen Massen muss es eine Herrschaft der Gerechtigkeit und Gleichheit symbolisiert haben. All diese unterschiedlichen Sichtweisen setzten jedoch voraus, dass man zuallererst die Römer loswerden musste.[24] Das ist bestimmt der Grund, warum er nicht wollte, dass ihn der Besessene aus der Dekapolis nach Galiläa begleitete. Ein Mann, der gerade einen Dämon namens Legion in eine Rotte selbstmörderischer Schweine hatte fahren lassen? Welche Botschaft würde das an die erwartungsfrohen Galiläer aussenden?

»Geheimnis« ist das falsche Wort. Hätte Jesus im Geheimen wirken wollen, wäre er sicher nicht durch Galiläa gereist und hätte Wunder vollbracht. Was ihm gegen den Strich ging, war die Terminologie. Er wusste, dass die allgemeine Auffassung davon, wie der Messias zu sein hatte, und das von ihm zur Erfüllung dieser Erwartungen geforderte Verhalten falsch waren.

Er war der falsche Messias, und er hatte nicht die Absicht, sich von jemandem zum richtigen Messias machen zu lassen.

»Wenn ich wenigstens seine Kleider berühren kann, werde ich bestimmt gesund«

Jesus lehnt es also ab, den Mann mitzunehmen. Stattdessen steigt er wieder ins Boot und überquert erneut den See. Am anderen Ufer versammelt sich – welche Überraschung – abermals eine große Menschenmenge. Es ist nicht bekannt, wo er an Land ging, doch war es offenbar eine Stadt, die immerhin groß genug für eine Synagoge und einen bekannten Synagogenvorsteher war. Dieser hieß Jairus, und seine Tochter lag im Sterben.

Es ist eine Stadt, in der zwei Wunder geschehen. Auf dem Weg zum Haus des Jairus berührt eine Frau Jesus, eine Frau, die seit zwölf Jahren Blutungen hat. Sie hat schwer unter der Krankheit gelitten – Markus' Formulierung »Sie hatte sich schon von vielen Ärzten behandeln lassen und dabei ihr ganzes Vermögen ausgegeben« sagt alles über den Zustand der medizinischen Versorgung im Galiläa des 1. Jahrhunderts n. Chr. Sie ist finanziell ruiniert, vielleicht, weil sie den Göttern Geld für ihre Heilung geopfert hat. Abgesehen von den rein körperlichen Aspekten gibt es noch einen weiteren Grund, warum sie so verzweifelt nach Heilung sucht: Ihr Leiden versetzt sie in einen Zustand konstanter Unreinheit.

Die Blutungen waren vermutlich eine Art menstrualer Unregelmäßigkeit, etwas, wodurch ihre Periode häufiger eintrat oder länger andauerte als gewöhnlich. Dies hatte zur Folge, dass sie stets rituell unrein war. Menstruierende Frauen wurden behandelt, als hätten sie Lepra: Es war ihnen nicht gestattet, den Tempel zu betreten oder am Gottesdienst teilzunehmen (3. Mose 12,1–8; 15,19–30). Nach der Periode gab es normalerweise eine Zeit der Reinigung, doch für diese Frau war so etwas unmöglich; sie konnte ihrer Unreinheit schlicht nicht entrinnen.

Sie greift nach Jesus, berührt ihn – und ist geheilt. Abermals bringt die Heilung auch eine Wiederaufnahme in die Gemeinde mit sich. Die Möglichkeit, am Gottesdienst teilzunehmen, ein Teil der Gesellschaft zu sein.

Die Heilung dieser »Tochter«, wie Jesus sie nennt, wiederholt sich anschließend in der Heilung von Jairus' Tochter, dem kleinen Mädchen, das von den Toten wiedererweckt wird. Beide Ereignisse sind eine Art Wiedergeburt. Das Mädchen wird vom Tod ins Leben zurückgeholt, die Frau steht von den lebenden Toten wieder auf und kehrt in den Schoß der Gemeinde zurück.

Das Geschehen erinnert nicht zuletzt auch an das Jüdischsein Jesu. Die Frau berührt »eine Quaste seines Gewandes« (Lk 8,44), was darauf hindeutet, dass er ein Gewand mit *tzazit,* also mit Quasten oder Fransen, trug. Die Thora schrieb allen Männern vor, solche Gewänder zu tragen: »Die Quasten sollen euch daran erinnern, meinen Geboten zu gehorchen. Immer wenn ihr sie seht, sollt ihr an meine Weisungen denken. Das wird euch helfen, nicht mit euren Gedanken oder Blicken umherzuschweifen und eure eigenen Ziele zu verfolgen« (4. Mose 15,39). Später, als Jesus in Genezareth an Land geht, bittet ihn die Menge, »wenigstens ein Stück seiner Kleidung berühren zu dürfen« (Mk 6,56). Jesus trug, modern ausgedrückt, einen Gebetsschal. Seine Kritik an den Pharisäern indes – dass sie »an den Gewändern riesige Quasten« trügen – legt nahe, dass die Fransen an seinem Gewand eher kurz waren.[25]

Dass sich dieses Ereignis im westlichen Galiläa – am anderen Ufer des Sees – zuträgt, wird von der Tatsache unterstützt, dass Jesus von dieser namenlosen Stadt aus zu seiner Heimatstadt aufbricht: Er kehrt nach Nazareth zurück.

Der Prophet gilt nichts im eigenen Land

Eines Tages kam Jesus wieder in seine Heimatstadt Nazareth. Am Sabbat ging er wie gewohnt in die Synagoge. Als er aufstand, um aus der Heiligen Schrift vorzulesen, reichte man ihm die Buchrolle des Propheten Jesaja. Jesus öffnete sie, suchte eine bestimmte Stelle und las vor: »Der Geist des Herrn ruht auf mir, weil er mich berufen hat. Er hat mich gesandt, den Armen die frohe Botschaft zu bringen. Ich rufe Freiheit aus für die Gefangenen, den Blinden sage ich, dass sie sehen werden, und den Unterdrückten, dass sie bald von jeder Gewalt befreit sein sollen. Ich rufe ihnen zu: Jetzt erlässt Gott eure Schuld.« (Lk 4,16–19)

Lukas legt dieses Ereignis an den Beginn seines Berichtes über Jesu Reise durch Galiläa. Da aus der Geschichte jedoch hervorgeht, dass er bereits in Kapernaum aktiv gewesen ist (Lk 4,23) und sich dies in der ganzen Gegend herumgesprochen hat (Lk 4,14–15), passt es eigentlich besser an einen späteren Zeitpunkt seines Wirkens.

Wie wir bereits gesehen haben, ging Jesus für gewöhnlich am Sabbat in die Synagoge.[26] Er wollte nicht nur am Gottesdienst teilnehmen, sondern auch predigen, seine Botschaft übermitteln. In diesem Sinne ging Jesus deshalb zur Synagoge, weil dort die Menschen waren. Wenn man zu einer größeren Menge sprechen wollte, ging man in die Synagoge. Paulus machte es später genauso.[27]

Synagogen waren nicht unbedingt Gebäude. Der Begriff *Synagoge* stammt von einem griechischen Wort, das so viel wie »Versammlung« oder »Zusammenkunft« bedeutet. (Das von der Frühkirche gebrauchte Wort *ekklesia* ist ein ähnlicher Begriff.) In Palästina hat man bislang keine Synagogengebäude aus dem ersten Jahrhundert n. Chr. gefunden. Die ältesten Gebäudefunde stammen aus dem 3. Jahrhundert n. Chr.[28] In vielen kleineren Städten und Dörfern war die Synagoge vermutlich einfach ein öffentlicher Platz. In der Mischna gibt es eine Regel: Diejenigen, die »ihre Freiflächen« verkaufen, müssen den Ertrag dafür verwenden, eine Synagoge zu kaufen. Dies entspricht dem Prinzip, dass »das Heilige in Ehren gehalten und nicht reduziert werden soll«.[29] Mit anderen Worten: Wenn die Gemeinde auf einem freien Platz zusammengekommen war und diese Fläche verkauft wurde, konnte sie nur durch den Bau einer Synagoge ersetzt werden.

Den Evangelien lässt sich entnehmen, dass es einige Synagogengebäude gab. Zum Beispiel hatte nach Lukas der Centurio in Kapernaum ein Gebäude gesponsert. Die Evangelien und die Apostelgeschichte sind voll von Verweisen auf Synagogen, von denen wenigstens ein paar in irgendeinem Gebäude untergebracht gewesen sein müssen. In den größeren

Städten gab es Synagogen für bestimmte Gruppen oder Gesellschaftsschichten, etwa die in der Apostelgeschichte (Apg 6,9) erwähnte »Synagoge der Freigelassenen« (z. B. Juden, die aus der Sklaverei befreit worden waren). In einem kleinen Dorf wie Nazareth hingegen bedeutet das Wort »Synagoge« nicht primär ein Gebäude, sondern eine Zusammenkunft von Menschen, eine dörfliche Versammlung.[30] Synagoge war, wenn sich die Menschen des Dorfes trafen, nicht nur um die Schriften zu diskutieren, sondern auch alle Angelegenheiten, die ihr gemeinsames Leben bestimmten. (Allerdings ist die Unterscheidung zwischen »Schrifttum« und »Leben« ohnedies hinfällig, da die Thora die Grundlage ihres legalen Codex bildete.)

Die Synagoge kam mehrmals in der Woche zusammen. Frühe rabbinische Quellen deuten darauf hin, dass diese Treffen am Montag und Donnerstag stattfanden, damit dörfliche Angelegenheiten besprochen werden konnten. Es war im Grunde eine Art Dorfrat, der öffentliche Arbeiten vergab, über Recht und Ordnung wachte, die Kinder unterrichtete und religiöse Feste veranstaltete.[31]

Die Synagoge hatte einen Leiter, der möglicherweise gewählt oder bestimmt wurde, seinen Posten vielleicht aber auch einfach ererbte.[32] Daneben gab es wahrscheinlich auch örtliche Schatzmeister, welche die Sammlung und Verteilung von Spenden für die Armen überwachten, sowie noch einen *hazzan,* einen Synagogendiener, der sich um den »laufenden Betrieb« der Synagoge kümmerte. (Der bei Lukas 4,20 erwähnte Synagogendiener war vermutlich eine solche Person.) In den größeren Städten, wie im Falle des Jairus, brachte die Stellung des Synagogenoberhauptes einen hohen gesellschaftlichen Status mit sich, so dass diese Oberhäupter und andere verdiente Schriftgelehrte Ehrenplätze einnahmen – ein Brauch, dem Jesus mit der für ihn typischen Verachtung begegnete: »Jesus redete weiter zu ihnen: ›Hütet euch vor den Schriftgelehrten! Sie laufen gern in langen Gewändern herum und genießen es, wenn die Leute sie auf der Straße ehrfurchtsvoll grüßen. In der Synagoge sitzen sie stets in der ersten Reihe, und es gefällt ihnen, wenn sie bei euren Festen die Ehrenplätze bekommen‹« (Mk 12,38–39).

Auch Frauen und Kinder besuchten die Synagoge, wenngleich sie nicht aktiv am Gottesdienst teilnahmen.[33] Es ist wichtig anzumerken, dass die Rabbis und die Pharisäer nicht Teil dieser Struktur waren. Die rabbinischen Lehrer hatten ihre eigenen Gruppen von Anhängern und ihre eigenen »Akademien«. Synagogen waren zu Jesu Zeit ganz offensichtlich noch nicht Teil des Judentums. Rabbinische Schriften zeugen von einer gewissen Verachtung für Dorfangelegenheiten und die bäuerlichen Bevölkerungsschichten allgemein: »R. Dosa b. Harkinas sagt: ›(1) Morgens lange zu schlafen, (2) mittags schon Wein zu trinken, (3) sich mit Kindern zu unterhalten und (4) die Synagogen der Unwissenden zu besuchen, das treibt einen Mann aus der Welt.‹«[34]

Die Synagoge war eigentlich auch nicht der Ort für den Gottesdienst – das war der Tempel; sie hatte keinen Altar für das Opfer. Es war ein Ort der Diskussion, des Gebets, ein Ort, wo in der Thora gelesen und darüber diskutiert wurde.

Und offensichtlich auch ein Ort, wo man eine handfeste Auseinandersetzung anzetteln konnte. Zumindest, wenn Jesus kam.

Die von Lukas geschilderte Szene in der Synagoge in Nazareth ist der erste erhaltene Bericht über einen Synagogen-Gottesdienst. Wenn dieser dem Muster späterer Berichte in der Mischna folgte, wurden zunächst sechs Auszüge aus der Thora – dem Gesetz – gelesen, dann aus den Büchern der Propheten. Der *hazzan* nahm die Schriftrolle von ihrem Platz, wickelte sie aus und übergab sie dem ersten der sieben Leser, die jeweils vor und nach ihrem Vortrag ein Segensgebet sprachen.[35] Es war vorgegeben, dass die Worte der Thora *gelesen* werden mussten. Keinesfalls durfte man sie aus dem Gedächtnis aufsagen, da man sie falsch in Erinnerung haben könnte.[36]

Jesus könnte an diesem Tag also der letzte der sieben »Prediger« gewesen sein, und er wählte einen Abschnitt aus Jesaja über das Jahr von Gottes Gnade: das Jubeljahr. Er beginnt mit den Worten: »Heute hat sich diese Voraussage des Propheten erfüllt« (Lk 4,21). Das Jubeljahr war fester Bestandteil der Gesetze zum Sabbatjahr: Alle sieben Jahre sollte ein Sabbatjahr sein, in dem die Äcker brachliegen, alle Schulden erlassen und sämtliche Sklaven freigelassen würden. Zusätzlich sollte im Jubeljahr, dem 50. Jahr, sämtlicher Familienbesitz an den Einzelnen zurückgehen. Es war, als drücke man für die ganze Gesellschaft den »Reset«-Knopf. Alles zurück auf Werkseinstellung.

Das 3. Buch Mose, in dem sich all diese Vorschriften finden, sieht darin einen Weg, auf Gott zu vertrauen. Er wird für alles sorgen (3. Buch Mose 25,20–21). Es gibt kaum Hinweise darauf, dass die Gebote für das Jubeljahr jemals befolgt wurden. Sie waren zu radikal, zu extrem. Doch der Gedanke des Jubeljahrs ist für die Lehre Jesu entscheidend. Nun erklärte er, dass es tatsächlich geschehen sei. Genau hier in ihrer Mitte.

Vielleicht könnte man denken, dass dies den Zuhörern gefallen habe. Im Gegenteil. Sie waren außer sich. Der Text ist normalerweise so übersetzt, dass die Versammlung der Synagoge Jesus anfänglich noch zustimmte, es sich dann aber anders überlegte. Der erste Teil bedeutet jedoch wörtlich »sie waren sein Zeuge«. Es gibt keinen Hinweis darauf, ob sie nun etwas Gutes oder etwas Schlechtes zu hören bekommen. Jeremias meint, man könne den Text auch folgendermaßen übersetzen: »Und alle wandten sich gegen ihn und waren überrascht angesichts der Worte der Gnade, die aus seinem Munde kamen, und sie sagten: ›Ist das nicht Josefs Sohn?‹«[37] Möglicherweise waren sie also von Anfang an irritiert.

Warum wurden sie so wütend? Die Antwort liegt in Jesu Gebrauch der Schrift. Sein Text ist Jesaja 61,1–2, aber wenn wir uns das Original genauer ansehen, stellen wir fest, dass Jesu Umgang mit der Schrift zumindest sehr »großzügig« ist.

Einen Satz lässt er komplett weg, fasst einen Teil über die Freilassung von Gefangenen knapp zusammen und fügt dann einen Satz aus einer ganz anderen Stelle bei Jesaja ein – Jesaja 58,6 (»Löst die Fesseln der Menschen, die ihr zu Unrecht gefangen haltet, befreit sie vom drückenden Joch der Sklaverei, und gebt ihnen ihre Freiheit wieder! Schafft jede Art von Unterdrückung ab!«).

Es scheint, als hätte Lukas einen Fehler gemacht, doch passt sein Bericht perfekt dazu, was wir über die Praxis in der Synagoge wissen. Anders als beim Lesen der Thora, wo Genauigkeit höchstes Gebot war, durften die Worte der Propheten, die *Nevi'im,* relativ frei verwendet werden. »Sie mögen Verse aus den Büchern der Propheten auslassen, aber nicht aus dem Gesetz«, heißt es in der Mischna. »Wie viel dürfen sie weglassen? Nur so viel, dass der Übersetzer keine Pause machen muss.«[38]

Der Übersetzer war derjenige, der das Gelesene aus dem Hebräischen ins Aramäische übertrug, da nicht jeder Hebräisch verstand. Der Prediger konnte also Verse überspringen oder andere Verse wählen, während der Übersetzer den vorherigen Vers übertrug! Es war eine regelrechte Schriftcollage. Jesus schneidet die Schrift neu zusammen und bastelt daraus eine Version, die seine Zuhörer gegen ihn aufbringt.

Nicht, was er sagt, erzürnt sein Publikum, sondern vielmehr, was er auslässt. Die Originalpassage bei Jesaja endet mit einer Verdammung der Feinde Israels: »Ich rufe ihnen zu: ›Jetzt erlässt Gott eure Schuld!‹ Doch nun ist auch die Zeit gekommen, dass der Herr mit seinen Feinden abrechnet« (Jes 61,2).

Die Abrechnung mit den Feinden lässt Jesus aus. Er editiert den Text, baut ein wenig aus einer anderen Stelle ein und kürzt das publikumsfreundliche Ende. Dann setzt er sich und sagt, es beziehe sich sowieso alles auf ihn selbst. Daraufhin zitiert er zwei weitere Bibelepisoden – »Elia in Zarpat« und »Elisa heilt Naam den Syrer«, die beide andeuten, dass nicht die

Menschen seines Heimatortes, sondern Ausländer den Segen empfangen werden.

Wie man das Gegenteil von »publikumsfreundlich« auch definieren mag, Jesus ist es jedenfalls. Die aufgebrachte Menge schleppt ihn zu einem nahe gelegenen Steilhang, um ihn dort hinabzustürzen. Sie wollen ihn also steinigen. Die Steinigung war in biblischer Zeit die am weitesten verbreitete Hinrichtungsmethode. Es war die Strafe für Abfall vom Glauben, Hexerei, schwere Verletzung der Sabbatregeln und, wie hier, für Blasphemie.[39] Die jüdische Steinigungspraxis verlangte, dass das Opfer zunächst von einem Ort heruntergestürzt werden musste, dessen Höhe dem Zweifachen der menschlichen Körpergröße entsprach. Einer der Zeugen stieß das Opfer so hinab, dass es auf dem Rücken landete. Starb das Opfer an den Folgen des Sturzes, war die Hinrichtung beendet. Wenn nicht, warf eine zweite Person einen schweren Stein auf das Herz des Opfers. Erst, wenn auch das versagte, besorgte die Menge mit einem Hagel kleinerer Steine den Rest.[40]

Zum ersten Mal in den Evangelien wird Jesus mit realer physischer Gewalt bedroht. Seine Predigt beim Dorftreffen ist eine ernüchternde Heimkehr. Wie seine Familie – und in einem solch kleinen Ort befanden sich bestimmt viele Verwandte Jesu unter den Zuhörern – können auch die übrigen Einwohner von Nazareth nicht akzeptieren, dass Jesus weiß, was er tut. Allerdings will man ihm jetzt nicht mehr nur Einhalt gebieten. Man will ihn töten.

Er entkam. Er ging einfach davon, wie Lukas berichtet, aber er verließ die Region nicht. Markus zufolge zog er predigend durch die Dörfer.

Hier in dieser Landschaft westlich des Sees Genezareth beschließt Jesus, die zwölf Apostel paarweise allein auf Reisen zu schicken. Bis dato hat Jesus gepredigt und die Wunder vollbracht, während seine Jünger nur zusahen. Nun ist es an der Zeit, dass sie es selbst einmal versuchen. Er verlangt, dass sie das Leben derer nachempfinden, zu denen sie sprechen:

kein Geld, keine Sicherheit, nicht einmal eine zweite Tunika.[41] Ihre Lebensweise soll die der Armen sein. Sie ziehen durchs Land als Männer ohne Besitz, angewiesen auf die Hilfe und den Schutz anderer, verkünden die Notwendigkeit der Buße und befreien Menschen von Krankheit und Unterdrückung (Mk 6,8–13).

Er begleitet sie nicht. Stattdessen nutzt er die Gelegenheit, in den Süden zu gehen. Nach Jerusalem.

Bald darauf feierten die Juden ein Fest in Jerusalem

Im Johannesevangelium reist Jesus – vor seinem letzten Besuch beim Passahfest des Jahres 33 n. Chr. – vier Mal nach Jerusalem:

- Passah, im Frühjahr des Jahres 30 n. Chr. Tempelreinigung / Tempelprotest, Besuch von Nikodemus (Joh 2,13–3,21).
- »Ein Fest der Juden«, Herbst / Winter (?) 31 n. Chr. Heilung im Teich Bethesda (Joh 5,1–47).
- Laubhüttenfest, Herbst 32 n. Chr. Kontroverse. Licht-der-Welt-Predigt. Heilung eines von Geburt an Blinden (Joh 7,10–10,21).
- Lichterfest, Winter 32 n. Chr. Predigt im Säulengang Salomos (Joh 10,22–39).

Diese Ausflüge sind sehr hilfreich, um eine Gesamtchronologie von Jesu Leben zu erstellen, aber sie lassen sich nur schwer mit der Galiläareise in Einklang bringen, die in den anderen Evangelien geschildert ist. Der erste Jerusalem-Besuch ist unproblematisch: Er findet statt, bevor Jesus zu seiner Reise durch Galiläa aufbricht. Der zweite ist schwieriger, denn er fällt mit einem nicht näher beschriebenen Fest zusammen. Es wurde angenommen, dass damit das Laubhüttenfest gemeint sei, aber möglicherweise ist hier Chanukka ein besserer Kandidat, weil es sich um ein Winterfest handelte.

Dies würde auch dazu passen, dass Jesus Johannes den Täufer mit einem »strahlenden Licht« vergleicht (Joh 5,35), denn einer der Höhepunkte des Festes war die Entzündung der Lichter.[42] Josephus nennt es Lichterfest, weil »solch eine Freiheit auf uns herniederschien«.[43] Chanukka liegt außerdem näher am Passahfest, das die nächste Episode bei Johannes markiert (Joh 6,4).

Daher ist es durchaus sinnvoll, das Ereignis auf den Herbst / Winter des Jahres 31 n. Chr. zu legen, insbesondere deshalb, weil Jesus sich sozusagen nicht um seine Jünger kümmern muss. (Im Johannesevangelium begleiten die Jünger Jesus nicht nach Jerusalem.) Zudem ist Jesus gerade aus Nazareth gekommen, so dass es für ihn relativ leicht gewesen wäre, in ein paar Tagen nach Jerusalem zu gelangen. Wir können also annehmen, dass Jesus im Herbst 31 n. Chr., als seine Jünger paarweise unterwegs waren, die Gelegenheit ergriff, in Jerusalem das Lichterfest zu besuchen. Und, wie so oft, ein wenig Chaos zu stiften.

Johannes mag hinsichtlich der Chronologie etwas ungenau sein, doch umso detaillierter hält er es mit der Topographie. »In der Stadt befindet sich nicht weit vom Schaftor entfernt der Teich Bethesda, wie er auf Hebräisch genannt wird. Er ist von fünf Säulenhallen umgeben. Viele Kranke, Blinde, Gelähmte und Gebrechliche lagen in diesen Hallen und warteten darauf, dass sich Wellen auf dem Wasser zeigten« (Joh 5,2–4). Alle hoffen verzweifelt auf irgendeine Wunderheilung.

Der Schafsteich liegt ein wenig nördlich vom Tempelberg (im Bereich des heutigen St.-Anna-Klosters) und nördlich des Teiches Israel. Eigentlich waren es zwei Teiche, die von einem Überweg unterteilt wurden und zusammen etwa die Größe eines Fußballfeldes einnahmen. Die fünf »Säulenhallen«, vielmehr Säulengänge, verliefen wahrscheinlich entlang der vier Seiten und über die Trennlinie zwischen den beiden Teichen.[44]

Die Zisternen wurden um etwa 200 v. Chr. vom Hohepriester Simon in Auftrag gegeben, um die Wasserversorgung des Tempels sicherzustellen. Herodes ersetzte sie zwar durch einen neuen Teich – den Teich Israel im Süden –, doch dienten sie weiterhin als Ort der Heilung und als Möglichkeit, lebendige Tiere zu waschen, die im Tempel geopfert werden sollten. Obwohl er auf den meisten Karten fehlt, gab es einen Nordeingang zum Tempelberg – das Tadi-Tor –, welcher der Mischna zufolge »überhaupt nicht genutzt wurde«.[45] Das bedeutet wahrscheinlich, dass es sich um keinen öffentlichen Zugang handelte, sondern dass er dazu diente, Vieh in den Tempel zu bringen – es war das einzige Tempeltor ohne Stufen. Für das Tempelopfer wurde eine gewaltige Anzahl Schafe und anderer Tiere benötigt, und der Nordeingang war der einzige Ort, wo man den Tempel ebenerdig betreten konnte.

Der Name Bethzatha oder Bethesda ist aramäisch und bedeutet »Haus der Gnade«, was sich möglicherweise auf die Säulengänge und weniger auf den Teich selbst bezieht.[46] Der Teich war umgeben von neuen Häusern – Bezetha, der »neuen Stadt«. Diese war außerhalb der Stadtmauern errichtet worden, um der wachsenden Bevölkerung Jerusalems Herr zu werden. Jesus war also in der Vorstadt.[47] In der antiken Welt glaubte man fest an die heilenden Kräfte des Wassers. Herodes besuchte die warmen Quellen in Jericho, aber es gab noch weitere Heilquellen, beispielsweise in Tiberias und Emmaus-Nikopolis.[48] Nachdem die Juden im Jahre 135 aus Jerusalem verbannt worden waren, nutzten die Römer diese Bäder weiterhin zu Heilzwecken und errichteten einen Tempel, den sie dem Gott der Medizin und Heilkunst weihten, Serapis / Asklepius.[49]

Aus dem Text geht nicht hervor, warum die Menschen unbedingt im Teich baden wollen oder warum sich das Wasser eigentlich bewegt. (Bei Joh 5,4 heißt es zwar, »Von Zeit zu Zeit bewegte nämlich ein Engel Gottes das Wasser«, doch ist dies eine spätere Ergänzung, auf die in den meisten modernen Bi-

Der Teich Bethesda in Jerusalem

belfassungen verzichtet wird.) Möglicherweise entstand die Bewegung durch den Wasserfluss von einem Teich zum anderen. Freilich blieben in dem Gedränge einige Menschen auf der Strecke. Das ist der Grund, warum der lahme Mann Jesus missversteht. Er glaubt, dieser wolle ihm lediglich helfen, in den Teich zu gelangen. Stattdessen aber gebietet ihm Jesus: »Steh auf, roll deine Matte zusammen und geh!« (Joh 5,8). (Diese Matte war vermutlich ein äußerst primitiver Bodenbelag. Typischerweise hatten die Armen aus Palmblättern geflochtene Matten.[50])

Bei diesem Wunder greift Jesus zwei Systeme an. Das erste ist die quasi-heidnische Vorstellung, mystische Wasser und Quellen könnten eine Heilung herbeiführen. »Ihr wollt einen *wahren* Gott der Heilung? Dann seht mal her!« Zweitens ist es ein erneuter Angriff auf den Sabbat, die Jerusalemer Version seiner provokativen Sabbat-Heilung in Kapernaum.

Diesmal treibt es Jesus noch weiter: Er stiftet den lahmen Mann dazu an, ebenfalls den Sabbat zu brechen. Eine Matte zu tragen wurde nach den strengen Sabbatgesetzen als »Arbeit« ausgelegt. Schockierenderweise rechtfertigt Jesus seine Handlungen damit, dass er sich selbst mit Gott gleichsetzt (Joh 5,17). In der Schöpfungsgeschichte heißt es zwar, Gott habe sich am Sabbat ausgeruht, doch die jüdische Tradition betrachtete es als unmöglich, dass Gott tatsächlich sämtliche Aktivitäten einstellte. Jesus sagt, dass auch er bei der Arbeit ist.

Als sie hörten, was Jesus tat, »lauerten die Juden ihm auf«, steht bei Johannes (Joh 5,16) – angesichts der Geschichte jüdisch-christlicher Beziehungen eine etwas unglückliche Formulierung. Johannes gebraucht das Wort »Juden« zwar auch, um das jüdische Volk insgesamt zu beschreiben (etwa Joh 4,22; 11,19), doch in den meisten Fällen – insbesondere in Jerusalem – bezieht es sich auf die jüdische Verwaltung und Führung, analog zu der in den synoptischen Evangelien üblichen Verwendung von »Schriftgelehrte und Pharisäer« für die jüdische Führungsschicht. Johannes meint sicherlich keine ethnische Zugehörigkeit, also »Juden« im Allgemeinen – nicht zuletzt deshalb, weil er sehr wahrscheinlich selbst Jude war.[51] Hier haben wir das erste Anzeichen einer Animosität der jüdischen Tempelelite gegenüber Jesus. Jesu Behauptungen über sich selbst und seine Missachtung der Sabbatgesetze bewirken, dass die religiöse Führung »entschlossen war, ihn umzubringen«.

In dem Streit, welcher der Heilung folgt, preist Jesus erneut seinen früheren Mentor, Johannes den Täufer: »Johannes war ein strahlendes Licht«, sagt er. »Ihr aber habt euch damit zufriedengegeben, euch eine Zeitlang daran zu freuen« (Joh 5,35).

Etwa zur selben Zeit jedoch – möglicherweise sogar, während Jesus in Jerusalem war – wurde dieses Licht gelöscht.

6
Tyros, Sidon, Caesarea Philippi, Frühjahr / Sommer 32 n. Chr.

Von den Festungsmauern aus konnte er meilenweit ins Land schauen. Im Westen lagen seine Ländereien. Aber in der anderen Richtung, im Südosten ... lagerte Aretas mit seiner Streitmacht. Er wusste: Irgendwann würde der Sturm losbrechen. Irgendwann würde er für Herodias einen Preis zahlen. Herodias hatte *immer* einen Preis.

Der Ort hieß Galgenberg. Weder Gras noch Strauch bedeckten die Hügel. Sie hatten den schmalen Pfad erklommen, der sich wie eine Weinranke um den Berg wand und sich an seine Flanke schmiegte. Die Sklaven, welche die Sänfte trugen, waren mehrfach gestrauchelt. In diesem Gelände konnte man ihnen keinen Vorwurf machen, aber sie würden trotzdem bestraft.

Immer wenn sie hierherkamen, sah er, warum sein Vater ihn hatte wieder aufbauen lassen. Der Viadukt, der den Bergsporn nach Südost verließ, war der einzige Zugang. Er leitete auch das Wasser heran, das in der Regenzeit in großen Zisternen unter ihm gesammelt wurde.

Doch innerhalb der Mauern, im Schatten der Türme, lag ein kleines Wunder: ein Palast, prachtvoll, kultiviert und mit marmornen Gängen. Im Säulenhof mit seinen Grünanlagen konnte er in den kühlen Abend hinaustreten, sich im Badehaus den Schmutz des Tages abwaschen. Und im Speisesaal fand das abendliche Bankett statt.

Doch ein Blick nach draußen verriet sofort, wie künstlich dieses Idyll war. Diese Anlage war eher eine Festung als ein Palast. Fest und sicher. Ein geeigneter Ort, um die Grenze zu verteidigen. Und um Gefangene zu halten.

Sollte er losgehen und mit ihm reden? Seinen Worten lauschen? Nein. Am besten nicht. Nicht heute Abend. Heute Abend war das Bankett.

Morgen war noch genug Zeit.

Das Haupt Johannes' des Täufers

Markus erzählt uns die Geschichte in plastischen Details. Lange Zeit, wohl mehr als ein Jahr, hatte der Täufer in einem Verlies der Festung Machaerus geschmachtet. Herodias wollte ihn töten lassen, aber ihr Mann Herodes Antipas zögerte. Vielleicht fürchtete er sich vor dem Volk. Wahrscheinlicher ist jedoch, nach dem, was über seinen Charakter bekannt war, dass er wider Willen Respekt vor ihm hatte und sich für das interessierte, wofür er stand und was er zu sagen hatte.

Aber all dies endete am Abend von Antipas' Geburtstag.

> Herodes hatte zu seinem Geburtstag seine Hofleute, Offiziere und die führenden Männer von Galiläa eingeladen. Bei diesem Festessen tanzte die Tochter der Herodias. Herodes und seine Gäste waren begeistert. Der König versprach ihr deshalb: »Bitte mich, um was du willst; ich will es dir geben. Ich schwöre, dir alles zu geben, was du willst, und wenn es die Hälfte meines Königreichs wäre.« Sie ging zu ihrer Mutter: »Was soll ich mir denn vom König wünschen?« »Verlange von ihm, dass er Johannes den Täufer enthaupten lässt!«, antwortete die Mutter. (Mk 6, 21–24)

Der Tod Johannes' des Täufers ist eine makabre Geschichte, in der sich auf lebendige und bewegende Weise Sex und Horror mischen. Sie hat Tausende von Gemälden, Filmen, Opern, Theaterstücken und Romanen inspiriert. Salomes Tanz vor

Herodes Antipas wird dabei als eine Art Striptease, als Tanz der sieben Schleier in Szene gesetzt. Dabei sagt die Bibel nichts über die Art dieses Tanzes aus, und wie wir noch sehen werden, wird nicht einmal der Name des Mädchens genannt. Anstelle einer Stripperin könnte die echte Szene damals von einem einfachen zwölfjährigen Mädchen bestimmt worden sein, das unsicher und etwas gehemmt auftrat und zur Schachfigur in einem Machtspiel zwischen Ehemann und Ehefrau wurde.

An dem Bankett nahm der innere Kreis um Antipas teil, einschließlich der Führer aus Galiläa. Deshalb gehen manche davon aus, dass das Ereignis in Galiläa, in Tiberias, stattgefunden haben müsse, während der Täufer Josephus zufolge im Machaerus gefangen gehalten worden war. Doch die galiläischen Führer könnten zu so einem Anlass auch durchaus eine Reise nach Süden unternommen haben, insbesondere, wenn der Anlass mit einem Festtag in Jerusalem zusammenfiel.

Der Machaerus war eine von Herodes' Burgen auf einem Berg, von dem aus man das umliegende Land überblickte. Trotz seiner Abgeschiedenheit war der Palast prachtvoll ausgestaltet. Nach Josephus hatte Herodias eine Tochter namens Salome aus erster Ehe.[1] Da Salome die einzig bekannte Tochter aus dieser ersten Verbindung ist, erscheint ihre Gleichsetzung mit dem tanzenden Mädchen aus der Bibel mehr als gerechtfertigt. In einigen Handschriften des Markusevangeliums heißt dieses Mädchen allerdings Herodias – vielleicht ein Zweitname. Oder es handelt sich um eine andere Tochter, die Herodias sogar mit Antipas gehabt haben könnte. Markus beschreibt sie mit dem besonderen Ausdruck *korasion* – offenbar eine Verkleinerungsform des griechischen Wortes für »Mädchen« oder »Jungfer«, also ein Mädchen vor dem heiratsfähigen Alter. Mit demselben Wort wird auch die zwölfjährige Tochter des Jaïrus (Mk 5,42) beschrieben. Nach römischem Recht betrug das Mindestalter für die Eheschließung eines Mädchens zwölf Jahre, auch wenn gegen die Regelung häufig verstoßen wurde.[2] Salome war alt genug, um He-

Der Machaerus – Hinrichtungsstätte Johannes' des Täufers

rodes Philippos zu heiraten, der dann im Jahre 34 n. Chr. verstarb. Wenn man davon ausgeht, dass sie zu dem Zeitpunkt 14 Jahre alt war und dass Johannes Ende 31 oder Anfang 32 n. Chr. enthauptet wurde, müsste sie elf oder zwölf Jahre alt gewesen sein.[3]

Dies taucht die Episode in ein neues Licht. Es musste also kein erotischer Tanz gewesen sein. Salome könnte die Gäste ohne Verlust ihrer Würde – und voll bekleidet – unterhalten haben. Während Antipas am besagten Abend möglicherweise angetrunken war, wusste Herodias genau, was sie tat. Auf das weinselige Versprechen ihres Mannes hin lief ihre Tochter Salome los, um bei ihr Weisungen einzuholen. Hier liegt das eigentlich Schändliche an dieser Episode. Es geht nicht um eine aufreizende Nackttänzerin beim Junggesellenabschied, sondern um eine hinterhältige Mutter, die ihre Tochter als Lockvogel missbraucht, um einen Wunsch erfüllt zu bekommen. Und Herodias erhält, was sie will: den Kopf Johannes' des Täufers auf einem Teller.

Johannes wurde folglich enthauptet. Seine Anhänger holten seinen Leichnam ab und bestatteten ihn – wahrscheinlich in der Nähe des Machaerus, da Verstorbene im Nahen Osten der Sitte gemäß gleich am Tag ihres Todes beigesetzt wurden. Anschließend gingen sie zu Jesus und berichteten ihm, was geschehen war.

Herodes Antipas machte das Verbrechen offenbar längerfristig zu schaffen. Als er Berichte über Jesus hörte, kamen seine Schuldgefühle und Ängste wieder hoch: »Es ist Johannes, den ich enthaupten ließ. Er ist wieder lebendig geworden« (Mk 6,16).

Markus nennt Antipas »König« – vielleicht ein satirischer, spöttischer Ausdruck, denn Antipas war nie König. Tatsächlich sollte Herodias dadurch, dass sie ihm diesen Titel mit Intrigen und Manipulationen zu verschaffen versuchte, seinen Sturz herbeiführen. Salome heiratete Antipas' Bruder, den Tetrarchen Herodes Philippos, und als dieser im Jahre 34 n. Chr. starb, hofften Antipas und Herodias wohl darauf, sein Reich zu erben. Es kam anders: Tiberius unterstellte seine sämtlichen Ländereien direkt der römischen Herrschaft. Eine weitere Enttäuschung sollte folgen: Ungefähr im Herbst 36 n. Chr. wurden Antipas' Streitkräfte in einer Schlacht gegen Aretas, seinen ehemaligen Schwiegervater, vernichtend geschlagen. Aretas hatte ihm nie verziehen, dass er seine Tochter verstoßen hatte. Nach Tiberius' Tod reichte der neue Kaiser Caligula das Territorium des Philippos – und den Titel des Königs von Judäa – an Antipas' Neffen Herodes Agrippa I. weiter. Empört überredete Herodias Antipas, nach Rom zu ziehen und den Kaiser zu bitten, ihn ebenfalls zum König zu machen. Antipas stimmte widerwillig zu.

Das Unternehmen geriet zum Desaster. Agrippa schickte Caligula eine Geheimdepesche, in der er Antipas beschuldigte, ein Bündnis mit den Parthern zu schmieden. Statt ihn zu belohnen, beschlagnahmte der Kaiser alle seine Ländereien sowie sein Vermögen und verbannte Herodes Antipas mitsamt seiner Gattin Herodias nach Lugdum Convenarum, dem heutigen Saint-Bertrand-de-Comminges in Frankreich. Beide beschlossen ihre Tage verarmt und vergessen am anderen Ende des römischen Reichs, Tausende Meilen von zu Hause entfernt. Wie Josephus es ausdrückte: »Und so strafte Gott Herodias für ihren Neid auf ihren Bruder wie auch Herodes dafür, dass er den eitlen Reden einer Frau Gehör geschenkt hatte.«[4]

Bei Markus ereignet sich die Episode vom Tod des Johannes zwischen der Entsendung der zwölf Jünger und deren Rückkehr – vielleicht als eine düstere Ahnung des Schicksals, das sie alle erwarten sollte. Als sie zu Jesus – vielleicht in Kapernaum – zurückkehren, sind sie angesichts ihres Erfolgs in Hochstimmung (Mk 6,30).[5] Doch ihr wahres Geschick, so deutet Markus an, erfüllt sich wohl nicht in den Städten und Dörfern Galiläas, sondern in den Verliesen des Römerreichs und denen der zahlreichen unbedeutenden, trunksüchtigen und korrupten Vasallen-Könige.

Als Jesus von Johannes' Tod erfährt, zieht er sich in eine Einöde zurück (Mt 14,13). Wie so oft in Zeiten der Bedrängnis und des seelischen Drucks findet er seinen einzigen Trost in der Wildnis.

Doch auch hier spürt ihn die Menge auf. Und sie ist hungrig:

Fünftausend werden satt

Die Speisung der Fünftausend ist eines der wenigen Geschehnisse, die in allen vier Evangelien auftauchen (Mt 14,13–21; Mk 6,30–44; Lk 9,10–17; Joh 6,1–13). Nach Johannes ereignete sich die Episode kurz vor dem Passahfest, also im Frühjahr 32 n. Chr., einige Monate nach Jesu Besuch in Jerusalem. Für diese Jahreszeit spricht auch das »dichte Gras« in der Gegend (Joh 6,10).

Der überlieferte Titel dieser Episode lässt das tastsächliche Ausmaß des Andrangs kleiner erscheinen: Nach den Berichten in den Evangelien waren fünftausend »Männer« zugegen: Fügt man dieser Zahl die Frauen und Kinder hinzu, lag sie deutlich höher. Der Ort des Geschehens lässt sich nur schwer ermitteln. Während Jesus ein Boot nahm, gelangte man zu

Fuß schneller dorthin, weshalb die Menschenmenge denn auch vor ihm eintraf (Mk 6,32–33). Markus lässt die Episode an einem »einsamen, stillen« Platz mit einem Berg spielen, auf dem Jesus beten kann. Er liegt am See gegenüber von Betsaida (Mk 6,45), also in der Umgebung von Tiberias. Lukas eröffnet die Episode dagegen in Betsaida, versetzt uns dann aber unversehens in eine Einöde. Bei Johannes heißt es, am Tag nach dem Ereignis seien Schiffe aus Tiberias in die Nähe des Ortes gelangt und hätten die Menschen »hinüber nach Kapernaum« gebracht (Joh 6,23–25). Damit deckt sich seine Darstellung offenbar mit der von Markus. Matthäus entfernt sämtliche geographischen Hinweise, was unter dem Strich wohl auch das Beste ist.

Da die Menge nichts zu essen hat, schlägt Jesus vor, die Jünger sollten sie speisen. Das aber würde 200 Denare – oder »Silberstücke« – (Mk 6,37) kosten, den Gegenwert von acht Monatseinkommen eines Tagelöhners, der einen Denar pro Tag verdient (Mt 20,2). Mit nur fünf Broten und zwei Fischen fordert Jesus die Menschen auf, sich in Gruppen zu fünfzig oder hundert ins Gras zu setzen. Und dann organisiert er ein Mahl.

Die Episode stellt nicht nur eine Verbindung von Jesus zu Mose und dem Manna in der Wüste her, sondern eine weitere politische zu anderen messianischen Bewegungen: Auch in Jesaja 25,6–9 ist von einem Festmahl des Herrn in der Einöde die Rede.

Kein Wunder, dass die Menge am Ende zur Tat schreitet: Johannes formuliert eine Einzelheit, welche die Synoptiker entweder nicht wussten oder absichtlich wegließen: Die Menge versucht, Jesus festzuhalten und ihn zu ihrem König auszurufen (Joh 6,15). Er hat sie doch in der Wüste gespeist und ihnen seine wahre Macht offenbart. Sie wissen, wer er ist. Er kann es nicht leugnen.

Doch Jesus lehnt die Ehre ab. Sie bieten ihm das Königreich an, aber er macht sich aus dem Staub. Er schickt die Jünger in ihrem Boot über den See davon und steigt allein einen Berg empor. Wieder Wildnis und wieder die Versuchung: »… dann mach aus diesen Steinen Brot«, hatte Satan ihm gesagt, bevor er ihm alle Königreiche der Erde anbot. Es war die Generalprobe für diesen Moment. Wieder hat Jesus die Prüfung bestanden.

Derweil geraten die Jünger auf dem See in Not. Ein aufkommender Sturm treibt das Boot ab. Da sehen sie Jesus, wie er über das Wasser auf sie zuläuft – ein Wunder der Natur, ähnlich der Besänftigung des Sturms. Bei Johannes schreitet Jesus direkt am Boot vorbei, bei Markus steigt er ins Boot, und bei Matthäus tritt Petrus aufs Wasser hinaus, um Jesus entgegenzugehen, erschrickt und versinkt. Auch ihr Reiseziel trägt zur Verwirrung bei: Bei den Synoptikern landet das Boot in Genezareth am Ostufer des Sees, während Johannes in einem komplizierten Abschnitt davon berichtet, die Menschen hätten bemerkt, dass Jesus nicht mit den Jüngern fortgegangen sei, und ihn dann in Kapernaum entdeckt.

Im Bericht des Johannes hält Jesus, nachdem die Menge ihn in Kapernaum angetroffen hat, eine Rede: »Ich bin das Brot des Lebens«, sagt er (Joh 6,35–40) und löst Reaktionen aus, die das Kommende erhellen. Die meisten Zuhörer sind einfach verblüfft: »Will dieser Mensch uns etwa seinen Leib zu essen geben?« (Joh 6,52). Selbst seine Jünger sind verwirrt: »Das ist eine Zumutung«, beklagen sie sich. Dann berichtet Johannes mit einem Paukenschlag: »Nach dieser Rede wandten sich viele, die ihm gefolgt waren, von Jesus ab und gingen nicht mehr mit ihm« (Joh 6,66).

Der Wind hat gedreht. Auch wenn die Synoptiker es nicht offen sagen, so gibt es untrügliche Anzeichen von Missbilligung. »Selbst nach dem Wunder mit den Broten hatten sie immer noch nicht begriffen, wer Jesus eigentlich war. Im Grunde ihres Herzens waren sie für seine Botschaft verschlossen« (Mk 6,52). Sie nahmen eine ähnliche Haltung ein wie Jesu Feinde. Andere Bibelausgaben übersetzen »ihr Herz war verstockt« oder »verhärtet«. Der gleiche Ausdruck wird auch zur Beschreibung der Pharisäer verwendet (Mk 3,5; 10,5), und Jesus wiederholt frustriert den Vorwurf, dass ihn die Jünger nicht verstehen (Mk 8,17). Warum ist ihr Herz verhärtet? (Offenbar geht es nicht darum, dass sie ihn nicht verstehen, sondern dass sie ihn nicht verstehen wollen.) Vielleicht sehen auch sie ihre Hoffnungen enttäuscht. Jesus hat das Königreich, das ihm die Menge aufgedrängt hatte, klar und deutlich zurückgewiesen. Auch die Jünger haben darauf gesetzt, dass er der wahre Messias sei. Allmählich fragen sie sich, wann er ihre Erwartungen endlich erfüllen wird. Er besitzt doch alle Macht. Wann nutzt er sie?

Dann sucht eine Abordnung der Pharisäer und Schriftgelehrten aus Jerusalem Jesus auf, worauf – erneut über das Waschen (Mk 7,1–5) – ein Streit ausbricht. Die Begegnung endet damit, dass Jesus die Menge zusammenruft und sagt: »Hört, was ich euch sage, und begreift doch: Nicht, was ein Mensch zu sich nimmt, macht ihn unrein, sondern was er von sich gibt« (Mk 7,14–15).[6]

Diese Äußerung ist ein Glanzpunkt der Lehre Jesu. Er hat über ein Jahr damit zugebracht, die Bräuche des neuen Reichs zu demonstrieren: Er aß mit Steuereintreibern, redete mit samaritanischen Frauen, berührte Aussätzige und Tote und heilte am Sabbat. Er hat der obsessiv betriebenen äußerlichen Reinheit regelrecht den Krieg erklärt, und sie schwafeln immer noch vom Waschen. Im Kreis der Jünger sagt er klar und deutlich: Alles, was man isst, landet einfach im Magen und dann im *aphedron,* so das griechische Wort für »Abort« oder »Latrine« (Mk 7,19). (Die meisten Bibelübersetzungen geben den Ausdruck mit einer Jesu fremden Scheu mit »ausscheiden« wieder oder lassen ihn ganz weg nach dem Motto: »Wir können Jesus doch nicht vom ›Klo‹ reden lassen.«[7]) Aber nach Jesus wird der Mensch durch seine Sünden unrein: Hurerei, Diebstahl, Mord, Geiz, Bosheit, Falschheit, Lüge … die Liste ließe sich beliebig verlängern.

Ein Punkt auf dieser Liste ist dabei interessant: *ophthalmos poneros,* das »böse Auge«, ein Begriff, der gewöhnlich mit »Neid« übersetzt wird. Einem jüdischen Aberglauben zufolge können manche Wesen – Menschen, Dämonen, Götter oder auch Tiere – einen Menschen allein mit ihrem »bösen« Blick verfluchen. Dahinter steckt die Vorstellung, dass das Auge als ein Fenster der Seele die bösen Absichten des Herzens übertragen könne – in einer Form der Hexerei.[8] Offenbar konnte man sich allein durch die Art, wie man Menschen anschaute, unrein machen. Bei der Liste ging es nicht nur um das Denken, sondern auch um das Tun. Gemeinsam ist den aufgelisteten Punkten, dass sie mit Sünde verbunden sind. Die Sünde – sündiges Denken und sündiges Tun – macht den Menschen unrein.[9]

Wie wurde diese Lehre aufgenommen? Nun, wenn Markus diese Episode an die richtige Stelle gesetzt hat, dann war die Menge so, wie Johannes es andeutet, keineswegs vorbehaltlos auf Jesu Seite. Und ihre feindselige Reaktion mag erklären, warum Jesus Palästina verließ. Er ging in den Norden nach Tyros und Sidon. Und tauchte unter.

Aber es sprach sich schnell herum, dass er gekommen war

Von dieser Reise berichten nur Matthäus und Markus. Lukas nimmt Einzelheiten mit auf – so Petrus' Glaubensbekenntnis –, lässt aber den Großteil – als »große Auslassung«, wie es bezeichnet wurde – ganz weg.[10] Wegen der genannten und etwas verwirrenden geographischen Einzelheiten ist Jesu Route schwer zu rekonstruieren. Markus 7–8 erwähnt sechs Örtlichkeiten:

- Jesus reist nach Tyros und begegnet der »Syrophönizierin«.
- Er kehrt »über Sidon« an den See Genezareth zurück.

- Er geht in das »Gebiet der Zehn Städte«, die Dekapolis, und heilt den Taubstummen.
- Er speist die Viertausend und zieht in die Gegend von Dalmanutha.
- Er heilt den Blinden in Betsaida.
- Er reist in die Gegend von Caesarea Philippi.

Hier gibt es einige Probleme: nicht zuletzt die Route von Tyros nach Galiläa, die über Sidon und damit in die falsche Richtung verläuft. Allerdings beschreibt Markus tatsächlich eine Rundreise, so dass Jesus durchaus die Mittelmeerküste nach Norden und wieder zurück gereist sein könnte.

Ein weiteres Problem ist das rätselhafte Dalmanutha. Matthäus nennt anstelle dieser Stadt »Magadan«, ein nützlicher Hinweis, so wir denn wüssten, wo dieses Magadan lag. Am sichersten würde man es wohl am Westufer des Sees, irgendwo bei Magdala vermuten. Dann hätte Jesus eine Bootsfahrt von der Dekapolis aus unternommen, wie er sie bereits mehrfach hinter sich gebracht hatte.[11]

Vielleicht fanden die Ereignisse in einer etwas anderen Reihenfolge als bei Markus statt: eher als »Rundreise«, weil Jesus auf dem Rückweg zur Dekapolis durch Caesarea Philippi hätte kommen müssen, wo Petrus ihn zum gesandten Retter erklärt hat. Daher ist es wahrscheinlicher, dass diese Verkündigung und seine Verklärung vor der Zeit stattfanden, als Jesus an das galiläische Ufer des Sees zurückkehrte, die Viertausend speiste und nach Dalmanutha übersetzte.

Zuvor überschritt Jesus allerdings eine bedeutende Grenze: Er verließ das jüdische Gebiet und zog in die Stadt Tyros. Warum? Vielleicht hoffte er so – irrtümlicherweise, wie angedeutet wird –, etwas Ruhe zu bekommen. Tatsächlich versteckte er sich: Markus berichtet, Jesus habe sich dort »in ein Haus zurück[gezogen], denn er wollte unerkannt bleiben« (Mk 7,24). Doch darauf bestand wenig Aussicht. Jesus war auch dort bereits eine bekannte Größe. Menschen aus Tyros waren

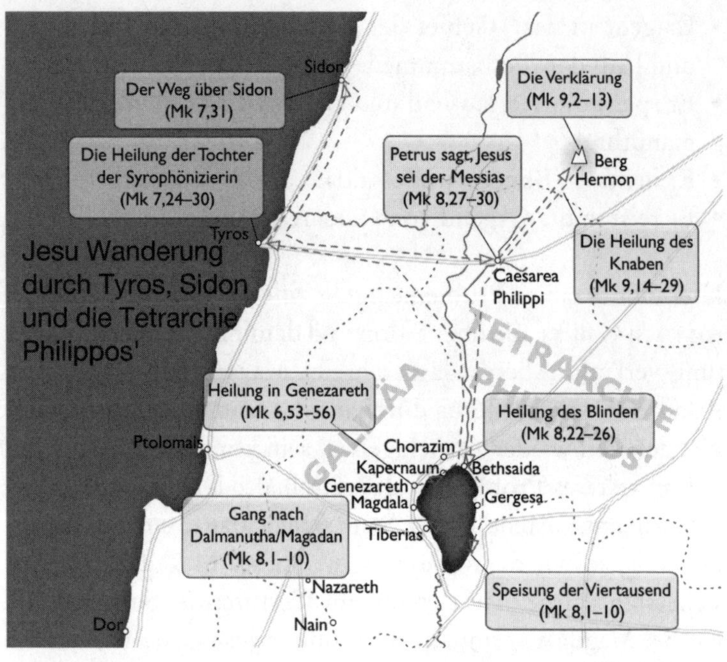

nach Galiläa gereist, um seine Lehren zu hören (Mk 3,8; Lk 6,17). Immerhin lag diese nichtjüdische Stadt weit außerhalb der Einflusssphäre der Behörden Galiläas und Jerusalems.

Tyros war einer der wichtigsten Häfen und Handelsstützpunkte des östlichen Mittelmeerraums. Hier wurden die Silbermünzen geprägt, die als einzige Währung zur Begleichung der Tempelsteuer dienten. Auch war Tyros ein Umschlagplatz für Sklaven auf dem Seeweg von und nach Palästina. Dank ihrer Lage am Meer verfügte die Stadt über Purpurschnecken, die zum Färben von Stoffen benötigt wurden. (Dieser Handel war mit Tyros so eng verknüpft, dass auf der Rückseite einiger Münzen Abbildungen dieser Schnecken auftauchten.) Wie viele andere Städte auch hatte Herodes der Große Tyros mit Schenkungen wie Hallen, Säulengängen, Tempeln und Marktplätzen bedacht.

Es folgt eine der seltsamsten Begegnungen in den Evangelien. Eine »Syrophönizierin« (Mk 7,26, hier: Einheitsübersetzung) kommt zu Jesus, wirft sich vor ihm nieder und bittet ihn, ihrer Tochter einen bösen Geist auszutreiben. Jesus lehnt dies mit dem Verweis auf eine Art Sprichwort ab: Es sei nicht recht, Kindern das Brot wegzunehmen und es den Hunden vorzuwerfen. Auf diese schockierende Antwort erwidert die Frau unerschrocken und mit Witz: Auch die Hunde bekämen von den Kindern doch einige Krümel. Jesus gibt sich geschlagen und schickt sie nach Hause: Ihre Tochter sei vom bösen Geist befreit. So wirkt Jesus jenseits der Grenzen. Die Frau ist zu hundert Prozent eine Nichtjüdin und Heidin, eine Ausländerin und sogar eine Götzendienerin. Matthäus bezeichnet sie als »kanaanitische Frau« (Mt 15,22), womit er nicht ihre ethnische Zugehörigkeit, sondern ihre Religion meint. Die Episode könnte eine weitere Ebene haben. In Rom, wo Markus sein Evangelium wahrscheinlich verfasste, bezeichnete der Ausdruck »Syrophönizierin« auch Frauen aus verrufenen Stadtvierteln. Juvenal schrieb in einer Satire über einen Mann von Stand, der sich »zu einer Schenke aufmacht, die niemals schließt. Unterwegs begegnet er einer duftenden Syrophönizierin, die auf ihn zueilt und ihn als ihren Herrn und Meister preist«.[12] Die Episode schockiert aus zwei Gründen. Zunächst einmal tritt Jesus ziemlich ungehobelt auf. Deswegen mag man nicht glauben, dass Markus sie erfunden hat. Als er sein Evangelium niederschrieb, war das Christentum unter den heidnischen Gemeinden bereits gut etabliert: Zur Zeit des Paulus wirkten unter ihnen bereits »Jünger« (Apg 21,3–5). Zweitens wird Jesus durch die schlagfertige Antwort der Frau umgestimmt. Eine Schwierigkeit bei der Deutung der Evangelien ist, dass sie den jeweiligen Ton der Stimme natürlich nicht wiedergeben. Ist Jesus hier müde? Stellt er die Frau auf die Probe? Oder ist er zu Späßen aufgelegt? Ist das Ganze nur ein Scherz? Irgendwie lässt sich die Frau offenbar auf eine Art Spiel ein. Und am Ende gewinnt sie.

Sie ist eine Frau, eine Nichtjüdin und Heidin. Vielleicht sogar eine Sünderin. Und trotzdem erfüllt Jesus ihre Bitte.

Nach seiner Zeit in Tyros und Sidon kehrt Jesus nach Galiläa zurück. Im entsprechenden Abschnitt bei Markus bewirkt er eine Reihe von Wundern: eine weitere wundersame Speisung – diesmal der Viertausend –, die Heilung des Taubstummen in der heidnischen Dekapolis und die eines Blinden im jüdischen Betsaida. In Dalmanutha verlangen die Pharisäer ein Zeichen. Wieder unterwegs auf dem See, tun sich die Jünger schwer damit, die Zeichen zu enträtseln, die sie gesehen haben (Mk 7,31–8,26). Ab jetzt sind in den Geschichten verschiedene Entwicklungen erkennbar: Mit der wachsenden Überzeugung, dass Jesus der Messias ist, geht die zunehmende Erkenntnis einher, dass alles im Chaos enden wird.

Den Höhepunkt – wörtlich wie metaphorisch – auf der Reise Jesu in die Dekapolis bilden die Episode, in der Petrus verkündet, Jesus sei »Christus, der von Gott gesandte Retter«, sowie die Verklärung Jesu auf dem Berg. Entweder auf dem Rückweg aus Syrien oder auf einer anderen Reise kommen Jesus und seine Jünger durch Caesarea Philippi. (Hier schließt sich auch Lukas wieder an.) Die Stadt liegt auf quasi heidnischem Gebiet. Auch wenn Herodes Philippos Jude war, so leben auf seinem Territorium mehrheitlich Heiden. Als jüngster Sohn des Herodes, der Macht erbte, erwies er sich in vielerlei Hinsicht als der fähigste und brachte es zu einer langen friedvollen Herrschaftszeit. Er blieb im Land, heiratete das Mädchen Salome, das durch seinen Tanz geglänzt hatte, hielt sich aus äußeren Streitigkeiten heraus und starb kinderlos 33/34 n. Chr.

Von der »Bauwut seines Vaters«[13] hatte er nur wenig geerbt. Er verschönerte und erneuerte die Stadt Paneas (benannt nach dem griechischen Gott Pan), in der Herodes für die Göttin Roma und Augustus einen Tempel hatte errichten lassen, und benannte sie zu Ehren des Kaisers in Caesarea Philippi um. In der Stadt standen zahlreiche Schreine, die vielen Göttern und nicht zuletzt den römischen Kaisern geweiht waren. Einst war hier auch Baal verehrt worden. Später sollte Caesarea erneut umbenannt werden – diesmal zu Ehren Kaiser Neros in Neronia. Die Stadt war ein Indikator dafür, wer auf der Welt die »wahre« Macht innehatte: die römischen Götter und die Kaiser. Hier feierte denn auch Titus seinen Sieg, als Jerusalem fiel und der Tempel zerstört wurde.[14]

Die Stadt bildet so – mit Ironie gewählt – den Schauplatz, an dem die Wahrheit über Jesus herauskommt. An diesem Ort, der den Mächtigen des römischen Reichs geweiht ist, wird Jesus von seinen Jüngern »gekrönt«. Zu diesem Zeitpunkt hat er bereits eine Vielzahl von Bezeichnungen erhalten: Die Menschen nennen ihn einen Propheten und seine Anhänger Lehrer oder Meister, während er für die jüdischen religiösen Führer ein Gotteslästerer ist. Die Dämonen nennen ihn den »Sohn Gottes«. Antipas hat ihn in einem schwachen Augenblick für Johannes den Täufer gehalten, der von den Toten auferstanden sei. Doch hier ist nun der entscheidende Augenblick: »Und für wen haltet ihr mich?«, fragt Jesus die Jünger. »Da antwortete Petrus: ›Du bist Christus, der von Gott gesandte Retter‹« (Mk 8,29).

Dies ist ein Dreh- und Angelpunkt in der Erzählung. Für die Jünger hätte es der Augenblick werden sollen, an dem sich der Einsatz auszahlen, an dem sich alles, was sie geraten, gedacht, erschlossen oder geahnt hatten, als richtig herausstellen würde. Er war der Messias, und sie waren seine engsten Freunde. Was hätte es für einen gläubigen Juden Besseres geben können?

Doch die Enttäuschung folgt auf dem Fuß. Kaum hat Petrus Jesus als Messias benannt, weist Jesus die Jünger streng an, Stillschweigen zu wahren. Sie haben in der jüdischen Lotterie den ersten Preis gezogen, dürfen darüber aber nicht reden. Dann teilt Jesus ihnen mit, was noch geschehen wird:

> An diesem Tag sprach Jesus zum ersten Mal von seinem Tod: »Der Menschensohn muss viel leiden. Die führenden

Männer des Volkes, die Hohepriester und die Schriftgelehrten werden ihn verurteilen und töten. Aber nach drei Tagen wird er von den Toten auferstehen.« So offen sprach Jesus mit seinen Jüngern. Da nahm ihn Petrus beiseite, um ihn von diesen Gedanken abzubringen. Aber Jesus wandte sich von ihm ab, schaute die anderen Jünger an und rief: »Weg mit dir, Satan! Du verstehst Gottes Gedanken nicht, weil du nur menschlich denkst!« (Mk 8,31–33)

Als Petrus Jesus zu widersprechen versucht – Markus nennt es »ihn beiseitenehmen« –, wird er bestimmt, ja grob zurückgewiesen. Warum? Weil Petrus Jesus in Versuchung führt, den Ausgang der Geschichte zu verändern. Es ist die alte Versuchung: Versuche dich selbst zu retten. Fliege davon. Als Antwort ruft Jesus die »Menschen« zusammen – unter seinen Begleitern waren neben seinen Jüngern auch Frauen und andere – und gibt ihnen ein Paradox zum Besten: Wenn ihr euer Leben retten wollt, werdet ihr es verlieren. Wenn ihr Jesus folgen wollt, dann nehmt das Kreuz auf euch.

Jahrhundertelang wurde der Ausdruck »das Kreuz auf sich nehmen« im Sinne von »Leiden erdulden« oder sich »durch Krankheit kämpfen« gedeutet. Er galt als ein Appell an eine stoische Frömmigkeit, so wie man zur Fastenzeit auf Schokolade verzichtet. Doch die Zuhörer Jesu verstanden es damals sicher anders: Zu jener Zeit nahmen nur verurteilte Sklaven oder Verbrecher das Kreuz auf sich und trugen es zu ihrer Hinrichtungsstätte. Plutarch schrieb: »Jeder Verbrecher, der hingerichtet wird, trägt sein eigenes Kreuz.«[15] Jeder, der sein Kreuz auf sich nahm, musste sterben. Dies war kein bildhafter Ausdruck. Jesus bereitete seine Gefolgsleute darauf vor, dass sie verspottet, bespuckt, geschlagen, öffentlich erniedrigt und getötet würden. Was sie miteinander verband, war der Makel des Verbrechertums. Alle Anhänger Jesu sollten in der griechisch-römischen Welt und unter der jüdischen Tempelaristokratie ab jetzt als Verbrecher gelten.

Als die Urkirche dieses Bild übernahm, wurde es sicher auf so konkrete Art gedeutet. Das Leiden Christi zu teilen bedeutete reales Leiden. Paulus redet davon, dass die Gläubigen wie Christus leiden werden (Phil 1,29). Als Petrus zu Sklaven spricht, die von ihren Herren übel behandelt werden, hebt er das Beispiel Christi hervor (1 Petr 2,18–22). Das Kreuztragen heißt nicht nur, geduldig Unterdrückung, Schmerz und Leiden ertragen. Hinzu kamen Ächtung, Hohn und Tod.[16] Auch wenn der Begriff in der abendländischen Christenheit verwässert ist, so verstehen viele Christen rund um die Welt noch heute genau, was er bedeutet. Wer ins Gefängnis geworfen oder gefoltert wurde, kennt die Versuchung, sich »selbst zu retten«. Und diejenigen, die dem Tod ins Auge blicken, weil sie Jesus folgen, wissen sehr wohl, was er damit meinte, das Kreuz auf sich zu nehmen.

Trotz der finsteren, bedrückenden Bilder predigte Jesus hier keine Niederlage. Dies war die erste von drei Prophezeiungen seines Todes, und alle drei enden damit, dass er auferstehen wird (Mk 8,31; 9,31; 10,33–34). Doch ab jetzt führt sie die Reise durch eine Welt aus Leiden, Schmerz, Ungewissheit, Furcht und Finsternis. Erst am Ende des langen düsteren Tunnels erscheint ein Licht.

Damit, dass er der Messias war, hatten sie recht. Nur mit dem Übrigen irrten sie sich.

Da wurde Jesus vor ihren Augen verwandelt

Ein weiteres Erlebnis auf einer Bergspitze vor dem langen Abstieg in die Finsternis ist die Verklärung Jesu, eine geheimnisumwitterte Begebenheit. Jesus steht hier in einer Reihe mit Elia und Mose, den beiden großen Figuren aus Israels Vergangenheit, von denen der eine ein großer Prophet und der andere ein bedeutender Gesetzgeber war, aber dieses Geschehen war ein mysteriöses, ein kosmisches Ereignis.

Der Berg, auf dem es stattfand, ist unbekannt. Da es sich in der Nähe von Caesarea Philippi ereignete, kommt der Hermon oder ein anderer Berg aus seiner Kette in Frage. Diese mächtigsten Berge in der Region sind bedeutend höher als alle in Untergaliläa, insbesondere als der häufig mit dem Ereignis in Verbindung gebrachte Tabor.[17] Der einzige Hinweis auf ihn ist seine Entfernung von Caesarea Philippi, auch wenn die Synoptiker hier unterschiedliche Angaben machen: Bei Markus und Matthäus sind es von dort sechs, bei Lukas acht Tagesreisen (Mt 17,1; Mk 9,2; Lk 9,28).

Jesus erscheint in strahlend weißen Gewändern. Diese werden als weißer beschrieben, als man sie auf Erden (im 1. Jahrhundert n. Chr.) bleichen könne. In der Urkirche wurde die Szene mit der des »hochbetagten Mannes« aus der apokalyptischen Vision Daniels in Verbindung gebracht: »Sein Gewand war weiß wie Schnee«, heißt es da, »und sein Haar so hell wie reine Wolle« (Dan 7,9). Und die Szene spiegelt sich auch in der Offenbarung wider, wo Jesus mit Haaren, »so hell wie reine Wolle, ja leuchtend weiß wie Schnee« erscheint (Off 1,14). Allerdings wurde auch hervorgehoben, dass in der Offenbarung die anderen Figuren in weißen Gewändern Märtyrer seien.[18]

Petrus schlägt vor, das Ereignis zu feiern: Drei »Hütten« oder »Unterstände« sollen gebaut werden. Warum? Nun, bei Lukas sprachen sie »mit Jesus über seinen Tod, den er nach Gottes Plan in Jerusalem erleiden sollte« (Lk 9,31–32). Für Tod gebraucht Lukas das griechische Wort *exodon.* Sie sprachen also über den Exodus Jesu, die jüdische Erlösungsgeschichte, das große Exempel der Thora für die Errettung, und diesmal soll es sich – als Jesu persönliches Wiedererleben der Erlösungsgeschichte – in Jerusalem ereignen. Diese Vision ist ganz mit »Exodus« überschrieben: Über einem Berg senkt sich eine Wolke herab, Jesu Gewänder leuchten wie die des Mose, der Mann erscheint, und sie diskutierten über einen künftigen »Auszug«.

So verwundert es nicht, dass sich Petrus für eine »Exodus«-Feier einsetzt. Sein Vorschlag, »Hütten« zu errichten, gemahnt an das Laubhüttenfest, eines der bedeutenderen jüdischen Feste. Männer und die Knaben, die so reif waren, dass sie ihre Mutter nicht mehr brauchten, bauten sich Hütten, in denen sie dann die Woche über wohnten.[19] Die Laubhütten oder Unterstände wurden aus Ästen zusammengeflochten und erinnerten die Juden an das Leben in Zelten während der Wanderschaft durch die Wüste. Doch an dieses Ereignis soll nicht erinnert werden, ja, es soll nicht einmal mehr davon geredet werden. Jesus nutzt es einmal mehr, um an die steinige Straße zu erinnern, die vor ihnen liegt. Elia war zurückgekehrt, und »sie haben mit ihm gemacht, was sie wollten«. Der Menschensohn muss »viel leiden« und wird »von allen verachtet« werden (Mk 9,12–13). Sie hatten die Bergspitze erklommen, von der es nun aber nur noch abwärtsging.

»Ich vertraue dir ja, hilf mir doch gegen meinen Zweifel«

Am Fuß des Berges liegt ein Dorf. Hier führen die Jünger mit einigen Schriftgelehrten ein Streitgespräch, weil es ihnen nicht gelungen war, einem Knaben den bösen Geist auszutreiben. Matthäus beschreibt seine Krankheit als »schwere Anfälle« (Mt 17,15). Die Symptome sprechen für Epilepsie: Schaum vor dem Mund, knirschende Zähne, Krämpfe und die Unfähigkeit zu sprechen (Mk 9,17–18). Der Knabe war von Kindesbeinen an in seiner Hölle eingeschlossen, ohne sprechen oder hören zu können.

Als die Menge Jesus entdeckt, läuft sie ihm »aufgeregt« entgegen (Mk 9,15). Der hier gebrauchte griechische Begriff deutet darauf hin, dass die Erregung »so extrem« ist, »dass sie seelische Nöte, Zittern und psychische Bestürzung verursacht«.[20] Offenbar wirkt etwas von den Ereignissen vom Vortag nach.

In der Episode wird eine Anspannung spürbar: Mit der Menge, die in ihr auftritt, wirkt sie konfus. Jesus erscheint zornig und frustriert, weniger über die Jünger als vielmehr über die Leute, diese ungläubige Generation, deren mangelnder Glaube eine Heilung verhindert hat. Und vielleicht auch über den Vater des Knaben: Jesus fasst dessen Bitte, seinen Sohn zu heilen – »Hilf uns, wenn du kannst« –, als eine Art Herausforderung auf. Und er beginnt, so Markus, mit der Austreibung, als er sieht, dass »die Menschenmenge immer größer« wird (Mk 9,25). Sie wirken nicht wie Anhänger, die sich um Jesus scharen, sondern eher wie ein Mob. Entscheidend sind hier allerdings die Worte des Vaters, die dem Sinn nach wohl schon jeder Christ einmal geäußert hat: »Ich vertraue dir ja – hilf mir doch gegen meinen Zweifel« (Mk 9,24). Als der böse Geist aus ihm ausgezogen ist, bleibt der Junge wie ein Leichnam liegen. Doch Jesus hilft ihm auf. Der Knabe ist frei.

Und die Spannung steigt. Als Jesus durch Galiläa nach Kapernaum zurückkehrt, so macht Markus deutlich, reist er heimlich. Die Stimmung wird bedrohlicher. Es ist fast so, als sei Jesus in Galiläa nicht mehr sicher, als habe sich das Blatt plötzlich gegen ihn gewendet.

Unterwegs redet er erneut von kommenden finsteren Tagen, aber die Jünger wollen oder können sich dieser Realität nicht stellen. Stattdessen beginnen sie eine Diskussion darüber, wer der Wichtigste sei. (Wie es dazu kam, kann man sich denken. Möglicherweise blickten die drei Jünger, die es auf den Berg geschafft hatten, auf diejenigen herab, die unten geblieben waren.) Jesus antwortet darauf in einem förmlichen, rabbinischen Stil: Er setzt sich und ruft sie zu sich (Mk 9,35). Es wird ein Seminar, ein Lehrgang in Sachen Führung. Und wie bei allem im Reich werden auch hier sämtliche Dinge auf den Kopf gestellt. Der Unterste ist der Oberste, der Erste wird zum Letzten. Zur Veranschaulichung dient ein kleines Kind, ein drastisches Bild, denn in der jüdischen Welt des

1. Jahrhunderts n. Chr. würde niemand in einem Kind ein religiöses Vorbild erblicken. Jesus spricht hier vom Dienen. Wer immer ein solches Kind »aufnimmt« – also dem Kind dient –, der dient ihm. Allerdings waren in damaligen Haushalten für diese »Aufnahme«, den Empfang, die Frauen, Kinder und Sklaven zuständig. Sie brachten dem Gast zu essen und wuschen seine Füße. Im Aramäischen fällt das Wort für »Kind« – *talya* – mit dem für »Diener« zusammen.[21]

Die Jünger benehmen sich kindisch, müssen sich aber auch wie Kinder benehmen. Jesu Lehren über Führung sind stets durchdrungen von einer Umkehrung der Vorbilder um ihn herum. Für Jesus ist Führen stets mit Dienen verbunden. In seinem ganzen Ausmaß wird dies beim Abendmahl in der Nacht vor seiner Hinrichtung deutlich werden. Seine Darlegung, wie es in dem von ihm errichteten Reich um Ehre und Status bestellt ist, dreht sich ganz um den Rollentausch. In dieser auf den Kopf gestellten Welt ist der Letzte der Erste, erhält der landlose Tagelöhner, der eine Stunde arbeitet, den gleichen Lohn wie die, die den ganzen Tag arbeiten, und sitzen diejenigen, die an der Tafel einen Ehrenplatz erwarten, ganz am unteren Ende.

Das Christentum hat diese Lehren den Großteil seiner Geschichte über offenbar missachtet. Ein Beispiel ist Jesu Ungeduld gegenüber Titeln und Ehrenbezeichnungen:

> Lasst ihr euch nicht so anreden! Nur Gott ist euer Meister, ihr seid untereinander alle Geschwister. Niemanden auf der Erde sollt ihr »Vater« nennen, denn nur einer ist euer Vater: Gott im Himmel. Ihr sollt euch auch nicht Lehrer nennen lassen, weil ihr nur einen Lehrer habt: Christus. Wer unter euch groß sein will, der soll allen anderen dienen. Alle, die sich selbst ehren, werden gedemütigt werden. Wer sich aber selbst erniedrigt, wird geehrt werden. (Mt 23, 8–12)

Ich weiß nicht, wie all diese Patres, Ehrwürden, Hochwürden, Hochehrwürden, Exzellenzen, Eminenzen und Heiligkeiten, diese Reverends und Monsignores an dieser klaren Botschaft vorbeigekommen sind.

Kein Status, keine Titel, kein Thron und keine Ehrenplätze. Stattdessen Sklaverei, Knechtschaft und ein kindliches Seid-alle-Willkommen. Vielleicht fügt Markus deshalb die Episode mit dem unbefugten Geisteraustreiber ein. Jemand hat in Jesu Namen Dämonen ausgetrieben, ohne seine Erlaubnis einzuholen oder einen Antrag zu stellen. Die Kirche hat eine lange Tradition darin, Menschen, die Gutes taten, deshalb auszuschließen, weil sie außerhalb der offiziellen Kanäle oder des offiziellen Glaubens wirkten. Doch Jesus relativierte dies. »Wer nicht gegen uns ist, ist für uns.« Zieht nicht über sie her: Sie stehen auf unserer Seite.

Die Steuereinnehmer des Tempels

Jetzt sind Jesus und die Jünger ein letztes Mal zurück in Kapernaum. Doch bevor sie gen Süden ziehen, trägt sich eine kleine Begebenheit mit einem Fisch und etwas Geld zu:

> Bei ihrer Ankunft in Kapernaum kamen die Steuereinnehmer des Tempels zu Petrus und fragten: »Zahlt euer Lehrer keine Tempelsteuer?« – »Natürlich tut er das«, antwortete Petrus und ging in das Haus, um mit Jesus darüber zu reden. Doch Jesus kam ihm zuvor: »Was meinst du, Petrus, von wem fordern die Könige Abgaben und Steuern, von ihren eigenen Söhnen oder von ihren Untertanen?« – »Von den Untertanen natürlich«, antwortete Petrus. Jesus erwiderte: »Dann sind die eigenen Söhne also steuerfrei. Doch wir wollen ihnen keinen Anlass geben, uns anzuklagen, darum geh an den See und wirf die Angel aus. Dem ersten Fisch, den du fängst, öffne das Maul. Du wirst darin eine

Münze finden, die für deine und meine Abgabe ausreicht. Bezahle damit die Tempelsteuer!« (Mt 17,24–27)

Trotz ihres märchenhaften Charakters muss diese Erzählung als historisches Zeugnis ernst genommen werden: Es betrifft die Zahlung der Tempelsteuer, also sicher keine Frage, zu dem die späteren Christen eine Geschichte erfanden, denn ab 70 n. Chr., nach der Zerstörung des Tempels, war sie gewiss kein Thema mehr.

Die Tempelsteuer betrug einen halben Schekel und musste von jedem Juden ab dem 20. Lebensjahr jährlich für den Unterhalt des Tempels entrichtet werden. Nach der Mischna wurde die Tempelsteuer ab dem 15. Adar – etwa Anfang März – eingenommen.[22] Deshalb spielt diese Episode wahrscheinlich Anfang des Jahres.

Als Präzedenzfall beriefen sich die Tempelbehörden wohl auf Exodus 30,13 ff. Dort ist die Rede davon, dass zu Volkszählungen ein halber Schekel verlangt wurde. Weitere Präzedenzfälle tauchen in der Thora aber nicht auf.[23] Zur Zeit Jesu galt die Steuer wahrscheinlich als Neuerung aus jüngerer Zeit, weshalb sie denn umstritten war. Die Leute waren sich uneins darüber, ob sie jährlich oder einmalig entrichtet werden musste. Für Unmut sorgte auch die Tatsache, dass Priester von ihr befreit waren.[24]

Die Abgabe musste nicht zwingend bezahlt werden, wurde aber erwartet. Wenn das Geld an den Tempel überbracht wurde, musste es von den Wechslern getauscht werden. Der Mischna zufolge wurde es in einer Vielzahl von Währungen eingenommen, auch in persischen *Darics* und sogar römischen *Denarii.*[25] Zur Zeit Jesu konnte man allerdings nur in einer offiziellen Währung zahlen: in tyrischen Schekel.[26]

Dahinter stecken allerdings keine freundschaftlichen Beziehungen zu den Tyrern: Diese verabscheuten von jeher die Juden.[27] Der Grund lag auch nicht darin, dass dem tyrischen Schekel keine frevelhaften Bildnisse eingeprägt gewesen wären.

Anstatt des Kaisers war immerhin der Gott Melkart (Herakles) abgebildet, was sicherlich mindestens ebenso problematisch war.[28] Der eigentliche Grund lag im höheren Silbergehalt dieser Münzen. Andere aus Antiochia enthielten im Durchschnitt 80 Prozent Silber, während der tyrische Schekel mit 90 Prozent aufwartete und dieser Anteil streng kontrolliert wurde.[29] Das wirtschaftliche Interesse wurde folglich mit religiösen Überlegungen verbrämt.[30]

Den tyrischen Schekel gab es in zwei Stückelungen, der *Didrachma* (Doppeldrachme), die einem halben Schekel entsprach, und einer *Tetradrachma* (Vierfachdrachme) oder einem Schekel. Die Tempelbehörden bevorzugten die zuletzt genannte Münze, da sie schwerer war und einen höheren Silberanteil enthielt, aber es gab ein Problem. Die feste Gebühr für die Steuer betrug pro Mann einen halben Schekel. Deshalb berechneten sie für jede Zahlung eines halben Schekels pro Einzelperson einen Aufschlag von acht Prozent. Der Gedanke war, dass sich die Leute jeweils zu zweit zusammenschließen sollten, um dann einen vollen Schekel in Form einer Tetradrachma, der wertvolleren Münze, zu bezahlen.[31] Mit anderen Worten: Wenn man zum Tempel ging, um seinen Beitrag zu leisten, erwartete einen ein Aufschlag.[32] Man stelle sich das so vor: Der Unterhalt der Kirche kostet jedes Mitglied jedes Jahr einen halben Euro. Wenn sich zwei Mitglieder zusammentun, können sie gemeinsam einen Euro bezahlen. Aber wer allein zahlt, zahlt mit einem Aufschlag 54 Cent. Dies war gewissermaßen die vom Tempel erhobene Entsprechung zur Kreditkartengebühr. Oder vielleicht eine Ermunterung zur Begleichung per Bankeinzug.

Genau darum geht es in diesem Passus. Wörtlich fragt der Steuereinnehmer Petrus: »Bezahlt dein Meister die Didrachma, also die Steuer des Einzelnen?« Und die Münze, die sie dann in dem Fisch finden, ist ein *Stater*, der Gegenwert einer Tetradrachma, mit der die Steuer für Jesus und Petrus beglichen wird. Ohne Aufschlag.

Wenngleich in eine Geschichte mit Fisch verpackt, gibt diese Erzählung korrekt und präzise historische Tatsachen wieder. Und der politische und historische Schluss ist ebenfalls klar: Wenn die Könige der Welt ihre eigenen Familien von der Steuer befreien, wie sehr sollte dies dann auch die Priesteraristokratie tun?[33] Jesus sagt, die Juden sollten nicht von den Führern ihrer eigenen Religion mit Steuern belegt werden. Die »Kinder« sollten von diesen Verpflichtungen befreit werden. Am Ende zahlt er doch, aber nur, um Ärger zu vermeiden – und er zahlt per Wunder anstatt aus eigener Tasche.

Die Episode ist keine eindringliche Fürsprache für die Erhebung der Tempelsteuer. Diesmal hat Jesus bezahlt, aber später wird er sein Missfallen zum Ausdruck bringen.

Dieser Teil der Erzählung hat etwas Finsteres und Bedrückendes. Die Menge – der Mob –, die Jesus am Fuß des Berges kasteite, die Heimlichkeit seiner Rückkehr nach Kapernaum, die Äußerung, »wer nicht für uns ist, ist gegen uns« – all dies deutet darauf hin, dass die Dinge in diesem Teil Galiläas eine negative Wendung genommen haben.

Vielleicht deshalb klagt Jesus später Chorazin, Betsaida und Kapernaum an. Sie hatten ihre Chance, sie wussten, wer Jesus war und was er vollbrachte, aber sie nutzten sie nicht. Am Ende wiesen sie ihn zurück.

Also schüttelt er den Staub von seinen Sandalen und geht von hier fort. Er zieht gen Süden, nach Samarien, nach Judäa, an den Jordan.

Und nach Jerusalem.

7
Galiläa, Samarien, Herbst/Winter 32 n. Chr.

Aus Rom kamen furchtbare Nachrichten. Sejanus war gestürzt, seine Familie niedergemetzelt, die kleine Junilla vergewaltigt und ermordet worden. Der Mob tobte. Die Leiche seines Freundes und Schutzherrn hatten sie auf der Gemonischen Treppe in Stücke gerissen.

Monatelang hatte er darauf gewartet, nach Rom zurückgerufen zu werden, ohne dass etwas geschehen war. Vielleicht hatte er Tiberius von seiner Loyalität überzeugt, aber vielleicht wartete der Kaiser auch nur darauf, dass er einen Fauxpas beging.

An der Küste war Pomponius Flaccus eingetroffen. Der neue Statthalter war judenfreundlich, so jedenfalls das Gerücht. Die neue Politik des Kaisers: »Mit den Juden aufmunternd zu reden.« Aufmunternd! Wusste er, wie das Leben hier war? Hatte er eine Ahnung, wie schwierig sich dieses Volk gebärdete?

Natürlich nicht. Bei jedem, aber wirklich jedem Fest setzte jemand den Leuten eine Grille in den Kopf und stiftete sie zu Dummheiten an. Wenn man in ihrer Heiligen Stadt etwas unternahm, hagelte es Proteste. Wenn man einen Schild aufstellte, bekam man Besuch von einer Delegation. Nicht einmal einen Aquädukt konnte man errichten, ohne dass irgendeine Art Protest kam. Verhandlungen führten zu keinen Ergebnissen. Gewalt wurde als einzige Sprache verstanden. So ging es zu bei den Juden.

Und sie wussten, wo man Schwächen hatte. Er dachte, diesmal seien die Schilde in Ordnung: Ohne Bildnisse dar-

auf, nur mit wenigen Worten. Dabei hatte Herodes, das alte Scheusal, seinerzeit den Kaiseradler darauf abgebildet. Aber es war wieder das Gleiche: wiederum Proteste und Streitereien. Und diesmal rückten vier von Herodes' Welpen an und meldeten Protest an. Aufgeblasene Pinscher. Nun gut, er hatte schon Schlimmeres überstanden. Gefährlichere Schlachten ausgefochten. Diese konnte er beherrschen. Er musste die Würfel nur vorsichtig rollen lassen. Der Tempel und die Schilde waren ein Fehlgriff gewesen. Einfach den Kopf einziehen, stillhalten und das Geld nach Rom fließen lassen.
Diplomatie. Die wurde gebraucht. Ein Lächeln aufsetzen und diese kleinen Leute mit ihren Beschwerden ernst nehmen. Aber ihnen auch klarmachen, dass man stets bereit war, etwas Blut zu vergießen.

Durch Städte und Dörfer

In nur 52 Versen eilt Markus im Galopp von Galiläa bis zu Jesu triumphalem Einzug in Jerusalem voran. Bei Lukas dauert diese Reise weitaus länger: Jesus verlässt Galiläa und zieht am Ende von Kapitel 9 in Samarien ein, kommt aber erst neun Kapitel weiter in der Umgebung von Jericho an. Bei Lukas verbringt Jesus vor der Weiterreise nach Süden offenbar deutlich mehr Zeit im Norden, an der Grenze von Galiläa / Jericho. Einige geographische Angaben geben uns Anhaltspunkte.

- Jesus stößt auf Ablehnung (Lk 9,51–56) – Samarien.
- Jesus besucht Marta und Maria (Lk 10,38–42) – Betanien.
- Jesus geht »durch Städte und Dörfer« (Lk 13,22) – auf dem Weg nach Jerusalem.
- Jesus erhält die Warnung: »Sieh zu, dass du schnell von hier fortkommst. König Herodes will dich töten lassen!« (Lk 13,31) – Galiläa oder Peräa.

- Jesus heilt Aussätzige (Lk 17,11) – in der Region zwischen Samarien und Galiläa.
- Jesus begibt sich nach Jericho und in die Stadt (Lk 18,35; 19,1) – eben nach Jericho.

Die Route ist kompliziert, zeigt aber eines ganz deutlich, nämlich dass Jesus im Grenzgebiet zwischen Galiläa und Samarien viel Zeit verbracht hat. Herodes' Drohung ergibt nur dann einen Sinn, wenn Jesus sich auf seinem Hoheitsgebiet aufhält: entweder in Galiläa oder in Peräa. Letzteres kann man ausschließen, wenn man sich an die Darstellung bei Lukas hält, weil er dort vier Kapitel später noch immer in der Region Samarien / Galiläa weilt. In Samarien hält er sich vermutlich nur kurz auf, denn er speist weiterhin mit Pharisäern zu Abend, und in Samarien dürfte kein Pharisäer ein Haus unterhalten haben. Auch besteht die Menge, die ihn ständig umgibt, nicht aus Samaritern, sondern aus Juden.

Darüber hinaus wissen wir aus Johannes' Erzählung, dass Jesus Jerusalem vor seiner letzten Woche zwei Besuche abstattete: zum Laubhüttenfest im Herbst 32 n. Chr. und zum Fest der Tempelweihe im Winter desselben Jahres.

Jesus startet also nicht von Kapernaum aus und zieht langsam, aber stetig nach Jerusalem. Vielmehr verlässt er Kapernaum, reist ans Südende von Galiläa und macht dort halt. Oder er wandert zumindest durch die Region.[1] Etwa drei Monate verbringt er in einer Gegend, die Lukas als Samarien und Galiläa, also den südlichen Rand Galiläas beschreibt. Von hier aus startet er die Mission der siebzig, um die Frohe Botschaft zu verkünden. Einige werden nach einer Art Guerilla-Taktik in die Städte Samariens entsandt. Derweil deutet die Erwähnung Martas und Marias darauf hin, dass Jesus auch selbst auf Mission ging, wenn auch auf eine heimliche, die ihn weiter nach Süden führte. Dann zog er von Galiläa nach Judäa, wo er an einem Ort namens Ephraim überwinterte, um dann schließlich zum Passahfest nach Jerusalem zu gehen.

War Erntezeit? Jesus gebraucht das Bild einer reichhaltigen Ernte, die mit nur wenigen Arbeitern eingefahren wird. Das könnte darauf hindeuten, dass er auf erntereife Felder blickte, als sie sich ihrer neuen Operationsbasis (Lk 10,2) näherten. Es würde auch ins Zeitschema passen: Spätsommer, Frühherbst, dicke Trauben an den Weinstöcken – bald werden Tagelöhner auf den Marktplätzen nach Arbeit suchen.

Jesus »schickte Boten voraus«, wie uns Lukas mitteilt (Lk 9,52), die eine Reihe von Städten besuchen sollen. Wahrscheinlich wollte Jesus die wenigen Tage in jeder Stadt optimal nutzen, indem er seinen Besuch vorbereiten ließ. Doch in der ersten samaritanischen Stadt, in die sie kommen, wird deutlich, dass Jesus nicht willkommen ist. Während ihm zuvor, unmittelbar vor der Verhaftung Johannes' des Täufers, ein herzlicher Empfang zuteilwurde, ist er diesmal unerwünscht. Jakobus und Johannes – sie hängen noch an ihren alten Vorstellungen vom Messias – schlagen vor, auf das Dorf möge Feuer vom Himmel herabregnen. Jesus weist sie zurecht.

Bei der Gelegenheit hebt er einmal mehr den Konflikt und die Schwierigkeit hervor, die mit der Gefolgschaft verbunden sind (Lk 9,51–56). Man darf nicht zurückblicken. Selbst heilige Pflichten wie die Bestattung der Eltern sind bedeutungslos angesichts der dringenden Aufgabe (Lk 9,59–62). Auch wenn die Bestattung der Toten durch die Toten spirituell gedeutet wurde – »Lass die Toten ihre spirituellen Toten begraben« –, meint es Jesus wahrscheinlich im Scherz. Die jüdischen Begräbnisriten erfolgten in zwei Phasen: Zunächst wurde der Leichnam einbalsamiert und ins Grab gelegt. Ein Jahr später, wenn die Verwesung vollständig war, wurden in einer zweiten Phase die Knochen zusammengelesen und in ein Ossuar, einen »Knochenkasten«, gebettet.[2] Der Mann bittet Jesus also nicht nur, dass er »zuvor hingehe und [s]einen Vater begrabe«.

Eher will er noch ein ganzes Jahr warten, um das gesamte Verfahren abzuschließen. Doch Jesus sagt ihm, diese Aufgabe sollen die anderen Leichname im Grab erfüllen. Er verlangt keinen kompletten Verstoß gegen das Gebot, Vater und Mutter mit einem würdigen Begräbnis zu ehren. Vielmehr weist er darauf hin, dass dies nicht als Ausrede gelten kann. Die Ernte wartet darauf, eingebracht zu werden.

Als Nächstes erweitert Jesus sehr bewusst seinen Kreis. Er hat – soweit ihre geistigen Fähigkeiten es ermöglichten – zwölf Jünger als Missionare geschult. Jetzt ernennt er siebzig weitere mit demselben Auftrag: Geht zu zweit in die Dörfer, ohne Geld oder Gepäck und sogar ohne Schuhe. Kleidet euch wie die Armen und nehmt nur die Frohe Botschaft mit.

Wann könnte dies stattgefunden haben? Blenden wir einen Augenblick zurück zu den Samaritern. Als Grund dafür, dass Jesus von ihnen abgelehnt wird, gibt Lukas an, weil er »auf dem Weg nach Jerusalem war« (Lk 9,53). Die Samariter betrachten Jesus und seine Anhänger als eine Pilgergruppe, die zum Fest nach Jerusalem zieht. Deshalb kommen sämtliche alten Feindseligkeiten wieder hoch.

Warum sollten sie die Begleiter Jesu als Pilgergruppe betrachten? Die einzige Erklärung liegt darin, dass sie oder zumindest einige von ihnen dies tatsächlich waren.

»Dann zeige sie auch vor aller Welt«

Johannes berichtet uns von anderen Zwistigkeiten in der Familie Jesu. Diese müssen vor dessen Abreise aus Galiläa in Richtung Samarien stattgefunden haben: Der Zwischenfall ereignete sich im Herbst 32 n. Chr. Wir wissen, dass Jesu Brüder nicht unter seinen Jüngern waren. Bei der Kreuzigung waren sie sicher auch nicht anwesend. Aber sie könnten zu dieser Zeit, während dieser ersten Etappe seiner Reise im Süden Galiläas / Samariens, bei ihm gewesen sein, weil sie zum Fest nach Jerusalem zogen. Die naheliegende Route von Kapernaum nach Samarien hätte Jesus nach Sepphoris und an Nazareth vorbeigeführt, wo seine Familie lebte. In dem Fall wären Jesu Brüder natürlich zu der Gruppe gestoßen, da ihre Route ja in dieselbe Richtung führte. Alle reisten nach Süden. Vielleicht reagierten die Samariter deswegen so heftig. In Jesu Reisegruppe befanden sich Pilger und insbesondere seine Brüder.

> Kurz vor dem Laubhüttenfest aber forderten ihn seine Brüder auf, mit ihnen nach Judäa zu gehen: »Komm mit und zeig deinen Anhängern dort, welche Wunder du tun kannst! Kein Mensch versteckt sich, wenn er bekannt werden will. Wenn du schon Wunder vollbringst, dann zeige sie auch vor aller Welt!« (Denn nicht einmal seine Brüder glaubten ihm.) (Joh 7,2–5)

Es ist die alte Versuchung. Jesus soll zeigen, was er vermag. Nur seine Brüder wollen nicht recht glauben, dass er dies tun wird. Und Jesus weigert sich. Er sagt ihnen, sie sollten »nur zum Fest« gehen. Er wolle nicht mitkommen. »Die Zeit zum Handeln ist für mich noch nicht da« (Joh 7,8). Seine Brüder zogen daraufhin ohne ihn los.

Dann ändert Jesus plötzlich seine Meinung: »Nachdem seine Brüder nach Jerusalem gereist waren, ging auch Jesus heimlich dorthin« (Joh 7,10).

Auch in dieser Episode taucht so, wie Johannes sie erzählt, kein Jünger auf. Das legt den Schluss nahe, dass Jesus wie schon während des Festes im Winter 31 n. Chr. die Gelegenheit nutzt, um nach Jerusalem zu gehen, während seine Jünger die Frohe Botschaft verbreiten.

Johannes malt das Bild eines Jerusalems, in dem die Gerüchteküche brodelt. Die Menge ergeht sich in Diskussionen und Spekulationen über Jesus. Einige beschreiben ihn als einen »guten Menschen«, während andere meinen, er »verführt das Volk«. Aber die Diskussion wird aus Angst »vor den führenden Männern des jüdischen Volkes« hinter vorgehaltener Hand geführt (Joh 7,13). Es ist eine Szene wie in einer modernen Diktatur, wie in den Straßen Myanmars oder des Iran. Wird der Held des Volkes sein Gesicht offenbaren? Und ist er wirklich sein Held oder nur ein weiterer gescheiterter Möchtegernkönig? Oder schlimmer noch: ein Handlanger der Obrigkeit?

Beunruhigenderweise wird Jesus von den jüdischen Führern bereits erwartet. Sie halten nach ihm Ausschau und fragen: »Wo ist denn dieser Jesus?« Wie haben sie erfahren, dass er kommt? Zum letzten Mal hat er sich vor neun Monaten oder vielleicht sogar vor einem Jahr in Jerusalem blicken lassen. Die meiste Zeit verbrachte er im Norden, einige Zeit sogar außerhalb Galiläas. Zwei weitere Feste – Passah und das Wochenfest Schawuot – waren vergangen, ohne dass er wieder aufgetaucht war. Berichte über die Speisung der Fünftausend mochten die Begeisterung der Menge angefacht haben. Doch hier schleicht sich ein Verdacht ein: Besteht ein Zusammenhang damit, dass Jesu Brüder ihn drängten, nach Jerusalem zu ziehen? Haben sie den Behörden verraten, dass er kommen würde? Sie glaubten ja nicht an ihn, also lag ihnen sehr viel daran, dass er in großer Öffentlichkeit auftrat. Dieser Verdacht klingt wohl wie ein Sakrileg, vor allem, wenn man bedenkt, dass mindestens ein Bruder Jesu später die Führung der Jerusalemer Urgemeinde übernehmen sollte.

Aber selbst wenn wir uns der These anschließen, dass der »Brief des Judas« von einem Bruder Jesu dieses Namens geschrieben wurde, so ist für seine beiden anderen Brüder nichts über eine Gefolgschaft belegt: Soweit wir wissen, waren beide niemals Anhänger Jesu und hielten ihren Bruder allenfalls für einen Narren. Der Gedanke mag verstören, aber vielleicht war Judas Iskariot ja nicht der einzige Maulwurf im Lager Jesu.

Jesus trifft natürlich ein, »als das Fest zur Hälfte vorüber war« (Joh 7,14). Mit dem Takt und dem Einfühlungsvermögen, die man von ihm gewohnt ist, marschiert er schnurstracks in den Tempel und bricht mit der Menge eine Diskussion vom Zaun. Sogar ein Verhaftungskommando wird losgeschickt.

Es handelt sich wohl nicht um römische Soldaten – von denen ist nur eine Handvoll in Jerusalem stationiert –, sondern um die Tempelpolizei, die unter Aufsicht des Hohepriesters und des Sanhedrin die Ordnungskräfte für Jerusalem stellte. Diese hatte eine Personalstärke von mehreren tausend Mann: Beim ersten Judenaufstand kamen 8500 Tempelwachen um.[3] Wie die Priester aus dem Stamm der Leviten rekrutiert, hielten die Tempelpolizisten die Ordnung im Heiligtum aufrecht, dienten am Eingang zum Allerheiligsten als Torwache, patrouillierten in den Tempelhöfen und standen auf der Mauer um den Vorhof der Heiden Wache.[4]

Doch nichts geschieht. Die Verhaftung bleibt aus. Als die Tempelwachen mit leeren Händen zurückkehren, werden sie von den Hohepriestern und Pharisäern mit Spott empfangen. Als Nikodemus ins Feld führt, Jesus verdiene wenigstens ein faires Verfahren, erntet er Hohn: »Bist du etwa auch aus Galiläa?«

Die Worte der Jerusalemer Elite sagen einiges: »Gibt es etwa unter uns führenden Männern auch nur einen einzigen, der diesem Menschen glaubt?« (Joh 7,48). (Es sei darauf hingewiesen, dass die hier auftretenden Pharisäer nicht zur Tempelbehörde gehören.) Die Tempelelite will sagen: »Kein halbwegs gebildeter oder kultivierter Mensch fällt auf diesen Mann herein: *Er kommt schließlich aus Galiläa.*«

Galiläer galten als unkultiviertes und ungebildetes Volk aus dem Norden. Für die städtische Elite Jerusalems war Galiläa eine entlegene unzivilisierte Region, arm und rückständig. Es war von der »Heimstatt« des Judentums durch das verhasste Samarien abgeschnitten und zudem von heidnischen Städten umringt. In Galiläa lebten deutlich mehr Nichtjuden als in Judäa. Die Region erschien historisch irgendwie als Ausland.

Tatsächlich war sie unter den Hasmonäern ein separates Gebiet gewesen, das erst am Ende des 2. vorchristlichen Jahrhunderts in deren Reich eingegliedert wurde. Galiläa war ungefähr das, was Schottland unmittelbar nach dem Vereinigungsgesetz von 1707 für einen Londoner Bürger war. Die kultivierten Jerusalemer hörten den Unterschied schon am Akzent: Galiläer sprachen nicht »ordentlich«. So gibt es eine Anekdote über einen Galiläer, der auf einem Jerusalemer Markt etwas kaufen will, das wie *amar* klang. Die Händler verspotteten ihn: Braucht er nun einen Esel zum Reiten *(hamâr)*, ein Weingetränk *(hamar)*, ein Gewand (*»amar«* bedeutet »Wolle«) oder ein Opferlamm *(immar)*?[5] (Auch Petrus wurde später leicht als Gefolgsmann Jesu erkannt: am lächerlichen, tölpelhaften und ungeschliffenen Akzent des Nordens.)

Dieses Vorurteil spiegelt sich auch in der Menge wider. Manche führen ins Feld, Jesus könne nicht der Messias sein: Er komme doch aus Galiläa. Und jeder wisse, dass er aus Bethlehem stammen müsse (Joh 7,40–42). Andere wenden ein: »Woher aber der Messias kommt, wird niemand wissen« (Joh 7,27). Eine Gruppe behauptet sogar, Jesus stamme aus Samarien: »Also hatten wir doch recht«, schimpfen sie. »Du bist ein Samariter, von bösen Geistern besessen« (Joh 8,48). Der Vorwurf, Jesus sei besessen, ist vertraut und wird während dieser Visite dreimal erhoben: zunächst als Erklärung für Jesu paranoide Überzeugung, dass die Menge ihn zu töten versuche (Joh 7,20), sowie ein zweites und drittes Mal als Antwort auf seine Lehre (Joh 8,48–52; 10,19–21). Der Vorwurf, er sei Samariter, ist dagegen neu. Vielleicht spiegelt er in entstellter Form ein Stück Wahrheit wider: Jesus kam aus Samarien nach Jerusalem. Oder vielleicht versuchten die Leute einfach, Jesus irgendwie anzuschwärzen: Man stelle fest, dass er besessen ist, stemple ihn als unwissenden Nordländer ab oder, besser noch, nenne ihn einen Samariter!

Interessanterweise weist Jesus den Vorwurf der Besessenheit zurück, entgegnete aber nichts auf die Behauptung, er sei Samariter. Und um diesen Punkt ging es denn auch in einer der bekanntesten Geschichten, die Jesus erzählte. Und diese ergab auch nur dann wirklich einen Sinn, wenn sie in Jerusalem erzählt wurde.

Ein Mann wanderte von Jerusalem nach Jericho

Auch wenn Lukas Jesus diese Geschichte in Galiläa erzählen lässt, so ist es doch weitaus sinnvoller, wenn sie in Jerusalem zum Besten gegeben wird. Zum einen bricht sie ziemlich abrupt in diese Erzählung ein, und zum anderen beruht sie darauf, dass die Zuhörer den Schauplatz kennen: die Straße von Jericho nach Jerusalem. Die Einwohner Jerusalems wussten nur zu genau, wie gefährlich diese Straße war. Sie fällt von ca. 760 Meter über dem Meeresspiegel auf 350 Meter unter ihn ab und führt zudem durch felsiges Gelände. Allen Pilgern in der Menge war sie sicherlich vertraut: Wenn man diese Route nach Galiläa durch Peräa nahm, konnte man Samarien umgehen. Angesichts ihrer Bedeutung erhält diese Geschichte durch den Gedanken, dass diese Straße zur Umgehung von Samarien diente, zusätzlich eine ironische Note.

Doch die Episode, in der dieses Gleichnis erzählt wird, spielt hauptsächlich deshalb eher in Jerusalem, weil sie sich insgesamt gegen den Tempel richtet.

Sie beginnt mit einem Streit darüber, was in 3. Mose 19,18 mit »deinem Mitmenschen« – oder »Nächsten« gemeint ist: »Liebe deinen Mitmenschen wie dich selbst.« Nach landläufiger Auffassung waren israelitische Landsleute gemeint, wenn auch einschließlich der Fremden, die im Land lebten (3 Mose 19,33–34). Doch wieder dehnt Jesus bei seiner Deutung des Thora-Textes einen Begriff bis zum Zerreißen aus.

Er erzählt die Geschichte eines Unbekannten von der Straße, der überfallen, ausgeraubt und, da für tot gehalten, seinem

Schicksal überlassen wird. Zwei Männer kommen vorbei: ein Priester und ein Levit. Beide Figuren, und das ist wichtig, stehen in ganz enger Verbindung zum Tempel. Beide haben dort ihren Dienst getan. Der Geschichte zufolge schlendern sie, von Jerusalem kommend, die Straße entlang: Wie Jesu Verwandter Zacharias, der Vater Johannes' des Täufers, haben sie also ihren rotierenden Tempeldienst erledigt. Sie haben keine Eile: Nach Erfüllung ihrer Pflicht sind sie auf dem Heimweg.

Die beiden Männer repräsentieren also den Tempel. Der »Tempel« unternimmt nichts, um diesem Verwundeten zu helfen: Er überlässt die »Mitmenschen« ihrem Schicksal. Anders der Samariter. Die Priester und Leviten sind auf erblicher Basis, wegen ihrer Vorfahren, in ihre Position gelangt: Die Heiligkeit war gewissermaßen ein Merkmal in ihrer DNS, so wie Samariter die Unreinheit im Erbgut hatten. Dennoch hilft gerade der Samariter dem Verletzten, bringt ihn zu einem Gasthof und gibt dem Inhaber zu seiner Versorgung zwei Tageslöhne.

Ein Detail in diesem Gleichnis ist besonders merkwürdig, nämlich dass sich ein Samariter in der Umgebung von Jerusalem aufhält. Und warum geht er nach Nordosten in Richtung Jericho und nicht nach Norden in Richtung Samarien?

In Jerusalem lebten allerdings auch Samariter, genauer: in der Festung Antonia. Sie dienten dort in der Armee.

Wenn man von der römischen Armee spricht, führt der Ausdruck »römisch« leicht in die Irre. Wir stellen uns lateinisch sprechende Italiker vor, die fernab der Heimat nach ihren Weinbergen schmachten. In Wahrheit gab es in Palästina kaum echte italische »Römer«. Die wenigen Anwesenden waren Offiziere, Centurionen und Beamte in Pilatus' kleiner Entourage. Die Übrigen stammten aus der Region.

Die Garnison in Judäa bestand nicht aus römischen Legionären, sondern aus fünf Kohorten von Hilfstruppen, in denen lokale Rekruten dienten. Da Juden vom Militärdienst ausgenommen waren, handelte es sich um Provinzbewohner, um nichtjüdische Einwohner Samariens und Caesareas.[6] Josephus überliefert den Namen von einer dieser Kohorten: die *Sebastii* – benannt nach *Sebaste,* der griechischen Form von Augustus. Sebaste war denn auch der griechische Name für die Stadt Samaria. Es handelte sich also um samaritanische Rekruten.[7] Samariter mussten im Gegensatz zu den Juden Militärdienst leisten.[8]

Der Samariter in Jesu Gleichnis war demnach möglicherweise ein Soldat. Auch wenn sich Jesus darüber ausschweigt, erscheint dies durchaus plausibel. Wie es ein Gelehrter ausdrückte: »Würde ein Jude einen Samariter normalerweise als Vorbild für Freundlichkeit ansehen, sich vorstellen, wie er durch Judäa reist, oder meinen, dass ihm ein judäischer Gastwirt trauen würde?«[9] Bei einem gewöhnlichen Samariter sicher nicht. Aber es gab eine Gruppe von Samaritern, die durch Judäa gereist sein mussten und auch – wie alle Angehörigen dieser Gruppe überall auf der Welt – Gasthöfe aufsuchten: eben Soldaten. Dieser Samariter ist zu Pferd unterwegs. Er hat Proviant – Öl und Wein – und seinen Sold dabei.

Eine weitere Einzelheit hat einen militärischen Beiklang: Lukas gebraucht für die »Räuber«, die den Überfall begingen, das Wort *Lestai,* »Banditen« (Lk 10,30). Wie wir gesehen haben, waren Lestai jene Guerilla-Banditen, die offizielle Konvoys und kaiserliche Schatztransporte überfielen, also Rebellen und Terroristen. Zwei Lestai werden neben Jesus am Kreuz sterben.

Man stelle sich die Erzählung dieses Gleichnisses also in Jerusalem vor, wo Jesus sie nahe des Tempels zum Besten gibt. Und hinter dem Tempel ragt die Festung Antonia auf, voller griechischer und samaritanischer Soldaten. Der springende Punkt der Geschichte ändert sich dadurch eigentlich nicht: Jeder ist ein »Mitmensch« oder »der Nächste«. Doch die Helden und Schurken dieser Geschichte erhalten eine andere Bedeutung: Der Priester und der Tempeldiener verkörpern weder das Judentum noch das Gesetz, sondern nur den Tempel, der im Zentrum »ihres« Judentums steht.

Und in Jesu Augen ist der Tempel das Symbol einer beschränkten Religiosität, einer, die achtlos an Menschen in Not vorübergeht.

»Meister, wer ist schuld daran?«

Johannes hat an dieser Stelle die Geschichte von der Heilung eines Blinden am Teich von Siloah aufgenommen. Die Episode folgt einem vertrauten Muster: Jesus heilt den Mann absichtlich am Sabbat. Und nicht nur das: Er wendet eine besonders provokante Methode an: Er spuckt in den Staub, knetet ihn zu einem Brei und schmiert ihn dem Mann in die Augen (Joh 9,6). Dieses Kneten ist Arbeit und ruft deshalb natürlich die Pharisäer auf den Plan.

Der Teich von Siloah lag am Südende des Stadttals (oder, so bei Josephus, des »Tals der Käsemacher«), das Jerusalem in Nord-Süd-Richtung durchschnitt. Beim Einsturz eines Turms in der Nähe waren irgendwann mehrere Menschen getötet worden (Lk 13,4). Jesu Anweisung, dass sich der Mann in dem Teich waschen solle, steht vielleicht in Beziehung zum Festtag. Nach dem späteren jüdischen Schrifttum wurde zum Laubhüttenfest ein goldenes Gefäß mit Wasser aus dem Teich von Siloah in einer Prozession zum Tempel hinauf und weiter zum Altar getragen.[10] Und ähnlich passt Jesu Lehre, wonach er das Licht der Welt sei (Joh 8,12), zum Brauch, beim Laubhüttenfest große Laternen zu entzünden.

Wie das verworrene Ende der Kampagne in Galiläa bei Markus, sind auch diese Kapitel bei Johannes, die in Jerusalem spielen, mit Konflikten gespickt. Es gibt zahlreiche Versuche, Jesus zu verhaften (Joh 7,30,32,44; 8,20), und einmal soll er sogar gesteinigt werden (Joh 8,59). Johannes schreibt das Scheitern seiner Verhaftung göttlicher Fügung zu, da Jesu

Stunde »noch nicht gekommen« sei. Dass Jesus der Steinigung entging, hat allerdings eher prosaische Gründe: Er versteckte sich und verließ den Tempel (Joh 8,20,59).

In dieser hitzigen und aufgeladenen religiösen Atmosphäre drohte nicht nur Jesus die Steinigung. In den meisten Bibeln findet sich an dieser Stelle die Geschichte einer Frau, die beim Ehebruch erwischt wurde. Sie fehlt in den frühesten Handschriften des Johannesevangeliums und ist auch in einem vom Rest abweichenden Stil verfasst. Möglicherweise stammt sie aus dem Hebräerevangelium, das heute verschollen ist. Die wenigen erhaltenen Fragmente dieser Schrift liefern unter anderem eine leicht abweichende Version des Vaterunsers und einen Bericht über eine Erscheinung Jesu bei seinem Bruder Jakobus.[11] Nach Eusebius von Caesarea schrieb Papias – er verfasste seine Werke um 130 n. Chr. – über eine »Geschichte über eine Frau, die fälschlich vieler Sünden vor dem Herrn geziehen wurde und die im Evangelium [der] Hebräer enthalten ist«.[12] Die besagte Episode bei Johannes könnte also durchaus einem anderen Evangelium entstammen.

Sie passt durchaus in die damalige Stimmung in der Stadt. Und auch wenn eigentlich nur die Römer Hinrichtungen anordnen konnten, so sind Zweifel angebracht, ob sie tätig geworden wären, wenn der Mob eine Jüdin zu Tode gesteinigt hätte. Jesus hält dem selbstgerechten aufgebrachten Pöbel den Spiegel vor, worauf sich dieser davonschleicht. Der sündigen Frau trägt er auf, davonzugehen und »nicht mehr zu sündigen«.

Lukas erwähnt den Besuch in Jerusalem nicht ausdrücklich, schildert aber ein Ereignis, das während oder um die Zeit dieser Visite hätte stattfinden müssen, denn es findet nur gut drei Kilometer außerhalb der Stadt im Dorf Betanien statt.

Für dieses eine

Maria, Marta und Lazarus leben in Betanien, einem Dorf an den Osthängen des Ölbergs. Weit genug außerhalb der Stadt gelegen, um der Menge zu entgehen und Aufmerksamkeit zu vermeiden, war es Jesu liebste Anlaufstelle, wenn er sich in Jerusalem aufhielt.

Wir wissen nicht, wie sie sich kennenlernten. Wenn es sich tatsächlich um das Betanien handelt, das an vorderer Stelle bei Johannes genannt wird, könnte ihre Bekanntschaft auf die Zeit zurückgehen, als Jesus bei Johannes dem Täufer weilte. Man weiß immerhin, dass diese Familie im Leben Jesu eine bedeutende Rolle spielt. Auf ihren eher ungewöhnlichen Haushalt gehe ich an hinterer Stelle näher ein. Für den Augenblick wenden wir uns den beiden Schwestern, zwei Anhängerinnen Jesu, zu.

Die Geschichte dreht sich ganz um die Gefolgschaft. Während Marta umherwirbelt, um die Gäste – die Männer – zu bedienen, sitzt Maria Jesus zu Füßen und lauscht seinen Lehren. Wohl nicht ganz zu Unrecht beklagt sich Marta, dass Maria ihr die ganze Arbeit überlässt. »Kannst du ihr nicht sagen, dass sie mir helfen soll?«, bittet sie Jesus. Doch Jesus tadelt sie sanft dafür, dass sie um vieles besorgt sei und sich viel Mühe gebe, während Maria sich »für dieses eine« entschieden habe (Lk 10,42).

Nach traditioneller Deutung soll sich diese Episode um den Gegensatz zwischen aktivem und kontemplativem Leben drehen. Marta sei die aktive, Maria die kontemplative, auf den Glauben fixierte Schwester, die sitzend Jesu Worten lauscht. Doch darum geht es in Wahrheit nicht. Wenn es überhaupt einen Konflikt gibt, so den zwischen einer Schwester, die weiß, wo ihr Platz ist, und einer anderen, die dies nicht weiß.

Maria verhält sich ihrem Geschlecht entsprechend ungehörig. Statt die Männer zu bedienen, sitzt sie da und lauscht den Lehren. Sie will am Gespräch teilhaben. Zu Füßen ihres

Rabbi, ihres Lehrers, nimmt sie die traditionelle Haltung eines Schülers ein, aber Schüler sind männlich.

Eine Grundüberzeugung im rabbinischen Denken lautete, dass Gott schlicht zu Frauen nicht spricht. »Im Namen R. Eliesers b. R. Simeon: Wir konnten nicht feststellen, dass der Allmächtige außer mit Sara mit einer Frau gesprochen hätte«, heißt es in einer Quelle.[13] Entsprechend waren Frauen in der rabbinischen Lehre vom Studium der Thora weitgehend ausgeschlossen. Rabbi Elieser sagte, dass »jeder, der seiner Tochter die Thora lehrt, ihr gleichsam Lüsternheit beibringt«.[14] Frauen durften an verschiedenen religiösen Versammlungen teilnehmen, aber nur, um mitzuhören, jedoch nicht, um zu debattieren. Eleasar ben Asarja deutete die Aufforderung »ruft dann das ganze Volk zusammen, Männer, Frauen und Kinder ...« (5. Mose 31,12) so, dass die Männer zum Studium, die Frauen zum Zuhören und die Kinder kommen sollten, damit sie »die Belohnung für die entgegennehmen, die sie herbringen«.[15] Marta beklagt sich nicht über Maria, weil sie kontemplativ, sondern weil sie rebellisch ist. Deswegen will sie sie dazu bewegen, wieder an die Arbeit zu gehen. Ihre Schwester soll sich an die Grenzen des Erlaubten halten.

Es geht folglich um den Versuch Marias, im Reich Gottes eine wichtigere Rolle zu spielen. Sie will im umfassendsten Wortsinn Jüngerin Jesu sein. Sie will zuhören und lernen. Wie die anderen will sie Jesus folgen. Sie will, was Männer haben. Indem Maria zu Jesu Füßen ihre Stellung hält, wächst sie über sich selbst hinaus. Und Jesus schickt sie keineswegs fort, sondern lobt sie dafür.

An der Stelle müsste deutlich geworden sein, dass Jesus auch weibliche Jünger hatte. In den Evangelien werden sie so nie genannt, weil dies in der damaligen Kultur unmöglich war. Das Wort an sich war männlich. Doch diese Frauen konnten wie seine Jünger auftreten, auch wenn sie sich dafür in der damaligen Kultur außerhalb der Normen bewegten.

Weder Johannes noch Lukas geben genau an, wo Jesus als Nächstes hinging. Die Erzählung bei Johannes geht ziemlich nahtlos vom Laubhüttenfest in das der Tempelweihe drei Monate später über. Dennoch können wir wohl mit Recht annehmen, dass Jesus an die Grenze zwischen Galiläa und Samarien zurückkehrte, um dort zu seinen siebzig Jüngern zu stoßen. Bei Lukas wanderte er lange nach den Ereignissen in Betanien noch immer »durch das Grenzgebiet zwischen Galiläa und Samarien« (Lk 17,11).

Und die Wetterlage ändert sich. Für diejenigen, welche die Zeichen lesen können, braut sich ein Sturm zusammen. Bauern sind zwangsläufig Fachleute darin, Wetterlagen zu deuten. Jesus redet von ihrer Fähigkeit, an den Wolken abzulesen, ob es regnen wird. Sie spüren den Schirokko aus der Wüste im Süden und wissen, dass er die Hitze heranträgt, die ihre Ernten vernichtet (Lk 12,54–56). Doch Jesus redet hier über das politische Klima. Es verändert sich, ohne dass sie dies wahrnehmen.

Lukas fügt ein Detail ein, das uns etwas über die explosive Atmosphäre der Zeit verrät:

> Zu dieser Zeit berichtete man Jesus, dass Pilatus einige Männer aus Galiläa während des Opferdienstes im Tempel hatte niedermetzeln lassen. So hatte sich ihr Blut mit dem der Opfertiere vermischt. Jesus sagte: »Ihr denkt jetzt vielleicht, diese Galiläer seien schlimmere Sünder gewesen als ihre Landsleute, weil sie so grausam ermordet wurden. Ihr irrt euch! Wenn ihr euch nicht zu Gott hinwendet, dann werdet ihr genauso umkommen. Erinnert euch an die achtzehn Leute, die starben, als der Turm von Siloah einstürzte. Glaubt ihr wirklich, dass ihre Schuld größer war als die aller anderen Leute in Jerusalem? Nein! Wenn ihr nicht zu Gott umkehrt, wird es euch ebenso ergehen.« (Lk 13,1–5)

Jesus nimmt diese Zwischenfälle, diese neuen Geschichten, als Aufhänger, um über das Wesen des Jüngsten Gerichts zu reden. Aber wer waren diese Galiläer? Und von welchem Turm ist die Rede? Stürzte er in der Zeit ein, als er sich in Jerusalem aufhielt? Zu unserer Enttäuschung bekommen wir hier keine Antwort, aber mit der Geschichte wird einer der wichtigsten Spieler in diesen Ereignissen eingeführt: Pontius Pilatus, der Präfekt von Judäa. Und der Zwischenfall mit den Galiläern könnte auf ein weiter gefasstes, stürmischeres, politisches Umfeld hindeuten, weil Pilatus im Winter 32 n. Chr. in Schwierigkeiten geriet.[16]

Der einzige physische Hinweis für die Herrschaft des Pontius Pilatus ist eine Weihe-Inschrift für ein Tiberieum, einen Tempel oder Schrein zu Ehren des römischen Kaisers Tiberius. In der 1961 in Caesarea entdeckten Inschrift heißt es: »Pontius Pilatus, der Präfekt von Judäa, hat dem Volk von Caesarea einen Tempel zu Ehren des Tiberius gestiftet.«[17] Auch wenn sie wenig Anhaltspunkte enthält, gibt sie uns zwei wichtige Informationen: Erstens war Pilatus' korrekter Titel *Praefectus Iudaeae,* »Präfekt von Judäa«, und zweitens war er heftig bemüht, dem Kaiser zu schmeicheln.

Pilatus hatte sich zum Präfekten hochgearbeitet. Er kam aus der zweiten Schicht des römischen Klassensystems: dem Ritterstand.[18] Die meisten Ritter entstammten der örtlichen Elite: Ihre Macht war in den Provinzen oder Städten verankert. In Rom selbst waren die wirklich Einflussreichen die Senatoren, die oberste Schicht der Aristokratie.

Römernamen haben drei Bestandteile: den Vornamen *(praenomen),* den Familiennamen *(nomen gentile)* und den Beinahmen *(cognomen).* Nach späteren Überlieferungen soll Pilatus Lucius geheißen haben, was sich aber als Mythos herausstellte. Sein Nomen gentile Pontius deutet darauf hin, dass er der Familie der Pontier aus dem südlichen Zentralapennin entstammte. Diese gehörten dem kriegslustigen italischen Volksstamm der Samniten an, der Jahrhunderte zuvor Roms

Aufstieg fast ein jähes Ende bereitet hätte. 82 v. Chr. marschierte der römische Diktator Lucius Cornelius Sulla auf Rom und schlug die samnitischen Streitkräfte eines anderen Pontius: Pontius Telesinus. Sulla richtete solche Gemetzel und Verwüstungen an, dass die Samniten nie wieder zu echter Macht aufstiegen. »Kein Römer«, sagte Sulla, »wird je in Frieden leben können, solange er mit den Samniten zu tun hat.« Die großen und kleinen Städte Samniums wurden auf die Größe von Dörfern reduziert. »Einige verschwanden sogar vollständig.«[19]

Pilatus hatte so mit dem Galiläer Jesus etwas gemein. Seine Volksgruppe hatte ebenfalls die brutale vernichtende Gewalt Roms zu spüren bekommen. Allerdings war er in den Kampf eingetreten und zu einem der ihren geworden. Sein Cognomen – oder Familienname – lautete Pilatii von »pilatus« für »Speer«. Vielleicht war seine Familie von jeher kriegslüstern und kämpferisch gewesen. Falls ja, dann führte Pilatus diese Tradition fort. Als ein Präfekt aus dem Ritterstand war er Karrieresoldat: Er hatte in der Schlacht gedient, Beförderungen erhalten und schließlich die Präfektur über Judäa bekommen.

Seine einfache Aufgabe bestand darin, die Steuern einzuziehen und Recht und Ordnung aufrechtzuerhalten. Er war für das Rechtswesen zuständig, auch wenn ihm nur die ganz wichtigen Fälle vorgelegt wurden – da, wo es um Leben oder Tod ging. Von Josephus wissen wir, dass der erste Prokurator, Coponius – er stammte ebenfalls aus dem Ritterstand –, weitreichende Machtbefugnisse innehatte. »Und nun war Archelaos' Teil Judäas zu einer Provinz geworden, womit die Macht über [Leben und] Tod durch Cäsar in seine Hände gelegt wurde.«[20]

Pilatus wurde im Jahre 26 n. Chr. zum Präfekten Judäas ernannt, allerdings nicht vom Kaiser, sondern durch Lucius Aelius Seianus, der damals faktisch Roms Herrscher war. Kaiser Tiberius hatte sich aus dem öffentlichen Leben zurückgezo-

Eine Kopie der 1961 entdeckten Inschrift, die an die Errichtung des Tiberieums durch »Pontius Pilatus« erinnert.

gen und verbrachte seine Tage in seinen Villen in Kampanien und auf Capri. Die Regierung des Reichs lag dadurch weitgehend in den Händen seines vertrauten Stellvertreters.[21]
Solange Sejan, wie er kurz genannt wurde, an der Macht war, konnte Pilatus schalten und walten, wie es ihm gefiel. Dies spiegelt sich auch auf Münzen der Zeit wider. In den ersten drei Jahren vermied es Pilatus sorgfältig, Münzen mit Bildnissen prägen zu lassen, welche die Gefühle der Juden hätten verletzen können. Ab dem Jahr 29 und bis 31 n. Chr. erschienen nun aber neue Prägungen. Erstmals in Judäa zeigten sie römische Motive und Machtsymbole wie das *simpulum,* die Schöpfkelle, mit der die Opfertiere mit Wein begossen wurden, und das *lituus,* den Zeremonienstab für Orakel.[22] Auch wenn diese Motive unter den Juden Unruhe stifteten, konnten diese doch wenig ausrichten: Tiberius waren Beschwerden gleichgültig, und sie an Sejan zu richten war sicher keine gute Idee: Philo warf diesem notorischen Antisemiten vor, er wolle

»die Nation beseitigen« und erfinde gegen die Juden unberechtigte Anklagen. Im Jahre 19 zwang er sie sogar, ihre religiösen Gewänder zu verbrennen, und vertrieb sie aus der Stadt. Von ihm konnte kein Jude Gerechtigkeit erwarten.

Um 31 n. Chr. hatte Sejan den Gipfel seiner Macht erreicht: In Rom wurden von ihm als Feldherrn goldene Statuen errichtet, der Senat hatte seinen Geburtstag zum Feiertag erhoben, und zu Tiberius' und seinen Ehren wurden öffentliche Gebete gesprochen. Im genannten Jahr wurde er mit Tiberius zum Konsul ernannt. Und dann geriet alles aus den Fugen.

Tiberius hatte erkannt, dass Sejan zu mächtig geworden war, und übertrug das Kommando über die Prätorianergarde heimlich einem anderen Offizier. Mit einer List wurde Sejan, der mächtigste Mann Roms, vor den Senat beordert, dort denunziert, verhaftet und am selben Abend zum Tod verurteilt. Nach seiner Strangulierung wurde seine Leiche auf die Gemonische Treppe geworfen, wo der Mob sie in Stücke riss.[23]

Tiberius nutzte die Gelegenheit, um Rom nicht nur von Sejan und dessen Familie, sondern von all seinen Unterstützern und Bundesgenossen zu säubern. Der Pöbel vergriff sich an jedermann, der im leisesten Verdacht stand, mit Sejan verbündet gewesen zu sein. Seine Standbilder wurden niedergerissen, seine Kinder alle hingerichtet. Seine Frau Livilla, Tiberius' Tochter, beging Selbstmord. Sejans Tochter Junilla, eine Jungfrau, wurde mit der Schlinge um den Hals vergewaltigt und getötet. So viel zum kultivierten Rom.

Pilatus in Judäa musste erschüttert gewesen sein. Er war von Sejan ernannt worden. Standen seine Freunde und seine Familie unter Verdacht? Würde er, wie so viele andere, den Säuberungen zum Opfer fallen?

Schlimmere Nachrichten sollten folgen. Ein neuer Statthalter von Syrien tauchte auf. Lucius Pomponius Flaccus kam als erster Statthalter seit acht Jahren wieder auf das Territorium. 32 n. Chr. traf er in Antiochia ein.[24] Damit änderte sich auch die Haltung gegenüber den Juden. Philo vermerkt, dass Tiberius »seine Prokuratoren in allen Positionen, in die sie berufen wurden, anwies, zu den Angehörigen unserer Nation in den einzelnen Städten aufmunternd zu reden«, ihnen versicherte, dass sie gerechte Verfahren erwarteten, und sie ein »von Natur aus friedfertiges Volk« nannte.[25]

Nach nur wenigen Monaten hatte Pilatus seine Unterstützer an der Staatsspitze verloren und einen neuen Vorgesetzten in Antiochia vor die Nase gesetzt bekommen. Zudem hatte sich die Politik gegenüber dem Volk unter seiner Obhut gewandelt.

Diese veränderten Umstände veranlassten Pilatus wohl dazu, die Inschrift in den Tempel hauen zu lassen. Römische Kaiser wurden nach ihrem Tod gewöhnlich als Götter verehrt. Doch Pilatus ließ nun – als einziger bekannter Beamter – einem Kaiser zu Lebzeiten einen Tempel errichten. Angesichts der politischen Situation war das Tiberieum wohl der erste Schritt in einer PR-Offensive, mit der er den Kaiser seiner Loyalität versichern wollte.[26]

Dieses Bestreben, den Kaiser zu ehren, steckte möglicherweise auch hinter einigen weiteren Vorfällen. Bildnisse des Kaisers (so auf Münzen) galten für die Juden als Gotteslästerung, eine Übertretung des Gebots in der Schrift, wonach man sich »kein Bild machen« solle. Am Anfang seiner Laufbahn hatte Pilatus einen Versuch unternommen, in Jerusalem Votivschilde – solche mit einem Bildnis des Kaisers – einzuführen. Aufgehalten wurde er nur von einem gewaltlosen Protest von Juden, die sich in seinem Hauptquartier in Caesarea versammelten und – so Josephus –»ihren Hals [entblößten] und erklärten, sie wollten lieber sterben als etwas geschehen lassen, was der weisen Vorschrift ihrer Gesetze zuwiderlaufe«.[27]

Aber jetzt, da Tiberius die Zügel wieder in die Hand genommen hatte und Pilatus' Stand prekär geworden ist, entschließt sich dieser für ein anderes Vorgehen:

> [Pilatus], der so weniger Tiberius ehrte, als dass er die Menge vor den Kopf stieß, ließ einige Schilde im Palast des Herodes in der Heiligen Stadt mit einer Widmung versehen. Weder war eine bildhafte Gestalt noch etwas anderes Verbotenes dargestellt, außer einigen notwendigen Schriftzügen, die zwei Dinge festhielten: den Namen der Person, die diese dort angebracht hatte, und den der Person, zu deren Ehren sie dort angebracht wurden.

Diesmal macht er klar einen Kompromiss. Die Schilde enthalten kein Bildnis, sondern nur eine Inschrift. Und sie stehen alle im Palast des Herodes, also im Hauptquartier des Präfekten in Jerusalem, außerhalb der Öffentlichkeit. Dennoch kommen Gerüchte in Umlauf: »Die Menge« hört, dass wieder Schilde in der Stadt seien, und sofort werden Beschwerden laut. Sogar Herodes' Königsfamilie ist beteiligt:

> Als aber die Menge hörte, was geschehen war, und als das Geschehene bekannt wurde, baten ihn die Leute mit den vier Söhnen des Königs … und den damals bei ihnen anwesenden Richtern an der Spitze flehentlich darum, dies zu ändern und die Neuerung, die er mit diesen Schilden eingeführt hatte, wieder zurückzunehmen.

Als Pilatus ihre Petition zurückwies, drohten die Führer mit einer Beschwerde bei Tiberius. Nach Philo befürchtete Pilatus, durch eine Gesandtschaft zum Kaiser könnten weitere Fakten ans Licht kommen, so »sein korruptes und anmaßendes Treiben, seine Raubwirtschaft, seine Gewohnheit, Menschen zu beleidigen, seine Grausamkeit und seine ständigen Morde ohne Anklage und Gerichtsurteil sowie seine nie endende, willkürliche und schmerzliche Unmenschlichkeit«.

Am Ende schrieben die Führer an Tiberius, und der antwortete unverzüglich mit einem Befehl an Pilatus, die Schilde nach Caesarea zu überführen. Philo datiert dieses Ereignis auf die Spätphase von Pilatus' Amtszeit.[28] Sicher hat es sich nach Sejans Sturz ereignet. Und dass die Prinzen aus der Herodier-Dynastie – die »vier Söhne des Herodes« – in der Stadt waren, deutet darauf hin, dass es wahrscheinlich zur Zeit eines Festes stattfand. Wir wissen nicht, wer sie waren, können aber zumindest auf Antipas und Philippos tippen. Antipas war sicher kein orthodoxer Jude. Die Schilde dürften ihm gleichgültig gewesen sein. Doch war dies eine gute Gelegenheit, das Volk zu hofieren und Pilatus zu zeigen, dass sich die Machtverhältnisse geändert hatten.

Man kann sich vorstellen, wie Pilatus sich fühlte. Philo bezeichnet ihn als »sturen Mann, wie auch gnadenlos und starrsinnig«. Dass er erneut zu einem Rückzieher gezwungen wurde, dürfte ihn kaum erfreut haben. Demnach können wir davon ausgehen, dass der Streit zwischen ihm und den Prinzen aus der Herodier-Dynastie vor dem Prozess um Jesus und nach dem Sturz des Sejanus stattfand, also während eines Festes irgendwann im Jahre 32 n. Chr.[29]

Diese Episode zeigt uns einen Mann, der in einem Drahtseilakt Tiberius zu schmeicheln und die Juden zu beschwichtigen versucht. Bezeichnenderweise zeigt keine Münze in Palästina aus der Zeit nach 30/31 n. Chr. die heidnischen Symbole des Lituus oder des Simpulum. Pilatus hatte seine Lektion gelernt.[30]

Vor diesem Hintergrund müssen wir den Zwischenfall mit den Galiläern sehen. Dass sich das »Blut [...] mit dem der Opfertiere mischte«, legt den Schluss nahe, dass er sich während des Passahfestes ereignete.[31] Vielleicht hatte er mit dem Aufruhr um die Schilde zu tun. Dass Josephus nicht darüber berichtet, deutet auf eher geringe Opferzahlen hin, also auf einen lokalen Aufruhr, der anderswo kaum bemerkt wurde. Doch er fand sicher in jüngerer Zeit statt. Irgendwann während eines größeren Festes im Jahr 32 n. Chr. hatte Pilatus einen Protest blutig niederschlagen lassen. Und es sei daran erinnert, dass es sich um Galiläer handelte, für die Antipas und nicht Pilatus die Zuständigkeit hatte. Vielleicht waren dies und der Zwischenfall mit den Schilden der Grund dafür, warum Antipas und Pilatus nicht gut aufeinander zu sprechen waren – bis sie sich anlässlich der Hinrichtung Jesu miteinander aussöhnten.

Jedenfalls zeigt die Episode, dass Pilatus in Judäa die Ruhe aufrechterhalten musste, auch wenn es bedeutete, sich dazu mit der jüdischen Aristokratie zu arrangieren und ein wenig Bauernblut zu vergießen.

»Sagt diesem Fuchs …«

Allerdings schwebt nicht nur Pilatus in Gefahr. Kurz nach dem Zwischenfall erhält Jesus plötzlich eine Warnung. Er soll aus der Gegend verschwinden: »[…] sieh zu, dass du schnell von hier fortkommst. König Herodes will dich töten lassen!« (Lk 13,31).

Zu diesem Zeitpunkt hält sich Jesus offenbar noch immer in Galiläa auf, und zwar in der Nähe von Herodes' Hauptstadt Tiberias. Interessanterweise überbringen die Pharisäer diese Warnung und drängen Jesus zur Flucht. Einige sind erkennbar auf seiner Seite.

Warum Herodes Jesus gerade zu diesem Zeitpunkt töten lassen will, ist eine spekulative Frage. Die Menge folgt Jesus noch immer. Vielleicht hat Herodes Wind von der Entsendung der siebzig Jünger bekommen. Wie dem auch sei, Jesus tut Herodes als »diesen Fuchs« ab (Lk 13,32). Obwohl eher unbedacht geäußert, können sich solche Bemerkungen leicht als fatal erweisen. Herodes besitzt zwar keinen Königstitel, hat aber bedeutende Macht. Er verfügt über eigene Truppen. Und er kann sicher auch Menschen hinrichten lassen, wenn er will.

Wohl diese Warnung – sie erinnert vielleicht an die Festnahme Johannes' des Täufers – bewog Jesus, die Gegend zu verlassen und gen Süden zu ziehen. »Eine große Menschenmenge«, so heißt es bei Lukas, habe Jesus »begleitet« (Lk 14,25). Lukas malt uns ein Bild von »Hunderten, ja Tausenden« aus, die zu einem bedrohlichen Gedränge zusammenströmten, um ihn zu hören (Lk 12,1). In seiner Schilderung stellen zahlreiche Menschen Jesus Fragen und versprechen ihm Gefolgschaft. Ganz offenbar sammelt er noch immer Anhänger.

Für Lukas dient diese Zeit in überwiegendem Maße zum Lehren, zur Vorbereitung der Jünger – des größeren Kreises einschließlich der Frauen – auf das, was vor ihnen liegt. Wir bekommen einen flüchtigen Ausblick auf das, was sie erwartet – auf die Art Schicksal, die Lukas im zweiten Teil seiner Darstellung, der Apostelgeschichte, schildern wird. Jesus folgen heißt alles aufgeben. Dies hat einen Preis, sagt er: Bevor ihr baut, schaut, wie teuer es wird. Und vielleicht mit dem Gedanken an Antipas, der nervös dem Krieg mit seinem Ex-Schwiegervater in Nabatäa entgegensieht, redet er davon, dass man keinen Krieg beginnen soll, wenn man für den Sieg nicht genügend Soldaten hat (Lk 14,31–33).

Irgendwann zu dieser Zeit heilt Jesus in der Region zwischen Galiläa und Samarien zehn Aussätzige, von denen nur einer – ein Samariter – zurückkehrt, um ihm zu danken (Lk 11,19). Lukas führt diese Episode mit dem Ausdruck »auf dem Weg nach Jerusalem« ein. Vielleicht können wir daraus schließen, dass seine Reise Richtung Süden nach einer Zeit in Südgaliläa nun begonnen hat.

Immer wieder beschwört Jesus die Gefahren und den Preis der Anhängerschaft, buchstäblich auch den Preis in der Währung des Geldes. Ein »angesehener und reicher Mann« kommt zu Jesus und fragt, wie er das ewige Leben erringen kann. Man spürt Jesu Erregung als Reaktion auf diese Frage und die Bereitschaft des jungen Mannes, ihm zu folgen. Sie ist ebenso groß wie seine Enttäuschung, als sich der Mann nicht auf die letzte und schwierigste Forderung einlassen kann: »Verkauf alles, was du hast, und verteil das Geld an die Armen« (Lk 18,22).

Im manchen Bibelübersetzungen taucht dieser Mann als »einer der führenden Männer« (Einheitsübersetzung) oder als »Oberster« (Luther) auf. Der griechische Ausdruck lautet *archon.* Er ist kein Synagogen-Vorsteher. Nur weil er behauptet, er habe sich an die Gebote gehalten, ist er noch kein religiöser Führer. Sein Reichtum bildet hier die Kernfrage. Er genießt einen Wohlstand, der auf Status und Privilegien beruht, ist also irgendein Aristokrat. Vielleicht war er ein Angehöriger der Herodier-Dynastie, der aus Tiberias angereist war, um an diesem Tag Jesus zu hören. Tatsächlich gibt es für diese Rolle einen Kandidaten: In der Apostelgeschichte erwähnt Lukas einen Mann namens Manaën, einen Propheten und Lehrer in der jungen Gemeinde von Antiochia (Apg 13,1). Manaën wird als ein *Syntrophos* von Herodes dem Tetrarchen, also von Antipas, bezeichnet. Syntrophos bedeutet »zusammen großgezogen mit«, »Milchbruder« oder »Gefährte von Jugend an«.[32] Auch wenn die Beziehung zwischen beiden nicht genau bekannt ist, so war sie doch sicher sehr eng. Manaën war wahrscheinlich Lukas' wichtigste Informationsquelle zu Antipas. Somit könnte er auch der junge reiche Herodier gewesen sein, der damals betrübt von dannen zog, später aber ein Jünger Jesu wurde.

Wer er auch war, Jesus konfrontiert ihn in seiner Antwort mit der Schwierigkeit Reicher, in »Gottes neue Welt« zu kommen: Eher gehe ein Kamel durch ein Nadelöhr. Viele Versuche sind unternommen worden, um diese Stelle zu entschärfen, unter anderem mit der völlig aus der Luft gegriffenen Erklärung, wonach mit dem »Nadelöhr« ein schmales Tor in Jerusalem gemeint gewesen sei, durch das ein voll beladenes Kamel kaum hindurchpasse. Zum Leidwesen des jungen Mannes meinte Jesus es aber genau so, wie er es gesagt hatte.

An diesem Punkt schließt Lukas mit der Erzählung wieder zu Markus auf. Markus lässt diese Episode und die der »Segnung der Kinder« zu dem Zeitpunkt spielen, als Jesus »nach Judäa und in die Gegend östlich des Jordan« (Mk 10,1) gegangen ist. Er und seine Jünger nähern sich also Jerusalem. In Lukas' Erzählung nimmt Jesus daraufhin seine Jünger sogleich beiseite und prophezeit ihnen ein drittes Mal seinen Tod: »Wir gehen jetzt nach Jerusalem ...« (Lk 18,31). Doch vor diesem letzten Besuch wird er ein weiteres Mal allein in diese Stadt gehen – still und fast heimlich an jenen Ort, den er bereits besucht hat: auf die »höchste Stelle des Tempels«.

Es war Winter ...

Im Winter 32 n. Chr. stattete Jesus Jerusalem einen unangekündigten Besuch ab. Johannes zufolge begab er sich zum Fest der Tempelweihe dorthin, das Anfang Dezember gefeiert wird, und wandelte unter dem Dach der »Halle Salomos«. Er ist so im wörtlichen wie im übertragenen Sinn *under cover* unterwegs.

Es gibt keine erkennbaren Hinweise darauf, wie Johannes' Schilderung dieses Besuchs mit der Erzählung bei den Synoptikern zusammenpasst. Vermutlich hat sich Jesus auf dem Weg nach Süden davongeschlichen, vielleicht von dort, wo er mit der Schar seiner Anhänger haltmachte.

Von Markus wissen wir, dass er sich »östlich des Jordans« aufhielt (Mk 10,1). Johannes bestätigt dies insofern, als Jesus nach seinem letzten Besuch in Jerusalem dorthin ging, »wo Johannes früher getauft hatte« (Joh 10,40). Wir können den Hergang also in logischer Folge rekonstruieren. Nach der Zeit im Grenzbereich von Galiläa und Samarien zieht Jesus mit seinen Jüngern nach Süden und macht mit ihnen jenseits des Jordans an der Stelle halt, wo Jesus getauft wurde. Hier hat alles begonnen.

Apropos Beginn: Mit dem Fest der Tempelweihe wurde die Befreiung Israels vom heidnischen Einfluss begangen. Die

Geschichte stammt aus dem Buch der Makkabäer. Der Hasmonäerkönig Antiochus IV. Epiphanes hatte versucht, in seinem gesamten Reich den Zeuskult durchzusetzen. Seine Politik gipfelte im Versuch, im Tempel von Jerusalem einen Altar des Zeus – wahrscheinlich in Menschengestalt – zu errichten. Im Dezember 167 v. Chr. wurde auf diesem Altar ein Opfer dargebracht. Daraufhin brach ein Aufstand unter den Juden aus, deren Armee unter Judas Makkabäus die feindlichen Streitkräfte aus Jerusalem vertrieb. Der Tempel wurde gereinigt und auf den Tag genau ein Jahr nach diesem »unheilvollen Greuel«, wie er in der Einheitsübersetzung genannt wird (Dan 9,27), erneut geweiht. Nach einem Erlass sollte das Ereignis alljährlich mit einem achttägigen Fest, beginnend am 25. Kislew (1 Makk 4,36–59), begangen werden. Wie wir gesehen haben, hieß es das Lichterfest – und bot so den passenden Rahmen für Jesu Predigten über das Licht der Welt.

Alles an dieser Begegnung ist geheim. Galiläische Jünger sind nicht anwesend. Jesus wird entdeckt und bringt die Menschen – typisch für ihn – so sehr gegen sich auf, dass sie ihn steinigen wollen. Doch seine Gegner sind offenbar weder die Priester noch die Schriftgelehrten oder Pharisäer, sondern einfach die »Juden«, ein Sammelbegriff bei Johannes für alle Mitglieder der Tempelelite. »Wenn du Christus bist«, verlangen sie, »dann sag uns das ganz offen!« (Joh 10,24). Darauf sagt ihnen Jesus: »Ich und der Vater sind eins.« Auf diese Antwort hin drohen sie, Gewalt anzuwenden (Joh 10,30 ff).

Warum ging Jesus nach Jerusalem? Was war der Zweck seines Besuchs? Doch sicher nicht, um die Juden gegen sich aufzubringen? Eine Pilgerfahrt war nicht notwendig. Juden durften dieses Fest auch zu Hause feiern, wenn sie auf einem Leuchter acht Lichter entzündeten. Es ging Jesus nicht darum, Botschaften als Messias zu verkünden. Dies tat er nur, weil er sich ohnehin im Tempel aufhielt.

Vielleicht hatte er mehrere Gründe. Zunächst musste er Leute kontaktieren und Verabredungen und Vorbereitungen treffen. Zum nächsten Passahfest würde er nach Jerusalem ziehen, um dort die letzte Schlacht zu schlagen. Und er wollte Pläne vorbereiten, in denen der Abendmahlssaal und ein Esel eine Rolle spielten.

Einen weiteren Hinweis gibt wohl die Örtlichkeit. Johannes redet von der »Halle Salomos«, in der sich Jesus aufgehalten habe: der langen Säulenhalle an der Südseite des Tempelbergs. Dieser überragte am Westende die Stadt und fiel am Ostende zum Kidrontal hin ab. Und hier, an der Südostecke, lag die »höchste Stelle« des Tempels.

Zwei Jahre zuvor, nach seiner Taufe, hatte ihn Satan an diesen Platz geführt. Jetzt war er vielleicht hierher zurückgekehrt, um sein Schicksal in Augenschein zu nehmen – und um der Versuchung erneut standzuhalten. Er ging dorthin, um Pläne zu schmieden und vielleicht um zu prüfen, ob er stark genug war, das zu tun, was er tun musste, ob er der Versuchung würde widerstehen können, den Ausgang zu verändern. Dies würde denn auch erklären, warum die aufgebrachten Juden, denen er begegnete, so rasch daran dachten, ihn zu steinigen: Jesus war genau am richtigen Ort (Joh 10,31). Doch es misslang. Wieder konnte Jesus entkommen.

»Wer nicht bereit ist, sein Kreuz auf sich zu nehmen und mir nachzufolgen, der kann nicht zu mir gehören«, hatte er gesagt (Lk 14,27). Die Lichter mochten strahlend hell gewesen sein, aber die finsteren Nächte nahten.

8
Jericho, Frühjahr 33 n. Chr.

Es war ein beständiger Balanceakt: die Forderungen des Volkes gegen die der Römer ausgleichen. Die der Thora gegen die der Regierung ausgleichen. Die Unterstützung der einen gegen die der anderen abwägen.

Ständig wurden heikle Anpassungen, Kompromisse und neue Abkommen notwendig. 15 Jahre war er Hohepriester gewesen. 15 Jahre, seitdem ihn der Statthalter Gratus ernannt hatte. 15 Jahre länger als sein Schwager Eleasar und sechs Jahre länger, als der Alte gewirkt hatte. Damit hatte er sich in der Familie ein gewisses Ansehen geschaffen. Er zweifelte daran, dass einer seiner Brüder die Aufgabe auch nur halb so gut bewältigt hätte. Sie waren zu direkt, zu unbeherrscht.

Bedächtig schritt er die Treppe hinab ins Bad. Dann spürte er das kühle, reinigende Wasser an seinem Leib und genoss das tägliche Ritual.

An diesem Tag mussten noch weitere Rituale vollzogen werden, einige im Tempel, einige anderswo. Es war sein 15. Passahfest. Bald war es Zeit, um den Weg zum Palast anzutreten, um mit Pilatus das übliche Spiel zu spielen. Er würde verlangen, dass Pilatus die Gewänder dauerhaft zurückgab, und Pilatus würde dies höflich zurückweisen. Der Präfekt würde ihm die Gewänder nur für die Dauer des Festes und nicht länger überlassen. Seit sieben Jahren ging das nun schon so. Dieses Spiel war zu einem Ritual geworden, das zu den vielen anderen in seinem Leben hinzukam.

Dann kämen noch die üblichen organisatorischen Fragen. Bitten um Auskunft, Warnungen vor schwerwiegenden Konsequenzen, sollte das Fest außer Kontrolle geraten. Dann zurück zum Tempel, wo die Gewänder durch den Hauptmann der Wache seinen Priestern übergeben und anschließend gereinigt würden, damit sie sie anlegen konnten. Am Tag nach dem Fest kämen sie ins Lager zurück und blieben dort bis sechs Tage vor dem nächsten Laubhüttenfest. Dann würde das ganze Spiel von vorn beginnen.

In seinem feinen weißen Gewand, das an seiner Haut klebte, erhob er sich aus dem Wasser. Ein weiterer Kompromiss. Ein kleiner Preis, um die Römer zufrieden zu halten. Das wollten diese Hitzköpfe, die zum Aufstand aufriefen, einfach nicht verstehen. Diese Narren, die zur Einstellung des täglichen Opfers aufriefen. Sie begriffen einfach nicht, wie nahe das Land am Abgrund stand. Sie redeten vom Tag des Gerichts, von den Propheten und vom Messias. Sie glaubten wirklich, der Herr werde schon für sie die Schlachten schlagen.

Nun, vielleicht würde er es tatsächlich. Wer konnte schon sagen, was der Herr tun würde? Aber was würden sie tun, wenn sie sich gegen die Römer wendeten und der Herr nicht einspränge, um das neue Reich zu errichten?

Stelle den Herrn, deinen Gott, nicht auf die Probe, hieß es in der Thora. Halte am Glauben fest. Stütze den Tempel. Halte die Römer bei Laune.

Halte weiter die Balance.

Lazarus, der in Betanien lebte

Nach dem Evangelium des Johannes entkam Jesus der gewaltbereiten Menge in Jerusalem und »ging auf die andere Seite des Jordans zurück und hielt sich dort auf, wo Johannes früher getauft hatte« (Joh 10,39). Wir wissen nicht, wo genau diese Stelle lag, aber wahrscheinlich in Peräa, direkt am Ostufer des Jordans. Der Ort dürfte zum Überwintern geeignet gewesen sein. Nach Jerusalem kehrte er erst wieder zu den sich überschlagenden Ereignissen des Passahfestes im Jahre 33 n. Chr. zurück.

Irgendwann Anfang Frühjahr 33 n. Chr. erhielt Jesus aber eine Nachricht von Maria und Marta. Ihr Bruder Lazarus sei krank. Jesus solle sie dringend aufsuchen. Wahrscheinlich war Jesus nicht allzu fern: Von Betanien bis ans Ostufer des Jordans waren es nur knapp dreißig Kilometer. Ein Zweitagesmarsch, wenn man sich beeilte.

Doch Jesus wartete zwei Tage ab. Und in dieser Zeit starb Lazarus.

Warum zögerte Jesus? Johannes beschreibt es so, als habe er gewartet, damit ein Zeichen geschehen könne (Joh 11,4–6), aber vielleicht sah er es auch als zu gefährlich an, sich so rasch schon wieder in die Umgebung von Jerusalem zu begeben. Die Jünger verstanden dies nur zu gut. Als sich Jesus schließlich zum Aufbruch entschließt, wenden sie ein: »Meister, vor kurzem haben die Leute in Judäa versucht, dich umzubringen. Und jetzt willst du wieder dorthin?« (Joh 11,8). Jesus aber hält hartnäckig an seinem Entschluss fest, worauf Thomas die Stimmung zusammenfasst: »Ja, lasst uns mit Jesus nach Judäa gehen und dort mit ihm sterben« (Joh 11,16).

Vor Betanien begegnet Jesus Marta und dann auch Maria. Keine Eltern, keine Ehemänner, keine trauernde Witwe. Es ist Zeit, diesen seltsamen Haushalt näher zu betrachten.

Im Neuen Testament werden Einzelpersonen auf unterschiedliche Weise identifiziert. Die eher beschränkte Auswahl an Personennamen machte eine zusätzliche Kennzeichnung notwendig, zum Beispiel durch eine Heimatstadt (so Josef aus Arimathäa, Maria aus Magdala) oder ein Merkmal (z. B. Thomas Didymus – »Thomas der Zwilling«, Matthäus der Steuereinnehmer). Am häufigsten diente dazu eine familiäre Beziehung, gewöhnlich ein Hinweis auf den Vater (z. B. Simon, der

Sohn des Johannes, Jakobus und Johannes, Söhne des Zebedäus, oder gar Barabbas und Bartimäus für »Sohn des Abba« bzw. »Sohn des Timäus«).[1]

Entsprechend der patriarchalischen Ausrichtung der Gesellschaft wurden Frauen gewöhnlich mit dem Namen der Ehemänner oder Söhne gekennzeichnet (z. B. Maria, Mutter des Jakob und des Josef, oder Maria [Frau] von Klopas).[2] Töchter wurden zumeist durch den Namen ihres Vaters näher bestimmt.[3] Dagegen werden Maria und Marta immer nur durch die Beziehung zu ihrem Bruder gekennzeichnet. Ihre Eltern werden nie erwähnt. Und Lazarus selbst taucht nie im Zusammenhang mit einer Familie auf. Er ist einfach nur Lazarus aus Betanien (Joh 11,1).

Auch fehlt bei Maria und Marta jeder Hinweis auf einen Ehemann. Wie wir im Fall von Jesu Mutter gesehen haben, heirateten jüdische Mädchen gewöhnlich im Alter zwischen 14 und 18 Jahren, jüdische Männer dagegen im Alter von 21 Jahren. Aus rabbinischen Quellen geht hervor, dass sich Männer und Frauen möglichst früh vermählen sollten.[4] All dies spricht dafür, dass der fragliche Haushalt aus Lazarus als dessen Oberhaupt und seinen beiden Schwestern bestand. Alle drei waren offenbar jung und unverheiratet und beide Elternteile verstorben. Die Familie bestand also aus drei Singles mit Lazarus als einzigem Ernährer. Das schloss einen gewissen Wohlstand nicht aus: Ihr Haus hatte offenbar ausreichend Platz für Jesus und seine Gefolgschaft, ganz zu schweigen davon, dass sie eine große Flasche mit kostbarem Duftöl besaß. Dennoch gerieten die Mädchen in eine prekäre Lage: Nach dem Tod des Lazarus drohte ihnen die Enterbung. Das Gesetz der Thora schützte Töchter, nicht aber Schwestern: »Wenn jemand stirbt und keinen Sohn hat [...] geht sein Eigentum auf seine Brüder über. Sind auch keine Brüder da, so sollen die Brüder seines Vaters ihn beerben. Hat der Vater keine Brüder, soll der nächste leibliche Verwandte aus der Sippe das Erbe erhalten« (4 Mose 27,8–11).

Aller Besitz würde folglich an ihren Onkel oder den nächsten männlichen Verwandten gehen. Der Tod des Bruders hatte demnach für die Schwestern auch katastrophale materielle Folgen, und es ist nicht verwunderlich, dass sie Jesus so verzweifelt baten, zu ihnen zu kommen. Sie verloren nicht nur ihren geliebten Bruder, sondern liefen Gefahr, auch ihr Haus, ihr Geld und ihren Status zu verlieren. Waren verheiratete Frauen schon Bürger zweiter Klasse, so gehörten unverheiratete einer dritten Klasse an.[5]

Jesus ging also mit seinen Anhängern nach Betanien und tat auf dem Friedhof vor dem Dorf das, was er schon in Galiläa getan hatte: Er weckte – mit Lazarus – einen Toten auf. Zuvor hatte er noch das letzte jener berühmten Worte bei Johannes gesprochen, die mit »Ich bin …« beginnen: »Ich bin die Auferstehung, und ich bin das Leben.« Dann stellte er Marta die Frage: »Glaubst du das?« (Joh 11,25–26).

Diese Frage ist uns schon zuvor in Caesarea Philippi bei den Tempeln für die verschiedenen Gottheiten begegnet. Damals fragte er seine Jünger: »Und für wen haltet ihr mich?« Jetzt darf Marta auf dieselbe Frage antworten, womit er sie in den Kreis seiner Jünger einschließt.

Marta, die sich darüber beklagte, dass Maria diese Rolle einnahm, bekommt die gleiche Frage gestellt wie alle anderen Jünger und antwortet auf dieselbe Weise: »Ich glaube, dass du Christus bist, der Sohn Gottes, auf den wir so lange gewartet haben.« Hier steht das Mädchen auf einer Stufe mit Petrus.

Jesus ruft Maria zu sich und lässt sich von ihr zum Grab führen. Und hier vergießt er Tränen. Tatsächlich ist diese ganze Passage sehr emotionsgeladen. Nach der griechischen Ausgabe steigt bei Jesus schrittweise die Erregung. Die meisten Übersetzungen geben seinen Gemütszustand mit »tief bewegt und erschüttert« wieder (Joh 11,33), aber es steckt mehr dahinter. Das hier gebrauchte Wort »deutet auf einen Zornesausbruch hin«, schreibt ein Experte, »und jeder Versuch, ihn als seelischen Aufruhr im Sinne von Kummer, Schmerz oder Mitleid umzudeuten, ist illegitim«.[6]

Der Zorn und die Frustration kochen so stark in ihm hoch, dass er in Tränen ausbricht. Ein verblüffender Augenblick: Dies ist eine der wenigen Stellen in den Evangelien, in denen Jesus aufgelöst erscheint. Weder die Enttäuschung über die Jünger noch der Zorn über die Pharisäer und Schriftgelehrten oder der Druck, der durch die Aufmerksamkeit der Menge auf ihm lastet, kommen dieser Art Zusammenbruch gleich. Jesus lässt seinen Gefühlen freien Lauf.

Warum Tränen? Sicher nicht wegen Lazarus, auch wenn die Beobachter es so wahrnehmen. Und auch nicht, wie viele Kommentatoren süffisant meinten, wegen des mangelnden Glaubens der Frauen. Wie um Himmels willen sollten sie wissen, was Jesus tun würde? Nein, Jesus war über die beängstigende Situation wütend. Irgendetwas stimmte nicht.

Auch wenn dies ein Extrembeispiel war, so begegnet man dieser Art Gefühlsregung in Jesu Mission durchaus häufiger. Als Jesus die bedrückte, erschöpfte Menge sieht, den Aussätzigen, der aus der Gesellschaft ausgeschlossen ist, als ihn ein Blinder grüßt, als er die Witwe in der Stadt Nain sieht, die um ihren einzigen Sohn trauert, als er am Fuß des Berges einen Dämon austreibt, gebrauchen die Evangelien den großartigen Ausdruck *splanchnizomai,*[7] der mit »Mitleid haben«, »Erbarmen zeigen« oder »Anteil nehmen« übersetzt wurde. Doch dieses Wort leitet sich aus der Wurzel *splanchnon* her, ein Ausdruck, der das »Innere«, die »Eingeweide« eines Tieres und sogar eines Menschen bezeichnet (als Judas stirbt, treten seine Gedärme, seine *splagchna,* aus).[8] Die üblichen deutschen Übersetzungen erfassen das Wesen dieser bis ins tiefste Innere gehenden Gefühlsregung nicht. Jesus ist am Boden zerstört, bis ins Mark erschüttert: Die Dinge setzen ihm unglaublich zu. Hier in Betanien bricht Jesus angesichts der Trauer, Hoffnungslosigkeit und Verzweiflung in Tränen aus. Diese ganze Situation stinkt zum Himmel.

Im Gegensatz zu Lazarus' Leichnam, obwohl der doch schon länger im Grab liegt. Als Jesus – »erneut tief bewegt« – ans Grab tritt, ist der Stein beiseitegerollt, ohne dass Leichengeruch austritt. In diesem Augenblick spricht Jesus ein Dankgebet: Er weiß: Sein Gebet wurde erhört. Und er gebietet: »Lazarus, komm heraus!« Und wankend und schlürfend schafft es Lazarus irgendwie bis zum Eingang seiner Grabstatt.

Johannes beschreibt detailliert seine Erscheinung: Seine Hände und Füße sind mit Grabtüchern umwickelt, sein Gesicht ist mit einem Tuch verhüllt (Joh 11,44). Lazarus dürfte auf eine lange und breite weiße Bahn Leinen gebettet worden sein. Dann zog man ihm das Leinen wahrscheinlich über den Kopf und umhüllte ihn von einer zur anderen Seite. Die Füße dürften an den Knöcheln zusammengebunden und die Arme mit Leinenstreifen am Körper befestigt worden sein. Auch der Unterkiefer wurde festgebunden, damit er während der Verwesung nicht abfiel. So eingemummt, musste dem Wiedererweckten das Gehen unglaublich schwergefallen sein. Wer jedoch in einem Grab wiedererwacht, wird sich wohl kaum große Sorgen machen, ob er auf dem Weg nach draußen ein würdiges Erscheinungsbild bietet.[9]

Die Gesichter wohlhabender Juden blieben unverhüllt, weil die Angehörigen sich die notwendige Einbalsamierung leisten konnten. Bei den ärmeren diente die Verhüllung dazu, die Ablösung der Haut zu verhindern, was als Schande galt.[10] Dies deutet darauf hin, dass Lazarus' Familie nicht sonderlich reich war. Das Geld reichte für eine würdige Grabstatt, nicht aber für die Einbalsamierung. Dies erklärt denn auch, warum sich Marta darauf gefasst machte, dass ihr Leichengeruch in die Nase steigen würde. Es fehlte das Geld, um den Toten mit Düften zu salben und aufwendig einzubalsamieren.

Die Auferweckung des Lazarus hatte trotz ihrer wundersamen Natur einige höchst irdische Konsequenzen. Die Jünger hatten recht gehabt, als sie Jesus davor warnten, so rasch in die

Jerusalemer Region zurückzukehren. Juden aus dem nahen Jerusalem wurden Zeuge der Szene. Und diese eilten in die Stadt zurück und berichteten den Pharisäern von dem Vorfall. Und die meldeten ihn dem Hohen Rat, dem Sanhedrin.

So kam der Fall vor den Hohepriester Kaiphas.

Besser, wenn einer für das Volk stirbt

Im Jahr 1990 entdeckten Archäologen im nördlichen Talpiot, einem südöstlichen Stadtteil Jerusalems, in einer Höhle zwölf Ossuare (Knochenkästen). Sechs waren unberührt. Einer enthielt sogar eine Münze aus der Zeit des Herodes Agrippa (42/43 n. Chr.). Zwei waren mit dem Namen Kaiphas beschriftet, einer davon enthielt die Knochen eines ungefähr 60 Jahre alten Mannes. Ob es sich dabei tatsächlich um den im Evangelium genannten Hohepriester handelte, der zur Zeit Jesu die Geschicke Jerusalems und seiner Umgebung lenkte, ist ungewiss, aber die Art seiner Beisetzung deutet auf einen sehr wohlhabenden Mann hin.[11]

Als Jesus im Frühjahr 33 n. Chr. in Betanien eintraf, war Kaiphas bereits seit 15 Jahren Hohepriester. Angesichts der wechselhaften politischen Verhältnisse der damaligen Zeit und der Tatsache, dass der Hohepriester durch die Römer ernannt wurde, war dies eine bemerkenswert lange Zeit. Insgesamt sollte Kaiphas 19 Jahre auf seinem Posten bleiben. Als Pilatus aus Judäa abberufen wurde, war es nur noch eine Frage von Monaten, bis er ebenfalls gehen musste. Pilatus war sicherlich der Grund, warum er sich so lange hatte im Amt halten können. Er hatte ihm vertraut oder ihm zumindest weniger misstraut als anderen Kandidaten.[12]

Um das Amt des Hohepriesters zu bekommen – und es erfolgreich zu führen –, waren mehrere Voraussetzungen notwendig: zum einen bedeutender persönlicher Wohlstand, da der Hohepriester gewisse wichtige Opfer wie das zum Tag der Sühne aus eigener Tasche bezahlen musste. Doch dies bedeutete kein Problem. Auch wenn wir keine Hinweise darüber haben, welches Einkommen ein Hohepriester hatte, war dieses sicher sehr hoch und wurde wahrscheinlich aus dem Tempelschatz beglichen. Dadurch, dass der Hohepriester Verwandte in Schlüsselpositionen berief, beispielsweise zum Schatzmeister im Tempel, hatte er Zugriff auf einen gewaltigen Kapitalstock.[13]

Dies wird durch archäologische Funde bestätigt. Bei Ausgrabungen in Jerusalem kam in einem Haus in der Oberstadt ein Gewicht zum Vorschein, auf dem der Name »Bar Kathros« stand. Wie bereits erwähnt, war Kathros der Name einer Familie von Hohepriestern. Auch wiesen die Überreste weiterer umliegender monumentaler Häuser auf ein wohlhabendes Stadtviertel hin, das zudem religiös geprägt war. Ein hochherrschaftliches Haus, das sogenannte Palasthaus, stand auf einem Anwesen von 600 Quadratmeter und enthielt mehrere *miqvaot* für rituelle Bäder. In ihm wurde also sorgfältig auf die rituelle Reinigung geachtet: Das bedeutet, sein Besitzer könnte tatsächlich ein Hohepriester gewesen sein.[14]

Man musste also wohlhabend sein und sicher auch alle Kräfte mobilisieren können, die in Verbindung zur kollaborierenden Herrschaft standen. Erforderlich waren zudem ein hohes Maß an politischem Geschick und insbesondere die Fähigkeit, Kompromisse zu schließen.

Die Römer setzten ein breites Spektrum an kaiserlicher Propaganda ein, um ihre Untertanen daran zu erinnern, welche Vorteile die römische Herrschaft hatte und welche Gefahren jedweder Widerstand gegen sie barg. Jede Münze im Reich vermittelte eine kaiserliche Botschaft mit Darstellungen von Siegesfeiern, kaiserlichen Symbolen oder Bildnissen des Kaisers als Sonnengott. Hinzu kamen reguläre Festanlässe wie lokale Feierlichkeiten, Kaisergeburtstage oder Gedenkfeiern zu berühmten Siegen. Im ganzen Reich gab es eine Vielzahl von Anlässen, um Rom in Ansprachen und Reden zu loben und zu preisen. Verstärkt wurden diese Huldigungen an Rom durch den Kaiserkult mit der Verehrung des Kaisers und seiner Ahnen als Götter.

Im jüdischen Palästina hatte dieser Kult freilich keinen Platz. Zur ständigen Verblüffung der Römer waren die Juden Monotheisten und duldeten keinen Gott außer Jahwe. Und wie wir gesehen haben, konnte allein das Bildnis des Kaisers Blutvergießen auslösen.

Juden galten als unnahbar. Sie »spielten nicht so mit«, wie es die Römer erwarteten. Während die Religionen Ägyptens, Griechenlands und Roms sich mit beliebig vielen Göttern arrangierten, hatte im Judentum (und später im Christentum) nur ein einziger Gott Platz.[15] Im Gegensatz zu Führungsfiguren anderer Völker erhielten reiche Juden aus Judäa nur selten das römische Bürgerrecht. Und kein einziger jüdischer Senator ist dokumentiert. Juden betrachteten sich als auserwählte Rasse, als das Volk Gottes. Sich mit Heiden, mit Nichtjuden – mit Unreinen – an einen Tisch zu setzen kam für sie nicht in Frage. Sie waren »ein feindseliges, empfindliches Volk, das sich rasch beleidigt fühlte und Fremden unfreundlich begegnete«.[16]

Auch wenn Rom auf ihre exzentrische Lebensart Rücksicht nahm, mussten die Juden wie alle unterworfenen Völker dem Reich irgendwie ihre Loyalität bezeigen. Dazu machte die jüdische Führung einen Kompromiss: Zweimal am Tag wurden im Tempel für den Kaiser ein Stier und zwei Lämmer geopfert.[17] *Für* den Kaiser und nicht etwa *dem* Kaiser. Das Opfer diente seiner Gesundheit und dem Wohlergehen des römischen Volkes. Besser starben ein Stier und zwei Lämmer, als dass die gesamte Nation unterging.

Trotz seiner Notwendigkeit war dieses Opfer höchst unbeliebt. Im Jahre 66 n. Chr., am Vorabend des Krieges mit Rom, wurde es als erster Schritt einer revolutionären Reform abgeschafft – ein Akt, dem sich »viele der Hohepriester und der bedeutenden Männer« entgegenstellten.[18] Sie wussten: Ein solches Vorgehen konnte nur in der Katastrophe enden.

Auch war dieses Opfer nicht das einzige Zeichen der römischen Macht: Die Gewänder, die der Hohepriester zu Festtagen trug, verwahrten die Römer in einer gemauerten Kammer, die von den Priestern versiegelt und vom Hauptmann der Wache gehütet wurde. Täglich prüfte er im Licht einer Lampe, ob das Siegel noch intakt war. Sieben Tage vor einem Fest gab der Hauptmann die Gewänder in die Obhut der Tempelführung, und Kaiphas musste sie am Tag nach dem Fest an die Römer zurückgeben.[19] Sie dienten als eine Art Unterpfand, mit dem sich das Volk in Schach halten ließ. Und sollte diese subtile Rückversicherung ihre Wirkung nicht tun, so standen in Antiochia an der Küste zudem 30 000 Soldaten bereit. Die Furcht vor ihnen spiegelt sich in Johannes' Bericht der Ratssitzung wider:

> Darauf beriefen die Hohepriester und Pharisäer eine Sitzung des Hohen Rates ein. Sie fragten sich: »Was sollen wir bloß tun? Dieser Jesus vollbringt viele Wunder, und wenn wir nichts gegen ihn unternehmen, wird bald das ganze Volk an ihn glauben. Dann werden die Römer eingreifen, und schließlich haben wir keinen Tempel mehr und auch keine Macht über das Volk.« Einer von ihnen, Kaiphas, der in diesem Jahr Hohepriester war, sagte: »Ihr begreift gar nichts! Überlegt doch einmal: Für uns alle ist es besser, wenn einer für das Volk stirbt, als dass ein ganzes Volk zugrunde geht.« (Joh 11,47–50)

Die Bedrohung richtet sich eindeutig gegen den »Tempel« und die »Macht über das Volk«. Beides hing untrennbar miteinander zusammen: In gewisser Weise war der Tempel gleichbedeutend mit der Nation. Folglich schlug Kaiphas einen Kompromiss vor:

Es musste ein weiteres Opfer geben.

Einige Sadduzäer behaupteten, es gebe keine Auferstehung

Dass Jesus Lazarus von den Toten auferweckt hatte, besiegelte so sein Schicksal. Und deswegen wurde auch gegen Lazarus ein Todesurteil gesprochen. So heißt es bei Johannes: »Da beschlossen die Hohepriester, auch Lazarus zu töten; denn seinetwegen glaubten viele Juden an Jesus« (Joh 12,10–11).

Lazarus wurde zu einer lokalen Berühmtheit. Er war der lebende Beweis für die Macht Jesu und mehr noch. Er belegte, dass ein Leben nach dem Tod möglich war. Und für Kaiphas und viele aus der aristokratischen Elite war dies ein Problem: Sie waren Sadduzäer und glaubten deshalb nicht an ein Leben nach dem Tod.

In den Evangelien tauchen die Sadduzäer in keinen Passagen auf, die in Galiläa spielen.[20] Diese Elite war vornehmlich in Jerusalem ansässig. Josephus berichtet, ihre Lehren seien »nur von wenigen empfangen worden, die aber noch die höchsten Würden innehatten.[21] Die Sadduzäer hatten ihre Gefolgschaft also unter den Reichen und Einflussreichen, im Gegensatz zu den Pharisäern, welche »die Menge auf ihre Seite« hatten:

> Die Pharisäer haben dem Volk über die Nachfolge ihrer Väter eine große Anzahl von Bräuchen überliefert, die nicht im Gesetz des Mose geschrieben stehen, und aus diesem Grund lehnen die Sadduzäer sie ab und berufen sich darauf, dass wir diejenigen Bräuche als bindend erachten sollen, die im geschriebenen Wort stehen, aber diejenigen nicht beachten dürfen, die aus der Überlieferung unserer Ahnen stammen. Und daraus entsprangen viele Zwistigkeiten und Streitereien zwischen ihnen. Während die Sadduzäer in der Lage sind, nur die Reichen zu überzeugen, und sich das einfache Volk ihnen nicht dienstbar zeigt, haben die Pharisäer aber die Menge auf ihrer Seite.[22]

Die Sadduzäer waren Fundamentalisten, die einzige Partei der *sola scriptura:* Ihre Glaubenspraxis beruhte ausschließlich auf der Thora. Die Priesterschicht bestand nicht nur aus Sadduzäern: Es gab Sadduzäer-Priester, Pharisäer-Priester und einige, die möglicherweise ungebunden waren.[23] Das Neue Testament spiegelt dies wider: In der Apostelgeschichte redet Lukas von »einigen Priestern, dem Hauptmann der Tempelwache und ein paar Sadduzäern« (Apg 4,1).

Auch wenn ungewiss ist, ob Kaiphas tatsächlich Sadduzäer war, so ist bekannt, dass einer aus seiner Familie dieser Richtung angehörte: Ananus ben Ananus, der 62 n. Chr. für die Hinrichtung von Jesu Bruder Jakobus verantwortlich war. Auch hier fungiert Josephus als Gewährsmann: »Dieser junge Ananus, der, wie wir euch bereits sagten, das Amt des Hohepriesters übernahm, war ein Mann von dreistem Temperament und sehr überheblich; auch gehörte er der Sekte der Sadduzäer an, die Missetäter sehr streng aburteilen, strenger als alle übrigen Juden, wie wir bereits bemerkten.«[24]

Dieser »junge Ananus« war der Sohn des »Ananus oder Hannas, von dem die Rede sein wird. Höchstwahrscheinlich folgte der jüngere Ananus einer Familientradition: Alle waren Sadduzäer. Das Sadduzäertum war ihr Glaube, ihre Berufung und ihre politische Partei. Und Kaiphas hatte, wie erwähnt, in diese Familie eingeheiratet: Er war der Schwager des jüngeren Ananus.

So gerieten in diesem Akt gleich zwei Leben in Gefahr. Für Jesus war die Lage zu brenzlig geworden. Er war zuvor im Tempel in Streitereien geraten, bei denen er sich aber nur kleine Scharmützel mit umstehenden Juden geliefert hatte. Oder mit Pharisäern, die zwar im Tempel wirkten, aber keine echte politische Macht innehatten.

Diesmal war es anders. Erstmals, so scheint es, war Jesus ins Visier der Sadduzäer und insbesondere des Hohepriesters geraten. Es wurde Zeit zu verschwinden, und zwar schleunigst: ab in die Wildnis und dann den Schlussakt vorbereiten.

Jesus ist ein gebrandmarkter Mann. Nach der Auferstehung des Lazarus zieht er sich nach Ephraim »am Rand der Wüste« zurück. Wahrscheinlich handelt es sich um Aphairema, das heutige et-Taiyebeh. Dieses Dorf liegt gut sechs Kilometer nordöstlich von Bethel und ungefähr 24 Kilometer von Jerusalem entfernt. Auf einem Berg gelegen, überblickt es die Ebene von Jericho und das Tote Meer.[25] Möglicherweise überwintert Jesus nicht direkt im Dorf, sondern in der Nähe, wo abgeschiedene Täler mit mildem Klima eine gute Versorgung mit Wasser und Schutz vor dem Winterwetter bieten.[26]

In den Monaten vor Passah treten hier Jakobus und Johannes mit einer Bitte auf Jesus zu: Sie wollen die »Ehrenplätze rechts und links neben ihm einnehmen« (Mk 10,37). Im Evangelium des Matthäus trägt diese Bitte neben den Brüdern auch deren Mutter an Jesus heran (Mt 20,21). Wahrscheinlich waren alle drei an dem Ersuchen beteiligt. In der jüdischen Tradition wurden ältere Frauen mit Respekt behandelt. Wie wir

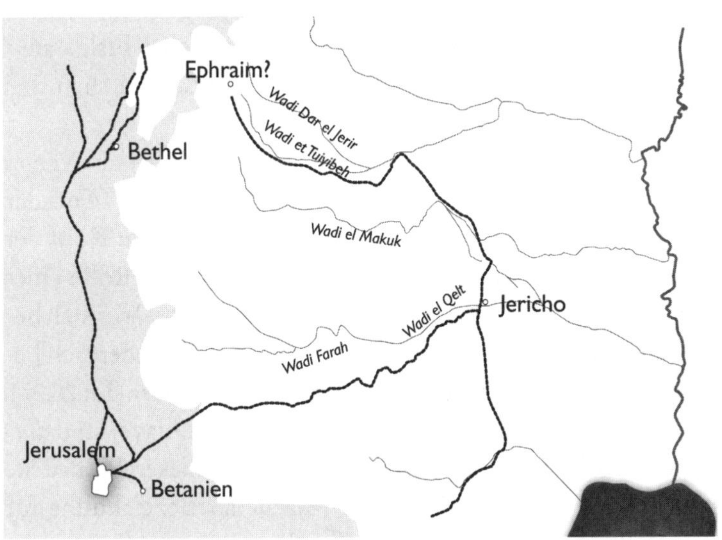

Ephraim, Routen nach Jericho und Jerusalem

gesehen haben, könnte diese Mutter Salome, die Schwester Marias, gewesen sein (Mt 27,55; Mk 15,40; Joh 19,25).

Als eine Familie erbitten sie das Unmögliche. Auch wenn sie vertrauensvoll versichern, sie könnten den Kelch, den Jesus trinken wird, ebenfalls annehmen, haben sie das Statuswesen im Reich Gottes völlig missverstanden. Sie glauben, in den Schluchten um Ephraim werde eine Art messianischer Coup geplant. Doch in den Stunden seiner »Herrlichkeit« werden nur verurteilte Verbrecher die Plätze rechts und links von Jesus einnehmen.

Jakobus und Johannes haben keine Ahnung, was sie da erbitten, wissen aber nach dem Theologen Ched Myers, »wie die herrschende Schicht funktionierte«.[27] Die Plätze zur Rechten und zur Linken eines Herrschers waren die bedeutendsten Ehrenplätze. Bei Festmählern und zu öffentlichen Anlässen drängten die Menschen dorthin, wo sie sich Einfluss und Patronage im Adel sichern konnten. Deswegen maßregelt Jesus die Jünger, indem er die Führung der Heiden verurteilt, mit denen er klar die Römer meint. »Ihr wisst, wie die Machthaber der Welt ihre Völker unterdrücken«, sagt er mit beißendem Spott. »Wer die Macht hat, nutzt sie rücksichtslos aus« (Mk 10,42). Man spürt hier die Anführungszeichen bei »Machthaber«.

Tatsächlich dreht er die Sache ins andere Extrem: Wer in seinem Reich führen will, ist wie ein Sklave in der Welt der Heiden. Der Führer im Reich Gottes sitzt nicht am Kopf der Tafel, sondern erfüllt die Rolle des Kellners. Die Rolle eines Niemands. »Wer ist denn der Herr?«, fragt Jesus. »Wer sich bedienen lässt oder wer dient? Doch wohl derjenige, der sich bedienen lässt! Ich aber bin unter euch wie ein Diener« (Lk 22,27). Jesus gebraucht hier zwei Wörter: *doulos* für »Sklave« und *diakonos* für »Diener« (Mt 20,26–28). Und einer dieser Ausdrücke wurde denn auch zur Zeit der Urkirche als Bezeichnung für die Männer gewählt, die zu offiziellen Führern der jungen Gemeinden berufen wurden: »Diakone«, also »Diener«.

Jesus beschließt seine Worte mit Bildern der Knechtschaft: »Denn auch der Menschensohn ist nicht gekommen, um sich dienen zu lassen, sondern um zu dienen und sein Leben hinzugeben als Lösegeld für viele« (Mk 10,45, hier: Einheitsübersetzung). Der in diesem Zusammenhang gebrauchte Ausdruck *lutron* für »Lösegeld« hat einen gewollt politischen Beiklang, insbesondere im Licht der von Jesus zuvor erwähnten Tyrannei. Nur zwei Arten von Menschen werden »ausgelöst«: Kriegsgefangene und Arbeitssklaven.[28]

Einige Spielarten des Judentums sahen am Jüngsten Tag für Sünder nur Finsternis voraus. »Und nun wisset, dass ihr auf den Tag der Zerstörung vorbereitet seid: dass ihr nicht auf das Leben hoffet, ihr Sünder, sondern dass ihr scheidet und sterbt; denn ihr kennt keine Auslösung; denn euch dräut der Tag des großen Gerichts, der Tag der Drangsal und der großen Schande für eure Seelen.«[29]

Dagegen wurde in der Lehre der Urkirche anerkannt, dass alle Menschen erlöst werden können. In einem frühchristlichen Stück Liturgie, das Paulus zitiert, heißt es: »Einer ist Gott. Einer auch Mittler zwischen Gott und den Menschen: der Mensch Christus Jesus, der sich als Lösegeld hingegeben hat […]« (1 Tim 2,5–6, hier: Einheitsübersetzung).

Jesus kam, um die Menschen zu befreien, um ihnen Furcht und Schuld zu nehmen. Doch nicht durch einen militärischen Feldzug, wie es die sogenannten Machthaber taten. Sein Kelch war kein Bankett-Kelch des Triumphs, sondern einer des Dienens, Leidens und Martyriums.

Zumindest Jakobus verstand dies schließlich nur zu gut: Irgendwann um 44 n. Chr. wurde auch er hingerichtet (Apg 12,2).

März 33 n. Chr. Der letzte Vorstoß. Jesus verlässt seinen Stützpunkt in Ephraim und zieht über Jericho nach Jerusalem. Auf den ersten Blick erscheint dies nicht als die direkteste Route, aber es gibt eine Römerstraße oder einen Weg, der von Ephraim aus durch das Wadi et-Taiyebeh nach Südosten in Richtung der Ebene von Jericho führt.[30] Sie ermöglicht Jesus und seinen Jüngern eine relativ sichere Reise. Dabei umgehen sie Judäa und verlassen die Wüste nördlich von Jericho, wo sie sich dann den Pilgerströmen aus Galiläa anschließen können.

Auf dem Weg nach Jericho heilt Jesus den blinden Bettler Bartimäus. (Bei Lukas taucht der Mann ohne Namen auf, bei Matthäus begegnet Jesus gleich zwei Blinden, und zwar erst, als er Jericho wieder verlässt.) Für einen Bettler sind Ort und Zeit, um sich an die Straße zu setzen, gut gewählt: Die Pilgerströme zum Passahfest nach Jerusalem verlaufen hauptsächlich durch Jericho.

Das Besondere an dieser Begebenheit sind die Worte, mit denen der Bettler Jesus begrüßt: »Jesus, du Sohn Davids, hab Erbarmen mit mir« (Mk 10,47). Markus vermerkt, dass die Menge den Mann zum Schweigen bringen will, aber der lässt sich nicht unterkriegen. Seine Hartnäckigkeit zahlt sich aus. (Sein Glaube ist so groß, dass er sein Gewand fallen lässt, obwohl das ausgebreitete Gewand eines Bettlers doch zum Einsammeln der Almosen dient und damit gleichsam dessen Ladenfront darstellt.[31]) Erstmals wird Jesus hier »Sohn Davids« genannt, also mit einem ausgewiesenen Titel des Messias belegt. Warum gerade jetzt? Dies ist offenbar die Ironie dieser Episode: Dieser Blinde sieht klarer und schärfer als die Menge um ihn herum. David wurde stets mit Jerusalem, der Stadt Davids, in Verbindung gebracht, also herrschte hier Klarheit: Selbst der Blinde sieht, wohin Jesus zieht. Und dies erklärt auch, warum die Menge ihn zum Schweigen bringen will. Sie spürt, dass dies ein Triumphzug ist, aber in ihrem Judentum interessiert sich der Messias doch nicht für einen erbärmlichen Bettler.

Und dies gilt doppelt für Steuereinnehmer.

An die Episode mit Bartimäus schließt sich bei Lukas die mit Zachäus an. Diese Geschichte ist insofern interessant, als uns der Evangelist drei Dinge über diesen Mann erzählt: etwas über seinen gesellschaftlichen Status, seinen Reichtum und seine körperliche Erscheinung. Alle drei Aspekte zeichnen ihn als einen Ausgestoßenen aus. Er ist ein *architelones*, ein oberster Zolleinnehmer, dem die Zolleinnehmer in Jericho unterstehen. Diese Aufgabe hat ihn reich gemacht (Lk 19,2). Jericho war eine hervorragende Wirkungsstätte für einen Mann dieses Berufs: Die Stadt lag an mehreren wichtigen Handelsstraßen, darunter an der Route, die von der Region jenseits des Jordans nach Osten führte.

Lukas bezeichnet ihn in der einzigen körperlichen Beschreibung in seinem Evangelium als »sehr klein«. Im Altertum glaubte man an die Physiognomik, an die »Kunst«, aus der äußeren Erscheinung des Menschen seelische Eigenschaften herauszulesen. Wenn man blind war, musste man entweder selbst oder mussten die Eltern gesündigt haben (Joh 9,2–3). Einer war unnatürlich klein? Dann stimmte auch mit seinem Innenleben etwas nicht. Der Schriftsteller »Pseudo-Aristoteles« demonstriert nur zu deutlich, wie kleine Leute in der Welt des 1. Jahrhunderts n. Chr. angesehen waren: »Dies sind die Kennzeichen einer kleingeistigen Person: Sie hat kurze Glieder, ist klein und rund, schmächtig, hat kleine Augen und ein kleines Gesicht, so wie ein Korinther oder ein Leukadier.«[32]

Für die Menge in Jericho spiegelte sich Zachäus' anrüchiger Beruf damit in seiner äußeren Erscheinung wider. Diese Geschichte dreht sich um Voreingenommenheit und Vorurteile. Die Menschen haben ihr Urteil über Zachäus und Bartimäus gefällt. Und vielleicht nicht nur die Menge. Angesichts dessen, was über sie bekannt ist, haben wahrscheinlich auch heutige Leser über sie eine Meinung. Die Gleichung ist einfach: Steuereinnehmer = Gauner = Betrüger = unrein. Auch wir werden mit Blick auf Vorurteile auf die Probe gestellt, denn nichts in Lukas' Bericht deutet darauf hin, dass Zachäus jemanden betrogen hat. »Die Hälfte meines Vermögens will ich den Armen geben, und *wenn* ich von jemandem zu viel gefordert habe, gebe ich ihm das Vierfache zurück« (Lk 19,8, hier: Einheitsübersetzung).[33]

Da Zachäus nicht über die Menge hinwegblickt, ist er aufgrund seiner körperlichen Voraussetzungen aus dem inneren Kreis um Jesus ausgeschlossen. Deshalb klettert er auf einen Baum, wo er von Jesus entdeckt wird. In einer bemerkenswerten Demonstration der Offenheit besteht Jesus darauf, bei Zachäus Gast zu sein. Und eine letzte Ironie scheint in dieser Erzählung auf: Der Name Zachäus leitet sich aus dem hebräischen *zakay* für »rein«, »unschuldig« her.[34]

Die Geschichte dreht sich also um die Überwindung sämtlicher Vorurteile. Zum Unmut und zur Empörung derer, die spirituell bestens proportioniert sind, wird der kleine Mann, über den alle längst den Stab gebrochen haben, im Reich Gottes willkommen geheißen. Dort geht es nämlich nicht um Äußerlichkeiten. Das Reich Gottes beruht nicht auf dem Aussehen, der Sitzordnung, dem gesellschaftlichen Status oder gar der religiösen Reinheit seiner Bewohner. Am Vorabend von Jesu Einzug in Jerusalem erinnert diese Episode ein letztes Mal daran, was diesen falschen Messias ausmacht. »Er lädt sich bei einem Gauner und Betrüger ein«, murrt die Menge. Jesus macht einfach alles falsch.

Ein Fürst trat eine weite Reise an

Beim Festmahl für Zachäus erzählt Jesus eine Geschichte um einen König. Tatsächlich geht es um einen Herrscher, den alle kennen: Archelaos.

Könige tauchen in mehreren Gleichnissen Jesu auf: bei Matthäus der König mit dem unbarmherzigen Schuldner (Mt 18,23–35), der König, der ein Hochzeitsfest veranstaltet (Mt 22,1–14), und der »kosmische« König, der die Schafe von den Böcken trennt (Mt 25,31–46). Bei Lukas sind es zwei Könige: der eine, der Frieden schließt, weil seine Streitmacht nicht groß genug ist (Lk 14,31–32), und der König dieser Geschichte (Lk 19,11–27). Sie erscheinen mit den üblichen Attributen des Königtums: Thron, Armee, Henker und sogar Folterkammer (Mt 18,34). Wie die »großen Tyrannen« agieren sie mitunter launisch, vergeben Schuld und laden Bettler zu Festmählern ein, sind aber auch bereit, einen Mann in den Kerker zu werfen, nur weil er unpassend gekleidet ist. Vor allem sind sie zu brutaler Gewalt fähig und machen kurzen Prozess. Sie lassen Gegner in ihrem Beisein hinrichten (Lk 19,27). Und sie entsenden Truppen, um Städte in Schutt und Asche zu legen und die Bewohner niederzumetzeln (Mt 22,7). Die Geschichten spiegeln also das wahre Leben wider. So verhielten sich damals Könige. Hinter allen diesen Episoden stecken die realen Mächte, als da sind: die lokalen Vasallenkönige und ihr Herrscher, der Kaiser. Man spürt, dass Jesus bei dem Gleichnis, das er auf dem Weg nach Jerusalem erzählt, an die Ereignisse während seiner Geburt denkt.

> Die Leute hörten Jesus aufmerksam zu. Sie meinten, Gottes neue Welt würde sichtbar kommen, sobald Jesus in Jerusalem eintraf. Darum erzählte er ihnen noch ein Gleichnis: »Ein Fürst trat eine weite Reise an. Er sollte zum König gekrönt werden und dann wieder in sein Land zurückkehren. [...] Viele Bürger seines Landes aber hassten ihn. Sie

schickten eine Gesandtschaft hinter ihm her mit der Erklärung: ›Diesen Mann werden wir nicht als König anerkennen!‹« (Lk 19,11–14)

Als Antipas und Herodes Archelaos nach Rom gingen, um über das Erbe ihres Vaters zu streiten, folgte ihnen eine Delegation Juden. Sie beschwerten sich in einer Audienz bei Kaiser Augustus über die lange Liste der Verbrechen von Herodes dem Großen. Archelaos sei nicht besser, und lieber wollten sie unter römischer Herrschaft leben als einen weiteren »Herodes« dulden. Sie wollten von der »königlichen und ähnlichen Herrschaftsformen befreit werden. Sie könnten doch Syrien angegliedert und der Herrschaft solcher Vorsitzender [d.h. römische Statthalter, Präfekten etc.] unterstellt werden, die ihnen geschickt werden sollten …«[35]

Augustus wies ihre Einwände zurück und bestätigte Archelaos als Ethnarch von Judäa und Samarien unter der Bedingung, dass er »seinen Teil tugendhaft regiere«. Wie wir wissen, kam es anders, so dass Archelaos im Jahre 6 n. Chr. abgesetzt wurde und die jüdischen Führer ihren Willen bekamen: Die Römer übernahmen die Herrschaft.

Es handelt sich also um ein Gleichnis mit unverkennbar politischem Hintergrund. Die Sklaven erhalten »ein Pfund Silberstücke« (oder zehn Minen, so eine andere Übersetzung) im Gegenwert von 100 Drachmen. Die Summe war erheblich. Mit ihr ließen sich hundert Schafe oder zwanzig Rinder kaufen. Oder sogar 25 Sklaven.[36] Diejenigen, die das Geld ihres Herrn gut bewirtschaften, werden mit der Verwaltung von Städten betraut (Lk 19,17,19). Aber der Knecht, der das ihm anvertraute Geld nicht vermehrt hat, geht all seiner Macht verlustig. Und er wird in Verbindung mit den Feinden des Königs gebracht, welche die Delegation entsandt haben: »Doch jetzt holt meine Feinde her, die mich nicht als König anerkennen wollten: Sie sollen vor meinen Augen hingerichtet werden!« (Lk 19,27).

Wo ist Jesus? Er nähert sich Jerusalem. Also hat die Geschichte eine ziemlich deutlich politische Stoßrichtung. Wir haben Jesu Kritik an den Herrschern der Nichtjuden vernommen. Jetzt kritisiert er die Herrscher der Juden. Die jüdischen Führer, die Archelaos loswerden wollten, haben sich durchgesetzt. Sie wollten eine Römerherrschaft und haben sie bekommen. Und was haben sie daraus gemacht? Nichts. Sie haben das Gegebene genommen und es – wie der Knecht die Silberstücke – gleichsam im Boden vergraben. Warum? Weil sie ihre politischen Herren fürchteten. Also wird es ihnen genommen werden.

Jesus machte alles anders. Ob der Führungsstil, die Wertschätzung für Menschen, die er nicht nach Äußerlichkeiten beurteilt, oder die Vorbehalte gegenüber Tyrannen und großen Männern: Im neuen Reich war alles anders.

Sogar die Prozessionen.

9
Jerusalem, Samstag, 28. März – Freitag, 3. April 33 n. Chr.

Der Weg von Griechenland war lang gewesen. Ermüdende Schiffsreisen an Asiens Küste entlang und dann hinüber nach Ptolemais. Doch er hatte unbedingt kommen wollen: um seinen lebenslangen Ehrgeiz zu befriedigen, die Heilige Stadt zu sehen und im Tempel zu opfern.

Und jetzt war er hier, erschöpft und mit Tausenden anderen inmitten eines echten Pilgerstroms, der sich in die Stadt ergoss. Vor sich sah er über den Mauern den gewaltigen Block des Tempelbergs.

Er wurde durch das Tor und über die Stufen der Straße weiter nach oben geschoben. Um ihn herum boten Stände und Straßenhändler ihre Ware feil. Es gab alles: von Obst bis zu kostbarem Glas, Krüge mit billigem Wein, Berge von Brot und Stoffen. Und andere Angebote: »Ein Platz zum Übernachten gesucht?« – »Opfertiere erwünscht?« Links von sich sah er die engen Gassen der Unterstadt mit finsteren abweisenden Durchgängen. Diese Art Umgebung kannte er: Jede Stadt hatte ihre Armenviertel. Doch dies hier war nicht sein Ziel.

Er stieg die weißen Treppenstufen durch den dreifachen Torbogen und einen Tunnel empor. Jetzt schob sich das Gedränge langsam durch die Dunkelheit nach oben. Der Durchgang führte direkt unter der Königlichen Halle auf der Südseite durch den Tempelberg hindurch. In der verwirrenden Dunkelheit wurde das Gedränge mit jedem Schritt größer. Und plötzlich stand er oben auf dem Tempelberg. Und alles war licht, weitläufig und laut …

Vor ihm weitete sich der Vorhof der Heiden, Menschen wirbelten durcheinander, blickten ehrfürchtig auf, schritten voran, redeten, ja machten Geschäfte, saßen in Gruppen herum und diskutierten über die Feinheiten des Gesetzes. Hinter ihm, in der Königlichen Halle, wimmelte es von Geldwechslern und Viehhändlern. Er hörte das Gebrüll der Tiere, roch den vertrauten Gestank verängstigten Viehs auf dem Markt. Er ging Opfertiere kaufen. Sie waren teuer und kosteten mehr, als er erwartet hatte. Doch ihm blieb keine Wahl. Die Tiere mussten vollkommen sein. Und das Opfer war Pflicht.

Auf dem Weg zum Tempel vernahm er weitere Laute, den leisen Singsang der Leviten, einen Trompetenstoß von den Mauern herab und das Gemurmel von Gebeten. Von jenseits der Mauern stieg ihm der Geruch verbrannten Opferfleischs in die Nase.

An der ersten Barriere, einer flachen Mauer, empfingen ihn diensthabende Wachen und ein Schild auf Griechisch: eine Warnung an alle Nichtjuden, bei Androhung der Todesstrafe draußen zu bleiben. Er aber durfte passieren. Er ging weiter, diesmal rechtsherum zum Haupteingang in den Tempelbereich. Zunächst gelangte er in den Frauenhof. In zwei der Kammern in den vier Ecken lagerten Holz und Öl für die Opfer, vor den beiden anderen standen Menschen Schlange: vor den Reinigungsstätten für diejenigen, die das Nasiräergelübde abgelegt hatten. Und für diejenigen, die vom Aussatz genasen.

Dahinter stieg eine kleine Treppe zum Tor des Nikanor hinauf, dessen Bronze im Sonnenlicht glänzte. Weitere Wachen hinderten Frauen am Durchgang. Ab hier war der gesamte Bereich den jüdischen Männern vorbehalten. Priester am Tor prüften, ob er die Reinigungsriten vollzogen hatte. Er hatte sich gewaschen, bestand die Inspektion und trat in den Israelitenhof ein, das Ziel seiner Pilgerfahrt.

Vor ihm lag eine flache Barriere, gesäumt von einer Rei-

he Priester, die von den Gläubigen die Opfer entgegennahmen. Lärm toste: der Singsang der Leviten, die Gebete der Priester, das Gebrüll der verängstigten Tiere im Todeskampf. Und ein vielschichtiger durchdringender Geruch aus Weihrauch, röstendem Fleisch, Schweiß, Urin und Dung. Dies war der Opfergeruch, der Geruch des Kultes. Dahinter lag der Priesterhof mit dem riesigen Wasserbecken für die rituelle Reinigung. Und hier glänzte weiß und golden der eigentliche Tempelbau. Im Eingang erhaschte er einen Blick auf den gewaltigen goldenen Weinstock. Dahinter, so wusste er, lag das Heilige mit den goldenen Tischen und Leuchtern und dem Weihrauch, der in der gesprenkelten Finsternis glomm. Und dahinter das Allerheiligste, der Nabel der Welt, das stille, stumme Zentrum.
Er bahnte sich einen Weg zur Mauer. Die Priester nahmen ihm die Tauben aus der Hand. Er hatte es geschafft. Die Reise war zu Ende, die Pilgerfahrt am Ziel. Im Zentrum der Welt.

So zog Jesus in Jerusalem ein

Nach der detaillierten Chronologie bei Markus zog Jesus am Sonntag, dem 29. März, in Jerusalem ein.* Nach Johannes hatte er die Nacht zuvor im Haus des Lazarus in Betanien verbracht. Hier hatte er für die Woche Quartier bezogen: Den Tag über hielten er und seine Jünger sich in Jerusalem auf, für die Nacht zogen sie sich nach Betanien zurück.[1]

---

* Jesu letzte Woche nimmt in den Evangelien einen großen Teil ein. Bezogen auf die Kapitel, sind es bei Markus 37,5, bei Matthäus 28,5, bei Lukas 23 und bei Johannes 45 Prozent. Da diese letzte Woche Stoff für ein ganzes Buch abwirft, habe ich sie bereits in einem gesonderten Titel behandelt. Näheres zur letzten Woche Jesu siehe Nick Page: *Die letzten Tage Jesu. Protokoll einer Hinrichtung.* Pattloch Verlag, München 2011. Um bei Verstand zu bleiben und dieses Buch überschaubar zu halten, beschränke ich mich hier auf die Aspekte der Geschichte, die direkt mit den Ansprüchen Jesu als Messias zu tun haben.

Am frühen Sonntagmorgen schickte Jesus zwei nicht benannte Jünger los, um einen jungen Esel aus dem Dorf zu holen (Mk 11,1–6). Nichts in den Evangelien deutet darauf hin, dass sich die Dinge auf wundersame Weise von selbst gefügt haben. Tatsächlich gehört alles zu einem vereinbarten Plan, den Jesus entweder in der Nacht zuvor oder schon während seines heimlichen Besuchs in Jerusalem im Winter 32 n. Chr. vorbereitet hat. Die Jünger haben sogar eine Losung mitbekommen, mit der sie sich beim Abholen des Esels für Jesus dem Besitzer gegenüber ausweisen können.

Als Jesus den Esel bestiegen hat – wahrscheinlich in der Nähe der Kreuzung an der Hauptstraße von Jericho nach Jerusalem, wo die Straße Richtung Süden nach Betfage abzweigt –, ist er zum großen Einzug in Jerusalem bereit.[2] Es ist Zeit, sich den Hang zum Ölberg hinauf und wieder hinab ins Kidrontal in das Meer der Menschen zu begeben. Jetzt, zum Passahfest, lagern überall Pilger – in Zelten, in provisorischen Unterständen oder wo immer sie Platz finden.[3] Daher ist es nicht verwunderlich, dass er so schnell große Aufregung entfachte, wie ein Funke trockenes Gras in Brand setzt: Bald sieht er sich von einer jubelnden, schreienden Menge von Anhängern umringt, die Zweige schwenken und Gesänge anstimmen.[4]

Während seiner Kampagnen in Galiläa und Samarien vermied es Jesus, offen zu verkünden, dass er der Messias sei. Anders jetzt. Keine Äußerung Jesu ist dafür ein deutlicheres Zeichen als dieser Eselsritt nach Jerusalem. Er nutzt das symbolische Vokabular von Sacharja: »Freut euch, ihr Menschen auf dem Berg Zion, jubelt laut, ihr Einwohner von Jerusalem! Euer König kommt zu euch! Er ist gerecht und bringt euch Rettung. Und doch kommt er nicht stolz daher, sondern reitet auf einem Esel, ja, auf dem Fohlen einer Eselin« (Sach 9,9).

Es ist die bislang deutlichste Verkündigung seiner Legitimation als Messias. »Ich bin der König«, lautet seine Botschaft, und das Volk reagiert. Sie begrüßen ihn mit einem

Brauch, mit dem üblicherweise dem Königtum gehuldigt wird, und werfen vor ihm ihre Gewänder zu Boden.[5] Und Jesus gibt weitere Botschaften aus, denn während er in Jerusalem einzieht, findet am anderen Ende der Stadt eine weitere Prozession statt.

Pilatus residierte in Caesarea, nicht in Jerusalem. Eine Woche vor allen bedeutenden Festanlässen reiste er nach Jerusalem, um die Übergabe der Zeremonialgewänder zu genehmigen und sicherzustellen, dass die Ordnung aufrechterhalten wurde. Die Feste waren in Josephus' Worten »die übliche Gelegenheit, bei der Aufruhr aufflammte«, also war Pilatus' Anwesenheit vonnöten.[6] Mit seinem Gefolge, seiner Familie und natürlich einem Spezialaufgebot an Soldaten zog er auf der von Joppe kommenden Straße (an der Kreuzigungs- und Begräbnisstätte vorbei) auf der anderen Seite in die Stadt ein. Dann führte sein Reiterzug weiter zum ehemaligen Palast Herodes' des Großen, dem prachtvollsten Bauwerk in Jerusalem, das ihm während seiner Besuche als Hauptquartier diente.[7]

Es gab also zwei Einzüge in die Stadt: einer im Osten, der sich mit wildem Jubel und reich an messianischer Symbolik den Ölberg hinunterbewegte, während der andere – ebenso symbolträchtig – von Westen herannahte: mit glänzenden Rüstungen und poliertem Leder, mit Soldaten zu Pferde, denen der kaiserliche Adler den Weg wies. Von Westen her zog das weltliche Reich, von Osten her das Reich Gottes ein.

Jesu Einzug in Jerusalem war nicht nur eine Verkündigung seines Anspruchs als Messias. Es war ebenso ein politischer Akt, ein Siegeszeichen an das Reich, die Welt und die heidnischen Herrschaftsweise.

Am nächsten Tag tut Jesus auf dem Weg in die Stadt etwas Merkwürdiges: Er tritt an einen Feigenbaum, sucht nach einer Frucht, findet keine und verflucht ihn (Mk 11,12–14). Dem Baum gegenüber erscheint dies ziemlich ungerecht, da dies nicht die Zeit der Feigenernte ist. Doch der Schlüssel zum Verständnis dieser Episode ist ihr Schauplatz. Jesus befindet sich auf dem Ölberg über dem Kidrontal. Jenseits des Tals steht der Tempel. Wie das Gleichnis, das er auf dem Weg dorthin erzählt hat, ist auch der Feigenbaum mit dem Tempel verknüpft.

»Wer den Tempel nicht in seinem vollen Bau sah, hat in seinem Leben kein glanzvolles Bauwerk erblickt«,[8] schrieben später ohne Übertreibung die Rabbis. Der Tempel war eines der Wunder der griechisch-römischen Welt. Herodes hatte die relativ bescheidene Anlage aus der Zeit Serubbabels umgestalten und dabei ein gewaltiges Eingangstor und ein zweites Stockwerk hinzufügen lassen. Der Bau erreichte so eine Höhe von hundert Ellen. Zudem ließ er die Eingangshalle zu beiden Seiten um neue Flügel erweitern, wodurch eine T-förmige Anlage entstand. Und er verkleidete sie mit weißem Marmor mit eingelegtem Gold.[9]

Die Juden wurden zu Spenden für den Tempel ermuntert. Ein gewisser Tiberius Iulius Alexander, ein Jude aus Alexandria, ließ die Tore mit Gold beschlagen.[10] Ein gewisser Paris, Sohn des Akestor, aus Rhodos spendete für den Fußbodenbelag.[11] Und direkt im Tor hing ein gewaltiger goldener Weinstock von senkrechten Säulen herab. Für ihn konnten die Gläubigen ein goldenes Blatt oder eine goldene Beere stiften.[12]

Um den Tempel herum schuf Herodes eine riesige erhöhte Esplanade, die sich über ein Areal von 14 Hektar erstreckte – und damit ungefähr 12 Prozent des Stadtgebiets einnahm. Hinauf gelangte man über eine Reihe von Treppen, Gängen und Tunnel.[13] Alles am Tempel war luxuriös und prachtvoll.

Selbst die Gewänder des Hohepriesters waren märchenhaft geschmückt. Der Mischna zufolge kosteten sie 10 000 Denarii, eine unglaubliche Summe, die ungefähr einem Gegenwert von 450 000 Euro entspricht. Daher verwundert es nicht, dass es die Juden verabscheuten, sie wieder in die Obhut der Römer geben zu müssen.[14]

Der Tempel war märchenhaft reich. Nach modernen Begriffen war er einer der stärksten Publikumsmagneten der antiken Welt. Hunderttausende Besucher strömten alljährlich nach Jerusalem. Zu der Tempelsteuer, die aus dem gesamten Römerreich nach Jerusalem floss, verdiente er am Zehnten, dem Aufschlag an der Tempelsteuer und durch den Verkauf von Opfertieren an sämtliche Pilger, denn jeder Besucher des Tempels musste ein Opfer darbringen.

Die griechisch-römische Welt begeisterte sich fürs Opfern. Praktisch alle Religionen opferten Vieh. Tempel waren religiöse Schlachthöfe, und jeder Priester war zugleich ein versierter Schlachter, der mit chirurgischer Präzision an seine Opfertiere heranging. Insbesondere der Tempel beruhte darauf. Mit ihrem Opfer dankten die Gläubigen Gott und hatten Anteil an seinem Frieden. Sie feierten die wichtigsten Feste und baten um Vergebung. Und das Opfer befreite sie von Unreinheit.[15]

Jeder eintreffende Pilger brachte folglich ein Opfertier mit sich oder kaufte es, was häufiger geschah, in den Ställen des Tempels. In diesem Fall wurde es teuer. Das einfachste Opfer – ein Paar Tauben – kostete 1 Denarius, den Tageslohn eines durchschnittlichen Arbeiters. Ein Lamm kostete 4, ein Widder 8, ein Kalb 20 und ein Ochse zwischen 100 und 220 Denarii.[16] Zu festlichen Anlässen trieb das Gesetz von Angebot und Nachfrage – dieser beiden zeitlosen heidnischen Götter – die Preise zusätzlich in die Höhe. In einer Passage in der Mischna heißt es, dass ein Paar Tauben während eines Festes in Jerusalem »einen goldenen Denar« gekostet habe – eindeutig ein Wucherpreis, denn dieser entsprach 25 Silberdenare.[17]

Mit seinem Reichtum sorgte der Tempel für Unmut. Dieser

wurde noch zusätzlich durch die Tatsache geschürt, dass der Tempel auch als Bank auftrat, die an Bedürftige Geld verlieh und dann bei Zahlungsschwierigkeiten die Zwangsvollstreckung einleitete und deren Land beschlagnahmte. Auf die Art wurde der Tempel zu einem der größten Landeigner in Judäa. Der Unmut über diese Praxis spiegelt sich in der Tatsache wider, dass die Revolutionäre nach Übernahme des Tempels 66 n. Chr. als eine ihrer ersten Taten das Schuldverzeichnis verbrannten.[18]

Diese Faktoren standen wohl hinter Jesu Aktionen an diesem Montagmorgen:

> Jesus ging in den Tempel. Dort jagte er alle Händler und Käufer hinaus; die Tische der Geldwechsler und die Stände der Taubenhändler stieß er um. Er duldete noch nicht einmal, dass jemand irgendetwas durch den Tempelvorhof trug. »Ihr wisst doch, was Gott in der Heiligen Schrift sagt«, rief Jesus der Menschenmenge zu: »›Mein Haus soll für alle Völker ein Ort des Gebets sein‹, ihr aber habt eine Räuberhöhle daraus gemacht.« (Mk 11,15–18)

Alle vier Evangelien verzeichnen diesen Zwischenfall, auch wenn ihn Johannes an den Anfang von Jesu Mission setzt. Dabei wollte Jesus sicher nicht ernsthaft einen Aufstand oder eine gewaltsame Revolution vom Zaun brechen.[19] Keine Wachen griffen ein, und keine Soldaten eilten aus der Festung Antonia herbei, um für Ordnung zu sorgen. Jesus kehrte sogar am nächsten Tag in den Tempel zurück. Es ging ihm auch nicht um einen Angriff auf den Opferkult. Wäre dies seine Absicht gewesen, so wäre er in den Priesterhof gegangen, wo die Opferungen stattfanden. Mehr als durch alle anderen Aktionen wurde Jesu Schicksal durch seinen Protest im Tempel besiegelt, durch seine Behauptung, dieser werde zerstört werden: Damit griff er nämlich nicht unmittelbar die Geldwechsler und Händler an, sondern das System, das sie gewähren ließ. Seine Angriffe richteten sich gegen ihre Herren: gegen die Familie des Hohepriesters.

Zweifellos verdiente der Tempel am Geldwechsel und am Verkauf der Opfertiere, aber möglicherweise profitierten auch Familienmitglieder des Hohepriesters davon. Die Opfertiere wurden nicht nur an der Südseite der Tempelumfriedung nahe der Halle Salomos verkauft, sondern auch überall in der Stadt. So standen nach einem Bericht in der Nähe des Tempels die Ladengeschäfte von Hanaun oder Hannas.[20] Auch wenn hier Vorsicht geboten ist, weil dieser Name nicht ungewöhnlich war, so ist er eine Spielart des Namens der Familie des Hohepriesters Hannas. Der »schwunghafte Opferviehhandel«, der im »Vorhofe der Heiden« betrieben wurde, könnte also durchaus von der »mächtigen hohepriesterlichen Familie Hannas [Ananus]« unterhalten worden sein, wie es Joachim Jeremias ausdrückte.[21] Die Familie des Hohepriesters machte ihr Vermögen mit dem Verkauf von Opfertieren.

Sie hatte sicher auch Getreidelager. Eine Zeile in der späteren rabbinischen Literatur lautet, dass die Lager der »Kinder des Hanin« drei Jahre vor dem übrigen Israel vernichtet worden seien, weil sie »den Zehnten ihrer Ware nicht abgeführt« hätten. Die Passage deutet darauf hin, dass sie eine Befreiung von der Abgabe für sich beansprucht hatten.[22]

Dadurch gewinnt der Tempelprotest schärfere Konturen: Er war eine persönliche Angelegenheit und richtete sich gegen die Spitze: gegen Hannas, seinen Schwiegersohn Kaiphas und alle Mitglieder der Dynastie, die in den folgenden Jahren den Tempel führen sollten. Und er erklärt einige nachfolgende Ereignisse. Kaiphas und Hannas sahen, dass Jesus bestraft wurde, aber ihr Groll reichte weiter. Nach Lukas wurden Petrus und Johannes nach Jesu Kreuzigung und Auferstehung im Tempel verhaftet und vor den Rat geschleppt, dem auch der Hohepriester »Hannas [Ananus], Kaiphas, Johannes und Alexander und alle, die von der Familie des Hohepriesters waren«, angehörten.

Der hier genannte Johannes ist wahrscheinlich Hannas' Sohn Jonathan. Angesichts dieser »Jury« ist Petrus' Äußerung – »Jesu Christi von Nazareth. Er ist es, den *ihr* gekreuzigt habt und den Gott von den Toten auferweckte« (Apg 4,10, Hervorhebung in kursiv durch mich) – keine Anklage gegen die Juden im Allgemeinen oder gegen den Sanhedrin, sondern gegen das gesamte Haus Hannas: *Ihr* habt diesen Mann ans Kreuz geschlagen.

Hinzu kommt die Geschichte vom Tod des Bruders Jesu, den Josephus zufolge Ananus, Sohn des Ananus, um 62 n. Chr. hinrichten ließ. Es war eindeutig ein parteiisches und unfaires Verfahren: Aufrecht denkende Einwohner der Stadt reagierten auf diese Behandlung empört, beschwerten sich bei König Agrippa und zogen sogar vor den römischen Statthalter Albinus auf dessen Weg durch die Provinz. Albinus reagierte wütend auf die selbstherrliche Aktion und entfernte unverzüglich Ananus aus dem Amt.[23] Warum hatte sich Ananus so plötzlich an Jakobus vergriffen? Warum diese Aktion? Vielleicht deshalb, weil 30 Jahre zuvor Jakobus' Bruder das Haus Hannas eine Räuberhöhle genannt hatte.

Der Tempelprotest und der Ritt auf dem Esel in die Stadt waren beide sowohl eine Kritik an den Mächtigen wie ein messianisches Zeichen. Eine der wichtigsten Aufgaben des Messias war die Erneuerung des Tempels. Dieser Glaube ging auf das Buch Sacharja zurück, in dem gemeinsam ein König und ein Priester den Tempel wiedererrichten:

> Ein Mann wird kommen, der aus diesem Volk hervorgeht. Er ist ein Nachkomme Davids und wird meinen Tempel wieder aufbauen. Ja, er wird ihn bauen, und er wird hohes Ansehen genießen, wenn er den Thron besteigt, um über sein Volk zu herrschen. Der Hohepriester wird an seiner Seite sein, und beide werden in allen Entscheidungen übereinstimmen. (Sach 6,12–13)

Sacharja meinte hier wohl die Herrscher seiner Zeit, König Serubbabel und den Hohepriester Josua. Da der zweite Tempel aber nur wenig Glanz ausstrahlte und sich auch das wiedererrichtete Reich als ebenso erfolglos erwies, verlegten spätere Exegeten diesen Wiederaufbau in eine nachmalige Zeit. Der Glaube, dass der Messias den Tempel erneuern würde, spiegelt sich weithin im messianischen Schrifttum wider. Die Qumran-Gemeinde, welche die Dynastien der Hohepriester als unrechtmäßige Usurpatoren betrachtete, sah sich selbst als gottgewollter vorübergehender Ersatz für den Tempel, der erst nach der Rückkehr Gottes wiedererrichtet würde. Ein apokryphes Werk namens 1 Henoch enthält eine Passage, die unter dem disneyartigen Namen »Tierapokalypse« bekannt ist. Sie spiegelt eine grundlegende Unzufriedenheit mit der Tempelpriesterschaft und die Überzeugung wider, dass die Opferungen unrein seien. Die Rede ist von der Zerstörung des »alten Hauses«, dessen Säulen und Schmuckwerk geraubt werde. Ein neues »Haus« werde errichtet, »größer und erhabener als das erste«.[24]

Auf drastische Weise wird diese Verurteilung des Tempels am nächsten Morgen veranschaulicht, als Jesus und seine Anhänger den Berg nach Jerusalem hinabsteigen. Als sie an dem Feigenbaum vorbeikommen, ist der »völlig abgestorben« (Mk 11,20).

Das Zeichen besagte: Der Tempel wird untergehen, an Wurzel und Zweigen verdorren.

»Was denkt ihr über den Messias ...?«

Angesichts der Ereignisse vom Vortag mutet es seltsam an, dass Jesus schnurstracks zum Tempel zurückkehrt und zu lehren beginnt. Doch die Menge schützte ihn vor Verfolgung. Die Tempelbehörden können ihn angesichts dieser öffentlichen Unterstützung nicht verhaften lassen. Also schicken sie

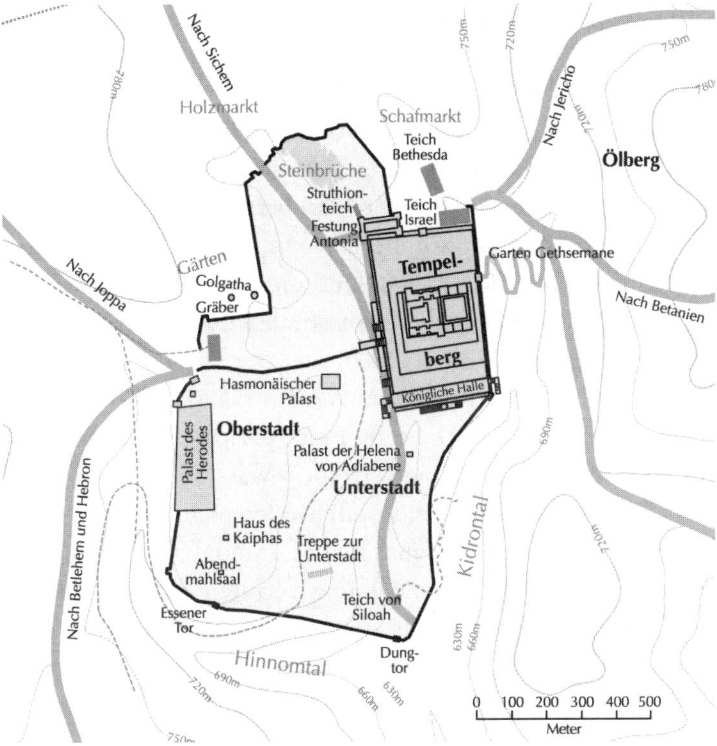

Nach Sichem
780m
Holzmarkt
Schafmarkt
Teich Bethesda
750m
720m
780m
Nach Jericho
720m
Ölberg
Steinbrüche
Struthion-teich
Teich Israel
Festung Antonia
Tempel-berg
Garten Gethsemane
Nach Betanien
Gärten
Nach Joppa
Golgatha
Gräber
Hasmonäischer Palast
Königliche Halle
Palast des Herodes
Oberstadt
690m
Palast der Helena von Adiabene
Unterstadt
Kidrontal
720m
Nach Betlehem und Hebron
Haus des Kaiphas
Treppe zur Unterstadt
Abend-mahlsaal
Teich von Siloah
Essener Tor
630m
660m
Hinnomtal
Dung-tor
690m
720m
660m
630m
750m
0 100 200 300 400 500
Meter

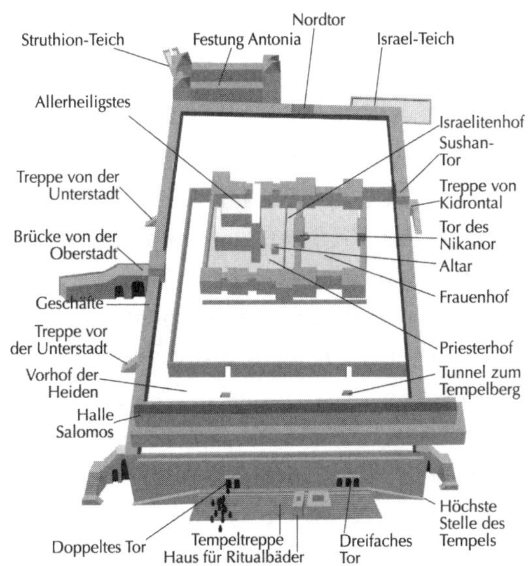
Nordtor
Struthion-Teich
Festung Antonia
Israel-Teich
Allerheiligstes
Israelitenhof
Sushan-Tor
Treppe von der Unterstadt
Treppe von Kidrontal
Tor des Nikanor
Brücke von der Oberstadt
Altar
Geschäfte
Frauenhof
Treppe vor der Unterstadt
Priesterhof
Vorhof der Heiden
Tunnel zum Tempelberg
Halle Salomos
Höchste Stelle des Tempels
Doppeltes Tor
Tempeltreppe
Haus für Ritualbäder
Dreifaches Tor

ihre intellektuellen Kerntruppen los, um ihn in Misskredit zu bringen.

Die Oberpriester, Schriftgelehrten und Älteren stellen ihm eine Frage zur religiösen Autorität: »Woher nimmst du dir das Recht, hier so aufzutreten?« (Mk 11,28). Die Pharisäer und die Anhänger König Herodes' befragen ihn zur Politik: »Ist es eigentlich Gottes Wille, dass wir dem römischen Kaiser Steuern zahlen?« (Mk 12,14). Und die Sadduzäer stellen ihm eine theologische Frage: »Wessen Frau wird sie nun nach der Auferstehung sein?« (Mk 12,23).

Jesus wehrt diese Fragen mit Gegenfragen und provokanten Bemerkungen ab. Die erste Frage pariert er mit einer Gegenfrage, welche die Menge erfreut: »War Johannes der Täufer von Gott beauftragt zu taufen oder nicht?« (Mk 11,30). Die Frage bringt Jesu Gegner in eine unmögliche Lage. Wenn sie ihre tatsächliche Überzeugung verraten – dass Johannes der Täufer verblendet war –, gerät die Menge außer sich. Wenn sie einräumen, dass er göttliche Autorität besaß, heißen sie nicht nur die tempelkritische Botschaft des Täufers gut, sondern müssen sich auch noch fragen lassen, warum sie Johannes nicht gefolgt sind. Hier haben die Sadduzäer ein glorioses Eigentor geschossen.

Die zweite Frage ist verfänglicher. Sie wird von den Pharisäern und den Anhängern des Herodes lanciert, einer Kombination, die bei Markus bereits in Kapernaum nach der Heilung in der Synagoge aufgetaucht ist. Es geht um die zentrale politische Frage der Zeit: um das römische Reich. »Ist es eigentlich Gottes Wille, dass wir dem römischen Kaiser Steuern zahlen? Sollen wir bezahlen oder nicht?« (Mk 12,14–15).

Die Römer erhoben in allen eroberten Gebieten Tribut, aber einige Juden, insbesondere die Zeloten, lehnten derlei Zahlungen ab. Jesus gerät hier in eine Zwickmühle. Bejaht er die Frage, verliert er den Rückhalt von allen glühenden Nationalisten in der Menge, die gegen die Römerherrschaft eingestellt sind. Verneint er sie, werden ihn seine Feinde als einen

Rebellen brandmarken, der sich gegen die Herrschaft Roms auflehnt. Jesus verändert den Kern des Konflikts: Es geht nicht um Rom gegen Israel, denn beide erheben ja Steuern, sondern um »Rom« gegen Gott.[25] Die Frage, ob man Rom Geld geben soll, wird völlig bedeutungslos angesichts der Notwendigkeit, Gott alles zu geben. Obwohl Jesus ausweichend antwortet, kann er seine Gegner doch irgendwie treffen. Später werden seine Ankläger behaupten, er »redet den Leuten ein, dass sie dem Kaiser keine Steuern zahlen sollen« (Lk 23,2).

Die nächste Frage ist eine theologische Herausforderung, sie zielt gegen die Auferstehung. Die Sadduzäer lehnten den Glauben an die Auferstehung ab, weil sie in der Thora nicht vorkam. Sie fanden ihren Trost problemlos in der diesseitigen Welt. Wie der Historiker Martin Goodman schrieb, »verkörperten die Sadduzäer eine eitle Selbstgefälligkeit mit Blick auf den Status quo, den nur die Reichen akzeptieren konnten«.[26] Jesus nimmt ihren Standpunkt auseinander. Er wirft diesen Männern – der fundamentalistischen Partei der *sola scriptura* – vor, dass sie ihre Schrift gar nicht gelesen haben: Gott habe die Macht, alles zu richten: Wie kämen sie denn darauf, dass sich das Leben nach der Auferstehung so abspiele wie zuvor im Diesseits?

Die letzte Frage des Tages kommt von einem Schriftgelehrten. Im Gegensatz zu den anderen ist sie eine echte Erkundigung. Der Schriftgelehrte will wissen, welches das wichtigste Gebot sei. Und Jesus fasst das Gesetz und die Propheten mit souveräner Weisheit in wenigen Worten zusammen. Die Antwort des Schriftgelehrten verblüfft: »Das ist mehr als alle Opfer [gemeint sind die offiziellen Opferungen], die wir Gott bringen könnten« (Mk 12,33 b).

Jesus nutzt die Frage zu einem Angriff auf die Schriftgelehrten, und insbesondere auf ihr Verständnis vom Messias. Wie können sie ihn »den Sohn Davids« nennen, fragt er, da David den Messias doch »meinen Herrn« nennt? (Psalm 110,1).

Dies ist eines der wenigen Male, bei denen Jesus vom Messias spricht, und sogar das einzige Mal, dass er sich auf eine Diskussion über den Messias einlässt.

Dabei wird er in den Evangelien zahlreiche Male als Messias identifiziert, so von Petrus (Mt 16,16), Andreas (Joh 1,41), Marta (Joh 11,27), Pilatus (Mt 27,17), dem Hohepriester (Mt 26,63), der Menge in Jerusalem (Joh 7,41), der Menge vor dem Kreuz (Mk 15,32) und sogar von dem Banditen am Kreuz neben ihm (Lk 23,39), ganz zu schweigen von all den Dämonen. Und Jesus widerspricht dieser Gleichsetzung niemals, auch wenn er sie nur selten bestätigt.

Tatsächlich gibt er sich nur dreimal ausdrücklich als Messias zu erkennen: gegenüber dem Hohepriester bei seinem Verhör (Mk 14,60–62), gegenüber der Frau am Brunnen in Samarien (Joh 4,24–26) und während seines Gebets im Abendmahlssaal (Joh 17,2–4). Die übrigen Male schweigt er dazu entweder oder sagt Dinge wie »Du kannst wirklich glücklich sein« Mt (16,17), »ja, du sagst es« (Lk 23,3) und »Ich habe es euch schon gesagt« (Joh 10,25).

Nur an den folgenden Stellen erwähnt Jesus von sich aus den Messias:

- »Wie können eure Schriftgelehrten behaupten, Christus sei ein Nachkomme von König David?« (Mk 12,35; Mt 22,42)
- »Ihr sollt euch auch nicht Lehrer nennen lassen, weil ihr nur einen Lehrer habt: Christus.« (Mt 23,10) (Beide Male im Tempel in Jerusalem bei einer Diskussion über die Theorien der Schriftgelehrten zum Messias.)
- »Denn viele werden auftreten und von sich behaupten: ›Ich bin Christus!‹ Und sie werden viele Menschen in die Irre führen.« (Mt 24,5)
- »Wenn dann jemand zu euch sagt: ›Hier ist der Christus!‹ oder: ›Dort ist er!‹, glaubt ihm nicht!« (Mt 24,23) (Beide Male auf dem Ölberg im Gespräch über die Zukunft.)

- »Musste Christus nicht all dies erleiden, bevor Gott ihn zum Herrn über alles einsetzt?« (Lk 24,26)
- »Es steht doch dort geschrieben: Der Messias muss leiden und sterben, und er wird am dritten Tag von den Toten auferstehen. Alle Völker sollen diese Botschaft hören: Gott wird jedem, der zu ihm umkehrt, die Schuld vergeben. Das soll zuerst in Jerusalem verkündet werden.« (Lk 24,46–47) (Beide Male nach seiner Auferstehung auf dem Weg nach Emmaus, dem Dorf in der Nähe Jerusalems.)

Folglich gebraucht Jesus den Begriff »Messias« (»Christus«) in den Evangelien selbst insgesamt sechsmal. Also nicht häufig. Die kleine Begebenheit, als Jesus im Tempel auf Fragen antwortet, erklärt auch, warum. Tatsächlich hinterfragt Jesus die biblische Grundlage, auf der die Schriftgelehrten den Ausdruck »Sohn Davids« für einen irdischen König gebrauchen. Dies, so Jesus, sei eine aristokratische Phantasie, ein hoffnungslos fehlgeleitetes romantisches Ideal ohne irgendeine von Gott inspirierte schriftliche Quelle.[27]

Ihre Vorstellung vom Messias ist falsch. Sie wird sich so nie erfüllen. Jesus erwähnt den Messias nicht etwa deshalb so selten, weil er es nicht selbst ist, sondern weil er darüber möglichst nicht reden will. Er will über das Reich Gottes reden, das er errichtet. Er will über Geld, Schuld, Frieden, Liebe, Buße und über alle wichtigen Dinge im Leben reden. Er will sich nicht an den egozentrierten und nach innen gerichteten Träumen Israels von politischem Glanz im 1. Jahrhundert n. Chr. beteiligen. Dies ist ein Kernthema um den falschen Messias: Er interessierte sich schlicht nicht besonders für messianische Theorien.

Es gab deutlich wichtigere Dinge zu diskutieren.

Alles wird nur noch ein großer Trümmerhaufen sein

Als Jesus den Tempel verließ, zeigte einer seiner Jünger begeistert auf die Tempelbauten: »Lehrer, sieh dir diese Steine und diese gewaltigen Bauwerke an!« Jesus erwiderte: »Ja, sieh es dir genau an! Kein Stein wird hier auf dem anderen bleiben. Alles wird nur noch ein großer Trümmerhaufen sein.« (Mk 13,1–2)

Man denke in der heutigen übersensiblen Atmosphäre der Angst vor Terroranschlägen nur einmal daran, dass ein Mann vor dem Parlamentsgebäude oder dem Weißen Haus zu einer Gruppe von Gefolgsleuten sagt: »All dies wird zerstört werden!« Ein solches Szenario gibt eine Vorstellung von der Wirkung der Worte Jesu. Dies war eine politisch gefährliche Botschaft. Im Nachhinein kann man sie eher als Prophetie denn als Drohung sehen, aber so wurde sie weder wahrgenommen noch später wiedergegeben. Die »Tuschel-Experten«, das Haus Hannas, hatten in der Menge wahrscheinlich ihre Informanten. Sie dürften seine Worte als klare Ansage eines revolutionären Messianismus gedeutet haben.

Als sich die Jünger auf der anderen Seite des Tals niedergelassen hatten – hinter Jerusalem ging die Sonne unter –, wollten sie mehr wissen: »Wann wird das alles geschehen? An welchen Ereignissen werden wir das Ende erkennen?« (Mk 13,3–4). Jesus antwortet mit einer Erzählung um Tod und Untergang, um belagerte Städte, weltbewegende Ereignisse und Menschen, die in die Berge fliehen. Tatsächlich eine Erzählung der Apokalypse.

Das griechische Wort *apokalupsis* bedeutet »Offenbarung«. Ein apokalyptisches Werk ist eins, das Kommendes offenbart. Die Gelehrten streiten sich (wie meistens) darüber, wie das apokalyptische Schrifttum zu definieren sei. Die apokalyptische Literatur umgibt etwas »Andersartiges«, etwas Fremdes, das sie auszeichnet. Sie ist die Literatur der Marginalisierten und Verkannten. Eine Glaubensäußerung derer, an denen gezweifelt wird. Heute sehen wir dieses Schrifttum in tausend Websites und Blogs verkörpert, die uns vor einer Invasion Außerirdischer oder vor Reptilienmenschen warnen, die da angeblich schon unter uns wandeln.

Doch gerade deshalb erlebte diese Literatur unter Juden und Christen damals eine Blüte. Beide Gruppen waren die Marginalisierten und Unterdrückten ihrer Zeit. Das apokalyptische Schrifttum gab ihnen das Vokabular an die Hand, mit dem sie die Geschehnisse um sich herum auszudrücken vermochten. Und das Urchristentum brachte im Buch der Offenbarung das wohl einflussreichste Werk der apokalyptischen Literatur aller Zeiten hervor.

Wie der Großteil dieser Literatur sind die apokalyptischen Passagen in der Bibel kompakt formuliert, rätselhaft und schwer zu entschlüsseln. Hier liegt denn auch das Problem: Wir vergessen bisweilen, dass sie in einem Code verfasst sind, und nehmen sie etwas zu wörtlich. Da sie eine die Welt erschütternde Sprache verwenden, schließen wir daraus, dass es tatsächlich um Welterschütterndes gehen müsse, also um die »Apokalypse«, ein Wort, das im Anschluss die Bedeutung von »Weltuntergang« erhalten hat.

Doch ist dies keineswegs immer der Fall. Bei der Apokalypse geht es um Veränderung, um Wandel, um Neues, das da kommen wird.[28] Und sie handelt nicht von der fernen Zukunft, sondern von der unmittelbaren Gegenwart. Die jüdische apokalyptische Literatur dreht sich fast immer darum, was augenblicklich geschieht oder demnächst geschehen wird. Dasselbe gilt für die apokalyptischen Passagen in der Bibel. Markus 13, Matthäus 24 und die Offenbarung handeln nach einhelliger Meinung von der »Endzeit«. Aber sie handeln auch – und wahrscheinlich hauptsächlich – von den Zeiten im Umfeld ihrer Entstehung. Sie erklären, was unmittelbar bevorsteht, aber auch, was überall im Umfeld bereits begonnen hat.

Wie die Botschaft Johannes' des Täufers bezog sich die Botschaft Jesu auf die »Endzeit«. Sie war, um einen weiteren komplexen Begriff zu gebrauchen, stark eschatologisch. Der Begriff »Eschatologie«, den Theologen im 17. Jahrhundert geprägt haben, bezeichnet die »letzten Dinge«: das Ende eines Reichs, das der Welt oder auch das des Lebens eines Einzelnen.

Eschatologische Schriften waren häufig offen politisch – mit einem Ausblick auf eine endgültige, ewige politische Ordnung, oft unter der Herrschaft eines idealen Königs. So hatten beispielsweise die Römer eine eschatologische Sicht ihres Reichs: Sie betrachteten es als eins ohne Ende. In Vergils *Äneis* verkündet Jupiter: »Den [Römern] setzte ich weder in Raum noch Zeit Grenzen. Ihnen gab ich eine Herrschaft ohne Ende.«[29] *Imperium sine fine:* eine Vorstellung, welche die meisten Reiche seither auf ihrem Gipfelpunkt teilten. Darum ging es: Um das Reich, in dem die Sonne niemals untergeht. Ob das Dritte (und letzte) Reich, ob Marxismus, Faschismus oder liberale Demokratie – sie alle haben für sich den eschatologischen Anspruch erhoben, dass sie das letztgültige System seien.[30]

Diejenigen, die »Roms Frieden fürchteten«, sahen die Dinge etwas anders. Die jüdischen sibyllinischen Orakel warfen Rom Habgier und Hochmut vor und prophezeiten, dass der Reichtum nach Asien zurückkehren würde.[31] Die »Offenbarung« ist eine zutiefst romfeindliche Abhandlung, nach der Rom als das neue Babel zerstört werde.

Über die politischen Gebilde, über Königreiche und Imperien hinaus geben die christlichen und jüdischen Schriften auch einen Ausblick auf das Ende der Welt insgesamt. Die »Offenbarung« kündigt »einen neuen Himmel und eine neue Erde« an. Auch das jüdische Schrifttum blickte auf eine kosmische Eschatologie. Die *Apokalypse der Wochen* in 1 Henoch verkündet, dass die Welt zu einem bestimmten Zeitpunkt der Zerstörung preisgegeben werde. Der alte Himmel werde verschwinden und durch einen neuen ersetzt werden. Die Qumran-Gemeinde beschwor die Feuerstürme des Belial, welche die Erde verschlingen würden. Die Apokalypse im 4. Buch Esra – entstanden gegen Ende des 1. Jahrhunderts n. Chr. – beschreibt die sieben Tage der Urstille zwischen der Zerstörung der alten Welt und der Entstehung der neuen Schöpfung.[32]

Zur Zeit Jesu verkündeten einige, dass der Übergang bereits begonnen habe. In der Eschatologie Jesu ist die neue Zeit charakteristischerweise bereits angebrochen, weshalb diese denn auch »realisierte Eschatologie« genannt wurde. Jesus scheint zu verkünden, dass das Reich des Himmels jetzt beginnt; dass das Leben nach dem Tod schon etwas früher beginnen kann. Der klassische Ausdruck dieser Vorstellung findet sich im Evangelium des Johannes, wo Jesus seinen Anhängern verkündet: »Wer meine Botschaft hört und an den glaubt, der mich gesandt hat, der wird ewig leben. Ihn wird das Urteil Gottes nicht treffen, denn er hat die Grenze vom Tod zum Leben schon überschritten« (Joh 5,24).

Eine eingehende Lektüre von Markus 13 fördert all diese wirkenden Elemente zutage. Obwohl das Kapitel Bestandteile einer kosmischen Eschatologie enthält, handelt es hauptsächlich von realen politischen Ereignissen, die sich innerhalb weniger Jahrzehnte nach dem Tod Jesu erfüllten. Es beginnt damit, dass Jesus auf eine Frage der Jünger mit einer Beschreibung der Zerstörung des Tempels antwortet. Und diese fand im Jahre 70 n. Chr. statt.

Im Jahre 66 n. Chr. brach in Judäa eine Revolution aus. Ohne die Ereignisse hier im Einzelnen nachzuzeichnen, sei nur so viel gesagt, dass nach dem anfänglichen Erfolg der Juden schließlich 30 000 römische Soldaten Jerusalem umzingelten. In der Stadt grassierten Krankheiten, Leiden und Hunger sowie eine brutale gegenseitige Vernichtung. Die Juden in der Stadt wendeten eine ebenso große Energie dabei auf, sich gegenseitig umzubringen, wie die Römer zurückzuschlagen.

Am Ende wurde Jerusalem zurückerobert – und der Tempel niedergebrannt. Von dieser Tragödie sollten sich die Juden als Volk niemals erholen.

Dass Markus 13 wie Lukas 19,42–44 diese Ereignisse beschreiben, wurde häufig als Beweis dafür angeführt, dass die Evangelien aus der Zeit nach 70 n. Chr. stammen müssten – hauptsächlich mit dem Argument, eine solche Vorhersage sei unmöglich gewesen. Ich habe an anderer Stelle dargelegt, warum diese Annahme irrig ist.[33] Selbst Kaiphas hatte 40 Jahre zuvor geahnt, dass eine Wende in die falsche Richtung der jüdischen Lebensart und dem Tempel den Untergang bereiten würde. Jesus wuchs in einer Region heran, in der allgemein bekannt war, wozu die Römer bei der Bekämpfung von Aufständen fähig waren. Man musste nicht der Sohn Gottes sein, um das Heraufziehende zu erkennen.

Uns beschäftigt im Augenblick allerdings eine andere Situation, in der Jesus den Messias erwähnt: »Wenn dann jemand zu euch sagt: ›Hier ist der Christus!‹ oder: ›Dort ist er!‹, glaubt ihm nicht! Viele werden sich nämlich als ›Christus‹ ausgeben, und es werden falsche Propheten auftreten. Sie werden Zeichen und Wunder vollbringen, um – wenn möglich – sogar die Auserwählten Gottes irrezuführen. Deshalb bleibt wachsam! Ich habe euch gewarnt!« (Mk 13,21–23).

Die Stelle endet mit einer Flut apokalyptischer Bilder: Die Verdunkelung von Sonne und Mond, herabstürzende Sterne und der auf Wolken heranziehende Menschensohn werden beschworen. Das Vokabular des apokalyptischen Schrifttums ist mit Vorsicht zu behandeln. Es ist sicher nicht wörtlich gemeint: In welchem wörtlichen Sinn könnten denn auch Sterne »vom Himmel fallen«? (So der Wortlaut in der Einheitsübersetzung.) In welche Richtung sollten sie stürzen? Jesus beschreibt vielmehr in einer stark stilisierten Sprache, was geschieht, wenn das Reich Gottes hereinbricht.

Noch heute bedienen wir uns solcher Bilder. Wir reden von Institutionen, die in ihren »Grundfesten erschüttert« werden, obwohl kein Erdbeben stattgefunden hat. Wir erlebten einen finanziellen Gau, obwohl sich in den Banken meines Wissens nach keine echte Kernschmelze ereignet hat.

Diese Stelle lässt sich natürlich auf die sogenannte »Wiederkunft« beziehen. Sicher lebte die Urkirche in der Überzeugung, dass Jesus zurückkehren würde. Matthäus schickt seiner Version dieser Apokalypse eine Reihe von Gleichnissen und seltsamen Erzählungen hinterher, die sich alle um das gemeinsame Thema des plötzlichen Erscheinens oder Verschwindens ranken. So der plötzlich einsetzende Regen zur Zeit Noahs (Mt 24,38–39), so die Menschen, die unvermittelt »mitgenommen« werden (Mt 24,40–41), und so auch die Ankunft der Diebe, Herren und Bräutigame (Mt 24,45–5,13). Jesus als der Lestai, der Bandit, kommt in tiefster Nacht, um den starken Mann ein für alle Mal zu binden.

Gleichwohl lautet die Kernaussage von all dem, dass man »sich immer strebend bemühen soll«. Bleibt wachsam und seid auf der Hut. Zwar tauchen an dieser Stelle auch Gleichnisse um das Jüngste Gericht auf, wurde das Gleichnis von den Schafen und Böcken als Hinweis auf das gedeutet, was »am Ende« kommen würde. Doch jetzt ist nicht die Zeit, den Schatz zu verstecken, sondern ihn zu verschenken. Die Hungernden müssen genährt, die Nackten gekleidet und die Dürstenden mit Wasser versorgt werden. Schlimmes wird geschehen, aber trotzdem sind Aufgaben zu erledigen.

Matthäus beendet diesen Abschnitt mit einer Warnung: »Ihr wisst, dass übermorgen das Passahfest beginnt. Dann wird der Menschensohn an die Menschen ausgeliefert und ans Kreuz genagelt werden« (Mt 26,1–2).

Die Endzeit naht. Der Tempel wird niedergerissen werden. Einige Arbeiten zum Wiederaufbau werden anfallen.

Ein Fläschchen Nardenöl

Es waren nur noch zwei Tage bis zum Passahfest und zum Fest der ungesäuerten Brote. Die Hohepriester und Schriftgelehrten suchten nach einer günstigen Gelegenheit, bei der sie Jesus heimlich festnehmen und umbringen lassen konnten. Sie waren sich aber einig: »Es darf auf keinen Fall während der Festtage geschehen, damit es nicht zu Unruhen im Volk kommt!« (Mk 14,1–2)

Noch zwei Tage.[34] Das Herannahen des Passahfestes bedeutet, dass Jesus bald verhaftet werden muss, denn nach dem Fest wird er wieder verschwinden und sich ihrem Zugriff entziehen. Aber er genießt noch immer Schutz: Die Menge ist auf seiner Seite, und seine Verhaftung würde auf jeden Fall Aufruhr auslösen. Also brauchen sie einen Plan. Und die Unterstützung von jemandem aus seiner Umgebung.

Hier kommt Judas ins Spiel.

Über Judas wissen wir eher wenig: nur dass sein Vater Simon hieß (Joh 6,71) und dass er wahrscheinlich aus der Stadt Karioth stammte. (Auch das ist nur eine Vermutung. In den griechischen Handschriften der Evangelien taucht sein Name Iskariot in zehn verschiedenen Schreibungen auf.)[35] Judas ist ein Mann voller Rätsel, von denen das hervorstechendste lautet: »Warum hat er das getan?«

Was er getan hat, ist bekannt. Er verriet Jesus vor allem dadurch, dass er den optimalen Ort für seine Verhaftung preisgab. Jesu Feinde hatten genug in der Hand, um gegen ihn Anklage zu erheben. Sie mussten nur noch wissen, wo und wann sie ihn festnehmen konnten.

Zu den Motiven seines Verrats wurden viele Gedanken vorgetragen. Vielleicht war er darüber frustriert, dass Jesus die »richtige Art« zurückwies, wie sich ein Messias zu verhalten hatte, und er wollte ihn in Zugzwang bringen, um die Revolution zu starten. Vielleicht war Judas auch enttäuscht und hatte es satt, dass Jesus schamlos die gesellschaftlichen und religiösen Bräuche missachtete. Ich glaube allerdings, dass es wie bei den meisten schäbigen kleinen Akten des Verrats allein ums Geld ging. Immerhin waren die Jünger arm: »Wir haben doch alles aufgegeben und sind mit dir gegangen!«, sagt Petrus (Mk 10,28). Und jetzt, hier in der reichsten Stadt Judäas, erzählte Jesus nur Geschichten, stritt herum und manövrierte sich in Schwierigkeiten. Keine Revolution. Keine Übernahme des Tempels und seines Schatzes. Keine Ehrenplätze. Inzwischen war klar, dass trotz Jesu Versprechen, dass sie irgendeine Belohnung bekämen, nichts passieren würde. Er mochte der Messias, der Gesalbte sein, aber er machte alles falsch.

Und selbst als er tatsächlich gesalbt wurde, wurde er auch noch auf die falsche Art gesalbt.

Am selben Abend, da Judas zustimmte, ihn zu verraten, gingen Jesus und die Jünger zum Abendmahl ins Haus des Simon, des (wahrscheinlich geheilten) Aussätzigen in Betanien.[36] Auch wenn die Berichte zu diesem Abendessen voneinander abweichen, sieht der Handlungskern so aus: Jesus sitzt an der Tafel, eine Frau kommt zu ihm, öffnet eine Flasche mit kostbarem Duftöl und gießt es ihm über den Kopf. Unter den Anwesenden im Raum werden Beschwerden laut: Das Öl sei doch kostbar, man hätte es verkaufen können, um Arme zu speisen. Jesus weist diese Argumente zurück: Die Armen seien stets da, sagt er, aber diese Frau habe etwas getan, an das man sich für immer erinnern werde.

So weit Markus' Version (Mk 14,4–9). Johannes legt die Begebenheit ins Haus des Lazarus in Betanien. Hier salbt Maria Jesus und trocknet ihn mit ihrem Haar. Ihre Geste scheint nachvollziehbar: Sie verdankt Jesus viel: Ihn mit dem gesamten wertvollen Inhalt eines Parfümgefäßes zu salben steht für die Art Heldenverehrung, die man von einer impulsiven jungen Frau erwarten kann.

Ob Maria oder eine andere: Diese junge Frau drückt ihre Gefühle für Jesus auf die einzige Art aus, die ihr gestattet ist.

Wie wir gesehen haben, waren Frauen generell in der griechisch-römischen Welt und insbesondere in Judäa Bürger zweiter Klasse. Ihre Rolle war fast ganz auf das Haus beschränkt: Sie bedienten die Männer, wuschen ihnen vielleicht die Füße und kochten und servierten ihnen das Essen. Wie wir gesehen haben, waren sie als Jünger nicht vorgesehen. Sie hatten kein Recht zu sagen, was sie dachten. Sie sollten gesehen, aber nicht gehört werden, so die Regel.

Aber diese Frau *muss* gehört werden. Sie weiß, was Jesus zustoßen wird, so genau, wie nur Marginalisierte es wissen können. Sie macht buchstäblich »Stunk«: Sie bricht die Flasche auf und erfüllt das Haus mit Duft. Ohne ein Wort zu sagen, verfasst sie so den ersten Kommentar auf Jesu Tod.[37]

Es ist auch eine direkte Anerkennung Jesu als Messias, also als »Gesalbter«, so die Bedeutung dieses Ausdrucks. Im Alten Testament bedeutet die Salbung gewöhnlich zweierlei: Sie hebt eine Person oder Sache als heilig und geweiht heraus und verleiht demjenigen, der gesalbt wird, Autorität. Gesalbt werden konnten Stätten, zum Beispiel der Tempel und seine Ausstattung (2 Mose 40,9–10) oder Gewänder (3 Mose 8,30), aber in aller Regel wurden mit diesem symbolischen Akt die Heiligkeit und die Autorität von Führern hervorgehoben: die von Priestern und Königen.

Der Hohepriester wurde mit heiligem Öl gesalbt. Saul, Israels erster König, wurde von Samuel gesalbt, der denn auch Sauls Nachfolger David salbte. Könige wurden als »Gesalbte des Herrn« bezeichnet. Im Alten Testament löste allein die Vorstellung, den gesalbten König zu töten, Entsetzen aus.[38] Gesalbt wurde durch eine Person, die ihrerseits Autorität besaß. Gewöhnlich salbte der Hohepriester den König. Salomon wurde durch den Propheten Nathan und durch den Hohepriester Zadok gesalbt (1 Kg 1,34).

In den Evangelien wird Jesus nur zweimal gesalbt, jeweils von Personen, die nicht als »wichtig« gelten – weder von einem Hohepriester noch von einem Propheten, falls man die

Taufe durch Johannes nicht auch als eine Salbung begreift: einmal von einer Hure in Nain, das andere Mal von Maria in Betanien. Marias Geste ist also eine Botschaft auf zwei Ebenen. Einmal als Vorausdeutung auf das, was Jesus zustoßen wird, und einmal auch als Bestätigung dessen, was Jesus ist: der Messias, Christos, der Gesalbte.

Wenn keiner ihn salbt, salbt eben sie ihn.

»Ich will in deinem Haus das Passahmahl feiern«

Am ersten Tag des Festes der ungesäuerten Brote, an dem das Passahlamm geschlachtet wurde, fragten die Jünger Jesus: »Wo sollen wir für dich das Passahmahl vorbereiten?« (Mk 14,12)

Mit dem Passahfest gedachten die Juden ihrer Befreiung aus der Knechtschaft in Ägypten. Im jüdischen Kalender wurde das Fest am 14. oder 15. Nisan (April/Mai) begangen, worauf das Fest der ungesäuerten Brote folgte, das vom 15. bis zum 21. des Monats stattfand. Diese Tage wurden gewöhnlich als die Passahwoche bezeichnet.

Diese Chronologie birgt einige Probleme. Markus und Lukas beschreiben den Donnerstag als den »ersten Tag des Festes der ungesäuerten Brote, an dem das Passahlamm geschlachtet wird« (Mk 14,12; Lk 22, 7). Matthäus nennt ihn einfach als den »ersten Tag des Festes der ungesäuerten Brote« (Mt 26,17). Bei den Synoptikern ist das letzte Abendmahl folglich das Passahmahl. Dagegen datiert Johannes das letzte Abendmahl auf den Vortag und legt die Kreuzigung auf den Tag der Vorbereitung (Joh 13,1; 18,28; 19,14,31,42). Johannes bezeichnet dieses Essen nie als Passahmahl. Nach ihm war der Tag der Hinrichtung Jesu Passah, also der Tag, an dem das Lamm geschlachtet wird.

Auch wenn oft angenommen wurde, dass Johannes den Zeitpunkt verändert hat, damit er die Symbolik des Passahlamms für die Kreuzigung nutzen konnte, so passt seine Datierung doch weitaus besser zu der Art, wie dieses Fest im Jerusalem des 1. Jahrhunderts n. Chr. gefeiert wurde.[39] Demnach kennt Johannes beispielsweise den Unterschied zwischen Passah und dem Fest der ungesäuerten Brote, während Markus zwischen beiden offenbar keinen Unterschied macht. (Theoretisch folgte auf den Tag, an dem das Passahlamm geopfert wurde, der erste Tag der ungesäuerten Brote.[40]) Die Eile, mit dem der Prozess gegen Jesus geführt wird, die Weigerung der Priester, die Jesus anklagen, das Haus eines Heiden zu betreten, weil sie sich nicht unrein machen wollen, und das geschickte Arrangement, Jesus gerade dann zu verhaften, zu verurteilen und hinzurichten, als alle mit den Vorbereitungen für Passah beschäftigt waren, passt sehr viel besser zu Johannes' Darstellung der zeitlichen Abläufe.[41]

Obwohl die Synoptiker das Abendmahl als Passahmahl bezeichnen, deutet in ihrem Bericht fast nichts auf ein Passahmahl hin: Der jüdische Brauch verlangte, dass man in Jerusalem nicht nur das Passahmahl verspeisen, sondern dort auch die Nacht verbringen musste. Doch stattdessen ging Jesus sofort in den Garten Gethsemane.[42] Und in der Schilderung dieses Festessens wird kein Lamm erwähnt! Der allerwichtigste Bestandteil des Passahfestes fehlt.

Vielleicht war es ein Passahmahl nach Jesu eigener Vorstellung, aber dieses Essen hatte eine Bedeutung: Jeder Bestandteil erzählte eine Geschichte. Von Passah übernahm Jesus Folgendes: den Gedanken einer Errettung und die Elemente Brot und Wein, die verraten sollen, wie die Rettung stattfinden würde.[43]

»... wird euch ein Mann begegnen, der einen Wasserkrug trägt«

In einer Art Reminiszenz an seinen triumphalen Einzug in Jerusalem schickt Jesus zwei seiner Jünger voraus, um den Abendmahlssaal vorzubereiten. Alles geschieht heimlich und auf rätselhafte Weise. Jesu Name bleibt stets ungenannt. Er ist nur »der Lehrer«. Hier braucht es keine Wunder, aber der Treffpunkt ist geheim, und zwar so geheim, dass nicht einmal die Jünger ihn gleich erfahren dürfen. Bei Markus heißt es, sie seien später mit Jesus aus Betanien dorthin gegangen (Mk 14,17).

> Während sie aßen, nahm Jesus Brot, sprach das Dankgebet, teilte das Brot und gab jedem seiner Jünger ein Stück davon: »Nehmt und esst! Das ist mein Leib!« Anschließend nahm er einen Becher Wein, dankte Gott und reichte den Becher seinen Jüngern. Sie tranken alle daraus. Jesus sagte: »Das ist mein Blut, mit dem der neue Bund zwischen Gott und den Menschen besiegelt wird. Es wird zur Vergebung ihrer Sünden vergossen. Ich sage euch: Von jetzt an werde ich keinen Wein mehr trinken, bis ich ihn wieder mit euch in der neuen Welt Gottes trinken werde.« (Mk 14,22–25)

Markus' Bericht vom letzten Abendmahl ist ganze acht Verse lang (Mk 14,17–25), Matthäus packt seine Darstellung in nur neun Verse (Mt 26,17–30), und Lukas kommt mit 31 Versen schon ausführlicher daher (Lk 22,7–38). Dagegen wartet Johannes mit 155 Versen in fünf Kapiteln (13–17) auf. Dennoch fand er keinen Platz für das eucharistische Gebet und für das Brot und den Wein, welche die anderen ins Zentrum des Festes rücken! Stattdessen fügt er eine radikale und provokante Begebenheit ein, die bei den Synoptikern fehlt: die Fußwaschung.

Die Städte der Antike waren schmutzig. Wer durch die Straßen ging, watete durch Schmutz und Staub, Kot und Abfälle, Asche aus Herdfeuern und faulende Essensreste ... Das Waschen der Füße war so im Grundsatz einfach eine Frage der Hygiene. Und es fiel ebenfalls unter die Gebote der Reinheit: Jeder, der einen Tempel betrat, musste mindestens seine Füße und Hände waschen.[44]

Und dabei konnten ihm Menschen zweiter Klasse zur Hand gehen. Ein Mann konnte von seiner Frau oder seinen Kindern verlangen, dass sie ihm die Füße wuschen. Sonst kamen zur Erfüllung dieser Aufgabe nur Sklaven in Frage. Eins war jedoch dabei entscheidend: Dies konnte man von keinem jüdischen Sklaven verlangen. In Judäa gab es zweierlei Sklaven: jüdische und heidnische. Die heidnischen waren meistens Syrer, die in Tyros vom Schiff gebracht und in Jerusalem versteigert worden waren.[45] Jüdische Sklaven wurden allgemein auf anderem Weg erworben: Es waren zumeist verurteilte Diebe, die keine Entschädigung bezahlen konnten und deshalb in die Sklaverei verkauft wurden. Manche hatten sich auch selbst verkauft, um so ihre Schulden zu begleichen.[46]

Die Thora schützte den Status jüdischer Sklaven, so durch Regeln, die jüdische Sklaven mit »Lohnarbeitern« (3 Mose 25,40) gleichsetzen. Ihnen durfte nichts abverlangt werden, was sie unrein machte, also vor allem nicht, anderen die Füße zu waschen.[47] Bei Nichtjuden war dies kein Problem: Sie waren ja von Haus aus unrein.

Mit dem Akt der Fußwaschung stellt sich Jesus folglich bewusst in eine Reihe mit der untersten gesellschaftlichen Schicht. Er hat nicht nur seine Kleidung, sondern auch seinen Status abgelegt – und ebenso seine Männlichkeit, sein Judentum und sogar seine Freiheit. Es war eine zwangsläufige, schockierende und empörende Demonstration der Führung im neuen Reich. Er – ihr Herr und Meister – erledigte die denkbar niedrigste Aufgabe. Damit legte er im Wesentlichen die Fundamente der Kirche. Und seine Nachfolger lernten von der Pike auf seine Lehre. Ihre Führer verkündeten, dass jetzt nicht mehr wichtig sei, »ob ihr Juden oder Griechen, Sklaven oder Freie, Männer oder Frauen seid: In Christus seid ihr alle eins« (Gal 3,28). Dies war eine der wohl rebellischsten und revolutionärsten Gesten, die man im geordneten Römerreich erleben konnte. Die Kirche feierte diesen Akt in einer ihrer ersten Hymnen:

> Seht auf Jesus Christus: Obwohl er in göttlicher Gestalt war, hielt er nicht selbstsüchtig daran fest, Gott gleich zu sein. Nein, er verzichtete darauf und wurde einem Sklaven gleich: Er nahm menschliche Gestalt an und wurde wie jeder andere Mensch geboren. Er erniedrigte sich selbst und war Gott gehorsam bis zum Tod, ja, bis zum schändlichen Tod am Kreuz. (Phil 2,5–8)

In dieser Nacht wusch Jesus wie ein Sklave die Füße anderer. Und wie ein solcher starb er denn auch am nächsten Tag.

An die Fußwaschung schließt sich das Abendmahl an. Ein anständiger Messias hätte wohl ein triumphales Festmahl zu sich genommen. Jesus bescheidet sich mit Brot und Wein: mit den üblichen Nahrungsmitteln in der griechisch-römischen Welt. Das Knirschen von Mühlsteinen und der Geruch von frisch gebackenem Brot erfüllten die Straßen sämtlicher Städte, Dörfer und Ansiedlungen. Und Weingärten lagen an allen Berghängen und in allen Dörfern. Wein wurde wohl sogar in den Städten gezogen, wo er über schmalere Straßen Lauben bildete. Dieses Mahl Jesu hatte gewiss nichts Exotisches und war auch keine Runde um den »Heiligen Gral«, der erst 1200 Jahre später in der Literatur erstmals erwähnt wird.[48] Nur ein Becher, Brot und Wein. Eine einfache Prophezeiung dessen, was da kommen wird, und ein feierlicher Ritus, der sich um die Welt verbreiten sollte.

Über den Bach Kidron

Nach diesem Gebet überquerte Jesus mit seinen Jüngern den Bach Kidron. Auf der anderen Seite lag ein Garten. Dorthin ging Jesus mit seinen Jüngern. (Joh 18,1)

Der Mond leuchtete rot in dieser Nacht. Fünf Wochen nach Jesu Tod hielt Petrus eine Rede, in der er den Propheten Joel zitierte: »Am Himmel und auf der Erde werdet ihr Wunderzeichen sehen: Blut, Feuer und Rauch. Die Sonne wird sich verfinstern und der Mond blutrot scheinen, bevor der große Tag kommt, an dem ich Gericht halte«. (Apg 2,19–20, zitiert nach Joel 3,3–4).

Den Evangelien zufolge verfinsterte sich bei Jesu Tod auf ungewöhnliche Weise der Himmel. Aber auch am Freitag, dem 3. April 33 n. Chr., ereignete sich eine Finsternis: eine teilweise Mondfinsternis, die in Jerusalem sichtbar war. Bei so einer partiellen Finsternis verfärbt sich der Mond orange oder rot. Vielleicht wurde das Zitat aus Joel in der Urkirche als eine Prophetie von zwei seltsamen Vorkommnissen aufgefasst, die mit Jesu Tod in Verbindung standen: die ungewöhnliche Dunkelheit und der blutrote Mond.[49]

Irgendwann in den frühen Morgenstunden machten sich Jesus und die Jünger auf den Weg durch die Stadt, gingen zum Kidrontal hinab und dann wieder die unteren Hänge des Ölbergs hinauf. Markus nennt uns den Namen des Gartens: Gethsemane. Wahrscheinlich leitete er sich aus dem Aramäischen *Gat-semani* mit der Bedeutung »Ölpresse« her. Es war eine Pflanzung. Ein Stück Land, umfriedet von einer Mauer, mit Olivenbäumen und einer Ölpresse. Vom Garten aus sah man die Silhouette des Tempels im Mondlicht glänzen. Die hohen Mauern und, an der Südostecke, die höchste Stelle des Tempels.

Die alte Versuchung.

Er hätte den Ausgang so leicht verändern können. Gethsemane lag nahe der Straße von Jerusalem nach Jericho. Er musste einfach weitergehen, den Räubern und Banditen trotzen und sich schnurstracks auf Antipas' Hoheitsgebiet begeben: nach Jericho, nach Peräa. In die Freiheit. Mit einem einfachen Weitermarsch konnte Jesus der Geschichte einen anderen Ausgang geben. Doch er machte halt.

Im Garten, einen Steinwurf von den Jüngern entfernt, macht er sich erneut auf den Kampf gefasst: »Mein Vater, wenn es möglich ist, so erspare mir diese schwere Stunde, und bewahre mich vor diesem Leiden! Dir ist alles möglich. Aber nicht was ich will, sondern was du willst, soll geschehen« (Mk 14,36).

»Ich möchte nicht«, heißt es da sinngemäß, nicht: »Ich mache es nicht.« Es ist eine Bitte, keine Weigerung. Alles ist möglich, aber Jesu Möglichkeiten gehen allmählich zur Neige.

Der römische Offizier befahl, Jesus festzunehmen und zu fesseln

Wer genau Jesus verhaftet hat, ist nicht sicher. Wahrscheinlich war es die Tempelwache.[50] Der Tempel lag gleich auf der anderen Seite des Tals: Ein Verhaftungskommando konnte ganz einfach vom Osteingang aus durch das Kidrontal zum Garten Gethsemane vorstoßen. Und Jesu Bemerkung über ihre Mannschaftsstärke und darüber, dass sie ihn wie einen Banditen verhafteten, passt deutlich besser, wenn das Verhaftungskommando hauptsächlich aus Soldaten der Tempelwache bestand.[51]

Judas küsst Jesus, um ihn so für das Kommando zu identifizieren. Es kommt zu einem Handgemenge, bei dem es einen Verletzten gibt. Doch Jesus heilt ihn, einen Sklaven namens Malchus. Als kein Widerstand mehr möglich ist, gehen die Jünger auseinander.[52] Das Verhaftungskommando hat seine Zielperson dingfest gemacht. Jesus wird gefesselt zurück durch das Tal und dann durch die Straßen Jerusalems geführt.

Er wird in die Oberstadt gebracht, zum Haus des Hohepriesters. Sein erstes Verhör findet allerdings nicht vor Kaiphas, sondern vor dessen Schwiegervater Hannas statt. »Der römische Offizier befahl seinen Soldaten und den Dienern des Hohepriesters, Jesus festzunehmen und zu fesseln. Dann brachten sie ihn zu Hannas [d. h. Ananus], dem Schwiegervater von Kaiphas, der in diesem Jahr Hohepriester war« (Joh 18,12–13).

Ananus war der verdiente Staatsmann im Hause Hannas, ein politischer Grande und Begründer einer Dynastie. Eben einer jener Männer, die ihre Macht und ihren Einfluss auch noch nach Ende ihrer offiziellen Amtszeit behalten. Theoretisch hatte er keine juristischen Befugnisse, aber das gesamte Verfahren, die Verhöre und Misshandlungen hatten ja auch nichts mit Rechtsstaatlichkeit zu tun. Jesu Mangel an Respekt vor Ananus wird mit einem Faustschlag ins Gesicht quittiert. Seine Beschwerde – »Habe ich aber die Wahrheit gesagt, weshalb schlägst du mich?« – zeigt, dass der Prozess am äußersten Rand der Legalität geführt wird.

Danach kommt es zu einer Serie von Verhören. Auch wenn deren Reihenfolge in den Evangelien variiert, können wir grob folgenden Ablauf erkennen:

- Jesus wird verhaftet und zum Wohnsitz des Hohepriesters gebracht.
- Er ist einem ersten Verhör bei Hannas unterzogen.
- Dann verhören ihn Kaiphas und seine Berater. Sie beschuldigen ihn, er plane die Zerstörung des Tempels und habe Gott gelästert.
- Während dieser Versammlung leugnet Petrus, dass er Jesus kennt.
- Jesus wird durch den Tempelhof zurückgeführt und sieht dort Petrus (Lk 22,61).
- Er wird körperlich misshandelt und eingesperrt (Lk 22,63).
- Bei Tagesanbruch wird Jesus einer zweiten Gruppe von

Vertretern des Tempels vorgeführt, wahrscheinlich einem hastig einberufenen »Sanhedrin«. Jetzt sind auch Personen vertreten, die auf der nächtlichen Versammlung nicht anwesend waren. Die Gruppe beschuldigt Jesus der Gotteslästerung und beschließt, ihn zu Pilatus zu schicken.

Bei einer genaueren Betrachtung dieses Verfahrens erscheinen die Berichte in den Evangelien etwas dubios, weil rechtliche Unregelmäßigkeiten auftauchen, etwa dass die Verhandlung bei Nacht und Nebel stattfindet. Freilich offenbart die Vorstellung, dieses Verfahren hätte rechtlich einwandfrei ablaufen müssen, einen naiven Glauben an die damalige Rechtsstaatlichkeit. Die antike Gesellschaft funktionierte anders als eine moderne Demokratie. Freie Medien, kritische Instanzen zur Beobachtung der Justiz, die Genfer Konvention und die Charta der Menschenrechte gab es noch nicht. In dieser politisch zwielichtigen Welt waren Prügel, Spott, Demütigungen und Kuhhandel zwischen Strippenziehern an der Tagesordnung. Hier bewegte man sich bestenfalls in der Halblegalität. Auch war die Entscheidung, Jesus zu töten, schon vor Tagen, wenn nicht Monaten gefallen. Es fehlten nur noch der ausgefüllte Papierkram und der Stempel darunter. Wie Jesus von jeher verkündet hatte, war dies die übliche Art, in der die Führer Jerusalems mit ihren Propheten umsprangen.

Der Hauptanklagepunkt gegen Jesus ist seine Drohung gegen den Tempel (Mk 14,56–61). Im Wesentlichen legt man ihm die Planung eines terroristischen Anschlags zur Last. Kaiphas fragt Jesus, ob er der Messias sei (Mt 26,63–66; Mk 14,62–64), und mit seiner Antwort darauf – er antwortete nur auf diesen Punkt – unterschreibt Jesus in ihren Augen sein eigenes Todesurteil: »Aber Jesus schwieg. Da stellte ihm der Hohepriester eine weitere Frage: ›Bist du Christus, der Sohn Gottes?‹ – ›Ja, der bin ich‹, antwortete Jesus. ›Ihr werdet den Menschensohn an der rechten Seite Gottes sitzen und auf den Wolken des Himmels kommen sehen‹« (Mk 14,61–62).

Jedes weitere Leugnen war zwecklos. Die Gotteslästerung bestand nicht darin, dass er behauptete, er sei der Messias – ihn sah Jesus ja nicht als göttliches Wesen an –, sondern die Behauptung, er werde »an der rechten Seite Gottes« sitzen. Jesus stellte sich folglich auf eine Stufe mit Gott.

Petrus war immer noch unten im Hof

Während Jesus drinnen vor seinen Anklägern steht, hat sich Petrus Zutritt zum Hof des Hauses verschafft, in dem der Hohepriester residiert. Die Episode, in der Petrus Jesus verleugnet, ist für die Urkirche eine Schlüsselstelle in der Bibel. Auch sie taucht in allen vier Evangelien auf. Dies ist keine Frage von Verlegenheit, sondern von Scham. Wenn man die Geschichte von Jesu letzter Woche erfände, würde man sie sich dann so ausdenken, dass der wichtigste Führer der neuen Bewegung seinen Herrn verleugnet?

Auch wenn Petrus in der Geschichte nicht ohne Fehl ist, so dürfen wir nicht unterschätzen, wie viel Mut notwendig war, um sich in den Hof des Hohepriesters zu wagen.[53] Einmal dort angelangt, muss ihm plötzlich der Ernst seiner Lage bewusst geworden sein. Er ist allein in der Höhle des Löwen. Und wenn er den Mund aufmacht, verrät ihn sein galiläischer Akzent. Und es gibt weitere Faktoren. Einer, der ihn befragt, ist ein Verwandter des Mannes, dem er im Garten Gethsemane das Ohr abgehauen hat (Joh 18,27). Vielleicht hat er ebenfalls dem Verhaftungskommando angehört und gesehen, wie Petrus in der Dunkelheit verschwand.

Bei Markus verleugnet Petrus Jesus zum ersten und zum zweiten Mal an jeweils unterschiedlichen Orten: zunächst im Hof *(aule)* und dann im Vorhof *(proaulion)*. In diesen entfernteren Teil hat sich Petrus zurückgezogen.[54] Er beginnt, sich körperlich und geistig von seinem Führer zu distanzieren.

Lukas fügt in die Episode ein schlecht passendes Detail ein:

Bei ihm dreht sich Jesus um und blickt auf Petrus (Lk 22,61). Nahm sich Lukas hier ein Stück poetischer Freiheit heraus, um die Abgründigkeit von Petrus' Verrat hervorzuheben? Oder bedeutet dies, dass sich Petrus noch immer im Hof, im Zentrum des hohepriesterlichen Hauses aufhielt? Haben beide Blickkontakt, als Jesus vom Ort des Verhörs zu seinem Kerker geführt wird? Falls ja, ist es kein Wunder, dass Petrus hinausging und bitterlich weinte.

Er zeigt nicht als Einziger Reue. Den Evangelien zufolge gab Judas das Geld zurück, ging aus der Stadt und beging Selbstmord. Über seinen Tod gibt es zwei Berichte, die nur in einem Detail übereinstimmen: im Ort, dem *Hakeldamach* oder »Blutacker«. Lukas zufolge kaufte Judas dieses Feld mit dem Geld, das er durch den Verrat an Jesus verdient hatte. Und hier scheint er geradezu zerplatzt zu sein: »Kopfüber stürzte er zu Tode, sein Körper wurde zerschmettert, so dass die Eingeweide heraustraten« (Apg 1,18). Matthäus zeigt einen Judas, der seine Tat bitter bereut. Als dieser sieht, dass Jesus verurteilt wird, wirft er das Geld in den Tempel zurück, geht fort und hängt sich auf. Die Oberpriester sammeln das Geld auf. Und bei Matthäus sind sie es nun, die mit dem Geld den Blutacker kaufen – mit der Begründung, dass es unrein geworden sei und nicht an den Tempel zurückgegeben werden könne.

Wie auch immer, Leser im Altertum dürften Judas' Selbstmord eher als weiteres Zeichen der Ungnade denn als einen Grund für Mitleid gesehen haben. Damals nahm das Judentum dem Selbstmord gegenüber eine strengere Haltung ein als heute. Ein Selbstmörder wurde nicht öffentlich betrauert und sein Leichnam nicht beerdigt, sondern bis Sonnenuntergang zur Schau gestellt.[55] Er hatte offenbar eine schreckliche Verfehlung begangen. Und niemand wollte um ihn trauern.

Am frühen Morgen schlossen die Hohepriester ihre Beratungen ab

Bei Tagesanbruch wurde Jesus aus seinem kurzzeitigen Kerker geholt und vor eine weitere Versammlung der Tempelführung geschleppt. Markus bezeichnet die Teilnehmer als »die Hohepriester, die führenden Männer des Volkes, die Schriftgelehrten und der ganze Hohe Rat«. Für den zuletzt Genannten gebrauchte er den Ausdruck *Sanhedrin* (Mk 15,1). In der Mischna wird der Sanhedrin als ein erhabener, idealisierter Oberster Gerichtshof charakterisiert, dessen Mitglieder durchweg Thora-Gelehrte gewesen seien. Sein Vorsitzender sei der führende rabbinische Weise gewesen.[56] Dies ist Unsinn. Der Sanhedrin wurde streng überwacht und auf Anweisung des Hohepriesters einberufen. Bestenfalls handelte es sich um ein beratendes Gremium, im schlechtesten Fall um einen Haufen Jasager.[57]

Selbst auf regelmäßigen Sitzungen mussten nicht alle Mitglieder anwesend sein. Nur 23 seiner insgesamt 71 Angehörigen waren notwendig, um einen Urteilsspruch zu fällen. Kaiphas musste dazu also einfach nur 22 seiner Unterstützer zusammenrufen. Und dies würde auch erklären, warum ein Josef aus Arimathäa dem Rat zwar angehört, sich am Urteil gegen Jesus aber nicht beteiligt hatte. Auch erwähnt Markus in seinem Bericht die »Schriftgelehrten« und »die führenden Männer des Volkes«, aber keine Pharisäer. Diese waren an dem Verfahren also möglicherweise gar nicht beteiligt.[58] Die Schriftgelehrten waren vielleicht für den legalen Ablauf erforderlich. Die »führenden Männer des Volkes« waren wahrscheinlich die erfahrenen Staatsmänner der Stadt, reiche und einflussreiche Leute, die einbezogen werden mussten.

Als die Würfel gefallen sind, wird das Urteil verkündet. Jesus soll sterben. An dieser Stelle stößt das Verfahren allerdings auf eine Schwierigkeit. Für ein Todesurteil fehlt dem Rat die Befugnis. Johannes schreibt, die Juden »dürfen doch niemanden hinrichten« (Joh 18,31). Die *ius gladii*, das Recht über Leben und Tod, lag beim Präfekten.[59]

Zur Zeit Jesu konnte die jüdische Führung nicht einfach Menschen hinrichten lassen.

Dazu benötigte sie die Römer.

»Bist du der König der Juden?«

Wie wir gesehen haben, stand Pilatus unter Druck. Einen größeren Aufruhr konnte er sich absolut nicht leisten. Er dürfte also nicht gerade entzückt gewesen sein, als am Morgen vor Passah eine Abordnung aus dem Tempel mit einem Gefangenen bei ihm erschien. Und seine Stimmung wurde sicher nicht dadurch gebessert, dass sich die begleitenden Priester weigerten, seinen Palast zu betreten: Sie befürchteten, dass sie sich unrein machen würden (Joh 18,28).

Dies erklärt, warum Pilatus auf ihr Ersuchen zunächst widerstrebend reagierte. Je nachdem, wer den Fall gerade verhandelte, wurde gegen Jesus eine unterschiedliche Anklage vorgebracht. Für den Hohepriester war es die Drohung gegen den Tempel, für den Sanhedrin seine Behauptung, er sei der Messias, und für Pilatus jetzt ein unmittelbar revolutionärer Akt: »Dieser Mensch hetzt unser Volk auf. Er redet den Leuten ein, dass sie dem Kaiser keine Steuern zahlen sollen. Und er behauptet von sich, er sei der Christus, ein König, den Gott geschickt hat« (Lk 23,2).

Keine Gotteslästerung, nichts über den Tempel, sondern nur eine direkte Herausforderung an die Herrschaft Roms. Mit diesen Vorwürfen muss sich Pilatus nun auseinandersetzen: mit der Weigerung, Steuern zu bezahlen, und mit Jesu Behauptung, er sei der wahre Herrscher. Gegenwärtig sieht Jesus aber überhaupt nicht wie ein König aus. Er ist völlig übernächtigt und wurde geschlagen und bespuckt. Pilatus' Frage: »Bist du der König der Juden?«, ist so klar höhnisch gemeint (Mk 15,2). Doch Jesus quittiert den Sarkasmus mit einer trockenen Antwort: »Du sagst es.«

Als unmittelbare Reaktion lehnt Pilatus das Ersuchen der Tempelführung ab (Lk 23,4). In seinen Worten bei dieser ersten Begegnung wird deutlich Verärgerung spürbar, aber die Tempeloberen beharren auf ihren Vorwürfen. Dann äußern sie etwas, was ihm einen einfachen Ausweg eröffnet: »In ganz Judäa hetzt er die Menschen durch seine Lehre auf. Schon in Galiläa hat er damit angefangen ...« (Lk 23,5).

Galiläa. Wieder diese Galiläer. Die Gleichen, die beim letzten Fest für Aufruhr gesorgt hatten. Vielleicht erwähnt die Abordnung Galiläa deshalb, weil bekannt ist, dass Pilatus beim letzten Mal Galiläer hat hinrichten lassen. Doch die Männer verrechnen sich. Pilatus hat eine Rechnung mit den herodischen Prinzen offen, die ihn damals zum Rückzug gezwungen hatten.

Jesus stammt aus Galiläa, also soll der Herrscher über Galiläa den Fall verhandeln. Pilatus schickt ihn zu Antipas.

Pilatus befahl, Jesus zu König Herodes zu bringen

Aus Sicht des Pilatus war dies ein guter Schachzug. Erstens konnte er das Problem an einen anderen weiterreichen. Zweitens war dieser Schritt ein gewieftes Stück Diplomatie. Er bezeigte Antipas seine Achtung, indem er ihn in den Fall einbezog. Und dann würde sich Antipas später auch nicht über die Entscheidung beklagen können.

Als Schauplatz für dieses Treffen mit Antipas diente wahrscheinlich der alte Palast der Hasmonäer, der in der Oberstadt direkt dem Tempelberg gegenüberlag. Josephus vermerkt, der Palast habe auf einer Anhöhe gestanden und einen ausgezeichneten Blick über die Stadt geboten. Antipas, so erfahren wir, hatte sich schon einige Zeit auf ein Treffen mit Jesus gefreut (Lk 9,9). Vielleicht hoffte er auf ein Streitgespräch oder eine Diskussion, vielleicht auch darauf, seine Schuld am Tod Johannes' des Täufers mildern zu können. Sicher erwartete er, dass Jesus ihm respektvoll gegenübertreten würde. Doch dieser verweigert ihm einfach jede Antwort. Nichts war stärker dazu angetan, um Antipas' Zorn zu schüren. Für diesen Mann, der sich zeit seines Lebens unbedeutend und mangelhaft respektiert gefühlt hatte, war dieses Verhalten sicherlich unerträglich. Folglich endet das Verhör mit Spott und Verachtung.

Antipas, der Jesus nicht zum Sprechen bringen kann, lässt ihn in einer Demonstration seiner Macht wie eine Puppe einkleiden (Lk 23,8–11). Aber diese Gewänder sind eine Botschaft. Lukas beschreibt, wie Jesus in ein »leuchtendes oder glänzendes Tuch« gehüllt wird.[60] Zu diesen Gewändern sind verschiedene Hypothesen vorgetragen worden. Einige vertraten die Auffassung, es habe sich um einen subtilen Scherz gehandelt: Antipas habe Jesus in die Kleidung hüllen lassen, die Kandidaten für Ämter tragen, oder in die zarten Gewänder eines Königs. Doch Antipas, so erfahren wir, schickt Jesus in diesen Gewändern zu Pilatus zurück. Als Jesus zurückkommt, blickt Pilatus auf ihn und verkündet den Hohepriestern: »Ihr habt diesen Mann zu mir gebracht und ihn beschuldigt, dass er die Menschen aufhetzt. Ich habe ihn vor euch verhört und bin zu dem Urteil gekommen: Dieser Mann ist unschuldig! Herodes ist derselben Meinung. Deswegen hat er ihn hierher zurückgeschickt. Der Angeklagte hat nichts getan, was mit dem Tod bestraft werden müsste« (Lk 23,14–15).

Woher kennt er Antipas' Urteil über Jesus? Antipas könnte ihm natürlich eine Botschaft übermittelt haben, aber dies wird nicht erwähnt. Also sind die Gewänder die Botschaft: Unter »leuchtenden« Gewändern könnten wir »weiß« als Farbe der Unschuld verstehen. Ich glaube, es spricht für Antipas, dass er diese Botschaft weitergibt. Er will sich keinen weiteren Johannes den Täufer auf sein Gewissen laden. Jesus mag unverschämt gewesen sein und hat es vielleicht an Respekt fehlen lassen, aber für Antipas ist er unschuldig. Deshalb hat er ihn in Weiß gekleidet, in die Farbe der Unschuld.[61]

Dies führt uns erneut zu dem Berg zurück, zu den hell strahlenden Gewändern, die weißer sind, als man sie bleichen kann. Dies ist die Farbe der Märtyrer, der Unschuldigen, die trotzdem sterben müssen.

»Wen von den beiden soll ich freilassen?«

Bei Lukas heißt es, Pilatus und Antipas seien ab diesem Tag Freunde gewesen. Pilatus' Diplomatie hat gewirkt, aber das unmittelbare Problem ist noch immer ungelöst. Soweit Pilatus das Verfahren gegen Jesus führt, laufen die Ereignisse grob wie folgt ab:

- Pilatus verhört Jesus (Mt 27,11–14; Lk 23,13–16; Joh 18,29–38 a).
- Er bietet an, Barabbas freizulassen (Mt 27,15–18; Mk 15,6–14; Lk 23,18–19; Joh 18,38 b–40).
- Er erklärt Jesus für unschuldig (Mt 27,24–25; Lk 23,20–23; Joh 19,6–12).
- Er lässt Jesus geißeln und mit einem Dornenkranz bekrönen (Mt 27,27–31; Mk 15,16–20; Joh 19,1–5).
- Er gibt Jesus zur Kreuzigung frei (Mt 27,26; Mk 15,15; Lk 23,24–25; Joh 19,12–16 a).

In keinem Evangelium wird Pilatus als unschuldige Partei in diesem Prozess dargestellt. Diese Vorstellung wurde erst später von Leuten verbreitet, die für den Tod Jesu lieber keinen Westeuropäer mit in die Verantwortung nehmen wollten. Dagegen stimmen alle Evangelien darin überein, dass Pilatus den Befehl zur Kreuzigung Jesu gab. Pilatus wurde mitunter von der Angst angetrieben – und bis zu einem gewissen Grad sogar manipuliert. Aber auch er manipulierte andere. Seine

Hauptsorge galt nicht der Aussicht darauf, dass ein Unschuldiger hingerichtet, sondern dass er, Pilatus, dafür verantwortlich gemacht werden würde.

Bei Johannes besteht Pilatus' Zwiegespräch mit Jesus fast nur aus Fragen: »Bist du der König der Juden?« (Joh 18,33) – »Dann bist du also doch ein König?« (Joh 18,37) – »Was also hast du getan?« (Joh 18,35) – »Wahrheit? Was ist das überhaupt?« (Joh 18,38). Die zynische Realpolitik, die hinter dieser Äußerung steht, zeigt uns die Wahrheit über Pilatus' Welt auf. Es geht nicht um die Wahrheit, sondern um den Nutzen, darum, was das Beste für Pilatus, für Rom ist. Der Präfekt Pilatus sorgt sich nicht um Jesus, was seine Frau auch geträumt haben mag (Mt 27,19). Wenn er Jesus hätte freilassen wollen, hätte er es tun können. Er hätte ihn bis nach dem Fest in Gewahrsam halten und so den Sturm ausreiten können. Doch was hätte er damit gewonnen?

Tatsächlich will Pilatus die Gelegenheit dazu nutzen, seine Position zu stärken. Doch zunächst muss er herausfinden, ob Jesus im Volk Rückhalt genießt. Dazu stellt er die Menge im Hof vor eine Wahl: »Zu dieser Zeit saß ein Mann namens Barabbas im Gefängnis. Er war zusammen mit den Anführern eines Aufstandes festgenommen worden, die einen Mord begangen hatten« (Mk 15,6–15).

Dafür gibt es keinen Präzedenzfall: Provinzgouverneure hatten offenbar kein Gnadenrecht.[62] Allerdings sind Amnestien in der griechisch-römischen Welt durchaus bekannt. Matthäus und Markus lassen es so aussehen, als sei dies ein allgemeiner Brauch der Römer zu Passah gewesen, während ihn Johannes eher als jüdischen Brauch darstellt.[63] In dem Fall könnte er auf die Zeit von Herodes' Herrschaft oder auf eine frühere Epoche zurückgehen. Als stärkstes Argument für die historische Authentizität dieses Brauchs spricht die Tatsache, dass er in allen vier Evangelien erwähnt wird und dass diese historischen Details auch den Lesern und Zuhörern glaubhaft erschienen sein mussten. Hätte noch *nie* ein Präfekt einen Gefangenen amnestiert, würde diese Geschichte wohl kaum bei allen Evangelisten an so exponierter Stelle auftauchen. Dass dem so ist, spricht zumindest dafür, dass solch eine Begnadigung möglich war.

Über Barabbas wissen wir wenig. Wir kennen nur seinen Beinamen: »Sohn des Abba« oder »des Abbas«. In späteren Handschriften taucht er allerdings mit dem Namen Jesus auf. Und so könnte er tatsächlich geheißen haben, denn spätere Christen dürften einem Schurken wohl kaum diesen Namen angedichtet haben. Nach Markus war er »mit den Anführern eines Aufstandes festgenommen worden, die einen Mord begangen hatten«. Matthäus beschreibt ihn als »berüchtigten Verbrecher im Gefängnis« (Mt 27,16). Für Johannes ist er »ein Verbrecher« (Joh 18,40), und nach Lukas saß er wegen Aufruhrs und Mordes im Kerker (Lk 23,25). Barabbas war eindeutig Mitglied einer Gruppe von Banditen oder Lestai. Pilatus stellt die Menge vor die Wahl. Welchen der beiden politischen Gefangenen soll er freilassen: Jesus von Nazareth, einen Mann, der zum Steuerboykott aufgerufen und behauptet hat, er sei ein König, oder Barabbas, einen Banditen, der an Terrorakten beteiligt gewesen sein und einen Mord begangen haben soll.

Pilatus begeht hier keine Heldentat, um Jesus freizulassen. Er hätte dies zu beliebiger Zeit tun können. Vielmehr nutzt er die Gelegenheit, um Jesu Beliebtheit zu prüfen. Die Menge dient als Fokusgruppe in einer Art Meinungsumfrage. Pilatus weiß, dass ihm die Tempeloberen Jesus nur »aus Neid« überstellt haben (Mk 15,10). Dagegen weiß er nicht, ob ihm Ärger droht, wenn er tut, was der Hohepriester von ihm erwartet.[64] Die Antwort fällt eindeutig aus: In dieser Menge genießt Jesus keine Unterstützung. Die Leute entscheiden sich für Barabbas.

Wenn man von der »Menge« redet, kommt man auf den Gedanken zurück, wonach »die Juden« die Kreuzigung Jesu gewollt hätten. Dieser Vorwurf leitet sich hauptsächlich aus

Versen in Matthäus her: »Die Menge schrie zurück: ›Ja, wir und unsere Kinder, wir tragen die Folgen!‹« (Mt 27,25). Für »Menge« gebraucht Matthäus das Wort *laos,* das häufig das Volk als Ganzes, also die jüdische Nation, bezeichnet. Doch Matthäus kann nicht »alle Juden« meinen, denn wie wir wissen, waren viele gegen dieses Urteil. Er kann nicht einmal »alle Juden in Jerusalem« meinen, denn dies würde dem Passus in Matthäus 26,5 widersprechen, wonach die Führer Jesus nicht verhaften lassen können, weil dies unter dem »Volk« (und hier gebraucht Matthäus ebenfalls das Wort »Laos«) einen Aufruhr auslösen würde.

Nein, dies ist nicht das gewöhnliche Volk, sondern ein sorgfältig kontrollierter Haufen. Die Tempelelite hat keine ganze Woche abgewartet, um Jesus zu ergreifen und sich dann alle Pläne im letzten Moment von einer selbständig denkenden Menge durchkreuzen zu lassen. Sie hat ihre Unterstützer mitgebracht. Wir wissen, dass sie über solche Gruppen verfügte. Während des Judenaufstandes versuchten die Hausdiener des ehemaligen Hohepriesters Ananus, mit Einschüchterungstaktiken dessen Macht zu sichern. Und andere ehemalige Hohepriester – Jesus ben Damnaeus und Jesus ben Gamala – schlugen mit ihren Banden zurück.[65]

Nicht »die Juden« lechzten danach, Jesus ans Kreuz zu nageln, sondern die Banden der Hohepriester und führenden Familien Jerusalems. Deswegen konnten die Hohepriester die Menge dazu aufhetzen, die Freilassung des Barabbas zu verlangen (Mk 15,11): Sie gaben ihnen Instruktionen.

Man kann darüber diskutieren, inwieweit Pilatus erkannte, um was für eine Menge es sich handelte. Seine Bilanz beim Verständnis der Feinheiten der jüdischen Religionspolitik fiel nie besonders günstig aus.

Pilatus ging davon aus, dass diese Menge als repräsentativ für eine Meinungsumfrage gelten könne. Aber er wusste nicht, dass sie die Meinung anderer wiedergab. Deshalb war sie ja vor Ort.

In den einzelnen Evangelien fällt Pilatus' Entscheidung auf unterschiedliche Weise. Bei Matthäus befürchtet er, ein Aufstand könne losbrechen (Mt 27,24). Bei Johannes ist er noch immer unsicher und mit Blick auf Jesus irgendwie gehemmt. Doch da ziehen die Tempeloberen ihre Trumpfkarte: »Wenn du den laufen lässt, bist du kein Freund des Kaisers; denn wer sich selbst zum König macht, lehnt sich gegen den Kaiser auf« (Joh 19,12).

Das ist der perfekte Hebel: Sie drohen ihm auf besondere Weise: Cäsars Freunde – *Amici Caesari* – waren eine inoffizielle Gruppe, der nur hochrangige Römer angehören durften, die mit diesem Status belohnt worden waren. Der Verlust des Rangs eines *Amicus Caesari* führte zur politischen und gesellschaftlichen Ächtung und konnte den Betreffenden sogar in den Selbstmord treiben.

Pilatus fasst folglich einen Entschluss. Soweit er sehen kann, genießt Jesus im Volk oder in der Politik keinen Rückhalt. Auch drohen die jüdischen Führer, ihre Beschwerde vor den Kaiser zu tragen. Jetzt ist es Zeit zu handeln. Oder zum Nichthandeln, wenn man so will. »Als Pilatus sah, dass er so nichts erreichte und dass der Tumult nur immer größer wurde, ließ er eine Schüssel mit Wasser bringen. Für alle sichtbar wusch er sich die Hände und sagte: ›Ich bin am Blut dieses Menschen nicht schuldig. Die Verantwortung dafür tragt ihr!‹« (Mt 27,24).

Pilatus wäscht seine Hände in Unschuld. Er hat der Menge nachgegeben und spricht sich selbst von jeder persönlichen Verantwortung frei. Er hat ihnen Jesus vorgeführt und ihnen eine letzte Chance gegeben: »Soll ich wirklich euren König kreuzigen lassen?« Die Frage beinhaltet einen bewussten Spott. Jesus ist ja nicht ihr König. Pilatus zieht sie auf. Und es funktioniert: Die Hohepriester antworten: »Wir haben keinen König, nur den Kaiser« (Joh 19,15).

Brillant und ins Schwarze getroffen: Trotz seiner prekären Lage und des Anscheins, als werde er manipuliert, hat Pilatus den Hohepriestern so eine Loyalitätsbekundung an Rom und den Kaiser abgetrotzt.

Das ist echt Pilatus: ein gerissener, höchst gewiefter politischer Manipulator. Als es schon danach aussieht, dieser grauhaarige Militär sei am Ende und erledigt, zaubert er eine Lösung aus dem Hut. Er hat sein Verhältnis mit Antipas gekittet, von der jüdischen Führung eine Loyalitätsbekundung eingeholt, die Ordnung aufrechterhalten, einen potenziellen Aufstand beschwichtigt und sich selbst von jeder Verantwortung freigemacht, auch wenn seine Soldaten das Urteil vollstrecken werden. Und dies alles war um den Preis von nur einem galiläischen Bauerntölpel zu haben.

Nicht schlecht für einen Freitagmorgen. Und dabei ist es noch nicht einmal neun Uhr.

»Es lebe der König der Juden!«

> Die Soldaten brachten Jesus in den Hof des Statthalterpalastes und riefen die ganze Truppe zusammen. Sie zogen ihm einen purpurroten Mantel an, flochten eine Krone aus Dornenzweigen und drückten sie ihm auf den Kopf. Dann grüßten sie ihn voller Hohn: »Es lebe der König der Juden!« Mit einem Stock schlugen sie Jesus auf den Kopf, spuckten ihn an und knieten vor ihm nieder, um ihn wie einen König zu ehren. Nachdem sie ihn so verspottet hatten, zogen sie ihm den roten Mantel wieder aus und gaben ihm seine eigenen Kleider zurück. Dann führten sie Jesus ab zur Kreuzigung. (Mk 15,16–20)

Jesus wird gegeißelt, erniedrigt und der Menge vorgeführt. Die ersten Schritte in die Hölle. Die Geißelung – diese Strafe vollstreckten die Römer häufig an Missetätern aus den unteren Schichten oder dem Ausland – war so angelegt, dass sie dem Opfer buchstäblich das Fleisch zerfetzte. Sie war barbarisch und gnadenlos. Ein so Geschundener verlor die Kontrolle über seine Körperfunktionen.[66] Und die Geißelung dürfte umso gnadenloser ausgefallen sein, da Nichtjuden sie vollstreckten. In den Evangelien ist klar die Rede davon, dass Soldaten Jesus schlugen und kreuzigten und dass mindestens ein hochrangiger Offizier anwesend war.[67] Die Soldaten gehörten Hilfstruppen an: Es waren Griechen oder sogar Samariter. Deswegen weideten sie sich so sehr an den Schlägen und Erniedrigungen. »Es lebe der König der Juden!« Sie demütigten nicht nur einen erbärmlichen Tölpel, sondern höhnten gegen die gesamte jüdische Nation.

Der blutende und gebrochene Jesus wird auf den Hauptplatz zurückgeschleppt, wo sich an dem Spaß eine ganze Kohorte beteiligt. Sie kleiden ihn in ein farbiges Gewand. Auch wenn in den Übersetzungen von »purpurn« die Rede ist, dürfte ein echtes Purpurgewand kaum zur Hand gewesen sein: Es wäre für damalige Verhältnisse viel zu teuer, als dass man riskiert hätte, es mit Blut zu besudeln.[68]

Dann flechten sie eine Dornenkrone und drücken sie ihm aufs Haupt. Diese wird gewöhnlich als Kranz in der Art einer abendländischen Ringkrone dargestellt, aber Bildnisse von Königen auf Münzen aus der Zeit zeigen Kronen, die wie eine Sonne vom Kopf weg zu strahlen scheinen. Was die Dornen angeht, so darf man vermuten, dass die Soldaten zur nächstbesten bewehrten Pflanze griffen. Die verbreitetste war wohl die Dattelpalme *Phoenix dactylifera,* deren Wedel am untersten Ende tückische aufwärtsgebogene Dornen tragen.[69] Hier liegt eine weitere Ironie verborgen: Welche Wedel schwenkte die Menge bei Jesu Einzug in Jerusalem? Die der Palme *Phoenix dactylifera.*

Der falsche Messias hat eine falsche Krone auf dem Kopf. Sechs Tage zuvor war er triumphal in Jerusalem eingezogen. Am Freitagmorgen führten sie ihn – in Markus' schauerlich nüchternen Worten – »ab zur Kreuzigung« (Mk 15,20).

Auch wenn in der griechisch-römischen Welt über Kreuzigungen nicht gesprochen wurde, so waren diese ein Teil des Lebens. Jeder wusste, dass es sie gab. In den meisten Städten gab es dauerhafte Kreuzigungsstätten. Allerdings war diese Hinrichtungsart den untersten Schichten vorbehalten: den Sklaven und den Rebellen. Sie war kein Stoff für die gepflegte Unterhaltung.[70] Die Kreuzigung war ein Tod in Schande. Das war der Punkt. Dieser Tod sollte erniedrigen, abschrecken und Menschen in den Gehorsam zwingen. Als »Sklaventod« sollte die Kreuzigung den Leuten mit Terror Gehorsam einbleuen. Die Sklavenkriege im 2. und 1. Jahrhundert v. Chr. gipfelten in Massenkreuzigungen. Sechstausend Sklaven ließ der siegreiche Crassus auf diese Art entlang der Via Appia nach Rom hinrichten. Dabei erwartete einen Sklaven diese grausame Strafe für jede Art Verfehlung.[71] Nach den Worten der Autoren Borg und Crossan handelte es sich um einen Akt »imperialen Terrors«.[72]

Nach der Geißelung wurde dem Opfer der Querbalken über die Schultern gelegt und an den Armen festgeschnallt. Dann ging es zur Hinrichtungsstätte. Diese lag ganz in der Nähe. Pilatus hielt sich zweifellos in Herodes' Palast und nicht in der Festung Antonia auf, so dass der überlieferte Kreuzigungsort Golgatha nur wenige hundert Meter nördlich lag.[73]

Nein, der Weg war nicht weit. Trotzdem war Jesus, auf den die mörderischen Hiebe niedergeprasselt waren, damit überfordert. Deshalb kommandierten die Römer jemand zu seiner Hilfe ab. Jemand, der »die Meile mit ihm ging«, wie Jesus es in Galiläa gepredigt hatte. Die Synoptiker identifizieren ihn als »Simon aus Kyrene«, den Vater von Alexander und Rufus (Mk 15,21). Er oder seine Söhne wurden später wahrscheinlich Anhänger Jesu: Markus erwähnt seine Söhne so, als müssten sie seinen Lesern bekannt sein. Zudem gab es einen »Rufus« in der Kirche von Rom (Röm 16,13).

Die Hinrichtungsstätte war unter dem Namen Golgatha, »Schädelstätte«, bekannt. Wie alle diese Orte lag sie außerhalb der Stadt. Mit typisch römischer Effizienz war sie an einem Standort vor den Toren so gewählt worden, dass sie besonders nahe zum Palast des Herodes lag: ein Friedhof in einem alten Steinbruch. Heute steht an der Stelle eine der ältesten und bekanntesten Kirchen der Welt: die Grabeskirche, wie sie in der abendländischen Christenheit heißt, oder die *Anastasis,* die »Kirche der Auferstehung«, so ihr – mit mehr Zuversicht gewählter – Name in der Ostkirche. Und es gibt gute Argumente dafür, dass sie tatsächlich am Standort der einstigen Hinrichtungsstätte steht. Unter dem Bau tauchte bei Ausgrabungen ein Friedhof mit Gräbern aus dem 1. Jahrhundert n. Chr. auf. Wenn der Ort der Kreuzigung nicht genau hier lag, dann war er ganz in der Nähe. Und wenn der Fels in der Kirche nicht Golgatha ist, dann muss dieser jedenfalls in unmittelbarer Umgebung liegen.

Hier, um neun Uhr in der Frühe, wurde Jesus von Nazareth, der »König der Juden«, der »Messias«, ans Kreuz geschlagen.

Dort wurde Jesus ans Kreuz genagelt und mit ihm die beiden Verbrecher

Überreste eines Kreuzigungsopfers, die bei Jerusalem auftauchten – der bislang einzige archäologische Fund dieser Art – zeigen, dass diese Hinrichtung nicht so erfolgte, wie wir sie uns vorstellen. Bilder von Jesus, der an einem hohen Holzkreuz hängt, geben den tatsächlichen Ablauf ungenau wieder. Das Opfer hing vielmehr auf Augenhöhe. Nach christlicher Überlieferung soll Jesu Kreuz auf einer Felsnase aufgerichtet worden sein, damit es weithin sichtbar war. Doch das Kreuz selbst war eher niedrig. Wahrscheinlich konnte Jesus seinen Peinigern in die Augen blicken.

Der Querbalken war bereits an das Opfer angebunden. Entweder beließ man es so, oder man nagelte den Verurteilten an den Händen oder Handgelenken zusätzlich daran fest. Der Querbalken wurde an einem Längsbalken festgemacht. Dann winkelte man dem Gepeinigten die Beine an und setzte ihn auf einen kleinen Pflock, das sogenannte *sedile,* das aus dem senkrechten Balken herausragte. Anschließend trieb man ihm einen einzelnen Nagel durch beide Knöchel oder nagelte die Knöchel einzeln an den Seiten des Längsbalkens an.[74] Einfach und effizient, also typisch römisch.

Als einen letzten Spott auf den jüdischen Führer ließ Pilatus am Kreuz ein Schild anbringen: »Jesus von Nazareth, der König der Juden« – in den wichtigsten Sprachen in Jerusalem: in Hebräisch, Latein und Griechisch. Trotz der Beschwerden der jüdischen Führung dachte Pilatus gar nicht daran, diesen Wortlaut zu verändern (Joh 19,22).

Dass die beiden Gefangenen rechts und links von Jesus ebenfalls gekreuzigt wurden, gibt einen Hinweis darauf, warum sie sterben mussten: Sie waren so wie Barabbas Lestai, also Banditen. Jesus wurde nicht zwischen Taschendieben oder Einbrechern gekreuzigt, sondern zwischen politisch motivierten Banditen oder Terroristen. Zumindest die Römer sahen es so.

Einer von ihnen scheint zu erkennen, dass dieser Mann etwas Besonderes hat. »Denk an mich«, sagt er zu Jesus, »wenn du in dein Königreich kommst.« Dieser Bandit hat gegen das irdische Reich der Römer gekämpft und erkennt nun in der übel zugerichteten Gestalt neben sich einen sterbenden König. Jesus antwortet mit einer bemerkenswerten Äußerung von Glauben und Hoffnung: »Noch heute wirst du mit mir im Paradies sein« (Lk 23,42–43). Das »Paradies«, ein von den Persern geprägter Begriff, bezeichnet einen umfriedeten Garten voller Bäume, Schatten, Kühle und Erholung.[75] Hier, inmitten einer von Blut, Staub und Hitze geprägten römischen Hinrichtungsstätte, die in einem stillgelegten Steinbruch liegt, verspricht Jesus einem Verbrecher, was er sich selbst versagt hat: einen anderen Ausgang.

Die Soldaten, die Schaulustigen und Vertreter des Tempels verspotten Jesus mit Worten, die aus dem Mund des Satans stammen: »Anderen hat er geholfen, aber sich selbst kann er nicht helfen! Dieser Christus, dieser König von Israel, soll er doch vom Kreuz heruntersteigen! Dann wollen wir an ihn glauben!« (Mk 15,31–32). Dies ist ihr letzter Kommentar auf die Behauptung Jesu, wonach er der Messias sei.

Es ist vollbracht

Um die Mittagszeit wurde es finster. Ungewöhnlich finster. Eine Sonnenfinsternis kann es nicht gewesen sein, denn das Passahfest findet zu Vollmond statt. Wie vieles an diesem Tag war auch dieses Geschehen unerklärlich.[76]

Um drei Uhr nachmittags erscholl Gebrüll.

Auf der anderen Seite der Stadt begannen die Schlachtungen. Die Hörner ertönten, und das erste von Tausenden verängstigter Lämmer musste für das Passahmahl sterben.[77] Der Geruch des Blutes und die panischen Schreie der Tiere mussten die ganze Stadt erfüllt haben.

Um dieselbe Zeit »schrie« Jesus nach Markus »laut auf«. Der griechische Ausdruck deutet darauf hin, dass es ein Schrei in Not, ein Hilferuf war: tatsächlich ein Gebet.[78] Nach Markus rief Jesus zudem einen Vers aus einem Psalm in Aramäisch: »Elo?, Elo?, lema sabachtani?« – »Mein Gott, mein Gott, warum hast du mich verlassen?« (Mk 15,34). Dieses Zitat aus Psalm 22 ist die einzige Äußerung Jesu am Kreuz, die Markus wiedergibt. Es ist ein Schrei verzweifelter Einsamkeit und Entfremdung und fast sicher richtig überliefert. Es erscheint unvorstellbar, dass ein späterer Verfasser, ein Anhänger einer triumphalen Christusfigur, sich einen so verzweifelten Schrei ausgedacht hat.

Drückte dieser Schrei Versagen oder eine Erkenntnis aus? Der traditionellen Theologie zufolge war dies der Augenblick

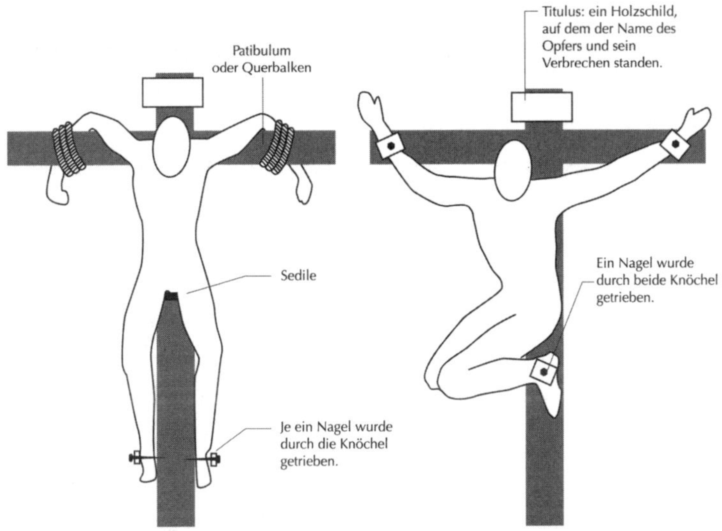

Überreste eines Gekreuzigten, die in Giv'at ha-Mivtar bei Jerusalem zum Vorschein kamen, belegen, dass der Nagel im Knöchelbereich durch den Fuß getrieben wurde. Zwei unterschiedliche Vorgehensweisen wurden rekonstruiert: Das Opfer wurde entweder rittlings (oben links) oder in Embryonalhaltung mit angezogenen Beinen (oben rechts) ans Kreuz genagelt. In beiden Fällen wurde es von einem Sedile gestützt, einem kleinen Holzpflock am Längsbalken.

des Verlassenseins, in dem Jesus für die gesamte Menschheit litt. Allerdings sollten wir im Auge behalten, dass es ein Gebet war: Und Gebete beinhalten immer die Hoffnung, dass sie auch entgegen dem Anschein von jemandem gehört werden. Und so endet Psalm 22 denn auch mit einer Rechtfertigung und Wiedereinsetzung. Dies ist ein Schrei, den Gott hört: »Er hat den Hilflosen nicht verachtet, über sein Elend setzte er sich nicht hinweg. Nie wandte er sich von ihm ab! Er hat ihm geantwortet, als er um Hilfe schrie« (Ps 22,25).

Bei Matthäus und Markus stößt Jesus einen lauten Schrei aus. Bei Johannes sagt er: »Es ist vollbracht.« In Lukas ruft er: »Vater, in deine Hände gebe ich meinen Geist!« (Lk 23,46).

Damit war es vollbracht. Nur der Tod eines weiteren gescheiterten Revolutionärs; ein weiterer ritueller Tod an diesem Tag des rituellen Tötens; ein weiteres tägliches Opfer für das Wohlergehen des Reichs.

Immerhin starb Jesus schnell. Opfer von Kreuzigungen litten mitunter tagelang, und so war es auch beabsichtigt. Mit der Kreuzigung sollten sie im Blickfeld bleiben und zur Schau gestellt werden. Sein schneller Tod – der Pilatus überraschte – deutet darauf hin, dass Jesus schwer verletzt ans Kreuz genagelt worden war. Wir haben gesehen, dass er sein Kreuz nicht mehr zur Hinrichtungsstätte hatte tragen können, obwohl die Strecke vom Palast des Herodes ziemlich kurz war.

Er hatte zu viel Blut verloren. Wenn ein Mensch viel Blut verliert, erleidet er irgendwann einen sogenannten hypovolämischen Schock: Seine Organe werden nicht mehr mit ausreichend Sauerstoff versorgt. Die äußeren Blutungen, die durch die Geißelung und die Nägel verursacht wurden, und innere Blutungen durch die Schläge waren mehr als genug. Tatsächlich starben viele Verurteilte schon vor der Kreuzigung an Misshandlungen.[79] Jesus starb sicherlich am Kreuz, aber eben nicht durch das Kreuz. Tatsächlich hatten ihm die Soldaten schon am Morgen mit Schlägen tödliche Verletzungen beigebracht.[80]

Die Banditen links und rechts von Jesus wurden dadurch beschleunigt getötet, dass man ihnen die Beine zerschlug. Dieses Vorgehen – die Römer nannten es *crurifragium* – sorgte dafür, dass sie sich auf dem kleinen Pflock, der sie stützte, nicht mehr halten konnten. Ihren geschundenen Körpern wurden so weitere Verletzungen zugefügt. Jesus blieb dies deshalb erspart, weil er bereits tot war.

Jesu Tod führt uns noch tiefer in diese undurchsichtige Welt der Merkwürdigkeiten hinein, die mit der Finsternis begonnen hatte. Ein Soldat überzeugte sich davon, dass Jesus tatsächlich tot war, indem er ihm mit einem Speer in die Flanke stach. Johannes berichtet, aus der Wunde seien Blut und

Wasser ausgeflossen (Joh 19,31–37). Er verbindet diese Stelle mit zwei Prophetien aus dem Alten Testament. Wahrscheinlich floss hämorrhagische Flüssigkeit aus dem Raum zwischen Rippen und Lungen aus.[81] Aber dies war ungewöhnlich.

Und wenn es seltsam war …

Die Synoptiker vermerken, bei Jesu Tod sei der Vorhang im Tempel von oben nach unten durchgerissen (Mt 27,51; Mk 15,38; Lk 23,45). Im Tempel hingen zwei Vorhänge: Einer trennte das Allerheiligste vom Heiligen und einer den Tempelbau vom Hof. Wahrscheinlich beziehen sich die Synoptiker auf den inneren Vorhang, wenn auch nur aus Gründen der Symbolik. Die christliche Theologie deutete das Zerreißen des Vorhangs so, dass mit dem Tod Christi jedermann Zugang zum Allerheiligsten erhielt. Dies wird im Neuen Testament allerdings nicht so ausgedrückt. Ebenso plausibel ist der Gedanke, dass es sich um ein eschatologisches Ereignis handelte. Für Juden wie Josephus oder Philo hatte der Tempel eine kosmische Bedeutung: Er war das Zentrum der Schöpfung.[82] Der Vorhang, der aus babylonischem Stoff gewoben und mit Blau, Scharlachrot und Purpur bestickt war, symbolisierte nach Josephus die Schöpfung: »[D]enn das feine Leinen war ein geeignetes Zeichen für die Erde, denn Flachs wächst auf der Erde. Der Purpur stand für das Meer, weil dieser Farbstoff aus einer Seeschnecke gewonnen wird. Blau ist geeignet, Luft zu bezeichnen. Und Scharlach weist von Natur aus auf Feuer hin.«[83]

Matthäus schlägt die Brücke zu einem Erdbeben: Er beschreibt mit demselben Verb das Zerreißen des Vorhangs und das Zerbersten der Felsen (Mt 27,51). Dieses Ereignis ist folglich Zeichen für einen massiven Bruch in der natürlichen Ordnung. Juden, die es miterlebten, dürften darin einen Fingerzeig gesehen haben, dass die Schöpfung irgendwie aus den Fugen geraten war. Das Ende schien nah.

Ein guter Mensch, der das Kommen des Gottesreiches erwartete

Bis zum Sonnenuntergang und dem Beginn des Sabbats blieb nicht viel Zeit. Josef aus Arimathäa zog zum Palast des Herodes und rang Pilatus die Erlaubnis ab, Jesu Leichnam abholen und würdig bestatten zu lassen.

Josef wird als ein wohlhabendes, wenn auch kein einflussreiches Mitglied des Sanhedrin dargestellt. Über seine Heimatstadt Arimathäa ist nichts bekannt. Sie lag nicht in Galiläa, denn Lukas nennt sie eine »jüdische Stadt« (Lk 23,51, hier: Einheitsübersetzung) und meint damit, dass sie in Judäa liege.[84] Unabhängig von seinen Ursprüngen lebte er jetzt dauerhaft in Jerusalem und hatte wohl deshalb hier auch ein Grab gekauft. Er könnte Pharisäer gewesen sein. Markus und Lukas verraten uns, dass er »auf das Kommende in der neuen Welt Gottes wartete«, so dass er kein Sadduzäer sein konnte (Mk 15,43; Lk 23,50). Nach Johannes hatte er sein Interesse an Jesus aus Angst vor der jüdischen Führung verschwiegen (Joh 19,38). Als Josef bei Pilatus vorsprach, waren fast alle auf der anderen Seite der Stadt in oder um den Tempel herum mit den Vorbereitungen zu Passah beschäftigt.

Pilatus befiehlt nachzusehen, ob Jesus tatsächlich tot ist. Kreuzigungen konnte man auch überleben. So erhielt in der stürmischen Zeit nach dem gescheiterten Judenaufstand, als die Römer die Rebellen kreuzigten, Josephus die Erlaubnis, drei Opfer zu retten:

> Ich sah viele gekreuzigte Gefangene; und erinnerte mich an drei als meine ehemaligen Bekannten. Ich empfand im Innersten Mitleid und ging mit Tränen in den Augen zu Titus und berichtete ihm von ihnen; so befahl er, sie sofort abzunehmen und sie mit größter Sorgfalt zu pflegen, damit sie sich erholen konnten. Aber zwei starben unter den Händen des Arztes, während sich der dritte erholte.[85]

Nach der Versicherung, dass Jesus tot war, erteilte Pilatus Josef die Erlaubnis, den Leichnam abzunehmen und ihn zu bestatten. Für die üblichen Riten blieb keine Zeit, weder für das komplizierte Einbinden des Leichnams in Stoff noch für die Befestigung des Unterkiefers, wie es an Lazarus vorgenommen worden war. Jesus wurde nicht einmal gewaschen, das Mindeste, was man erwartet hätte. Schließlich galt Blut an einem Toten als unrein.[86] Selbst im Tod verstieß Jesus so gegen ein Gebot der Reinheit.

Jesus wurde in das neu angelegte Grab gebettet, das Josef für seine Familie gekauft hatte. Ein stillgelegter Steinbruch war ein idealer Ort für einen jüdischen Friedhof, da er zahlreiche Felswände aufwies, in die sich Grabkammern schlagen ließen. Jüdische Gräber der Zeit waren hauptsächlich sogenannte *Loculi*-Gräber. Sie bestanden aus einer zentralen Grabkammer, in der *Loculi,* Nischen, in die Wände gehauen wurden. In ihnen kamen dann die Leichname unter. Die Loculi wurden ungefähr sechzig Zentimeter breit und etwa zwei Meter tief in den Fels getrieben.[87] Ihre Anlage ähnelte den Schubfächern in heutigen Leichenschauhäusern. In der eigentlichen Grabkammer fanden Leichname mitunter auch auf einer steinernen Platte oder einer Bank Platz. Andere Arten von Gräbern waren anstatt mit Nischen mit Simsen oder Platten ausgestattet.

Auffälligerweise wurden auf dem Areal um den überlieferten Standort der Begräbnisstätte – der Jerusalemer Grabeskirche – beide Arten Gräber entdeckt.[88] Die Kirche wurde schon in sehr früher Zeit als Begräbnisstelle Jesu ausgemacht. Hätte sie jemand einfach erfunden, hätte er sie sicher nicht hierher verlegt: Zu der Zeit, als Kaiser Konstantin Bauarbeiter entsandte, um nach der Stelle zu fahnden, lag sie nämlich innerhalb der Stadtmauern unter den Trümmern eines Tempels der Aphrodite begraben. Also erinnerten sich Christen vor Ort an den überlieferten Standort. Als Melito von Sardes in der 2. Hälfte des 2. Jahrhunderts n. Chr. Jerusalem besuchte, führten ihn einheimische Christen dorthin. Damals, so schrieb Melito, habe das Grab zwischen den breiten Straßen der Stadt gelegen.[89]

Das Grab wurde mit einer großen runden Steinplatte verschlossen, die sich in einer Rinne vor den Eingang rollen ließ und so für Aasfresser eine Barriere bildete.

Das war es dann. Jesus von Nazareth, Yeshu ben Yehosef, war tot. Und während die Passah-Öfen angefeuert wurden und sich die Stadt mit feiernden Pilgern füllte, gingen die Anhänger Jesu alle nach Hause.

Das Abenteuer war zu Ende. Sie hatten ihn für den Erlöser Israels, für den Messias, gehalten.

Jetzt wussten sie, dass sie sich geirrt hatten.

Ein typisches Grab aus dem 1. Jahrhundert n. Chr. Die Steinplatte lässt sich in einer Rinne vor den Eingang wälzen.

Das Nachspiel: Der falsche Messias

Fünfzig Tage nach Jesu Tod trat der Führer seiner Anhänger – der zu einem Zeitpunkt behauptet hatte, er kenne ihn überhaupt nicht – auf die Straßen Jerusalems hinaus und verkündete, Jesus sei der Messias.

Es war zu Schawuot (oder Pfingsten) um neun Uhr morgens. Wieder drängten sich Pilger in den Straßen. In einer mitreißenden Ansprache verkündete Petrus, Gott habe Jesus »zum Herrn und Retter« gemacht (Apg 2,36). Für die Beobachter war dies eine Art Rätsel. Soweit sie wussten, war Jesus von Nazareth ein galiläischer Bauer, den die Römer vor kurzem hatten hinrichten lassen. Passender als Herr und Retter wollten ihn viele einen Versager und Betrüger nennen. Es verwundert nicht, dass sie Petrus für betrunken hielten.

Dabei war er nicht allein. Nicht nur Petrus, sondern alle frühen Anhänger Jesu verkündeten diese Behauptung. *Kyrios* und *Christos* – Herr und Messias: Mit diesen Worten fassten sie ihren Glauben um Jesus Christus zusammen.[1] Die Urkirche war von Anfang an eine messianische Bewegung und ihr Glaube mit ihrem Schrifttum verwoben. Paulus hielt Jesus für den Messias, wie auch die Evangelisten, Jakobus, Johannes, Judas, der Verfasser des Hebräer-Briefs und der Johannes, der die Offenbarung geschrieben hatte. Und so auch die nächste Generation: Ignatius und die Autoren der *Didache*, der »Lehre der zwölf Apostel«, sowie Barnabas.[2] (Sogar Nichtchristen wie Josephus gingen davon aus, dass die Anhänger Jesus für den Messias hielten.)

Wie erklärte sich das? Grundsätzlich war Jesus unabhängig davon, welchem Judentum man anhing, in jedem Teilbereich durch die Messias-Prüfung gefallen: Der Messias sollte das

Land von den Heiden befreien, er aber war von den Heiden getötet worden. Der Messias sollte den Tempel erneuern, aber er war von der Tempelpartei gestürzt worden. Und der Messias sollte ein neues Zeitalter einläuten, aber das Leben war noch ziemlich so wie zuvor.

Er war geschlagen und gedemütigt, bespuckt, gegeißelt, mit Blut besudelt, verspottet und schließlich gekreuzigt worden. Gewiss: Er war ein bedeutender Lehrer gewesen, ein Wundertäter und Prophet. Aber eben nicht der Messias. Es war schlicht eine Täuschung gewesen. Dennoch behaupteten seine Anhänger beharrlich und entschieden, trotz Ächtung, Spott und Verfolgung, dass sie recht hätten: Er sei der Messias gewesen.

Warum? Weil er von den Toten auferstanden war.

»Er ist nicht mehr hier – er ist auferstanden«

Logisch betrachtet, ist das Problem, ob die Auferstehung eine historische Tatsache ist, auch nicht größer als das der anderen Wunder Jesu. Trotzdem birgt es eine noch größere Schwierigkeit. Bei der Speisung der Fünftausend oder der Auferweckung des Lazarus war Jesus wenigstens am Leben. Er war da, um die Tat zu vollbringen. Aber bei der Auferstehung war er … irgendwie anderweitig beschäftigt.

Zunächst müssen wir feststellen, dass die Berichte zur Auferstehung in mehreren Details voneinander abweichen. So taucht beispielsweise bei Markus und Matthäus ein Engel auf, während bei Lukas und Johannes gleich zwei erscheinen. Bei Matthäus gehen zwei Frauen zum Grab, bei Markus drei, bei Lukas mindestens fünf und bei Johannes nur eine. Bei Markus, Lukas und Johannes wurde der Stein beiseitegerollt. Bei Matthäus erscheint beim Eintreffen der Frauen ein Engel und wälzt ihn beiseite. Bei Johannes begegnet Maria aus Magdala Jesus, bei Matthäus gibt es ein Erdbeben, und bei Markus fehlt das Ende.[3] Aber davon abgesehen …

Vielleicht ist es einfacher, sich anstatt auf die Unterschiede auf die Gemeinsamkeiten aller vier Evangelien zu konzentrieren. In allen taucht eine Reihe wichtiger Details auf:

- Frauen gehen zum Grab. Sie sind die ersten Zeugen des Geschehenen und überbringen die Kunde den Jüngern und anderen.
- Maria aus Magdala besucht das Grab.
- Das Grab ist leer, der Stein ist beiseitegerollt. Die Leichenbinden liegen am Boden.
- Engel erscheinen.
- Zudem tritt in drei Evangelien an herausragender Stelle Petrus auf. Bei Markus werden die Frauen angewiesen, es »Petrus zu sagen«. Bei Lukas und Johannes geht er selbst ans Grab und schaut nach.

Anhand dieser Einzelheiten können wir den möglichen Ablauf der Ereignisse wie folgt rekonstruieren:

Eine Gruppe von Frauen, darunter Maria aus Magdala, Maria, die Mutter des Jakobus, Johanna und Salome gingen sehr früh zum Grab. Sie fanden es leer vor, der Stein war beiseitegerollt, und die Leinen lagen auf dem Boden. Sie begegneten einem Engel (oder mehreren), der ihnen sagte, dass Jesus auferstanden sei. Die Frauen kehrten in den Raum zurück, in dem sich die Jünger aufgehalten hatten, wahrscheinlich der Abendmahlssaal, der nur eine kurze Strecke entfernt war. Petrus und die anderen Jünger gingen zum Grab, um selbst nachzuschauen. Sie fanden es so vor, wie die Frauen gesagt hatten. Maria aus Magdala folgte ihnen und begegnete Jesus, dachte allerdings zunächst, er sei der Gärtner.

Die Berichte weichen natürlich voneinander ab, weil dies bei Augenzeugenberichten stets der Fall ist. Aber wer über ihre Unterschiede streitet, verhält sich – frei nach dem inzwischen Abwesenden – so wie die Leute, die Mücklein aus ihrem Essen fischen, aber bedenkenlos ganze Kamele schlucken.

Trotz aller Unterschiede decken sich die Schilderungen immerhin darin, dass das Grab leer war. Jesus war verschwunden.

Wer möchte, kann ihre Abweichungen zum Beweis nehmen, dass die Berichte erfunden sind. Aber möglich ist auch die umgekehrte Argumentation: Bei einer Erfindung hätte man sicher streng auf eine einheitliche Darstellung geachtet. Dagegen belegen die Unterschiede, dass die Urkirche ihre Überlieferungen sehr getreu auch mit ihren Widersprüchen weitergab. Warum? Weil sie von Zeugnissen, den Erzählungen von Menschen handelten. Und hier waren alle Einzelheiten wichtig.[4]

Zur Untermauerung der Auferstehungsberichte lassen sich viele Argumente anführen: Sie berufen sich auf die Zeugenaussagen von Frauen, auf die sich sonst keine Religion stützte, die etwas auf sich hielt. Und dabei ist ein Punkt unumstritten: Das Grab war leer. Strittig ist allenfalls der *Grund,* warum es leer war.[5] Wichtig ist auch die schiere Merkwürdigkeit des Ereignisses. Der christliche Glaube, wonach die Auferstehung vor dem Ende der Zeiten erfolgt sei und eine allgemeine Auferstehung bedeute (bei Matthäus spiegelt sich dies in den wandelnden Toten wider), war höchst seltsam.

Doch damit ist nichts hundertprozentig erwiesen. Ein deutlich stärkerer Beweis für die Auferstehung Jesu liegt für mich in der Reaktion seiner Jünger. Am Freitag hielten sie sich versteckt, fürchteten um ihr Leben und waren bestürzt über ihre zerplatzten Träume. Aber etwas veränderte sie und trieb sie dazu an, diesen Raum zu verlassen und mit der Verkündigung zu beginnen, dass Jesus von den Toten auferstanden sei. Sie behaupteten, sie hätten ihn leibhaftig gesehen, und nicht nur in Jerusalem, sondern auch anderswo. Das Urchristentum war so von Anfang an eine Auferstehungsbewegung. Die Urchristen glaubten, dass Jesus so, wie er Lazarus durch Rufe auferweckt hatte, selbst auch aus seinem Grab auferstanden sei. Und das konnten sie einfach nicht verschweigen.

Am dritten Tag auferstanden

Die frühesten datierbaren Behauptungen zur Auferstehung stammen nicht aus den Evangelien, sondern aus dem ersten Brief des Paulus an die Korinther:

> Zuerst habe ich euch weitergegeben, was ich selbst empfangen habe: Christus ist für unsere Sünden gestorben. Das ist das Wichtigste, und so steht es schon in der Heiligen Schrift. Er wurde begraben und am dritten Tag vom Tod auferweckt, wie es in der Heiligen Schrift vorausgesagt ist. Er hat sich zuerst Petrus gezeigt und später allen zwölf Jüngern. Dann haben ihn mehr als fünfhundert Brüder zur gleichen Zeit gesehen, von denen die meisten noch heute leben; einige sind inzwischen gestorben. Später ist er Jakobus und schließlich allen Aposteln erschienen. Zuletzt hat er sich auch mir gezeigt, der ich es am wenigsten verdient hatte. (1 Kor 15,3–8)

Die Korintherbriefe entstanden um 54 n. Chr. Paulus hat darin allerdings etwas aufgezeichnet, das er bereits viel früher erfahren hatte, zu dem Zeitpunkt, als er Jesu Anhänger geworden war, also wahrscheinlich wenige Monate nach dessen Tod.[6] Es handelt sich sicher um ein Stück der frühesten kirchlichen Glaubenslehre, um eine Formel der Urkirche. Es ist nicht so detailliert wie die Berichte der Evangelien, führt dafür aber noch lebende Zeugen an: Mehr als fünfhundert Brüder (nach mancher Übersetzung auch: »und Schwestern«) haben getreu Paulus Jesus gesehen. Und ebenso »alle Jünger«, eine Gruppe, zu der aller Wahrscheinlichkeit nach auch die Missionare und Lehrer gehörten, die in der Urkirche und der Kirche in Korinth bekannt waren.[7]

Etwas hatte diesen Haufen verschreckter Bauern in eine phänomenale Bewegung verwandelt. Die Apostelgeschichte stellt das rasche Wachstum der Kirche – allein zu Pfingsten verzeichnete sie dreitausend Taufen – dar. Auch wenn wir diese Zahlen anzweifeln, so bleibt die unstrittige historische Tatsache, dass die Kirche seither gewachsen und gediehen ist. Trotz häufiger Verfolgungen breitete sie sich rasch aus.

Ein Beispiel ist die Veränderung in Jesu Familie. Bei seiner Kreuzigung fehlten offenbar alle seine männlichen Verwandten. Später allerdings hielten sich seine Brüder nach Lukas in Jerusalem auf:

> Sie kamen im oberen Stockwerk des Hauses zusammen, wo sie sich von nun an trafen. Es waren Petrus, Johannes, Jakobus, Andreas, Philippus, Thomas, Bartholomäus, Matthäus, Jakobus, der Sohn des Alphäus, Simon, der ehemalige Freiheitskämpfer, und Judas, der Sohn des Jakobus. Zu ihnen gehörten auch einige Frauen, unter anderem Maria, die Mutter Jesu, und außerdem seine Brüder. Sie alle trafen sich regelmäßig an diesem Ort, um gemeinsam zu beten. (Apg 1,13–14)

Sein Bruder Jakobus, der anfangs glaubte, er sitze einer Täuschung auf, leitete schließlich die erste Kirche in Jerusalem. Judas, ein weiterer Bruder Jesu, wurde ebenfalls ein bekannter Christ.[8] So fanden zumindest zwei seiner skeptischen Brüder vom Unglauben zum Glauben, von der Skepsis zur Gefolgschaft. Wie war es dazu gekommen?

Wie der Bericht des Paulus zeigt, glaubte die Urkirche daran, dass Jesus seinem Bruder Jakobus erschienen sei. In einem Fragment des verschollenen *Hebräerevangeliums* heißt es, Jakobus habe geschworen, so lange nichts mehr zu essen, bis ihm der auferstandene Jesus erscheine, worauf ihm dieser tatsächlich erschienen sei und mit ihm das Brot gebrochen habe. Die Passage deutet darauf hin, dass Jakobus bereits zu einem Anhänger bekehrt worden und beim letzten Abendmahl anwesend gewesen war.[9] Neben dieser apokryphen Geschichte enthalten die Evangelien einen Bericht, wonach Jesus einem

Verwandten erschienen sei. Irgendwann am Sonntag gingen zwei Jünger – nicht die elf, die sich noch immer in Jerusalem aufhielten – zu einem Dorf namens Emmaus. (Trotz mühseliger Nachforschungen konnte es nie identifiziert werden. Es lag wahrscheinlich gut zehn Kilometer von Jerusalem entfernt.)

Unterwegs begegnete ihnen ein Unbekannter, der sie ansprach und über neuere Ereignisse in Jerusalem redete. Die Jünger hatten die Gerüchte bereits gehört. Sie waren am Morgen im Abendmahlssaal gewesen.

> Heute Morgen wurden wir sehr beunruhigt durch einige Frauen, die zu uns gehören. Schon vor Sonnenaufgang waren sie zum Grab gegangen; aber der Leichnam Jesu war nicht mehr da. Die Frauen erzählten, ihnen seien Engel erschienen, die sagten: ›Jesus lebt!‹ Einige von uns sind gleich zum Grab gelaufen. Es war tatsächlich leer, wie die Frauen berichtet hatten. Aber Jesus haben sie nicht gesehen. (Lk 24,22–24)

Interessanterweise deckt sich der Ausdruck »einige von uns sind gleich zum Grab gelaufen« mit Johannes' Darstellung der Begebenheit, wonach Petrus und der »Jünger, den er lieb hatte«, nachschauen gingen. Jedenfalls fährt der Fremde fort, ihnen das Geschehene zu erklären, worauf sie ihn zu sich nach Hause einladen, um mit ihnen zu essen. Als der Fremde das Brot bricht, erkennen sie, dass es Jesus ist, worauf er verschwindet. Sie eilen sofort nach Jerusalem zurück, um den anderen von der Begebenheit zu berichten.

Inwiefern bringt diese Episode Licht in andere Dinge? Weil einer der Wanderer wahrscheinlich ein Mitglied von Jesu Familie war. Lukas identifiziert ihn als Kleopas, und in einer Geschichte der Urkirche ist die Rede davon, dass der Nachfolger des Jakobus als Führer der Jerusalemer Kirche ein Verwandter Jesu gewesen sei, ein gewisser Symeon, Sohn des

Klopas: »Er [Symeon] war ein Vetter – so heißt es jedenfalls – des Heilands; denn tatsächlich berichtet Hegesippus, Klopas sei Josefs Bruder gewesen.«[10]

Wenn wir uns nochmals der Stelle bei Johannes zuwenden, wo die Frauen um das Kreuz versammelt sind, stoßen wir auf Maria, die Frau von Klopas (Joh 19,25). Der Kleopas aus Lukas ist mit hoher Wahrscheinlichkeit mit dem Klopas aus Johannes identisch.[11] Dies würde bedeuten, dass der Mann, den Jesus auf der Straße nach Emmaus begegnet, sein eigener Onkel ist, was perfekt zu der Überlieferung passt, wonach Jesus Verwandten wie Jakobus erscheint.[12] Und dies würde auch dazu passen, dass Symeon Jakobus nachfolgte: Er war ein Apostel und hatte den auferstandenen Jesus gesehen.

Zu der Zeit, als Klopas und sein Begleiter nach Jerusalem zurückkehrten, hatten auch andere Jesus gesehen. Lukas berichtet, als die beiden Wanderer aufgeregt in den Abendmahlssaal platzten, »waren die elf Jünger und andere Freunde Jesu zusammen. Von ihnen wurden sie mit den Worten begrüßt: ›Der Herr ist tatsächlich auferstanden! Simon Petrus hat ihn gesehen!‹« (Lk 24,33–35). Dies dürfte ihnen wohl den Wind aus den Segeln genommen haben. Doch bei Lukas steht gleich, nachdem Klopas und sein Begleiter von ihrem Erlebnis berichtet haben, »Jesus vor ihnen« und beweist, dass er aus Fleisch und Blut zurückgekehrt ist. Er isst sogar ein Stück Fisch (Lk 24,40; Joh 20,20). In beiden Berichten redet Jesus vom Heiligen Geist (Lk 24,40; Joh 20,22). Im Verlauf der nächsten paar Wochen sollten den Quellen des Neuen Testaments zufolge noch weitaus mehr Menschen Jesus sehen.

Sonntag

- Maria aus Magdala (Mt 28,9–10; Joh 20,11–18)
- Maria, Mutter von Jakobus und Josef (Mt 28,9–10)
- Kleopas und ein weiterer Jünger (Lk 24,13–35)
- Simon Petrus (Lk 24,34)
- Die Jünger im Abendmahlssaal (Lk 24,36–49; Joh 20,19–23)

Eine Woche später

- Thomas (Joh 20,24–29)

Bis vierzig Tage später

- Elf Jünger in Galiläa (Mt 28,16–20)
- Sieben Jünger in Galiläa, darunter Nathanael und der »Jünger, den Jesus liebte« (der »geliebte Jünger«) (Joh 21,1–24)
- Über fünfhundert Brüder (1 Kor 15,6)
- Jakobus (1 Kor 16,7)
- Paulus (1 Kor 16,8)
- Die Apostel in Jerusalem (Apg 1,6–11)

Wenn wir davon ausgehen, dass Paulus und die Urkirche mit »Apostel« Menschen meinten, die den Auferstandenen gesehen hatten, dann gehören zu der Gruppe Leute wie Junia und Andronikus (Röm 16,7), Apollos (1 Kor 4,6,9), Barnabas (Apg 14,14; 1 Kor 9,5–6), Epaphroditus (Phil 2,25), Silvanus und Timotheus (1. Thess 1,1; 2,7).

Wie immer ergeben sich bei einer Betrachtung der Ausgänge in den Evangelien einige Schwierigkeiten. Bei Matthäus erscheint Jesus den Frauen und sagt ihnen, sie sollten den Jüngern ausrichten, nach Galiläa zu ihm zu kommen, wo sie ihm dann auf einem Berg begegnen (Mt 28,10, 16–20). Johannes hält ein besonderes Ende bereit, bei dem Jesus den Jüngern auf dem »See von Tiberias« erscheint, ihnen ein Frühstück bereitet und Petrus wieder zum »Hüter seiner Lämmer« einsetzt (Joh 21,1–24). Dagegen besteht bei Lukas Jesus darauf, dass die Jünger in Jerusalem bleiben und dort auf das Erscheinen des Heiligen Geistes warten (Lk 24,49; Apg 1,4–5). Danach führt Jesus sie zum Ölberg und fährt zum Himmel auf (Lk 24,50–53; Apg 1,6–11).

Die einzige Möglichkeit, die Darstellungen zusammenzubekommen, besteht darin, einen Bruch in Lukas 24,44 anzunehmen: Demnach ereignete sich die Episode, wo es heißt, »dann sagte er zu ihnen ...«, tatsächlich einige Zeit später. Immerhin nutzt Lukas denselben Aufbau (»Jesus führte seine Jünger von Jerusalem nach Betanien ...«), um zur Himmelfahrt überzuleiten, und berichtet, Jesus sei den Jüngern vierzig Tage lang erschienen (Apg 1,3).

In vierzig Tagen hatten sie ausreichend Zeit, um nach Galiläa und zurück zu reisen. Vielleicht fand Jesu Erscheinung auch vor den »über Fünfhundert« (1 Kor 15,6) in Galiläa statt. Dies würde erklären, warum ihn in Matthäus' Bericht einige verehrten, aber andere an ihm zweifelten (Mt 28,17). Eine Menge von fünfhundert Menschen ist so groß, dass auch Skeptiker darunter sein können.[13]

Also vierzig Tage und eine Erscheinung vor über fünfhundert Menschen. Wie wir den Wahrheitsgehalt dieser Berichte auch einschätzen, wir können nicht einfach so tun, als würden ein oder zwei Menschen behaupten, sie hätten Jesus wirklich gesehen. Paulus sagt beispielsweise klar, dass die meisten, die Jesus sahen, zur Zeit der Abfassung seiner Schrift noch am Leben seien. Es wäre auch sehr herablassend, die ersten Gefolgsleute Jesu als gutgläubige Idioten abzutun, die einen Toten nicht von einem Lebenden unterscheiden konnten. Die antike Welt war mit dem Tod deutlich besser vertraut als wir heute. Die Menschen sahen ihn um sich herum an den Straßen und in den Gossen, in den Häusern und an den Hinrichtungsstätten, von denen es im Römerreich wimmelte. Sie kannten den Unterschied zwischen Leben und Tod, zwischen einem Leichnam und einem umherspazierenden, lebendigen und Fische verzehrenden Kerl.

Die erwähnten Hände und Füße und der Fisch werden als physisch präsent beschrieben. Das ist hier der Punkt. Sie werden nicht als Vision oder, noch schlimmer, als ein Bild beschrieben. Kein Evangelist behauptet, Jesus sei als ein Mensch ins Grab gestiegen und als eine Metapher wieder herausgekommen.

Wie wir die Auferstehung auch sehen mögen, es ist eine historische Tatsache, dass die Urkirche an sie als ein reales Faktum glaubte. Und darin unterschied sie sich ganz deutlich von den übrigen messianischen Bewegungen.

Viele werden sich als »Christus« ausgeben, und es werden falsche Propheten auftreten

Bei einem Vergleich der Antworten der beiden anderen gescheiterten Messiasse wird dies deutlich. Der erste ist ein Mann namens Schimon bar Giora. Ungefähr zwei Jahre nach Ausbruch des Aufstandes gegen die Römer formierte sich um ihn eine messianische Bewegung unter der jüdischen Landbevölkerung. Auch wenn Josephus nicht die messianische Ausdrucksweise gebraucht, hat das Wirken Schimons zahlreiche »davidische« Züge.

Schimon war der Anführer einer Revolutionsarmee. Erfolgreich im Angriff gegen die Römer, erhielt er ein Kommando von den Priestern und Pharisäern, die die Revolutionsregierung in Jerusalem kontrollierten. Dies erwies sich als kapitaler Fehler. Schimon übernahm daraufhin die Herrschaft über Idumäa und Südjudäa und führte einen Angriff auf Jerusalem an.

Inzwischen war er ein König im Wartestand. Nach Josephus soll seine Armee 40000 Soldaten umfasst haben.[14] Wie David war er ein beliebter Heerführer. Und wie dieser nahm er zunächst Hebron ein und eroberte schließlich Jerusalem. (Die dortige Führung ließ ihn in die Stadt ein, um mit seiner Hilfe Johannes von Gischala, einen ebenfalls außer Kontrolle geratenen Führer, und die Zeloten niederzuwerfen.)[15]

Josephus zufolge begegneten seine Anhänger Schimon mit einer so großen Ehrfurcht und Verehrung, dass sie »auf seinen Befehl hin bereit waren, sich eigenhändig zu töten«.[16] Er säuberte Jerusalem von allen, die verdächtigt wurden, die Römer zu begünstigen. In den Psalmen Salomos ist die Rede von dem messianischen König, »der die Sünder aus [dem] Erbe drängt«

und »Jerusalem säubert und es heiligt wie einst« (Ps Sal 17,26,36). Zumindest für seine Anhänger dürfte dies Schimons beste Leistung als Messias gewesen sein. Anschließend verkündete er die Freiheit für Sklaven und Belohnungen für getreue Gefolgsleute. Fast zwei Jahre währte seine Herrschaft über die Stadt. Dann rückten die Römer an, belagerten die Stadt, nahmen sie ein und zerstörten den Tempel.

Schimon jedoch war verschwunden. Mit mehreren Freunden und Gefolgsleuten, Steinmetzen, hatte er sich »mit einer großen Menge an Vorräten, die für lange Zeit reichen würden«, in eine unterirdische Höhlung hinabgelassen. Sie hofften, sich einen Tunnel aus der Stadt graben zu können. Doch der Fels erwies sich als zu hart. Als die Vorräte zur Neige gingen, beschloss Schimon in einer Aufwallung messianischer Tapferkeit, einen Ausfall zu wagen. Er kleidete sich in weiße Gewänder und einen purpurnen Mantel und trat in die Stadt hinaus. Hier stand er, als König gekleidet, inmitten der Trümmer des Tempels. Er stellte sich freiwillig den Römern und wurde nach Rom gebracht. Nach Josephus wurde er im Triumph »unter den Gefangenen« durch die Stadt geschleppt, von seinen Aufsehern gefoltert und auf dem Forum hingerichtet.[17]

Der zweite Führer trat ungefähr 60 Jahre später während des zweiten Judenaufstandes hervor: Simon bar Kochba. In der Zeit zwischen diesen beiden Figuren waren die Hoffnungen der Juden auf einen messianischen König, der sie führen würde, weiter gestiegen. Eine öffentliche Huldigung erfuhr bar Kochba durch Rabbi Akiba, der ihn erblickte und verkündete: »Dies ist der König, der Messias.« Wie der vorige Aufstand unter Giora breitete sich der bar Kochbas rasch aus. Münzen wurden geprägt mit der Aufschrift: »Jahr 1 der Befreiung Israels«. Akiba wandte sogar die Sternenprophezeiung aus dem Buch Numeri auf Kochba an. Archäologische Funde bestätigten später, dass bei diesem Aufstand die strenge religiöse Reinheit im Vordergrund stand. Und wieder endete alles im Chaos. Die Römer schickten eine gewaltige Streitmacht los. Bar Kochba und seine Aufständischen hielten ihr in einer Art Guerillakrieg, bei dem sie sich in Höhlen versteckten, lange Zeit stand, wurden am Ende aber doch geschlagen. Die Juden wurden aus Jerusalem vertrieben, und die Römer benannten die Stadt in Aelia Capitolina um.[18]

Wichtig an diesen beiden Messias-Figuren ist nicht, dass sie wie Jesus am Ende offensichtlich scheiterten. Wie Jesus wurde Schimon bar Giora geschlagen, gegeißelt und hingerichtet. Und auch Simon bar Kochba erhielt den Titel »der König, der Messias«. Doch keiner der beiden hinterließ eine dauerhafte Bewegung. Als sie besiegt waren, erhoben ihre Anhänger nicht den Anspruch, sie seien dem Messias gefolgt. Stattdessen liefen sie auseinander, suchten nach einer neuen Messias-Figur oder gaben die Hoffnung auf einen Messias ganz auf.

Der Stein, den die Bauleute wegwarfen

Dagegen blieben Jesu Anhänger bei ihrer Überzeugung und bekannten sich lauthals zu ihr. Sie verkündeten in aller Deutlichkeit, dass er stets der echte Messias gewesen sei. Und daran glaubten sie nicht nur, sondern sie veränderten mit diesem Glauben das Leben: »Die Jünger erlebten noch viele andere Wunder Jesu, die nicht in diesem Buch geschildert werden. Aber die hier aufgezeichneten Berichte wurden geschrieben, damit ihr glaubt, dass Jesus der versprochene Retter und der Sohn Gottes ist. Wenn ihr ihm vertraut, habt ihr durch ihn das ewige Leben« (Joh 20,30–31).

Sie glaubten aufrichtig, dass das Königreich der Endzeit, von dem er gesprochen hatte, dereinst kommen würde und sogar schon begann. Seine volle Umsetzung würde in der Zukunft liegen, im neuen Himmel und auf der neuen Erde, und bis dahin läge es in der revolutionären Liebe seiner Bewohner: Das Reich des Himmels würde in den von den Menschen festgelegten Raten kommen.

Am Ende erreichte Jesus alles, was vom Messias erwartet wurde, aber auf völlig falsche Weise. Wie der britische Komiker Eric Morecambe war er ein Messias, der die richtigen Noten spielte, jedoch in der falschen Reihenfolge. Er vertrieb den Feind, bei dem sich aber herausstellte, dass es nicht die Römer, sondern der Tod war. Er erneuerte den Tempel, der sich aber als sein eigener Leib erwies, der nach drei Tagen auferstand. Er brachte ein neues Reich, aber kein weltliches, sondern eines der Dienerschaft, der Liebe und des Friedens. Und es sollte niemals enden.

Eine besonders beliebte Art, Jesus zu beschreiben, hat die Urkirche aus dem Alten Testament entnommen. In einem Bild, das uns an Jesu Laufbahn als Erbauer erinnert, zeichnet sie ihn als Eckstein, als das tragende Fundament eines Bauwerks: »Der Stein, den die Bauleute wegwarfen […] ist zum Grundstein des ganzen Hauses geworden!« (Ps 118,22).[19]

Damals wusste man, dass Jesus einen ganz falschen Eindruck machte. Für die meisten war er ein unförmiger Felsblock, an dem sie sich den Zeh stießen oder über den sie hinwegschritten. Für jeden rechtgesonnenen Bauarbeiter taugte er nur dazu, dass man ihn in die Tonne warf. Aber erstaunlicherweise wurde gerade dieser Stein, dieser nutzlose Brocken, zum Fundament eines neuen Bauwerks.

Und so ein Bauwerk hatte man noch nie gesehen: keine römische Basilika, kein Palast des Herodes und nicht einmal ein jüdischer Tempel. Dieses Bauwerk war ein völlig neues Stück Architektur, das allen offen stand, Brot und Wein bot und auch alle willkommen hieß, die da meinten, dies sei nichts für sie. Ein Bauwerk, das dem Frieden, nicht dem Krieg geweiht war. Ein Bauwerk des Gebets, der Freundschaft, der Geschichten und … sagen wir einfach eines, in dem alles Menschliche Platz hat.

Natürlich lief über die Jahre hinweg in ihm auch manches schief. Das Schmuckwerk ist etwas altmodisch, einige Bodendielen sind abgenutzt, und in der Decke klafft so mancher hässlicher Riss. Vielleicht muss es ein wenig erneuert werden, dieses Bauwerk. Sein eigentlicher Zweck geriet mitunter in Vergessenheit. Jede Generation muss einen kritischen Blick darauf werfen, manche Teile abreißen und andere neu errichten. Es so wiederherstellen, dass es seinen ursprünglichen Zweck erfüllt. So ist es doch immer bei alten Bauten.

Und das ist auch in Ordnung, denn sein Fundament ist nach wie vor solide. Noch immer sicher. Der Eckstein liegt noch an seinem Platz.

Ich weiß, es macht einen schrägen Eindruck.

Trotzdem hat es sich auf triumphale, überraschende, nachhaltige und ewig währende Weise als richtig erwiesen.

Anhang

Anmerkungen

Abkürzungen

Altertümer: Josephus: *Jüdische Altertümer*

ABD: Friedman, David Noel (Hrsg.): *The Anchor Bible Dictionary.* New York 1999

BDAG: Arndt, William / Danker, Frederick W. / Bauer, Walter: *A Greek-English Lexicon of the New Testament and Other Early Christian Literature.* 3. Auflage. Chicago 2000

Danby: Danby, Herbert: *The Mishnah, Translated From the Hebrew.* London 1933

Jeremias: Jeremias, Joachim: *Jerusalem zur Zeit Jesu: eine kulturgeschichtliche Untersuchung zur neutestamentlichen Zeitgeschichte.* 2. Aufl. Berlin 1958

NIDNTT: Brown, Colin (Hrsg.): *New International Dictionary of New Testament Theology.* Exeter 1986

LTJ: Page, Nick: *Die letzten Tage Jesu: Protokoll einer Hinrichtung.* Pattloch Verlag, München 2011

Krieg: Josephus: *Geschichte des Jüdischen Krieges*

Einleitung: Der richtige Messias

1 LTJ, 23 ff.

2 *Altertümer* 18.3.3.

3 Zur Authentizität dieser Passage siehe: Meier, John P.: *A Marginal Jew: Rethinking the Historical Jesus.* Bd. I, S. 59 ff. Doubleday, New York 1991.

4 *Altertümer* 20.200, in: Meier: *A Marginal Jew.* Bd. I, S. 60.

5 *Krieg* 6,312–315, in: Wright, N. T.: *The New Testament and the People of God,* S. 312. SPCK, London 1992.

6 Frerichs, Ernest S. / Green, William Scott / Neusner, Jacob: *Judaisms and Their Messiahs at the Turn of the Christian Era,* S. 3. Cambridge University Press, Cambridge 1987.

7 Ps So. 17,23–24 ff., in: Charlesworth, James H.: *The Old Testament Pseudepigrapha.* Bd. II, S. 667. Darton, Longman & Todd, London 1983.

8 Einen Überblick über die unterschiedlichen Meinungen gibt Wright, N. T.: *Jesus and the Victory of God,* S. 481 ff. SPCK, London 1996.

9 Wright: *Jesus and the Victory of God,* S. 658.

1
Bethlehem, 5 – 4 v. Chr.

1 Hieronymus, Brief 58 an Paulinus, zitiert nach Keener, Craig S.: *The Gospel of Matthew: A Socio-Rhetorical Commentary,* S. 103. Grand Rapids 2009, S. 103.

2 Über die Evangelien als Augenzeugenberichte siehe: Bauckham, Richard: *Jesus and the Eyewitnesses: The Gospels as Eyewitness Testimony,* Grand Rapids, Eerdmans 2006.

3 *Altertümer* 17.167.

4 Irenäus: *Adversus Haereses,* 3.21.3; Clemens von Alexandria, zitiert nach Finegan, Jack: *Handbook of Biblical Chronology,* S. 276 ff. Hendrickson, Peabody 1998.

5 Siehe: Martin, Ernest L.: »The Nativity and Herod's Death«, in: Finegan, Jack / Vardaman, Jerry / Yamauchi, Edwin M.: *Chronos, Kairos, Christos: Nativity and Chronological Studies Presented to Jack Finegan,* S. 85 ff., Winona Lake 1989; Finegan: *Handbook of Biblical Chronology,* S. 292 ff. Zur Sonnenfinsternis siehe: Summers, Ray / Vardaman, Jerry: *Chronos, Kairos, Christos* II*: Chronological, Nativity, and Religious Studies in Memory of Ray Summers,* S. 88. Mercer University Press, Macon 1998.

6 Finegan, Vardaman und Yamauchi: *Chronos, Kairos, Christos,* S. 128; Finegan legt den Dienst Abijas auf die Woche vom 17.–24. Marcheschwan (10.–17. November). Finegan: *Handbook of Biblical Chronology,* S. 276 ff. Siehe auch: Beckwith, Roger T.: »St Luke, The Date of Christmas and the Priestly Courses at Qumran«, in: RQ 9 (1977), S. 73 ff.

7 Es handelt sich wahrscheinlich eher um Mond- als um Kalendermonate.

8 Clemens datiert Christi Geburt auf 194 Jahre, einen Monat und 13 Tage vor dem Tod des Commodus. Da Commodus am 31. Dezember 192 n. Chr. ermordet wurde, wäre dies also der 18. November 3 v. Chr. Das Jahr stimmt vermutlich nicht, aber an die Jahreszeit erinnerte man sich wahrscheinlich besser.

9 Basiert auf Finegan, Vardaman und Yamauchi: *Chronos, Kairos, Christos,* S. 124.

10 Das Wort hat nichts zu tun mit Nazareth: Es handelt sich um ein hebräisches Wort, das vermutlich mit dem Gedanken der Reinheit verbunden ist.

11 Nolland, John: *Luke* 1–9*:*20, S. 65. Word Books, Dallas 1989.

12 Crossan, John Dominic: *The Historical Jesus: The Life of a Mediterranean Jewish Peasant,* S. 124 ff. T & T Clark, Edinburgh 1993. Gegenteilig: Shanks, Hershel / Witherington, Ben: *The Brother of Jesus: The Dramatic Story & Meaning of the First Archaeological Link to Jesus & His Family,* S. 101, Continuum, London 2003; Thiede glaubt, sie seien einigermaßen gutgestellt gewesen, doch angesichts von Josefs Beruf ist dies eher un-

wahrscheinlich; Thiede, Carsten Peter: *The Cosmopolitan World of Jesus: New Findings From Archaeology,* S. 19f. SPCK, London 2004.

13 Diese Regeln finden sich in 3. Mose 12,8.

14 m. Ketub. 1:2; m. Yebam. 4:10; 6:4.

15 m. Ketub. 1:2; m. Yebam. 2:6.

16 m. Ketub. 5:2; m. Ned. 10:5; Safrai, Shemuel / Stern, M.: *The Jewish People in the First Century: Historical Geography, Political History, Social, Cultural and Religious Life and Institutions,* S. 757. Van Gorcum, Crint 1974.

17 Hanson, K. C.: *Palestine in the Time of Jesus: Social Structures and Social Conflicts,* S. 31f. Augsburg Fortress, Minneapolis 2002.

18 Bernheim, Pierre-Antoine: *James, Brother of Jesus,* S. 33f. SCM, London 1997.

19 Malina, Bruce J.: *The Social World of Jesus and the Gospels,* S. 97. Routledge, London 1996.

20 Vermes, Geza: *The Changing Faces of Jesus,* S. 151f. Penguin, London 2000; Crossan: *The Historical Jesus: The Life of a Mediterranean Jewish Peasant,* S. 4.

21 Keener: *The Gospel of Matthew: A Socio-Rhetorical Commentary,* S. 93f.

22 Finegan: *Handbook of Biblical Chronology,* S. 302f.

23 Summers and Vardaman: *Chronos, Kairos, Christos II,* S. 65.

24 *Altertümer* 18.3–4.

25 Ebenda 17.42.

26 Barnett, Paul W.: »απογραφή and απογραφεσθαι in Luke 2,1–5«, in: *Expository Times* 85 (12), (1974), S. 378.

27 Brown, Raymond E.: *The Birth of the Messiah: A Commentary on the Infancy Narratives in Matthew and Luke,* S. 549. Doubleday, New York 1993.

28 Sherwin-White, A. N.: *Roman Society and Roman Law in the New Testament,* S. 163. Clarendon Press, Oxford 1963.

29 Bailey, Kenneth E.: *Jesus Through Middle Eastern Eyes: Cultural Studies in the Gospels,* S. 31ff. SPCK, London 2008.

30 m. Qidd 4.14.

31 b. Sanh. 25b, in: *Jeremias,* II, S. 175.

32 B. K. 94b Bar., zitiert nach *Jeremias,* II, S. 182.

33 Babylonischer Talmud: Sanh. 25b.

34 *Jeremias,* II, S. 177.

35 Nolland: *Luke* 1–9:20, S. 79.

36 Meier: *A Marginal Jew,* Bd. I, S. 205.

37 Yeshu und Yeshua blieben bis etwa ins 2. Jahrhundert n. Chr. beliebte jüdische Namen, bis Joshua wieder populär wurde. Ein Grund dafür könnte sein, dass die Christen den Namen Yeshua unattraktiv gemacht hatten.

38 Ausgehend von Bauckham: *Jesus and the Eyewitnesses,* S. 85ff. Die Liste wurde aus von Tal Ilan recherchierten Informationen zusammengestellt.

39 http://www.statistics.gov.uk/specials/babiesnames_boys.asp. Die Top Ten sind: Jack, Oliver, Thomas, Harry, Joshua, Alfie, Charlie, Daniel, James, William.

40 Siehe: 1. Mose 17,11–12; 21,4; 3. Mose 12,3.

41 Einige Studien verneinen, dass die Erstgeborenen zur Weihe in den Tempel gebracht wurden, aber Nehemiah 10,35–36 deutet auf ebendiesen Brauch hin.

42 Nolland: *Luke* 1–9*:*20, S. 117 f.

43 Weitere Informationen über Anna siehe: Bauckham, Richard: *Gospel Women: Studies of the Named Women in the Gospels,* S. 77 ff. T & T Clark Edinburgh 2002.

44 Bauckham: *Gospel Women,* S. 90.

45 Näheres zu den »Weisen« siehe: Keener: *The Gospel of Matthew: A Socio-Rhetorical Commentary,* S. 99. Nach römischem Glauben führte ein Stern Änäas an den Ort, wo Rom gegründet wurde.

46 »ἀπὸ ἀνατολῶν« und »ἐν τῇ ἀνατολῇ«, Matthäus 2,1–3.

47 Finegan, Vardaman und Yamauchi: *Chronos, Kairos, Christos,* S. 41.

48 Ebenda, S. 45 f.

49 Keener: *The Gospel of Matthew: A Socio-Rhetorical Commentary,* S. 101.

50 Keener: *The Gospel of Matthew: A Socio-Rhetorical Commentary,* S. 104.

51 *Krieg* 1.656. Die Version in *Altertümer* (etwa aus dem Jahre 94) ist sogar noch verschwommener als die in *Krieg* (etwa 75). Siehe: Ladouceur, David J.: »The Death of Herod the Great«, in: *Classical Philology* 76 (1), (1981), S. 30. Mehr über Herodes' Tod siehe: Litchfield, W. Reid: »The Bittersweet Demise of Herod the Great«, in: *Journal of the Royal Society of Medicine* 91 (1998); Sandison, A. T.: »The Last Illness of Herod the Great, King of Judaea«, in: *Medical History* 11 (4), (1967).

52 Herodot: *Herodotus: The Histories,* S. 339. Penguin, London 1972; 2. Makkabäer 9,9; Apostel 12,23. Siehe auch: Ashrafian, H.: »Herod the Great and His Worms«, in: *Journal of Infectious Diseases* 51 (1), (2005).

53 Wir kennen ihn zwar als Herodes den Großen, doch gilt es keinesfalls als gesichert, dass er bereits zu Lebzeiten so genannt wurde. Sein Enkel Agrippa nannte sich auf einigen Münzen »der große König«, und vielleicht übertrug sich dieser Titel auf seinen Großvater. Siehe: Richardson, Peter: *Herod: King of the Jews and Friend of the Romans,* S. 12 ff. T & T Clark, Edinburgh 1999.

54 Ebenda, S. 178.

55 Richardson: *Herod: King of the Jews and Friend of the Romans,* S. 185.

56 Bammel, Ernst / Moule, C. F. D.: *Jesus and the Politics of His Day,* S. 278. University Press, Cambridge 1984.

57 *Altertümer,* 14.403–404.

58 Richardson: *Herod: King of the Jews and Friend of the Romans,* S. 186 f.

59 *Altertümer,* 15.240–246.

60 Richardson: *Herod: King of the Jews and Friend of the Romans,* S. 224.

61 Zu Herodes siehe: »Herod the Great (Person)«, ABD, Bd. IV, S. 161 ff.

62 Himmelfahrt des Mose 6,2–6, zitiert nach Richardson: *Herod: King of the Jews and Friend of the Romans,* S. 298.

63 *Altertümer,* 16.393–394.

64 Ebenda, 17.44.

65 Richardson: *Herod: King of the Jews and Friend of the Romans,* S. 15. Der Adler selbst war vermutlich eine Flachrelief-Steinskulptur, die man mit Blattgold überzogen hatte.

66 France, Richard T.: »Herod and the Children of Bethlehem«, in: *Novum Testamentum* 21 (2), (1979), S. 114.

67 Richardson: *Herod: King of the Jews and Friend of the Romans,* S. 36.

68 Josephus, Flavius / Williamson G. A. / Smallwood, E. Mary: *The Jewish War,* S. 121. Penguin, Harmondsworth 1981.

2
Nazareth, 4 v. Chr. – 28 n. Chr.

1 Zu Herodes' sieben verschiedenen Testamenten siehe: Richardson: *Herod: King of the Jews and Friend of the Romans,* S. 33 ff.

2 *Krieg,* 2.50, in: Josephus, Williamson und Smallwood: *The Jewish War,* S. 125.

3 *Altertümer,* 17.269.

4 *Krieg,* 2.60.

5 *Altertümer,* 17.271–272. Er war nicht der einzige Räuberhauptmann, der versuchte, an die Macht zu gelangen. Josephus zufolge »griff er andere an, denen nach der Macht gelüstete«, *Krieg,* 2.56.

6 *Altertümer,* 17.288–289.

7 *Krieg,* 2.74–76, in: Josephus, Williamson und Smallwood: *The Jewish War,* S. 128.

8 *Krieg,* 2.293–314.

9 Plutarch: *Regeln der Staatskunst X,* zitiert nach Lewis, Naphtali / Meyer Reinhold: *Roman Civilization: Selected Readings,* S. 231. Columbia University Press, New York 1990.

10 Babylonischer Talmud Sabbat 33 b; nach der Übersetzung von M. Hadas, in: *Philological Quarterly* 8 (1929), S. 373.

11 Josephus, *Leben,* 235.

12 Horsley, Richard A.: *Galilee: History, Politics, People,* S. 110. Trinity Press, Pennsylvania 1995.

13 Hanson: *Palestine in the Time of Jesus,* S. 58.

14 Basierend auf Bauckham: *Jesus and the Eyewitnesses,* S. 89 ff.

15 Hieronymus kam im 4. Jahrhundert auf die Idee, Jesu Brüder könnten in Wahrheit seine Vettern gewesen sein. Zu dieser Zeit hatte man neben der Doktrin der immerwährenden Jungfräulichkeit Marias bereits die einer

immerwährenden Jungfräulichkeit Josefs ersonnen – und beide zu einer trostlosen, unerfüllten Ehe verdammt.

16 Meier: *A Marginal Jew,* Bd. I, S. 318 ff., mit ausführlicher Diskussion.

17 Zu den unterschiedlichen Meinungen über Jesu Brüder siehe: Shanks und Witherington: *The Brother of Jesus,* S. 94 ff; Brown: *The Birth of the Messiah,* S. 132; Bernheim, *P.: James, Brother of Jesus,* S. 1 ff; SCM, London 1997; Witherington: *The Gospel of Mark: Socio-Rhetorical Commentary,* S. 192 ff.

18 Siehe: Meier: *A Marginal Jew,* Bd. I, S. 276 ff.

19 Jeremias, Joachim: *Neutestamentliche Theologie, Bd. 1: Die Verkündigung Jesu,* S. 17, Berlin 1971; Bezüge: Markus 9,43, 45, 47; Matthäus 23,7; 5,22; 6,24.

20 Meier: *A Marginal Jew,* Bd. I, S. 258.

21 In Qumran beispielsweise entstand die Literatur für die Gemeinde größtenteils in »post-biblischem« Hebräisch – so etwa die Gemeinderegel, die Hymnenrolle, der Pescher zu Habakuk, die Kriegsrolle usw. Meier: *A Marginal Jew,* Bd. I, S. 256, 263. Hebräisch war eine religiöse Sprache, die sich langsam zu jenem Hebräisch entwickelte, das wir aus der Mischna kennen.

22 T. Kiddushin 1.11; Sifre Deut. 46 in: Safrai und Stern: *The Jewish People in the First Century,* S. 947.

23 Safrai und Stern: *The Jewish People in the First Century,* S. 951.

24 P. T. Sotah III, 19 a in: Safrai und Stern: *The Jewish People in the First Century,* S. 955.

25 m. Hagig 1:1.

26 m. Hagig 1:1–4, in: Danby, Herbert: *The Mishnah, Translated From the Hebrew,* S. 211, n. 10. Oxford University Press, London 1933. Dies war die Schule von Shammai. Die Schule von Hillel hielt es genau umgekehrt.

27 Zitiert nach LTJ, S. 146 f.

28 Zur Tempelökonomie in Jerusalem siehe: LTJ, S. 121 ff.

29 Long, David E.: *The Hajj Today: A Survey of the Contemporary Makkah Pilgrimage,* S. 27. State University of New York Press, Albany 1979.

30 Philo: *De specialibus legibus,* 1.74, zitiert nach Colson, F. H. / Marcus, Ralph / Whitaker, G. H.: *Philo,* S. 156. London 1929.

31 Flusser, David / Notley, R. Steven: *The Sage From Galilee: Rediscovering Jesus' Genius,* S. 11. Eerdmans. Grand Rapids 2007.

32 Sipre Num 22; b Ber 24 a; b Yom. 82 a, zitiert nach Nolland: *Luke* 1–9*:*20, S. 127.

33 Bock, Darrell L.: *Luke,* S. 267. Baker Books, Grand Rapids 1994.

34 Siehe: Marshall, I. Howard: *The Gospel of Luke: A Commentary on the Greek Text,* S. 128. Paternoster, Exeter 1978.

35 Brown: *The Birth of the Messiah,* S. 475.

36 Fillon, Mike: »The Real Face of Jesus«, In: *Popular Mechanics,* 2002. Fil-

lon behauptet »5 Fuß, 1 Zoll«, also etwa 1,55 Meter, macht jedoch hinsichtlich seiner Quelle keine Angaben. Die männlichen Skelette in den fünfzehn Ossuarien, die in der Nähe von Jerusalem gefunden wurden, hatten eine durchschnittliche Größe von 5 Fuß und 5 Zoll, also etwa 1,65 Metern. Siehe: Haas, N.: »Anthropological Observations on the Skeletal Remains from Gi'vat ha-Mivtar«, in: *Israel Exploration Journal* 20 (1970), S. 38 ff. Dabei handelte es sich jedoch vermutlich um vergleichsweise wohlhabende Menschen (da sie ein Familiengrab besaßen). Arme waren wahrscheinlich aufgrund ihrer Ernährung etwas kleiner.

37 Beasley-Murray, George R.: *John,* S. 347. Word Books, Waco 1987.

38 Hanson: *Palestine in the Time of Jesus,* S. 20 f.

39 Balz, Horst / Schneider, Gerhard: *Exegetical Dictionary of the New Testament.* Bd. III, S. 342. Eerdmans, Grand Rapids 1990, (deutsche Ausgabe: *Exegetisches Wörterbuch zum Neuen Testament,* Stuttgart 1981).

40 Siehe: Matthäus 7,24–27; 21,42; Lukas 6,41–42, 48–49; 14,28; 23,31. Guelich, Robert A., *Mark* 1–8,26, Dallas 1989, S. 310. Gundry, Robert H.: *Mark: A Commentary on His Apology for the Cross,* S. 290, 296. Eerdmas, Grand Rapids 1993. Thiede: *The Cosmopolitan World of Jesus,* S. 15.

41 *Altertümer,* 18.27. Die Expedition der Universität von Florida entdeckte viele Gebäude mit Steinfundamenten, was bedeuten könnte, dass es sich um neue oder wiedererrichtete Gebäude handelte. Dies würde den Bericht von Josephus stützen und darauf hindeuten, dass Gebäude wie das Theater während der Herrschaft des Herodes Antipas erbaut wurden. Horsley, Richard A.: *Archaeology, History, and Society in Galilee: The Social Context of Jesus and the Rabbis,* S. 50. Trinity Press International, Valley Forge 1996.

42 Hoehner, Harold W.: *Herod Antipas,* S. 84 ff. Cambridge University Press, Cambridge 1972.

43 Batey, Richard A.: »Is This Not the Carpenter?«, *New Testament Studies* 30, 1984, S. 250.

44 Josephus beschreibt Japha als »das größte Dorf von ganz Galiläa, umgeben von sehr starken Mauern und mit einer großen Zahl von Einwohnern darin«. *Leben,* 1.230; Horsley: *Archaeology, History, and Society in Galilee,* S. 101.

45 Freyne, Seán: *Galilee, From Alexander the Great to Hadrian,* 323 *b. c. e. to* 135 *c. e.: A Study of Second Temple Judaism,* S. 124, T & T Clark, Edinburgh 1998; Roller, Duane W.: *The Building Program of Herod the Great,* S. 243, University of California Press, Berkeley 1998.

46 Siehe: Stanton, Graham: *The Gospels and Jesus,* S. 147. Oxford University Press, Oxford 1989.

47 Dennoch ist es unwahrscheinlich, dass es sich um eine komplett römische Stadt handelte, da bislang keine Hinweise auf ein Gymnasium, ein Hippodrom o. Ä. gefunden wurden.

48 Josephus, *Leben,* 33–36.

49 *Altertümer,* 18.36, zitiert nach Richardson: *Herod: King of the Jews and Friend of the Romans,* S. 306.

50 m. Avot 2.1–2.

51 m. Avot 1.10, in: Neusner, Jacob: *The Mishnah: A New Translation,* elektronische Ausgabe, Yale University Press, New Haven 1988.

52 Thomas Carney, zitiert nach Myers, Ched: *Binding the Strong Man: A Political Reading of Mark's Story of Jesus,* S. 51. Orbis, Maryknoll 2008.

53 Horsley und Hanson: *Bandits, Prophets, and Messiahs,* S. 53.

54 *Altertümer,* 17.318.

55 Carter, Warren: *Pontius Pilate,* S. 35. Liturgical Press, Collegeville 2003.

56 Die Römer hatten auch Einnahmen durch den Verkauf von Monopolen. Sie waren Inhaber bestimmter Handwerks- und Industriezweige und verkauften Lizenzen und Kontrakte für ihren Betrieb. Oft drehte es sich um Luxusgüter: aromatischer Balsam, Purpur, Zedernholz aus dem Libanon oder Salz, was besonders lukrativ war. Hanson, K. C.: »The Galilean Fishing Economy and the Jesus Tradition«, in: *Biblical Theology Bulletin* 27 (1997).

57 Myers: *Binding the Strong Man,* S. 52.

58 Rabbi Gamaliel, zitiert nach MacMullen, Ramsay: *Enemies of the Roman Order: Treason, Unrest, and Alienation in the Empire,* S. 148. Harvard University Press, Cambridge 1966.

3
In der Wüste, 28–30 n. Chr.

1 Mancherorts wurde angenommen, Lukas habe den alternativen, in Syrien gebräuchlichen Kalender verwendet, nach welchem das Regierungsjahr am 1. Oktober begann. Lukas schrieb jedoch für eine römische Leserschaft, daher ist es unwahrscheinlich, dass er ein östliches Datumssystem verwendete oder dass er die jüdische Zeitrechnung anwandte, deren Herrschaftsjahr am 1. Nisan, also Mitte März, begann. Ogg, George: *The Chronology of the Public Ministry of Jesus,* S. 200. Cambridge University Press, Cambridge 1940. Verfechter eines früheren Datums von Jesu geistlichem Wirken gehen davon aus, dass die Datumsrechnung mit einer gemeinsamen Herrschaft mit Augustus beginnt, also ca. in den Jahren 11–12, doch lässt sich diese Theorie kaum stützen.

2 *Altertümer,* 19.275; siehe auch: *Krieg,* 2.215. Ebenso: Nolland: *Luke 1–9:20,* S. 140.

3 Funk, Robert W.: »The Wilderness«, in: *Journal of Biblical Literature* 78 (3), (1959), S. 209; Notley, R. Steven / Rainey, Anson F.: *Carta's New Century Handbook and Atlas of the Bible,* S. 18. Carta, Jerusalem 2007.

4 Siehe auch: *Altertümer,* 20.167; *Krieg,* 2.622.

5 1QS 8.13 B–14, García, Martínez Florentino / Tigchelaar, Eibert J. C.: *The Dead Sea Scrolls Study Edition,* S. 89. Brill, Leiden 1997.

6 Weitere Möglichkeiten betreffend die Qumran-Gemeinde siehe: Dapaah, Daniel S.: *The Relationship Between John the Baptist and Jesus of Nazareth: A Critical Study,* S. 38 f. University Press of America, Lanham 2005.

7 Stellenweise wurde angenommen, Johannes sei in Qumran aufgewachsen, wohin ihn seine Eltern geschickt hatten, oder auch nach dem Tod seiner Eltern – schließlich waren sie schon relativ alt (Lk 1,7). Siehe: Dapaah: *The Relationship Between John the Baptist and Jesus of Nazareth,* S. 41 f.

8 Keener, Craig S.: *The Historical Jesus of the Gospels,* S. 171. Eerdmans, Grand Rapids 2009.

9 *Krieg,* 1.480.

10 *Altertümer,* 18.116–118.

11 1 Tosephta bis m.Shabbat 13 b, zitiert nach Magen, Yitzhak: »Ancient Israel's Stone Age: Purity in Second Temple Times«, in: *Biblical Archaeology Review* 24 (5), (Sept. / Okt. 1998). Fast alle der vielen entdeckten rituellen Bäder stammen aus der Zeit des zweiten Tempels.

12 Keener, Craig S.: *The Gospel of John: A Commentary,* S. 443 f. Hendrickson, Peabody 2003.

13 CD-A 10.11, García und Tigchelaar: *The Dead Sea Scrolls Study Edition,* S. 567.

14 1QS V, in: Vermes, Geza: *The Complete Dead Sea Scrolls in English,* S. 104, Penguin, London 2004. Siehe auch: 1QS III, in: Vermes: *The Complete Dead Sea Scrolls in English,* 100.

15 Siehe: 1QS 3,2–3; 6,17, 25; 7,3, 16, 19. Sie mussten auch ordentlich gekleidet sein. Kleidung musste fleckenfrei und sauber sein oder zur Reinigung mit Weihrauch eingerieben werden, CD 11,3–4; 10,12.

16 »Herod the Great (Person)«, in ABD, Bd. III, S. 164.

17 Keener: *The Gospel of John: A Commentary,* S. 445.

18 Ein aramäisches Wortspiel: Das Wort für »Kinder« *(benayya)* ist fast identisch mit dem für »Steine« *(abnayya).* Hagner, Donald A.: *Matthäus 1–13,* S. 50. Word Books, Dallas 1993.

19 *Altertümer,* 17.314.

20 Ebenda, 17.339–341; *Krieg,* 2.111.

21 Goodman: *The Ruling Class of Judaea,* S. 40 f.

22 Notley und Rainey: *Carta's New Century Handbook and Atlas of the Bible,* S. 235.

23 Goodman: *The Ruling Class of Judaea,* S. 111.

24 Millar: *The Roman Near East,* 31 *bc–ad* 337, S. 362. Es ist denkbar, dass Elihoenai, Hohepriester in den Jahren 43–45, Kaiphas' Sohn und Ananus' Enkel war; LTJ, S. 239.

25 *Altertümer,* 20.8.8, Kraeling: *John the Baptist,* S. 25.

26 Funk: »The Wilderness«, S. 210 f.

27 Dapaah: *The Relationship Between John the Baptist and Jesus of Nazareth,* S. 46.

28 *Altertümer,* 18.4.1.

29 Ebenda, 20.5.1.

30 Ebenda, 18.118.

31 Bei Matthäus 3,11 und Lukas 3,16 heißt es »mit dem Heiligen Geist und mit Feuer«.

32 Keener: *The Historical Jesus of the Gospels,* S. 169.

33 Finegan: *Handbook of Biblical Chronology,* S. 342.

34 »Day of Atonement«, ABD, Bd. III, S. 73.

35 Tsafrir, Yoram: »The Maps Used by Theodosius: On the Pilgrim Maps of the Holy Land and Jerusalem in the Sixth Century c. e.«, in: *Dumbarton Oaks Papers* 40 (1986), S. 133.

36 Bei Matthäus heißt es: »Dies ist mein geliebter Sohn, der meine ganze Freude ist« (Mt 3,17).

37 Die Stelle in Matthäus 3,3 lautet im Hebräerevangelium etwa wie folgt: »Die Mutter des Herrn und seine Brüder sagten zu ihm: ›Johannes der Täufer tauft, dass uns unsere Sünden vergeben werden; lassen wir uns auch von ihm taufen.‹ Er aber sagte zu ihnen: ›Wo habe ich gesündigt, dass ich mich von ihm taufen lassen sollte? Es sei denn, das, was ich eben gesagt habe, wäre ein Zeichen der Ignoranz.‹« Zitiert nach Hieronymus: *Gegen Pelagius* 3,2. Version aus: Throckmorton, Burton Hamilton: *Gospel Parallels: A Synopsis of the First Three Gospels With Alternative Readings From the Manuscripts and Noncanonical Parallels,* S. 10. Nelson, Nashville 1979.

38 Dunn, James D. G.: *Jesus and the Spirit: A Study of the Religious and Charismatic Experience of Jesus and the First Christians as Reflected in the New Testament,* S. 63. Westminster Press, Philadelphia 1980.

39 Dunn: *Jesus and the Spirit,* S. 62 f.

40 Yoder, John Howard: *The Politics of Jesus: Vicit Agnus Noster,* S. 31. Eerdmans, Grand Rapids 1972.

41 Hauerwas, Stanley: *The Peaceable Kingdom: A Primer in Christian Ethics,* S. 79. SCM, London 2003.

42 *Altertümer,* 15.412.

43 Siehe: Nolland: *Luke* 1–9:20, S. 181. Nolland hat jedoch unrecht, wenn er behauptet, es stamme ausschließlich von Hegesippus. Eusebius zitiert eindeutig Clemens zuerst.

44 Eusebius: *Kirchengeschichte* und *Über die Märtyrer in Palästina,* in: *The Ecclesiastical History and the Martyrs of Palestine,* Übersetzung von Hugh Jackson Lawlor und John Ernest Leonard Oulton, Bd. I, S. 57. SPCK, London 1927.

45 Eusebius: *Kirchengeschichte,* 2.22.3 in: Eusebius: *The Ecclesiastical History and the Martyrs of Palestine,* Bd. I, S. 56.

46 Seine Autorschaft ist in Frage gestellt worden. Da wir nur Auszüge aus

dem Werk kennen, bleibt dies eine strittige Frage. Harnack glaubte, das Werk sei das Produkt eines jungen, unorthodoxen Clemens, der sich später hinsichtlich einiger Aussagen eines Besseren besonnen habe. Wenn dies zuträfe, würde das Werk etwa aus dem Jahre 180 stammen. Siehe: »The Place of the Hypotyposeis in the Clementine Corpus: An Apology for ›The Other Clement of Alexandria‹«, *Journal of Early Christian Studies* 17(3), 2009, S. 313 ff.

47 *Krieg*, 4.343.

48 Roland, Victor: »The Mosaic Map of Madeba«, *The Biblical Archaeologist* 21(3), 1958, S. 61 f.

49 Beasley-Murray: *John*, S. 20 f. Word Books, Waco 1987.

50 Notley und Rainey: *Carta's New Century Handbook and Atlas of the Bible*, S. 226.

51 Mehr über diese Theorie siehe: Parker, Pierson: »Bethany beyond Jordan«, in: *Journal of Biblical Literature* 74 (4), (1955). Allerdings passt das nicht in die Zeittafel. Man müsste sich schon sehr beeilen, wollte man die über 100 Kilometer von Betanien nach Jerusalem in zwei oder drei Tagen zurücklegen. Das bedeutet, dass mit Johannes' Zeitangabe tatsächlich eine ganze Woche gemeint ist und es sich nicht nur um ein literarisches Arrangement handelt. Dasselbe Argument spricht auch gegen einen Ort im südlichen Jordantal.

52 Siehe: Bauckham: *Jesus and the Eyewitnesses*, S. 391 ff.

53 Matthäus' Version spielt in Caesarea Philippi (Mt 16,18).

54 Richardson: *Herod: King of the Jews and Friend of the Romans*, S. 302.

55 Beasley-Murray: *John*, S. 27; Keener: *The Gospel of John: A Commentary*, S. 482.

56 Parker: »Bethany beyond Jordan«, S. 261.

57 Beasley-Murray: *John*, S. 34.

58 Siehe: Derrett: *Law in the New Testament*, S. 228 ff.

59 Finegan: *Handbook of Biblical Chronology*, S. 348 f.

60 Goodman, Martin: *The Ruling Class of Judaea: The Origins of the Jewish Revolt Against Rome, A. D.* 66–70, S. 74. Cambridge University Press, Cambridge 1987.

61 Siehe: Martin Hengel, zitiert nach Bammel und Moule: *Jesus and the Politics of His Day*, S. 142.

62 Köstenberger, Andreas J.: *John*, S. 119 f. Baker Academic, Grand Rapids 2004.

63 Keener: *The Gospel of John: A Commentary*, Bd. I, S. 543.

64 Ebenda, S. 551.

65 Es gibt auch keine direkte Verbindung zwischen den beiden Orten, so dass es unwahrscheinlich ist, dass einer durch seinen Bezug zum anderen definiert wird. Murphy-O'Connor, Jerome: »John the Baptist and Jesus: History and Hypotheses«, in: *New Testament Studies* 36 (1990), S. 365. Die in Madeba gefundene, etwa aus dem Jahre 560 stammende, fragmen-

tarische Karte weist zwei Änons aus: Eines folgt Eusebius, das andere ist bezeichnet als »Änon, heute Sapsaphas«. Letzteres liegt östlich des Jordans, ein wenig nördlich des Toten Meeres; Notley und Rainey: *Carta's New Century Handbook and Atlas of the Bible,* S. 226.

66 Robinsons Theorie siehe: Stevens, Wm. Arnold: »Aenon near to Salim«, in: *Journal of the Society of Biblical Literature and Exegesis* 3 (2), (1883), S. 133 ff. Eine moderne Identifikation siehe: Murphy-O'Connor: »John the Baptist and Jesus: History and Hypotheses«, S. 364 f. Andere vertreten die Meinung, beide Stätten hätten sich in Samarien befunden: Köstenberger: *John,* S. 135; Lindars, Barnabas: *The Gospel of John: Based on the Revised Standard Version,* S. 165. Eerdmans, Grand Rapids 1981.

67 Tractate Kutim 28.

68 Crown, Alan David: *The Samaritans,* S. 35, Tübingen 1989.

69 Ebenda, S. 35 f.

70 *Altertümer,* 18.29–30.

71 Köstenberger: *John,* S. 135.

72 Es wurde stellenweise angenommen, dass Apollos, Apg 18,24–19,7, der nur die Taufe des Johannes kannte, während dieser Zeit tatsächlich von Jesus getauft wurde. »Nirgendwo im Text steht oder findet sich ein Hinweis darauf, dass Apollos und andere Jünger des Johannes waren. Sie hatten die Taufe des Johannes erhalten, die eigentliche Frage aber ist: Wer führte sie durch?« Murphy-O'Connor: »John the Baptist and Jesus: History and Hypotheses«, S. 367. Dies ist eine interessante Theorie, die ich im nächsten Buch in dieser Reihe aufzugreifen versuchen werde!

73 Lindars: *The Gospel of John,* S. 137.

74 Murphy-O'Connor: »John the Baptist and Jesus: History and Hypotheses«, S. 369. O'Connor vertritt die Auffassung, er sei in Galiläa verhaftet worden. Ich halte das für unwahrscheinlich, wenn man bedenkt, dass er in die Festung Machaerus gebracht wurde, die ganz im Süden lag.

75 *Altertümer,* 18.118–119.

76 Herodias war eine Verwandte, die Enkelin von Herodes I. Siehe: Connolly, Peter: *Living in the Time of Jesus of Nazareth,* S. 39, Oxford University Press, Oxford 1983. Der herodianische Familienstammbaum ist verwirrend. Ein großes Schaubild findet sich in: Richardson: *Herod: King of the Jews and Friend of the Romans,* S. 46 ff.

77 Nach Johannes' Tod rächte Aretas die Beleidigung seiner Tochter, indem er Antipas' Armee vernichtend schlug. Siehe: *Altertümer,* 18.109–115. Scobie, Charles Hugh Hope: *John the Baptist,* S. 180. SCM, London 1964.

78 Webb, Robert L.: *John the Baptizer and Prophet: A Socio-Historical Study,* S. 366 f. JSOT Press, Sheffield 1991.

79 Webb: *John the Baptizer and Prophet,* S. 368.

4
Kapernaum, im Jahre 31 n. Chr.

1 ABD, 4:608–609.
2 Bailey: *Jesus Through Middle Eastern Eyes,* S. 201.
3 m.Nid 4.1.
4 Bailey: *Jesus Through Middle Eastern Eyes,* S. 210.
5 Keener: *The Gospel of John: A Commentary,* S. 631.
6 Theißen, Gerd / Merz, Annette: *The Historical Jesus: A Comprehensive Guide,* S. 166 f., London 1998 (deutsche Ausgabe: *Der historische Jesus: Ein Lehrbuch.* Göttingen 2001).
7 Horsley: *Galilee: History, Politics, People,* S. 194 f.
8 Siehe S. 65.
9 *Krieg,* 3.509.
10 Hanson: »The Galilean Fishing Economy and the Jesus Tradition«. Der Name bedeutet wörtlich »Fischsalz-Turm«.
11 Ebenda.
12 ABD, 1:866–869.
13 Lukas 15,8–10.
14 Markus 2,3–4.
15 Mehr darüber siehe: Strange, James F. / Shanks, Hershel: »Has the House Where Jesus Stayed in Capernaum Been Found?«, in: *Biblical Archaeology Review* 8 (6), (Nov. / Dez. 1982); Theißen und Merz: *The Historical Jesus: A Comprehensive Guide,* S. 167; Thiede, Carsten Peter: *Simon Peter, From Galilee to Rome,* S. 25. Paternoster, Exeter 1986.
16 Rousseau, John J. / Arav, Rami: *Jesus and His World: An Archaeological and Cultural Dictionary,* S. 40. Fortress Press, Minneapolis 1995.
17 Woolf, Bertram Lee: *The Authority of Jesus and Its Foundation: A Study in the Four Gospels and the Acts,* S. 84 f. Allen & Unwin, London 1929.
18 Meier: *A Marginal Jew,* Bd. II, S. 405.
19 Ebenda, S. 406.
20 Eve, E. C. S.: *The Jewish Context of Jesus' Miracles,* S. 326 f. Sheffield 2002.
21 Hooker, Morna Dorothy: *A Commentary on the Gospel According to St Mark,* S. 64. A & C Black, London 1991.
22 Gundry: *Mark: A Commentary on His Apology for the Cross,* S. 74.
23 Hooker: *A Commentary on the Gospel According to St Mark,* S. 65; Lane, William L.: *The Gospel According to Mark; the English Text With Introduction, Exposition, and Notes,* S. 73 f. Eerdmans, Grand Rapids 1974.
24 Zitiert nach Lane: *The Gospel According to Mark,* S. 74, n. 118.
25 Deissmann, Adolf / Strachan, Lionel Richard Mortimer: *Light From the Ancient East: The New Testament Illustrated by Recently Discovered Texts of the Graeco-Roman World* S. 257. Hodder & Stoughton, London 1910.

26 Keener: *The Gospel of Matthew: A Socio-Rhetorical Commentary,* S. 272.

27 Siehe: Gundry: *Mark: A Commentary on His Apology for the Cross,* S. 77.

28 Die Worte lauten *ekplesso* und *thambeomai.*

29 Corley, Kathleen E.: *Private Women, Public Meals: Social Conflict in the Synoptic Tradition,* S. 87. Hendrickson, Peabody 1993.

30 Yang, Yong-Eui: *Jesus and the Sabbath in Matthew's Gospel,* S. 246. Sheffield Academic Press, Sheffield 1997.

31 In vielen Manuskripten des Lukasevangeliums findet sich »Galiläa«; Bock: *Luke,* S. 445.

32 »κωμόπλις«, BDAG, S. 580.

33 Kazen, Thomas: *Jesus and Purity Halakhah: Was Jesus Indifferent to Impurity,* S. 98. Almqvist & Wiksell, Stockholm 2002.

34 m.Neg 13.8, Danby, *The Mishnah, Translated From the Hebrew,* S. 694.

35 m.Neg 12.1.

36 Kazen: *Jesus and Purity Halakhah: Was Jesus Indifferent to Impurity,* S. 109.

37 Markus 6,11; 13,9. Siehe: Myers: *Binding the Strong Man,* S. 153.

38 Material, das bei Matthäus zusammengefasst wird, erscheint bei Lukas weit verstreut. Offensichtlich verwendeten beide dieselbe Quelle, arrangierten das Ganze aber unterschiedlich. Lukas berichtet sogar von einem ganz anderen Terrain: Er lässt Jesus auf einem »großen freien Platz« predigen. Seine Aussage ist dabei simpler und direkter (Lk 6,20–49) und bildete vermutlich den Kern der bedeutend längeren Version bei Matthäus.

39 Tobit 4,14–16; Sirach 31,14–16.

40 m.Avot 2.10 in: Neusner: *The Mishnah: A New Translation.*

41 DSS, Die zwei Wege, 4Q473, in: Vermes: *The Complete Dead Sea Scrolls in English,* S. 443.

42 Didache 1,1, in: Holmes, Michael W.: *The Apostolic Fathers: Greek Texts and English Translations,* S. 345. Baker Academic, Grand Rapids 2007.

43 m.Avot 2.8–9, in: Neusner: *The Mishnah: A New Translation.*

44 m.Gitin 9.10., siehe: Attridge, Harold W./Meeks, Wayne A./Bassler, Jouette M.: *HarperCollins Study Bible NRSV,* S. 1676, n. 5.32. Harper One, San Francisco 2006.

45 Josephus: *Aus meinem Leben,* 1.426–427.

46 Banks, zitiert nach France, R. T.: *The Gospel According to Matthew: An Introduction and Commentary,* S. 128. IVP, Leicester 1985.

47 Hagner, Donald A.: *Matthew* 1–13, S. 130f.

48 Siehe »χιτώυ«, BDAG, S. 1085 »ἱμάτιον«, BDAG, S. 475. »Die Situation ist die einer Klage, bei welcher der Angeklagte aufgefordert wird, nicht nur den von seinem Gegner geforderten ›χιτώυ‹, sondern auch den ›ἱμάτιον‹ herauszugeben.« Das Bild bei Lukas geht mehr in Richtung Straßenräuber, die Reihenfolge ist umgekehrt.

49 Yoder: *The Politics of Jesus,* S. 66f.

50 France: *The Gospel According to Matthew,* S. 127.

51 m.Shebiith 10.3–4 in: Danby: *The Mishnah, Translated From the Hebrew,* S. 51.

52 Horsley, Richard A. / Hanson, John S.: *Bandits, Prophets, and Messiahs: Popular Movements in the Time of Jesus,* S. 60. Harper & Row, San Francisco 1988.

53 Ebenda, S. 61.

54 Kurlansky, Mark: *Nonviolence: The History of a Dangerous Idea,* S. 5 ff. Jonathan Cape, London 2006.

55 Enda McDonagh, zitiert nach Hauerwas: *The Peaceable Kingdom,* S. 114.

56 Kurlansky, Mark: *Nonviolence: The History of a Dangerous Idea,* S. 184.

57 Hays, Richard B.: *The Moral Vision of the New Testament: Community, Cross, New Creation: A Contemporary Introduction to New Testament Ethics,* S. 321, T & T Clark, Edinburgh 1997. Er fährt fort: »Paulus' ursprünglicher Gebrauch einer militärischen Bildsprache hat eine gegenteilige Wirkung: Die kriegerische Bildsprache wird in den Dienst des Evangeliums gestellt und nicht umgekehrt.«

58 Offenbarung 13,10; siehe: Stassen, Glen Harold / Gushee, David P.: *Kingdom Ethics: Following Jesus in Contemporary Context,* S. 152. IVP, Downers Grove 2003.

59 Kurlansky: *Nonviolence: The History of a Dangerous Idea,* S. 21 ff.

60 Stassen und Gushee: *Kingdom Ethics: Following Jesus in Contemporary Context,* S. 165.

61 Witherington, Ben: *The Gospel of Mark: Socio-Rhetorical Commentary,* S. 114.

62 Myers: *Binding the Strong Man,* S. 157.

63 Es ist möglich, dass Jesus Levi und die anderen in *sein* Haus einlud: Markus' Griechisch ist unpräzise, wenngleich Lukas behauptet, in Levis Heim habe ein großes Festessen stattgefunden (Lk 5,29).

64 Yang: *Jesus and the Sabbath in Matthew's Gospel,* S. 87.

65 Jubiläen 50,6–13. Carson, D. A.: *From Sabbath to Lord's Day: A Biblical, Historical, and Theological Investigation.* S. 45. Zondervan, Grand Rapids 1982.

66 Seneca: *De Superstitione,* zitiert nach Yang: *Jesus and the Sabbath in Matthew's Gospel,* S. 81.

67 Carson: *From Sabbath to Lord's Day,* S. 45.

68 Daniel-Rops, Henri / O'Brian, Patrick: *Daily Life in Palestine at the Time of Christ,* S. 347 ff. Weidenfeld and Nicolson, London 1962.

69 Siehe: Myers: *Binding the Strong Man,* S. 141.

70 Siehe: »μάστις«, BDAG, S. 620 f.; »schlagen, züchtigen, geißeln«, NIDNTT.

71 Witherington: *The Gospel of Mark: Socio-Rhetorical Commentary,* S. 143. Hooker betrachtet es als Erinnerung daran, dass Krankheit ursprünglich als »Geißelung für Sünde« angesehen wurde. Hooker: *A Commentary on the Gospel According to St Mark,* S. 110; Cranfield sagt,

das Wort sei im klassischen Griechisch »ebenso wie im Neuen Testament« verwendet worden. Cranfield, C. E. B.: *The Gospel According to Saint Mark: An Introduction and Commentary,* S. 125, Cambridge University Press, Cambridge 1972. Das ist jedoch ein Zirkelschluss. Es wird im Neuen Testament nur deshalb so verwendet, weil es eben so übersetzt wurde!

72 Guelich: *Mark* 1–8*:*26, S. 161.

73 Ebenda, S. 162.

74 *Krieg,* 4.316–317.

75 *Altertümer,* 18.23–24. Judas' Nachkommen scheinen seinen Gedanken gefolgt zu sein. Seine Söhne Jakobus und Simon wurden von Tiberius Alexander, dem römischen Präfekten von 46 bis 48, gekreuzigt. Manahem, sein Enkel, war aktiv in der Großen Revolution des Jahres 66 (*Krieg,* 2.444). Ein weiterer Verwandter war Eleasar, ein Anführer der *Sicarii* in Masada. Eine ziemlich aufrührerische Dynastie also.

76 Bammel, Ernst / Moule, C. F. D.: *Jesus and the Politics of His Day,* S. 115 f.

77 Siehe beispielsweise: Brandon, S. G. F.: *Jesus and the Zealots: A Study of the Political Factor in Primitive Christianity,* Manchester University Press, Manchester 1967. Gegenteilig: Sweet, J. P. M.: »The Zealots and Jesus«, in: Bammel und Moule: *Jesus and the Politics of His Day,* S. 1 ff.

78 Guelich: *Mark* 1–8*:*26, S. 162–164.

5
Galiläa, im Jahre 31 n. Chr.

1 Bock: *Luke,* S. 649.

2 Nolland: *Luke* 1–9,20, S. 323.

3 Ebenda, S. 323 f.

4 Siehe: Markus 12,12; 14,1, 44, 46, 49; »κρατέω«, BDAG, S. 564.

5 Die Anschuldigung, mit Beelzebub im Bunde zu stehen, taucht in den synoptischen Evangelien auf, Mt 10,25; 12,24, 27; Mk 3,22; Lk 11,18–20. Bei Johannes wird Jesus beschuldigt, von einem Dämon besessen zu sein, Joh 7,20; 8,49, 52; 10,21, doch wird Beelzebub nicht explizit genannt.

6 Manche glauben, der Name bedeute »Herr der Fliegen«, von Baalzebub, und stamme von einem Fliegengott, der mit der Philisterstadt Ekron in Verbindung stand. Andere meinen, er stamme von einem hebräischen Wort mit der Bedeutung »(erhabener) Aufenthaltsort / Wohnsitz«. Eine große Macht also. Siehe auch »Beelzebul« in: ABD, Bd. II, S. 638 f.

7 Bock: *Luke,* S. 515 f.

8 Ilan, Tal: *Jewish Women in Greco-Roman Palestine: An Inquiry Into Image and Status,* S. 127. J. C. B. Mohr, Tübingen 1995.

9 Reiche Jüdinnen umgingen dies, indem sie Perücken trugen. Diese waren jedoch ein Luxus, den sich nur relativ gutgestellte Frauen leisten konnten,

und somit ein weiteres Beispiel dafür, wie sich die oberen Gesellschaftsschichten Ausnahmen von den Reinheitsgeboten schufen.

10 Danby: *The Mishnah, Translated From the Hebrew,* S. 794; Bailey: *Jesus Through Middle Eastern Eyes,* S. 248.

11 Bailey: *Jesus Through Middle Eastern Eyes,* S. 248.

12 Bock: *Luke,* S. 696, n. 10.

13 Bauckham: *Gospel Women: Studies of the Named Women in the Gospels,* S. 165 ff. Witherington, Ben: *What Have They Done With Jesus?: Beyond Strange Theories and Bad History – Why We Can Trust the Bible,* S. 18. HarperCollins, San Francisco 2006.

14 Midr. Lam. 2.2 zitiert nach ABD, Bd. V, S. 578.

15 Siehe zum Beispiel: Philippusevangelium 63–64.

16 Young, Brad: *Jesus and His Jewish Parables: Rediscovering the Roots of Jesus' Teaching,* S. 2 f. Paulist Press, New York 1989.

17 2. Samuel 12,1–4; 14,6–8; 1. Könige 20,39–40; Jesaja 5,1–6; 28,24–28. Schätzungen über die Anzahl im Neuen Testament variieren, abhängig davon, ob man sprichwortartige Ausdrücke mitrechnet oder nicht.

18 Snodgrass, Klyne: *Stories With Intent: A Comprehensive Guide to the Parables of Jesus,* S. 10. Eerdmans, Grand Rapids 2008.

19 Jeremias, zitiert nach Myers: *Binding the Strong Man,* S. 176 f.

20 Myers: *Binding the Strong Man,* S. 191.

21 Witherington: *The Gospel of Mark: Socio-Rhetorical Commentary.* Es stimmt nicht, wenn er sagt, sie seien in Palästina stationiert gewesen. In Palästina selbst gab es keine Legionen, sondern nur Hilfskräfte. Die X. Legion war während der jüdischen Revolution am Angriff auf Jerusalem beteiligt. Es ist möglich, dass sie vorher an der syrischen Küste stationiert war. Zweifellos kamen Truppenteile regelmäßig in den Süden.

22 So in: Myers: *Binding the Strong Man,* S. 193 f.

23 *Krieg,* 4.488–490.

24 Horsley und Hanson: *Bandits, Prophets, and Messiahs,* S. 91 ff.; Myers: *Binding the Strong Man,* S. 64.

25 Levine, Amy-Jill: *The Misunderstood Jew,* S. 23 f. HarperOne, New York 2007.

26 Matthäus 9,35; Markus 1,21; 6,2; Lukas 4,31; 6,6; 4,44 usw.

27 Yang: *Jesus and the Sabbath in Matthew's Gospel,* S. 244 f.

28 Auf Inschriften und in der jüdischen Literatur auf Griechisch wird das Wort *Synagoge* bis zur zweiten Hälfte des 1. Jahrhunderts n. Chr. nicht für ein Gebäude gebraucht. Aus dem 1. Jahrhundert gibt es Hinweise auf Synagogengebäude andernorts; Josephus gebraucht den Begriff für Gebäude in Städten außerhalb Judäas, etwa Dora, Caesarea und Antiochia. Eine Inschrift aus Kyrenaika aus dem Jahre 56 n. Chr. spricht von »der Synagoge der Juden in Berenike« und endet damit, dass man derjenigen, »die für die Reparatur der Synagoge« gespendet hätten, angemessen gedenke. Lukas' Darstellung von Synagogengebäuden könnte daher seine

eigenen Erfahrungen aus der jüdischen Diaspora in der griechisch-römischen Welt widerspiegeln. Siehe: Horsley: *Archaeology, History, and Society in Galilee,* S. 146.

29 m.Meg 3.1, in: Danby: *The Mishnah, Translated From the Hebrew,* S. 204, n. 26.

30 Horsley: *Archaeology, History, and Society in Galilee,* S. 131 f.

31 Ebd., S. 148 f.

32 ABD, Bd. V, S. 841 f.

33 Safrai und Stern: *The Jewish People in the First Century,* Bd. II, S. 935.

34 m.Avot 3.10, in: Neusner: *The Mishnah: A New Translation.*

35 m.Meg 4.2, in: Danby: *The Mishnah, Translated From the Hebrew,* S. 206.

36 m.Meg 2.1, in: Danby: *The Mishnah, Translated From the Hebrew,* S. 203.

37 Bailey: *Jesus Through Middle Eastern Eyes,* S. 151.

38 m.Meg 4.4, in: Danby: *The Mishnah, Translated From the Hebrew,* S. 206.

39 Glaubensabfall: 3. Mose 20,2; 5. Mose 13,11; 17,5. Zauberei: 3. Mose 20,27. Verstoß gegen die Sabbatgesetze: 4. Mose 15,35–36. Blasphemie: 3. Mose 24,14; 16; 23; 1. Samuel 21,10. »Strafen und Verbrechen« (OT und ANE), ABD, Bd. VI, S. 555.

40 Siehe: »Stephen (Person)«, ABD, Bd. VI, S. 209.

41 Die Berichte in Matthäus 10,9–10 und Lukas 9,3 klingen noch etwas härter: Die Jünger dürfen nicht einmal einen Stab oder Sandalen tragen.

42 Siehe: »Dedication, Feast of«, ABD, Bd. III, S. 124 f.

43 *Altertümer,* 12.325.

44 Keener: *The Gospel of John: A Commentary,* S. 636 f.

45 Page, Nick: *The One-Stop Bible Atlas,* S. 93 ff. Lion Hudson, Oxford 2010.

46 Diesen Vers kann man auch folgendermaßen verstehen: »Über dem Schafsteich lag ein Haus, das auf Hebräisch Betesda (oder Bethsaida oder Bethzatha) genannt wurde und fünf Vorbauten besaß.« Masterman, E. W. G.: »The Pool of Bethesda«, in: *The Biblical World* 25 (2), (1905), S. 90; Armstrong, Karen: *A History of Jerusalem: One City, Three Faiths,* S. 109. HarperCollins, London 1997.

47 Wilkinson, John: *Jerusalem as Jesus Knew it: Archaeology as Evidence,* S. 95 ff., Thames and Hudson, London 1978; Armstrong: *A History of Jerusalem,* S. 129.

48 Nicht derselbe Emmaus wie im Lukasevangelium. Siehe: *Krieg,* 1.657; 2.614; 4.11.

49 Murphy-O'Connor, J.: *The Holy Land: An Archaeological Guide from Earliest Times to* 1700, S. 29 f. Oxford University Press, Oxford 1986.

50 Keener: *The Gospel of John: A Commentary,* S. 640.

51 Zur Autorschaft siehe: Bauckham: *Jesus and the Eyewitnesses.*

6
Tyros, Sidon, Caesarea Philippi, Frühjahr/Sommer 32 n. Chr.

1 Salome sollte später Herodes Philippos den Tetrarchen und nach ihm Aristobulus heiraten. Philippos war ihr Onkel, Aristobulus ihr Vetter. Siehe hierzu Connolly: *Living in the Time of Jesus of Nazareth*, S. 39, Oxford University Press, Oxford 1983, sowie Cornelissen, Peter: *Was begab sich aber zu der Zeit*, S. 160, Adolf Sponholtz Verlag, Hannover 1956.

2 Stark, Rodney: *The Rise of Christianity: How the Obscure, Marginal Jesus Movement Became the Dominant Religious Force in the Western World in a Few Centuries*, S. 106 f. Harper, San Francisco 1997.

3 Hoehner: *Herod Antipas*, S. 155 f.

4 Ebenda, S. 168. Roller: *The Building Program of Herod the Great*, S. 244. Taylor, Joan E.: *John the Baptist Within Second Temple Judaism*, S. 247, SPCK, London 1997. *Altertümer*, 18.240–255.

5 Arndt, William: *Luke*, S. 253. Concordia, Saint Louis 1986.

6 Markus schaltet sich hier an zwei Stellen ein, einmal mit einer Erklärung zu den Reinheitsregeln und dann mit einer Erläuterung der Bedeutung der Äußerung Jesu (Mk 7,3–4,19).

7 In drei englischen Bibelübersetzungen wird hier beispielsweise der Ausdruck »sewer« (»Kanalisation«) gebraucht, in drei weiteren wurde er weggelassen.

8 Witherington: *The Gospel of Mark: Socio-Rhetorical Commentary*, S. 230.

9 Eine Zusammenfassung der verschiedenen Deutungen siehe Witherington: *The Gospel of Mark: Socio-Rhetorical Commentary*, S. 228 ff.

10 Arndt: *Luke*, S. 257.

11 Siehe »Magadan«, Anchor Yale Bible Dictionary, 5, 462.

12 Satire 8, übers. von Rolfe Humphries, zitiert nach Corley: *Private Women, Public Meals*, S. 98.

13 Richardson: *Herod: King of the Jews and Friend of the Romans*, S. 302.

14 Evans, Craig A.: *Mark* 8.27–16.20, S. 13. Word Books, Dallas 1989.

15 Plutarch: *De sera*, 9.554 b, zitiert nach Witherington: *The Gospel of Mark: Socio-Rhetorical Commentary*, S. 244.

16 Yoder: *The Politics of Jesus*, S. 97.

17 Arndt: *Luke*, S. 262.

18 Witherington: *The Gospel of Mark: Socio-Rhetorical Commentary*, S. 260.

19 Bock: *Luke*, S. 871.

20 Gundry: *Mark: A Commentary on His Apology for the Cross*, S. 487.

21 Witherington: *The Gospel of Mark: Socio-Rhetorical Commentary*, S. 270.

22 m.Shek 1.3; Danby: *The Mishnah*, S. 152. Siehe Witherington: *The Gospel of Mark: Socio-Rhetorical Commentary*, S. 316; William L. Lane: *The*

Gospel According to Mark; the English Text With Introduction, Exposition, and Notes, S. 405. Eerdmans, Grand Rapids 1974.

23 Bammel und Moule: *Jesus and the Politics of His Day,* S. 278.

24 Zur Steuer siehe LTJ, S. 137–143. Die Qumran-Gemeinde betrachtete sie als einmalige Zahlung, siehe 4Q159 in Vermès: *The Complete Dead Sea Scrolls in English,* S. 530.

25 m.Shek 2.4, in Danby: *The Mishnah,* S. 154.

26 Der Talmud vermerkt, dass das ganze »Geld, von dem im Gesetz die Rede ist, tyrisches Geld« sei. Siehe t.Ketub 12.

27 *Krieg,* 4.105.

28 Richardson: *Building Jewish in the Roman East,* S. 246.

29 Ebenda, S. 247.

30 LTJ, S. 142 f.

31 Murphy, Catherine M.: *Wealth in the Dead Sea Scrolls and in the Qumran Community,* S. 311 f. Brill, Leiden 2002.

32 Siehe m.Shek 1.7.

33 Bammel und Moule: *Jesus and the Politics of His Day,* S. 283.

7
Galiläa, Samarien, Herbst / Winter 32 n. Chr.

1 Lukas gebraucht das griechische Wort für »gehen« oder »sich fortbewegen« häufig zu Beginn der Reise, beim Aufbruch aus Kapernaum (9,51–53; 56–57), danach aber nur noch selten (10,38; 13,31,33; 17,11; 19,28). Siehe Fitzmyer, Joseph A.: *The Gospel According to Luke,* S. 824 f., Doubleday, New York und London 1981. Das griechische Wort für »Straße« taucht nur zu Beginn (9,57; 10,4), im Fortlauf des Abschnitts aber nicht mehr auf. Jesus brach nach Jerusalem auf und machte unterwegs halt.

2 Green, Joel B.: *The Gospel of Luke,* S. 408 f. Eerdmans, Grand Rapids 1997.

3 Sanders, E. P.: *The Historical Figure of Jesus,* S. 23–26. Penguin, London 1995.

4 *Jeremias,* II, S. 72.

5 b.Erubin 53 b in Vermès, Géza: *The Changing Faces of Jesus.* Penguin, London 2000.

6 Pollard, Nigel: *Soldiers, Cities, and Civilians in Roman Syria,* S. 120. University of Michigan Press, Ann Arbor 2000.

7 Siehe Freeman, Philip / Kennedy, D. L.: *The Defence of the Roman and Byzantine East: Proceedings of a Colloquium Held At the University of Sheffield in April* 1986, Oxford 1986 (2), S. 311; Millar, Fergus: *The Roman Near East,* 31 *bc–ad* 337, S. 45. Harvard university Press, Cambridge 1993.

8 Crown: *The Samaritans,* S. 61.

9 Fitzmyer: *The Gospel According to Luke,* S. 883.

10 Sukk. 4.9, zitiert nach ABD, 6:25.

11 Throckmorton: *Gospel Parallels,* S. 25 u. S. 190.

12 Eusebius: *The Ecclesiastical History and the Martyrs of Palestine,* Bd. 2, S. 101.

13 y.Sot. 7.1, 21 b zitiert nach Ilan: *Jewish Women in Greco-Roman Palestine,* S. 127.

14 m.Sot 3.4 zitiert nach Danby: *The Mishnah,* S. 296.

15 t.Sot 7.9, Ilan: *Jewish Women in Greco-Roman Palestine,* S. 191.

16 Eine ausführlichere Version dieses Abschnitts siehe LTJ, S. 258–271.

17 Bull, Robert J.: »Caesarea Maritima: The Search for Herod's City«, in: *Biblical Archaeology Review* 8 (3) (1982).

18 Die Bezeichnung leitet sich aus *equites* für jene Römer her, die über ausreichend Mittel für den Dienst als Offizier der Kavallerie (also als »Ritter«) im Heer verfügten. Die Zugehörigkeit zum Ritterstand setzte ein Vermögen von mindestens 400 000 *Sesterzen* voraus. Im Gegenzug erhielt man den Titel des *eques,* durfte eine Toga mit Purpursaum sowie einen besonderen Goldring tragen und im Theater in der ersten Reihe sitzen. Siehe hierzu Goodman, Martin / Sherwood, Jane: *The Roman World, 44 bc – ad* 180, S. 172 f. Routledge, London 1997.

19 Strabo 5. 4. 11.

20 *Krieg,* 2.117–118.

21 Siehe Tacitus: *Annals* iv, 41, 57; Sueton: *Tiberius,* S. xli.

22 Goodman: *The Ruling Class of Judaea,* S. 7.

23 Matyszak, Philip: *The Sons of Caesar: Imperial Rome's First Dynasty,* S. 151. Thames & Hudson, London 2006.

24 Carter: *Pontius Pilate,* S. 3 f.

25 Philo: *De Legatione ad Gaium,* xxiv, 159–161 in: Colson, F. H. / Marcus, R. / Whitaker, G. H.: *Philo,* X, S. 81 ff. Harvard University Press, Cambridge 1929.

26 Notley und Rainey: *Carta's New Century Handbook and Atlas of the Bible,* S. 236.

27 *Altertümer,* 18.55–59.

28 Doyle, D.: »Pilate's Career and the Date of the Crucifixion«, in: *Journal of Theological Studies* 42 (1941).

29 Philo: *Embassy to Gaius,* S. 299–305. Zur Datierung dieser Ereignisse siehe Hoehner: *Herod Antipas,* S. 178–183.

30 Doyle: »Pilate's Career and the Date of the Crucifixion«.

31 Bond, Helen K.: *Pontius Pilate in History and Interpretation,* S. 195. Cambridge University Press, Cambridge 1998.

32 BAGD, S. 793.

8
Jericho, Frühjahr 33 n. Chr.

1 Jesu Vater taucht als »Josef, du Nachkomme [Sohn] Davids«, auf (Mt 1,20); Jakobus als Sohn des Zebedäus (Mt 4,21); Jakobus, Sohn des Alphäus (Mt 10:3); Judas, Sohn von Jakobus (Lk 6:16); Simon, der Sohn des Johannes (Joh 1,42; 21,16); Judas, Sohn von Simon Iskariot (Joh 6,71; 13,2). Jesus wird durch den Vater und den Heimatort näher bezeichnet: als Jesus, Sohn von Josef aus Nazareth (Joh 1,45).

2 Matthäus 27,56; Johannes 19,25.

3 Ilan: *Jewish Women in Greco-Roman Palestine*, S. 55.

4 Ebenda, S. 67. So heiratete beispielsweise Berenike, die Tochter Agrippas I., ihren ersten Ehemann im Alter von 13 Jahren.

5 Myers: *Binding the Strong Man*, S. 280.

6 Schnackenburg, zitiert nach Beasley-Murray: *John*, S. 193.

7 Matthäus 9,36; Markus 6,34; Matthäus 14,14; 20,34; Lukas 7,13; Markus 9,22.

8 Siehe »Mercy, Compassion«, in: NIDNTT.

9 Wie Lazarus zum Eingang gelangte, hat eine beträchtliche Diskussion entfacht. Der Kirchenvater Basilius bezeichnete es als ein »Wunder in einem Wunder«. Siehe hierzu Basilus d. Gr.: *Corderius-Catene*, 295. Aber man darf davon ausgehen, dass sich dieser Wiedererweckte auch bewegt hat.

10 Beasley-Murray: *John*, S. 196.

11 Vanderkam, James C.: *From Joshua to Caiaphas: High Priests After the Exile*, S. 435 f. Augsburg Fortress Van Gorcum, Minneapolis 2004.

12 *Jeremias*, II, S. 55 f, Fn. 8.

13 Ebenda, II, 15 ff.

14 Notley und Rainey: *Carta's New Century Handbook and Atlas of the Bible*, S. 235.

15 Ball, Warwick: *Rome in the East: The Transformation of an Empire*, S. 59. Routledge, London 2000.

16 Goodman: *The Ruling Class of Judaea*, S. 97.

17 Philo: *Embassy to Gaius* 23.157.

18 *Krieg*, 2.409–410.

19 *Altertümer*, 18.93–94.

20 Nach Matthäus 3,7 kamen viele Sadduzäer zu Johannes dem Täufer, der sich wahrscheinlich in der Nähe Jerusalems aufhielt. Zudem forderten sie nach Matthäus mit den Pharisäern in Magadan ein Zeichen, wobei die Sadduzäer in der entsprechende Stelle bei Markus allerdings nicht auftauchen (Mt 16,1–12 = Mk 8,11–21).

21 *Altertümer*, 18.16–17.

22 Ebenda, 13.297–298.

23 Goodman, Martin: *Judaism in the Roman World: Collected Essays*, S. 128. Brill, Leiden 2007.

24 *Altertümer*, 20.199–200.

25 Funk: »The Wilderness«, S. 210.
26 »Ephraim (Place)«, in: ABD, Bd. 3, S. 556.
27 Myers: *Binding the Strong Man,* S. 279.
28 Siehe »λύτρον«, BDAG, S. 605 f.
29 Eth. Enoch (Henoch) 98.10, zitiert nach »Redemption, Loose, Ransom, Deliverance, Release, Salvation, Saviour«, NIDNTT.
30 Siehe Survey of Palestine, Bl. XIV und XV.
31 Myers: *Binding the Strong Man,* S. 282.
32 Zitiert nach Parsons, Mikael C.: »Survey Short in Stature: Luke's Physical Description of Zacchaeus«, in: *New Testament Studies* 47 (01) (2001).
33 Hamm, Dennis: »Luke 19:8 Once Again: Does Zacchaeus Defend or Resolve?«, in: *Journal of Biblical Literature* 107 (3), (1988).
34 Eine Jahrhunderte später entstandene Legende erzählt, dass Zachäus – weitgehend widerwillig – Bischof von Caesarea wurde. Auch wenn es sich offenkundig um eine Fiktion handelt, so könnte Zachäus' Begründung dafür, dass er nicht Bischof werden will, bei vielen heutigen Geistlichen eine Saite zum Klingen bringen. »Sichere mir nur zu, dass ich diesen Namen nicht trage«, so sagt er, »denn er strotzt bitter vor Neid und Gefahr« (Pseudo-Klementinen, *Homilies,* 3.63).
35 *Altertümer,* 17.314.
36 *»drachm«*, BDAG, S. 261.

9
Jerusalem, Samstag, 28. März – Freitag, 3. April 33 n. Chr.

1 Johannes flicht an dieser Stelle auch die Episode mit der Salbung von Jesu Füßen ein. Da mir die Überlieferung von Markus besser gefällt, behandele ich das Ereignis an der entsprechenden Stelle.
2 Wilkinson, John: *Jerusalem as Jesus Knew it,* S. 114 f.
3 Nach Josephus übernachteten die Pilger zum Passah-Fest »in Zelten außerhalb des Tempels«; *Altertümer,* 17.213–217.
4 Dieser Einzug in Jerusalem wird in der christlichen Überlieferung seither mit dem Palmsonntag gefeiert, der die Karwoche eröffnet.
5 In 2 Könige 9,13 wird Jehu auf ähnliche Weise begrüßt. Tatsächlich war der Brauch, vor einer geliebten oder verehrten Persönlichkeit Gewänder auszubreiten, in der griechisch-römischen Welt durchaus bekannt. Plutarch beschreibt eine Szene mit Soldaten, die vor Cato dem Jüngeren Gewänder ausbreiteten, als dieser die Streitkräfte verließ. Und auch eine Darstellung auf dem sogenannten Sarkophag der Adelphia zeigt einen Mann, der ein Kleidungsstück vor dem Pferd niederlegt, auf dem die Verstorbene reitend abgebildet ist. Siehe hierzu Bammel und Moule: *Jesus and the Politics of His Day,* S. 319 ff.

6 Josephus, Williamson und Smallwood: *The Jewish War,* S. 40.

7 Peters, F. E.: *Jerusalem: The Holy City in the Eyes of Chroniclers, Visitors, Pilgrims, and Prophets From the Days of Abraham to the Beginnings of Modern Times,* S. 89. Princeton University Press, Princeton 1985.

8 Gemara, Sukkah 51 b, zitiert nach Richardson: *Herod: King of the Jews and Friend of the Romans,* S. 248.

9 Middoth 4.7. Das äußere Erscheinungsbild des Tempels ist heftig umstritten, da sich Josephus' Beschreibungen nicht mit der in der Mischna decken. Die des Josephus erscheinen allerdings plausibler: Immerhin kannte er den Tempel aus eigener Anschauung. Dagegen ist die Beschreibung in der Mischna aus der Abhandlung Middoth eine literarische Rekonstruktion, keine historische Beschreibung.

10 *Krieg,* 5.201–206.

11 Roller: *The Building Program of Herod the Great,* S. 180.

12 Middoth 3.8. Der Mischna zufolge wog er so schwer, dass er nur mit 300 Männern transportiert werden konnte. Auch wenn es sich wahrscheinlich um eine Übertreibung handelt, so waren zweifellos gewaltige Säulen notwendig, um diese Last zu tragen. Zum Eingang siehe Chyutin, Michael: *Architecture and Utopia in the Temple Era,* S. 161. T & T Clark, London 2006.

13 Die umfriedete Stadt Jerusalem umfasste ein Areal von ungefähr 115 Hektar. Der Tempel bedeckte 144 000 Quadratmeter, also 14,4 Hektar. Siehe ABD, 3:747.

14 b. Yoma 35 b in: Sperber, Daniel: *Roman Palestine,* 200–400*: Money and Prices,* S. 103. Bar-Ilan University Press, Ramat-Gan 1991.

15 Wright: *Jesus and the Victory of God,* S. 408 ff.

16 LTJ, 144 ff.

17 m. Ker 1.7 in: Danby: *The Mishnah, Translated From the Hebrew,* S. 564. Dieser Preis bezieht sich mit Sicherheit auf Festtage, da in der Passage die Rede davon ist, dass die Pilger die »Tieropfer essen« durften. Nur anlässlich von Festen wie Passah durften diese die Tieropfer selbst verspeisen. Ähnlich wirkte sich das Gesetz von Angebot und Nachfrage auch während des Hadsch aus. Siehe hierzu LTJ, S. 145 f.

18 *Krieg,* 2.427.

19 Bammel und Moule: *Jesus and the Politics of His Day,* S. 332.

20 *Jeremias,* I, S. 21.

21 Ebenda, I, S. 55.

22 Sifre; cf. j. Pe'a 1.6 zitiert nach Notley und Rainey: *Carta's New Century Handbook and Atlas of the Bible,* S. 235.

23 Vanderkam: *From Joshua to Caiaphas: High Priests After the Exile,* S. 476 f.

24 Wright: *Jesus and the Victory of God,* S. 411 f. Siehe 1 Henoch 90,28–29 in: Charlesworth: *The Old Testament Pseudepigrapha,* Bd. 1, S. 71.

25 Wengst, Klaus: *Pax Romana. Anspruch und Wirklichkeit. Erfahrungen*

und Wahrnehmungen des Friedens bei Jesus und im Urchristentum, S. 76 ff. München 1986.

26 Goodman: *The Ruling Class of Judaea,* S. 79.

27 Gundry: *Mark: A Commentary on His Apology for the Cross,* S. 718.

28 Webb, Robert L.: »›Apocalyptic‹: Observations on a Slippery Term«, in: *Journal of Near Eastern Studies* 49 (2), 1990, S. 115 f.

29 Vergil: *Aeneis,* 1.278–279, in: »Eschatologies of Late Antiquity«, in: Evans, Craig A. / Porter, Stanley E.: *Dictionary of New Testament Background.* IVP, Leicester 2000.

30 Kann ein Buchtitel eschatologischer klingen als Francis Fukuyamas *Das Ende der Geschichte ...?*

31 Sibyllinisches Orakel 3.350.

32 1 Henoch 91.15–17; 1QH 11.29–36; 4 Esra 7.30.

33 LTJ, 178–132. Siehe ebenso Wright: *Jesus and the Victory of God,* S. 348 f.

34 Der griechische Ausdruck *meta duo hemeras* kann »am zweiten Tag«, also »morgen«, bedeuten. Möglicherweise gebrauchte Markus ihn hier in diesem Sinn. Die gebräuchlichere Übersetzung – »in zwei Tagen« – passt besser in die Chronologie bei Johannes.

35 Brown, Raymond Edward: *The Death of the Messiah: From Gethsemane to the Grave: A Commentary on the Passion Narratives in the Four Gospels,* S. 1411. Geoffrey Chapman, London 1994.

36 In der Region könnte es durchaus Leprakolonien gegeben haben. Die Tempelrolle der Qumran-Gemeinde spiegelt diese Realität vielleicht wider. Darin ist die Rede davon, dass Zonen östlich der Stadt – hier lag auch Betanien – zum Ort der Aussätzigen gemacht werden sollen. Siehe hierzu Vermès: *The Complete Dead Sea Scrolls in English,* S. 207.

37 LTJ, S. 200 f.

38 Siehe 3. Mose 4,3. 5. 16; 4. Mose 35,25; 1 Samuel 9,9.16; 16,1–3.6; 24,6; 2 Samuel 1,16; 19,21; Psalmen 2,2; 18,50; 20,6; 28,8. Eine gute Übersicht siehe »Messiah«, in: ABD, 5, S. 779; »Anointing«, in: Ryken, Leland et al.: *Dictionary of Biblical Imagery,* S. 33 f. IVP, Leicester 1998.

39 Ogg: *The Chronology of the Public Ministry of Jesus,* S. 232.

40 Jeremias, Joachim: *Die Abendmahlsworte Jesu, 4. Aufl.,* S. 10 ff. Vandenhoek & Ruprecht, Göttingen 1967.

41 Siehe LTJ, S. 206–210.

42 Brown: *The Death of the Messiah,* S. 124.

43 Siehe Witherington: *The Gospel of Mark: Socio-Rhetorical Commentary,* S. 371. Für religiöse Sekten, die ganz eigene Wege gingen, gibt es Präzedenzfälle. Die bemerkenswerteste ist die Qumran-Gemeinde. In den Dokumenten, in denen ihre religiösen Bräuche beschrieben werden, taucht Passah nicht auf. Siehe hierzu Segal: *The Hebrew Passover: From the Earliest Times to ad* 70, S. 247. Im Festtagskalender in Qumran taucht Passah dagegen auf, wobei es sich aber eher um einen sadduzäischen Kalender handelt, der eben nicht der Gemeinde entstammte.

44 Tos. Kelim B. Q. 1.6.
45 *Jeremias,* I, S. 40.
46 Ebenda, II, S. 184 f.
47 Ebenda, II, S. 187, Fn. 130.
48 Der Gral taucht in einem Versroman Chrétien de Troyes' auf, der auf die Zeit zwischen 1180 und 1191 datiert wird.
49 Finegan: *Handbook of Biblical Chronology,* S. 364. Fotheringham, J.: »Astronomical Evidence for the Date of the Crucifixion«, in: *Journal of Theological Studies* XII, 1910. Zum Mond siehe Riesner, Rainer: *Paul's Early Period: Chronology, Mission Strategy, Theology,* S. 56 f. Eerdmans, Grand Rapids 1998.
50 Zur Zusammensetzung der Gruppe siehe LTJ, S. 229 f.
51 Matthäus 26,55; *Jeremias,* II, S. 72.
52 Zu dem jungen Mann, der sein Gewand zurückließ, siehe LTJ, S. 234 f.
53 Ich habe an anderer Stelle die These vertreten, dass Petrus nur durch Jesus und nicht etwa durch den »Jünger, den Jesus liebte« (der »geliebte Jünger«) in den Palast gekommen sein konnte. Siehe LTJ, 250 ff.
54 Brown: *The Death of the Messiah,* S. 601.
55 Ebenda, S. 644.
56 Goodman: *The Ruling Class of Judaea,* S. 113.
57 Goodman, Martin: *Rome and Jerusalem: The Clash of Ancient Civilizations,* S. 327. Penguin, London 2008.
58 Markus 15,1. Flusser und Notley: *The Sage From Galilee,* S. 138 f.
59 Schurer, Millar, Vermès und Goodman: *The History of the Jewish People in the Age of Jesus Christ (175 bc–ad 135),* Bd. 1, S. 370.
60 »εσθητα λαμππάν« (Lk 23,11).
61 Hoehner: *Herod Antipas,* S. 241 ff.
62 Schurer, Millar, Vermès und Goodman: *The History of the Jewish People in the Age of Jesus Christ (175 bc–ad 135),* Bd. 1, S. 370.
63 Bond, Helen K.: *Pontius Pilate in History and Interpretation,* S. 199. Cambridge University Press, Cambridge 1998.
64 Carter: *Pontius Pilate,* S. 69 f.
65 *Altertümer,* 20.214, zitiert nach Goodman, *The Ruling Class of Judaea,* S. 139.
66 LTJ, S. 266.
67 Schurer, Millar, Vermès und Goodman: *The History of the Jewish People in the Age of Jesus Christ (175 bc–ad 135),* Bd. 1, S. 371.
68 Gundry: *Mark: A Commentary on His Apology for the Cross,* S. 942.
69 Siehe Hart, H. St. J.: »The Crown of Thorns in John 19.2–5«, in: *Journal of Theological Studies* 3 (1952).
70 Carroll, John T. / Green, Joel B.: *The Death of Jesus in Early Christianity,* S. 167–170. Hendrickson, Peabody 1995.
71 Hengel, Martin: *Crucifixion in the Ancient World and the Folly of the Message of the Cross,* S. 59. SCM, London 1977.

72 Borg, Marcus J./Crossan, John D.: *The Last Week: What the Gospels Really Teach About Jesus's Final Days in Jerusalem,* S. 146. HarperSanFrancisco, San Francisco 2007.

73 Die Überlieferung, wonach der Leidensweg Jesu durch die *Via Dolorosa* erfolgt sei, geht auf das Mittelalter zurück. Ausgangspunkt war demnach angeblich die Festung Antonia.

74 Siehe Haas: »Anthropological Observations on the Skeletal Remains from Gi'vat ha-Mivtar«, 49ff., und Zias J./Sekeles, E.: »The Crucified Man from Giv'at ha-Mivtar: A Reappraisal«, in: *Israel Exploration Journal* 35 (1985), S. 22–27.

75 Nolland: *Luke,* 1152f.

76 Ebenda, S. 1156f.

77 Wie viele Lämmer geschlachtet wurden, ist ungewiss. Es waren sicher Tausende, aber die von Josephus angegebene Anzahl von 256 500 ist sicher eine Übertreibung (*Krieg,* 6.423–425). Siehe hierzu auch Jeremias, I, S. 65. Zu Passah siehe LTJ, S. 314ff.

78 Brown: *The Death of the Messiah,* S. 1046.

79 LTJ, 319ff. Hengel: *Crucifixion in the Ancient World and the Folly of the Message of the Cross,* S. 29, Anm. 21.

80 Page, Nick: *What Happened to the Ark of the Covenant?* S. 145–151. Authentic Media, Milton Keynes 2007.

81 LTJ, S. 321f. Beasley-Murray: *John,* S. 356.

82 Hayward, Robert: *The Jewish Temple: A Non-Biblical Sourcebook,* S. 150. Routledge, London 1996.

83 *Altertümer,* 3.183. Hayward: *The Jewish Temple: A Non-Biblical Sourcebook,* S. 150.

84 Hier wurden mehrere Örtlichkeiten ins Gespräch gebracht. Eusebius, der Geschichtsschreiber der Frühkirche, ging von Rempthis oder Rentis nördöstlich von Lydda aus. Siehe hierzu Brown: *The Death of the Messiah,* S. 1213, Anm. 17.

85 Josephus, *Life,* 1.420–422.

86 m.Oholot 2.2 in: Danby: *The Mishnah, Translated From the Hebrew,* S. 651.

87 Hachlili, Rachel: *Jewish Funerary Customs, Practices and Rites in the Second Temple Period,* S. 56f. Brill, Leiden 2005.

88 Brown: *The Death of the Messiah,* S. 1249.

89 Biddle, Martin: *The Tomb of Christ,* S. 60, Sutton, Stroud 1999. Obwohl naheliegend, ist das Gartengrab sicher nicht der Bestattungsort Jesu. Murphy-O'Connor: *The Holy Land: An Archaeological Guide From Earliest Times to 1700,* S. 124f.

Das Nachspiel: Der falsche Messias

1 Wright: *The Resurrection of the Son of God,* S. 553.

2 Ebenda, S. 556.

3 Eine Erörterung zu diesen Abweichungen siehe LTJ, S. 346 ff.

4 Siehe Dunn, James D. G.: *The Evidence for Jesus: The Impact of Scholarship on Our Understanding of How Christianity Began,* S. 65, SCM, London 1985. Wie Wright meint: »Geschichten, die so welterschütternd sind wie diese und die wie sie zur Entstehung einer Gemeinschaft führen, werden nicht so leicht abgewandelt, wenn sie erst einmal erzählt worden sind. Zu viel hängt von ihnen ab.« Wright: *The Resurrection of the Son of God,* S. 611.

5 Dunn: *The Evidence for Jesus: The Impact of Scholarship on Our Understanding of How Christianity Began,* S. 67.

6 Die Datierung werde ich in einem weiteren Buch erörtern. Hier nur so viel: Paulus wurde spätestens wenige Jahre nach Jesu Tod Christ.

7 Orr, William F. / Walther, James Arthur: *I Corinthians: A New Translation,* S. 321 f. Doubleday, Garden City 1976.

8 Auch wenn der Brief, den manche Gelehrte Judas zuschreiben, doch nicht von ihm stammt, so zeigt allein diese Zuschreibung, dass Judas eine herausragende Figur der Urkirche war. Einen solchen Brief würde man nur einem wirklichen Anhänger zuschreiben.

9 Im *Thomasevangelium* fragen die Jünger Jesus, wer ihr Führer sein soll. Jesus benennt daraufhin Jakobus; *Thomasev.,* Logion 12. Das Fragment des Hebräerevangeliums ist durch Hieronymus, *De viris illustribus* … überliefert. Siehe hierzu Bernheim: *James, Brother of Jesus,* S. 98.

10 Eusebius: *The Ecclesiastical History and the Martyrs of Palestine,* Bd. 1, S. 78.

11 Siehe Bauckham: *Gospel Women,* S. 203–223.

12 Tatsächlich ging der frühchristliche Theologe Origines hier noch einen Schritt weiter und identifizierte den nicht benannten Jünger, der die Straße entlangging, mit Kleopas' Sohn Symeon. Origines: *Contra Celsus,* 2.62. Siehe Bauckham: *Jesus and the Eyewitnesses,* S. 43.

13 Arndt: *Luke,* S. 498 f.

14 *Krieg,* 4.529–534.

15 Ebenda, 4.574–578.

16 Ebenda, 5.309.

17 Ebenda, 7.153–155. Zu Schimon siehe Horsley und Hanson: *Bandits, Prophets, and Messiahs,* S. 119 ff.

18 Ebenda, S. 128 f.

19 Siehe ebenso Matthäus 21,42; Markus 12,10; Lukas 20,17; Apostelgeschichte 4,11; Epheser 2,20.

Bibliographie

Armstrong, Karen: *A History of Jerusalem: One City, Three Faiths.* Harper Collins, London 1997

Arndt, William: *Luke.*Concordia Publishing House, Saint Louis 1986

Bailey, Kenneth E.: *Jesus Through Middle Eastern Eyes: Cultural Studies in the Gospels.* SPCK, London 2008

Ball, Warwick: *Rome in the East: The Transformation of an Empire.* Routledge, London 2000

Bammel, Ernst/Moule, C. F. D.: *Jesus and the Politics of His Day.* Cambridge University Press, Cambridge 1984

Bauckham, Richard: *Gospel Women: Studies of the Named Women in the Gospels.* T & T Clark, Edinburgh 2002

Bauckham, Richard: *Jesus and the Eyewitnesses: The Gospels as Eyewitness Testimony.* Eerdmans, Grand Rapids 2006

Beasley-Murray, George Raymond; *John.* Word Books, Waco 1987

Bernheim, Pierre-Antoine: *James, Brother of Jesus.* SCM, London 1997

Biddle, Martin: *The Tomb of Christ.* Sutton, Stroud 1999. (Dt.: *Das Grab Christi: neutestamentliche Quellen – historische und archäologische Forschungen – überraschende Erkenntnisse,* Gießen und Basel 1998.)

Bock, Darrell L.: *Luke.* BakerBooks, Grand Rapids 1994

Bond, Helen K.: *Pontius Pilate in History and Interpretation.* Cambridge University Press; Cambridge 1998

Borg, Marcus J./Crossan, John Dominic: *The Last Week: What the Gospels Really Teach About Jesus's Final Days in Jerusalem (Plus).* HarperSanFrancisco, San Francisco 2007

Brandon, S. G. F.: *Jesus and the Zealots: A Study of the Political Factor in Primitive Christianity.* Manchester University Press, Manchester 1967

Brown, Raymond E.: *The Death of the Messiah: From Gethsemane to the Grave: A Commentary on the Passion Narratives in the Four Gospels.* Geoffrey Chapman, London 1994

Brown, Raymond E.: *The Birth of the Messiah: A Commentary on the Infancy Narratives in Matthew and Luke.* Doubleday, New York 1993

Carroll, John T./Green, Joel B.: *The Death of Jesus in Early Christianity.* Hendrickson, Peabody 1995

Carson, D. A.: *From Sabbath to Lord's Day: A Biblical, Historical, and Theological Investigation.* Zondervan, Grand Rapids 1982

Carter, Warren: *Pontius Pilate.* Liturgical Press, Collegeville 2003

Charlesworth, James H.: *The Old Testament Pseudepigrapha.* Darton, Longman & Todd, London 1983

Chyutin, Michael: *Architecture and Utopia in the Temple Era.* T & T Clark, London 2006

Connolly, Peter: *Living in the Time of Jesus of Nazareth.* Oxford University Press, Oxford 1983. (Dt.: *Das Leben zur Zeit des Jesus von Nazareth,* Hamburg 1984.)

Corley, Kathleen E.: *Private Women, Public Meals: Social Conflict in the Synoptic Tradition.* Hendrickson, Peabody 1993

Cornelissen, Peter: *Was begab sich aber zu der Zeit.* Hannover 1956

Cranfield, C. E. B.: *The Gospel According to Saint Mark: An Introduction and Commentary.* Cambridge University Press, Cambridge 1972

Crossan, John Dominic: *The Historical Jesus: The Life of a Mediterranean Jewish Peasant.* T & T Clark, Edinburgh 1993. (Dt.: *Der historische Jesus,* München 1995.)

Crown, Alan David: *The Samaritans.* J. C. B. Mohr, Tübingen 1989

Danby, Herbert: *The Mishnah, Translated From the Hebrew.* Oxford University Press, London 1933

Daniel-Rops, Henri / O'Brian, Patrick: *Daily Life in Palestine at the Time of Christ.* Weidenfeld and Nicolson, London 1962. (Dt.: *Die Umwelt Jesu: der Alltag in Palästina vor 2000 Jahren,* München 1981.)

Dapaah, Daniel S.: *The Relationship Between John the Baptist and Jesus of Nazareth: A Critical Study.* University Press of America, Lanham 2005

Deissmann, Adolf / Strachan, Lionel R. M.: *Light From the Ancient East: The New Testament Illustrated by Recently Discovered Texts of the Graeco-Roman World.* Hodder & Stoughton, London 1910

Doyle, D.: »Pilate's Career and the Date of the Crucifixion«, in: *Journal of Theological Studies* 42 (1941)

Dunn, James D. G.: *The Evidence for Jesus: The Impact of Scholarship on Our Understanding of How Christianity Began.* SCM, London 1985

Dunn, James D. G.: *Jesus and the Spirit: A Study of the Religious and Charismatic Experience of Jesus and the First Christians as Reflected in the New Testament.* Westminster Press, Philadelphia 1980

Eusebius von Caesarea: *Kirchengeschichte,* hrsg. v. Heinrich Kraft, Darmstadt 2006

Eusebius von Caesarea: *The Ecclesiastical History and the Martyrs of Palestine,* trans. Hugh Jackson Lawlor und John E. L. Oulton, SPCK, London 1927

Evans, Craig A. / Porter, Stanley A.: *Dictionary of New Testament Background.* InterVarsity Press, Leicester 2000

Eve, E. C. S.: *The Jewish Context of Jesus' Miracles.* Sheffield Academic Press, Sheffield 2002

Fillon, Mike: »The Real Face of Jesus«, in: *Popular Mechanics* (2002)

Finegan, Jack: *Handbook of Biblical Chronology: Principles of Time Reckoning in the Ancient World and Problems of Chronology in the Bible.* Hendrickson, Peabody 1998

Finegan, Jack / Vardaman, Jerry / Yamauchi, Edwin M.: *Chronos, Kairos, Chris-*

tos: Nativity and Chronological Studies Presented to Jack Finegan. Eisenbrauns, Winona Lake 1989

Fitzmyer, Joseph A.: *The Gospel According to Luke.* Doubleday, New York 1981

Flusser, David / Notley, Steven: *The Sage From Galilee: Rediscovering Jesus' Genius.* Eerdmans, Grand Rapids 2007

Fotheringham, J.: »Astronomical Evidence for the Date of the Crucifixion«, in: *Journal of Theological Studies* XII (1910)

France, R. T.: *The Gospel According to Matthew: An Introduction and Commentary.* InterVarsity Press, Leicester 1985

France, R. T.: »Herod and the Children of Bethlehem«, in: *Novum Testamentum* 21 (2) (1979)

Freedman, David Noel (Hrsg.): *The Anchor Bible Dictionary.* Doubleday, New York 1999

Freeman, Philip / Kennedy, D. L.: *The Defence of the Roman and Byzantine East: Proceedings of a Colloquium Held at the University of Sheffield in April 1986.* B. A. R., Oxford 1986

Frerichs, Ernest S. / Green, William Scott / Neusner, Jacob: *Judaisms and Their Messiahs at the Turn of the Christian Era.* Cambridge University Press, Cambridge 1987

Freyne, Sean: *Galilee, From Alexander the Great to Hadrian,* 323 *b. C. E. To* 135 *C. E.: A Study of Second Temple Judaism.* T & T Clark, Edinburgh 1998

Funk, Robert W.: »The Wilderness«, in: *Journal of Biblical Literature* 78 (3) (1959)

García Martínez, Florentino / Tigchelaar, Eibert J. C.: *The Dead Sea Scrolls Study Edition.* Brill, Leiden 1997

Goodman, Martin: *Judaism in the Roman World: Collected Essays.* Brill, Leiden 2007

Goodman, Martin: *Rome and Jerusalem: The Clash of Ancient Civilizations.* Penguin, London 2008

Goodman, Martin: *The Ruling Class of Judaea: The Origins of the Jewish Revolt Against Rome, A. D. 66–70,* Cambridge University Press, Cambridge 1987

Goodman, Martin / Sherwood, Jane: *The Roman World, 44 BC–AD 180.* Routledge, London 1997

Green, Joel B.: *The Gospel of Luke.* Eerdmans, Grand Rapids 1997

Guelich, Robert A.: *Mark 1–8:26.* Word Books, Dallas 1989

Gundry, Robert Horton: *Mark: A Commentary on His Apology for the Cross.* Eerdmans, Grand Rapids 1993

Hachlili, Rachel: *Jewish Funerary Customs, Practices and Rites in the Second Temple Period.* Brill, Leiden 2005

Hamm, Dennis: »Luke 19:8 Once Again: Does Zacchaeus Defend or Resolve?«, in: *Journal of Biblical Literature* 107 (3) (1988)

Hanson, K. C.: »The Galilean Fishing Economy and the Jesus Tradition«, *Biblical Theology Bulletin* 27 (1997)

Hanson, K. C.: *Palestine in the Time of Jesus: Social Structures and Social Conflicts.* Augsburg Fortress, Minneapolis 2002

Hart, H. St J.: »The Crown of Thorns in John 19.2–5«, in: *Journal of Theological Studies* 3 (1952)

Hauerwas, Stanley: *The Peaceable Kingdom: A Primer in Christian Ethics.* SCM, London 2003. (Dt.: *Selig sind die Friedfertigen: ein Entwurf christlicher Ethik,* Neukirchen-Vluyn 1995.)

Hays, Richard B.: *The Moral Vision of the New Testament: Community, Cross, New Creation: A Contemporary Introduction to New Testament Ethics.* T & T Clark, Edinburgh 1997

Hayward, Robert: *The Jewish Temple: A Non-Biblical Sourcebook.* Routledge, London 1996

Hengel, Martin: *Crucifixion in the Ancient World and the Folly of the Message of the Cross.* SCM, London 1977

Herodotus / Burn, A. R. / Selincourt De, Aubrey: *Herodotus: The Histories.* Penguin, London 1972. (Dt. Herodot, *Historien. Bücher I-IX*, hrsg. u. üb. v. Josef Feix, zweisprachige Ausgabe Griechisch – Deutsch in zwei Bänden, Düsseldorf 2001.)

Hoehner, Harold W.: *Herod Antipas.* Cambridge University Press, Cambridge 1972

Holmes, Michael W.: *The Apostolic Fathers: Greek Texts and English Translations.* Baker Academics, Grand Rapids 2007

Hooker, Morna Dorothy: *A Commentary on the Gospel According to St Mark.* A & C Black, London 1991

Horsley, Richard A.: *Archaeology, History, and Society in Galilee: The Social Context of Jesus and the Rabbis.* Trinity Press International, Valley Forge 1996

Horsley, Richard A.: *Galilee: History, Politics, People.* Trinity Press, Pennsylvania 1995

Horsley, Richard A. / Hanson, John S.: *Bandits, Prophets, and Messiahs: Popular Movements in the Time of Jesus.* Harper & Row, San Francisco 1988

Ilan, Tal: *Jewish Women in Greco-Roman Palestine: An Inquiry Into Image and Status.* J. C. B. Mohr, Tübingen 1995

Jeremias, Joachim: *Neutestamentliche Theologie, Bd. 1: Die Verkündigung Jesu.* Berlin 1971

Jeremias, Joachim: *Die Abendmahlsworte Jesu,* 4. Aufl., Göttingen 1967

Jeremias, Joachim: *Jerusalem zur Zeit Jesu: kulturgeschichtliche Untersuchung zur neutestamentlichen Zeitgeschichte,* 2. Aufl., Berlin 1958

Josephus, Flavius: *Antiquities.* (Dt.: *Jüdische Altertümer,* 7. Aufl., Wiesbaden 1987.)

Josephus, Flavius: *Life.* (Dt.: *Aus meinem Leben. Kritische Ausg.,* übers. u. komm. v. Folker Siegert, Heinz Schreckenberg, Manuel Vogel …, Tübingen 2001.)

Josephus, Flavius / Williamson, G. A. / Smallwood, E. Mary: *The Jewish War.*

Penguin, Harmondsworth 1981. (Dt.: *Der Jüdische Krieg*, 5. Aufl., München 1988.)

Kazen, Thomas: *Jesus and Purity Halakhah: Was Jesus Indifferent to Impurity.* Almqvist & Wiksell, Stockholm 2002

Keener, Craig S.: *The Gospel of John: A Commentary.* Hendrickson, Peabody 2003

Keener, Craig S.: *The Gospel of Matthew: A Socio-Rhetorical Commentary.* Eerdmans, Grand Rapids 2009

Keener, Craig S.: *The Historical Jesus of the Gospels.* Eerdmans, Grand Rapids 2009

Köstenberger, Andreas J.: *John.* BakerAcademic, Grand Rapids 2004

Kraeling, Carl H.: *John the Baptist.* Scribner, New York 1951

Kurlansky, Mark: *Nonviolence: The History of a Dangerous Idea.* Jonathan Cape, London 2006

Lane, William L.: *The Gospel According to Mark; the English Text With Introduction, Exposition, and Notes.* Eerdmans, Grand Rapids 1974

Levine, Amy-Jill: *The Misunderstood Jew.* HarperOne, New York 2007

Lindars, Barnabas: *The Gospel of John: Based on the Revised Standard Version.* Eerdmans Marshall, Grand Rapids 1981

Magen, Yitzhak: »Ancient Israel's Stone Age: Purity in Second Temple times«, in: *Biblical Archaeology Review* 24 (5) (Sept./Okt. 1998)

Malina, Bruce J.: *The Social World of Jesus and the Gospels.* Routledge, London 1996

Marshall, I. Howard: *The Gospel of Luke: A Commentary on the Greek Text.* Paternoster, Exeter 1978

Masterman, E. W. G.: »The Pool of Bethesda«, in: *The Biblical World* 25 (2) (1905)

Matyszak, Philip: *The Sons of Caesar: Imperial Rome's First Dynasty.* Thames & Hudson, London 2006

Meier, John P.: *A Marginal Jew: Rethinking the Historical Jesus.* Doubleday, London 1991

Millar, Fergus: *The Roman Near East, 31 BC–AD 337.* Harvard University Press, Cambridge 1993

Murphy-O'Connor, J.: *The Holy Land: An Archaeological Guide From Earliest Times to 1700.* Oxford University Press, Oxford 1986

Murphy-O'Connor, J.: »John the Baptist and Jesus: History and Hypotheses«, in: *New Testament Studies* 36 (1990)

Myers, Ched: *Binding the Strong Man: A Political Reading of Mark's Story of Jesus.* Orbis, Maryknoll 2008

Neusner, Jacob: *The Mishnah: A New Translation.* Yale University Press, New Haven 1988

Nolland, John: *Luke.* Word Books, Dallas 1989

Notley, R. Steven/Rainey, Anson F.: *Carta's New Century Handbook and Atlas of the Bible.* Carta, Jerusalem 2007

Ogg, George: *The Chronology of the Public Ministry of Jesus.* Cambridge University Press, Cambridge 1940

Orr, William F. / Walther, James Arthur: *I Corinthians: A New Translation.* Doubleday, Garden City 1976

Page, Nick: *The Longest Week: What Really Happened During Jesus' Final Days.* Hodder & Stoughton, London 2009. (Dt.: *Die letzten Tage Jesu: Protokoll einer Hinrichtung.* Pattloch Verlag, München 2011.)

Page, Nick: *The One-Stop Bible Atlas.* Lion Hudson, Oxford 2010. (Dt.: *Der historische Bibel-Atlas*)

Page, Nick: *What Happened to the Ark of the Covenant. Authentic Media,* Milton Keynes 2007

Peters, F. E.: *Jerusalem: The Holy City in the Eyes of Chroniclers, Visitors, Pilgrims, and Prophets From the Days of Abraham to the Beginnings of Modern Times.* Princeton University Press, Princeton 1985

Philo / Colson, F. H. / Marcus, Ralph / Whitaker, G. H.: *Philo.* Heinemann, London 1929

Pollard, Nigel: *Soldiers, Cities, and Civilians in Roman Syria.* University of Michigan Press, Ann Arbor 2000

Richardson, Peter: *Herod: King of the Jews and Friend of the Romans.* T & T Clark, Edinburgh 1999

Riesner, Rainer: *Paul's Early Period: Chronology, Mission Strategy, Theology.* Eerdmans, Grand Rapids 1998

Roland, Victor »The Mosaic Map of Madeba«, in: *The Biblical Archaeologist* 21 (3) (1958)

Roller, Duane W.: *The Building Program of Herod the Great.* University of California Press, Berkeley 1998

Rousseau, John J. / Arav, Rami: *Jesus and His World: An Archaeological and Cultural Dictionary.* Fortress Press, Minneapolis 1995

Ryken, Leland et al.: *Dictionary of Biblical Imagery.* InterVarsity Press, Leicester 1998

Safrai, Shemuel / Stern, M.: *The Jewish People in the First Century: Historical Geography, Political History, Social, Cultural and Religious Life and Institutions.* Van Gorcum, Crint 1974

Sanders, E. P.: *The Historical Figure of Jesus. Penguin,* London 1995. (Dt.: *Gottes Sohn: eine historische Biographie Jesu.* Stuttgart 1996)

Schürer, Emil / Millar, Fergus / Vermès, Géza / Goodman, Martin: *The History of the Jewish People in the Age of Jesus Christ, (175 b. C.–A. D. 135).* T & T Clark, Edinburgh 1973

Scobie, Charles Hugh Hope: *John the Baptist.* SCM, London 1964

Shanks, Hershel / Witherington, Ben: *The Brother of Jesus: The Dramatic Story & Meaning of the First Archaeological Link to Jesus & His Family.* Continuum, London 2003

Sherwin-White, A. N.: *Roman Society and Roman Law in the New Testament.* Clarendon Press, Oxford 1963

Snodgrass, Klyne: *Stories With Intent: A Comprehensive Guide to the Parables of Jesus.* Eerdmans, Grand Rapids 2008

Sperber, Daniel: *Roman Palestine, 200–400: Money and Prices.* Bar-Ilan University Press, Ramat-Gan 1991

Stanton, Graham: *The Gospels and Jesus.* Oxford, Oxford University Press 1989

Stark, Rodney: *The Rise of Christianity: How the Obscure, Marginal Jesus Movement Became the Dominant Religious Force in the Western World in a Few Centuries.* HarperSanFrancisco, San Francisco 1997. (Dt.: *Der Aufstieg des Christentums: neue Erkenntnisse aus soziologischer Sicht.* Weinheim 1997)

Stassen, Glen Harold / Gushee, David P.: *Kingdom Ethics: Following Jesus in Contemporary Context.* InterVarsity Press, Downers Grove 2003

Stevens, Wm. Arnold: »Anon near to Salim«, in: *Journal of the Society of Biblical Literature and Exegesis* 3 (2) (1883)

Strange, James F. / Shanks, Hershel: »Has the House Where Jesus Stayed in Capernaum Been Found?«, in: *Bibical Archaeology Review* 8 (6) (Nov. / Dez. 1982)

Summers, Ray / Vardaman, Jerry: *Chronos, Kairos, Christos II: Chronological, Nativity, and Religious Studies in Memory of Ray Summers.* Mercer University Press, Macon 1998

Taylor, Joan E.: *John the Baptist Within Second Temple Judaism.* SPCK, London 1997

Theißen, Gerd / Merz, Annette: *Der historische Jesus: ein Lehrbuch,* 4. Aufl. Vandenhoeck, Göttingen 2011

Thiede, Carsten Peter: *Simon Peter, From Galilee to Rome.* Paternoster Press, Exeter 1986

Thiede, Carsten Peter: *The Cosmopolitan World of Jesus: New Findings From Archaeology.* SPCK, London 2004

Throckmorton, Burton H.: *Gospel Parallels: A Synopsis of the First Three Gospels.* Nelson, Nashville 1979

Vanderkam, James C.: *From Joshua to Caiaphas: High Priests After the Exile.* Augsburg Fortress Van Gorcum, Minneapolis 2004

Vermès, Géza: *The Changing Faces of Jesus.* Penguin, London 2000

Vermès, Géza: *The Complete Dead Sea Scrolls in English.* Penguin, London 2004

Webb, Robert L.: *John the Baptizer and Prophet: A Socio-Historical Study.* JSOT Press, Sheffield 1991

Wengst, Klaus / Bowden, John Stephen: *Pax Romana, Anspruch und Wirklichkeit: Erfahrungen und Wahrnehmungen des Friedens bei Jesu und ihm Urchristentum.* München 1986

Wilkinson, John: *Jerusalem as Jesus Knew it: Archaeology as Evidence.* Thames and Hudson, London 1978

Witherington, Ben: *The Gospel of Mark: Socio-Rhetorical Commentary.* Eerdmans, Grand Rapids 2001

Witherington, Ben: *What Have They Done With Jesus?: Beyond Strange Theories and Bad History – Why We Can Trust the Bible.* HarperCollins, San Francisco 2006

Woolf, Bertram Lee: *The Authority of Jesus and Its Foundation: A Study in the Four Gospels & the Acts.* Allen & Unwin, London 1929

Wright, N. T.: *Jesus and the Victory of God.* SPCK, London 1996

Wright, N. T.: *The Resurrection of the Son of God.* SPCK, London 2003

Yang, Yong-Eui: *Jesus and the Sabbath in Matthew's Gospel.* Sheffield Academic Press, Sheffield 1997

Yoder, John Howard: *The Politics of Jesus: Vicit Agnus Noster.* Eerdmans, Grand Rapids 1972. (Dt.: *Die Politik Jesu – der Weg des Kreuzes,* Maxdorf 1981.)

Young, Brad: *Jesus and His Jewish Parables: Rediscovering the Roots of Jesus' Teaching.* Paulist Press, New York 1989

Register